W0257989

Springers
Angewandte Informatik

Herausgegeben von Helmut Schauer

C++

Grundlagen und Programmierung

Martin Hitz

Springer-Verlag Wien New York

Dipl.-Ing. Dr. Martin Hitz
Institut für Statistik und Informatik
Universität Wien, Österreich

ISSN 0178-0069
ISBN-13: 978-3-211-82415-3   e-ISBN-13: 978-3-7091-7548-4
DOI: 10.1007/978-3-7091-7548-4

Vorwort

Viele Anzeichen sprechen dafür, daß C++ zu *der* Programmiersprache der neunziger Jahre wird: Auf Konferenzen im Bereich der objektorientierten Softwareentwicklung behandeln typischerweise etwa die Hälfte der programmiersprachenorientierten Beiträge C++, ein Viertel beschäftigt sich mit Smalltalk, alle anderen Sprachen gemeinsam teilen sich auf das restliche Viertel auf. Ähnliche Tendenzen zeichnen sich am einschlägigen Stellenmarkt ab; der "Marktanteil" von C++ ist dort zwar noch geringer, befindet sich aber in ständigem Wachstum.

Die Gründe für diese Entwicklung sind offensichtlich:

- C++ weist die wesentlichsten Merkmale einer objektorientierten Programmiersprache auf, zwingt der Anwendung dieses Paradigma jedoch nicht auf, sondern läßt sich auch einfach als verbessertes C einsetzen.
- Übersetzer sind praktisch überall verfügbar und erzeugen relativ effizienten Code. Die derzeit laufende Standardisierung durch das ANSI-Komitee X3J16 verspricht außerdem für die Zukunft eine portable Sprachdefinition.
- C++-Programme sind mit den ungeheuren Mengen existierender C-Software kombinierbar. Darüber hinaus ist bereits heute das Angebot an kommerziell verfügbaren C++-Klassenbibliotheken beinahe unüberschaubar.

C++ hat allerdings auch einen gewichtigen Nachteil: *C++ ist nicht einfach.*

Dieses Buch soll daher in erster Linie den Umgang mit C++ trainieren und nebenbei Konzepte und Vorteile der objektorientierten Programmierung vorstellen.

Es werden dabei bereits gute Kenntnisse einer höheren, blockorientierten Programmiersprache vorausgesetzt, da allgemeine Konzepte wie *Variable, Unterprogramm, Zeiger, Feld* etc. nicht näher erläutert werden. Erfahrungen mit C sind selbstverständlich von Vorteil, aber keineswegs unbedingt notwendig. Umgekehrt werden die Unterschiede zu C im allgemeinen auch nicht explizit betont; zu diesem Zweck sei auf die Referenzen [5], [8] und [14] verwiesen.

Grundlage zu diesem Buch bildet die Sprachdefinition der Version 2.1, wie sie von Margaret Ellis und Bjarne Stroustrup in [5] veröffentlicht wurde. Es sind aber auch einige bisher erfolgte Entscheidungen des ANSI-Komitees X3J16 berücksichtigt, wobei allerdings betont werden muß, daß diese derzeit noch *keine Norm* darstellen, sondern jederzeit revidiert werden können.

Im ersten Teil (Kapitel 1-8) werden *Syntax und Semantik* von C++ in eher knapper Form vorgestellt; die Beispiele sind kurz und dienen der Veranschaulichung isolierter Sprachkonstrukte. Am Ende jedes Kapitels wird eine Reihe von Übungsaufgaben gestellt, deren Lösungen teilweise im Anhang zu finden sind. Die *Pragmatik* der Sprache wird im zweiten Teil des Buches (Kapitel 9-14) an Hand einiger Beispiele ausführlich diskutiert, wobei einer etwas breiteren, schrittweisen Entwicklung dieser Beispiele auf Kosten der Quantität der Vorzug gegeben wurde.

Die vorgestellten Beispiele wurden mit einem oder mehreren der Compiler Gnu g++ 1.37.1 (unter SunOs), AT&T cfront 2.1 (ebenfalls unter SunOs) und Borland C++ 2.0 (unter DOS) erfolgreich übersetzt und ausprobiert; nicht jedoch *getestet* im softwaretechnischen Sinne. Die drei genannten Übersetzer werden im Text mit *g++*, *cfront* bzw. *bc* bezeichnet. Obwohl es durchaus möglich ist, die Beispiele "am Papier" nachzuvollziehen, wird dringend empfohlen, die Lektüre durch die begleitende Verwendung irgendeiner neueren C++-Installation zu ergänzen.

Mein Dank gilt einer großen Anzahl von Personen[1], deren direkte oder indirekte Unterstützung mir das Verfassen dieses Buches ermöglicht hat. Insbesondere bedanke ich mich bei Katharina, Hannah und Konstantin für ihre Geduld sowie bei Martin Polaschek für sein unermüdliches Lektorieren.

Wien, im Juli 1992

M. H.

Notation und Sprache

Programmtext (`if (a>b) m=a;`) und syntaktische Kategorien (wie *EXPRESSION* und *STATEMENT* in `if (EXPRESSION) STATEMENT`) werden durch unterschiedliche Zeichensätze systematisch vom Haupttext abgehoben. Fußnoten enthalten im allgemeinen Kommentare oder Detailerklärungen, die den Haupttext überfrachten würden, aber doch wichtig genug erscheinen, um nicht ersatzlos gestrichen zu werden. Eilige Leser können sie zunächst jedoch getrost überspringen. Schließlich sei in diesem Zusammenhang noch auf die Marginalien hingewiesen, die "Diagonallesern" das Leben erleichtern sollen.

Was die Sprache betrifft, so habe ich mich bemüht, dort, wo allgemein anerkannte deutsche Übersetzungen englischer Fachvokabeln existieren, diese auch zu verwenden; im Sinne der Klarheit der Darstellung habe ich jedoch darauf verzichtet, gewaltsam deutsche Kunstworte einzuführen. Im Zweifelsfall wird bei der jeweils ersten Verwendung eines deutschen Begriffs das englische Äquivalent in eckigen Klammern [brackets] angeführt[2].

---

[1] Christian Breiteneder, Marcus Hudec, Thomas Mück, Christine Reidl, Helmut Schauer, Silvia Schilgerius, Edwin Schwarz, SteFan Vieweg, Günther Vinek, Hannes Werthner u.v.a.m.

[2] Bei häufig benützten Begriffen habe ich mir erlaubt, zur Vermeidung von Wortwiederholungen teilweise auf den englischen Begriff auszuweichen, *obwohl* ein passendes deutsches Wort zu Verfügung steht; so verwende ich *Compiler* synonym zu *Übersetzer*, das Wort *Kompilierer* betrachte ich jedoch als zu vermeidendes Kunstwort.

Inhalt

0

Einführung

Bevor wir die Einzelheiten von C++ im Detail besprechen, soll in diesem Kapitel zunächst versucht werden, ein ganzheitliches Gefühl für einige der wichtigeren Grundstrukturen der Sprache zu vermitteln. Abgesehen vom Präprozessor, der am Ende dieses Kapitels eine mehr oder weniger erschöpfende Behandlung erfährt, werden alle hier vorgestellten Sprachelemente an anderer Stelle noch genauer behandelt.

Ein kurzer Überblick

Ein erstes Programm

Um einen ersten Eindruck von C++ zu gewinnen, betrachten wir - als Sprung ins kalte Wasser sozusagen - gleich ein einfaches, aber vollständiges C++ Programm:

```
#include <iostream.h>        // vielleicht auch <stream.h>¹
const double pi = 3.141592653589793;
int main()
{
  double r;
  cout << "Bitte um einen Radius: ";
  cin >> r;
  double a = r*r*pi;
  cout << "Die Fläche eines Kreises mit Radius "
       << r << " beträgt " << a << "\n";
  return 0;
}
```

Berechnung der Kreisfläche bei gegebenem Radius

Die erste Zeile enthält eine Anweisung an den *Präprozessor* [preprocessor], die bewirkt, daß die Datei `iostream.h`, welche die Vereinbarungen für die Ein-/Ausgabebibliothek enthält, in das Programm eingefügt wird. Derartige Anweisungen müssen - im

Präprozessor-Direktiven

---

[1] In älteren Systemen heißt die entsprechende Datei `stream.h`.

Gegensatz zur eigentlichen Sprache - relativ strikten Formatierungs-
konventionen genügen und werden durch das Zeichen # in der ersten
Spalte gekennzeichnet (siehe dazu auch den Abschnitt über den
Präprozessor ab Seite 7)[2].

Kommen-
tare

Das Zeichen `//` markiert den Beginn eines einzeiligen Kommentars,
der rechts mit dem Zeilenende begrenzt ist. C++ verfügt darüber hinaus noch über die Möglichkeit, beliebig lange Kommentare durch das
Zeichenpaar[3] `/*` und `*/` vom eigentlichen Programmtext abzugrenzen.

Konstanten

Die Vereinbarung `const double pi = 3.141592653589793;` definiert eine doppeltgenaue Gleitkommakonstante[4].

Funktionen

Mit `int main() {...}` wird eine *Funktion* definiert, die ein
ganzzahliges Ergebnis liefert und keine Argumente besitzt. Die
Angabe des Ergebnistyps kann auch entfallen, die Funktion wird dann
implizit als ganzzahlige Funktion definiert.

Das Haupt-
programm

Jedes ausführbare C++ Programm muß genau eine Funktion `main()`
enthalten, mit deren Aktivierung das Betriebssystem die Kontrolle an
das Programm übergibt. Das Programm endet üblicherweise nach der
letzten Anweisung in `main()`, mit der ein Fehlercode an das Betriebssystem übergeben werden sollte[5]. Es ist jedoch auch zulässig, auf die
`return`-Anweisung zu verzichten; der übergebene Funktionswert ist
dann allerdings zufallsabhängig. Alternativ dazu kann ein Programm
auch durch Aufruf der in `stdlib.h` deklarierten Routine `exit()`
beendet werden; `exit()` erwartet einen `int`-Parameter, der als
Rückgabewert des Programms benützt wird.

Blöcke und
Variablen-
deklara-
tionen

Die geschwungenen Klammern `{` und `}` schließen einen sogenannten
Block ein, der aus einer (möglicherweise leeren) Reihe von Anweisungen besteht. Ein Block hat in C++ zweierlei Funktionen: Erstens
faßt er mehrere sequentielle Anweisungen zu einer einzigen *Verbund-*
anweisung zusammen, und zweitens definiert er den Geltungsbereich

---

[2] Je nach benütztem System können die Namenskonventionen variieren. Die sogenannten *Headerdateien* werden durch Suffixe `.h`, `.hpp` oder `.hxx` charakterisiert; *Programmdateinamen* enden üblicherweise in `.C`, `.cc`, `.cpp` oder `.cxx`.

[3] Achtung: All diese zusammengesetzten Zeichen (`//`, `/*`, `*/` usw.) werden nur
korrekt interpretiert, wenn ihre Komponenten unmittelbar aufeinander folgen und
nicht etwa durch Leerzeichen voneinander getrennt sind.

[4] Das ist sehr salopp ausgedrückt. Genauer müßte man sagen: "es wird eine
konstante Gleitkomma*variable* `pi` definiert". Dieser scheinbare Widerspruch
spiegelt die Tatsache wider, daß in C++ das Konzept der *benannten Konstante*
durch die Verwendung von Variablen gelöst ist, die durch den Zusatz `const`
unveränderbar gemacht werden. Die einzige gestattete (und notwendige)
Wertzuweisung an eine derartige Variable ist die Initialisierung.

[5] Konventionsgemäß steht der Wert 0 für eine korrekte Programmbeendigung,
während jeder andere Wert einen Fehler signalisiert.

für die in ihm enthaltenen Vereinbarungen wie `double r;` oder `double a;`. Die so vereinbarten Namen gelten vom Ort ihrer Vereinbarung bis zum Ende des Blocks. Im konkreten Fall werden zwei lokale, doppeltgenaue Gleitkommavariablen definiert.

In der Anweisung `cout<<"Bitte um einen Radius: ";` wird die Zeichenkette durch den Operator `<<` auf die Standardausgabedatei `cout`, die in `iostream.h` vereinbart ist, übertragen. Dies ist insoferne eine bemerkenswerte Tatsache, als `<<` eigentlich einen Operator zur Bitmanipulation ("Linksshift") darstellt, der in `iostream.h` für Ausgabezwecke *überladen* [overloaded] wird. Die Wahl des konkreten Operators für die Ausgabe war vom Entwickler der Ein-/Ausgabebibliothek willkürlich getroffen worden, vermutlich, weil er auf die Richtung des Datenflusses (von der Zeichenkette zur Datei) hinweist. *Ausgabe*

In der folgenden Anweisung wird der Wert von `r` von der Standardeingabedatei `cin`, die meist mit der Tastatur des Benutzers verknüpft ist, eingelesen. Bei `>>` handelt es sich wiederum um einen überladenen Operator, dessen ursprünglicher Zweck ("Rechts-Shift") mit Eingabevorgängen überhaupt nichts zu tun hat. *Eingabe*

Danach wird die Kreisfläche zum gegebenen Radius berechnet und die neu definierte Variable `a` damit initialisiert.

Die komplexe Struktur der letzten Ausgabeanweisung beruht darauf, daß die Operation `cout<<"..."` als *Ergebnis* die Datei `cout` selbst liefert. Diese kann wiederum als linke Seite einer weiteren `<<`-Operation verwendet werden, sodaß

```
(((( cout << "Die Fläche eines Kreises mit Radius ")
     << r) << " beträgt ") << a) << "\n";
```

Vollständige Klammerung..

dasselbe bewirkt wie die Anweisungsfolge

```
cout << "Die Fläche eines Kreises mit Radius ";
cout << r;
cout << " beträgt ";
cout << a;
cout << "\n";
```

Da `<<` *linksassoziativ* ist, können die Klammern wie im Beispielprogramm weggelassen werden, ohne die Bedeutung zu beeinflussen. *..ist hier redundant*

Das Beispiel zeigt außerdem, daß sich der Operator `<<` sehr "intelligent" verhält und als zweiten Operanden die unterschiedlichsten Datentypen akzeptiert und korrekt verarbeitet[6]. Der Trick dabei ist, daß `<<` *mehrfach* überladen ist; für jeden Datentyp des rechten *Überladene Operatoren*

---

[6] Pascal-Programmierer werden sich erinnern, daß in Pascal die Prozeduren `write()` und `read()` eine ähnliche Allgemeinheit aufweisen. Leider ist es in Pascal nicht möglich, selbst derartige Prozeduren zu definieren.

Operanden ist eine eigene Version vorgesehen.

Verlassen einer Funktion Die `return`-Anweisung schließlich verläßt die Funktion `main()` und gibt den angegebenen Wert an die rufende Routine (im Betriebssystem) zurück.

Bei Ausführung des Beispielprogramms sollte der Dialog wie folgt ablaufen:

```
Bitte um einen Radius: 10
Die Fläche eines Kreises mit Radius 10 beträgt 314.159265
```

Eine Variation zum selben Thema stellt das folgende Programm dar:

Variante mit Hilfsfunktion und Schleife
```cpp
#include <iostream.h>
double area (double rad)
{
   const double pi = 3.141592653589793;
   return rad*rad*pi;
}
int main()
{
   do {
      cout << "Bitte um einen Radius: ";
      double r;
      cin >> r;
      cout << "Die Fläche eines Kreises mit Radius "
           << r << " beträgt " << area(r)
           << "\nNoch eine Berechnung? ";
   } while (cin.get() == 'J');
   return 0;
}
```

Funktionsargumente: Wert- und Variablenparameter Hier wurde die Berechnung der Kreisfläche in einer Funktion `area()` gekapselt, die sich strukturell von `main()` nur durch das Vorhandensein von *Argumenten* unterscheidet. Der *formale* Parameter `rad` wirkt wie eine lokale Variable (eben wie `r` in `main()`), die beim Aufruf der Funktion den Wert des *aktuellen* Parameters (im Beispiel `r`) zugewiesen erhält. Diese Art der Parameterübergabe, die *Wertübergabe* [call by value], stellt die Standardvariante in C++ dar; im Gegensatz zu C verfügt C++ aber auch über einen Variablenübergabemechanismus [call by reference]; doch davon später. In C++ ist es im übrigen (im Gegensatz zu Pascal, z.B.) *nicht* möglich, eine Funktion innerhalb einer anderen zu definieren.

Schleife Die Ausführung des Programmrumpfes wird in einer sogenannten do-*Schleife* solange wiederholt, bis auf die Frage "Noch eine Berechnung?" mit einem vom Buchstaben J verschiedenen Zeichen geantwortet wird.

Die entsprechende Benutzereingabe wird von der Komponentenfunktion `get()` des Objekts `cin` eingelesen. Diese funktionale Eingabealternative zur sonst üblichen >>-Notation wird meist dann benützt, wenn der gelesene Wert (also das eingegebene Zeichen) nicht in eine Variable übertragen, sondern lediglich in einem Ausdruck (hier dem Vergleich mit der Konstante `'J'`) benützt werden soll. Bemerkenswert ist jedenfalls, daß in C++ Datenobjekten wie `cin` auch Funktionen, sogenannte *Komponentenfunktionen* oder *Methoden*, zugeordnet werden können. Im nächsten Abschnitt werden wir sehen, wie das bei der Definition eines neuen Datentyps ausgenützt werden kann.

Komponentenfunktionen

Benutzerdefinierte Datentypen

Entwerfen wir noch ein einfaches Programm zum Ausprobieren der Grundrechnungsarten:

```
int main()
{
    cout << "Geben Sie zwei reelle Zahlen ein: ";
    double x, y;
    cin >> x >> y;
    cout << x << "+" << y << "=" << x+y << "\n";
    cout << x << "-" << y << "=" << x-y << "\n";
    cout << x << "*" << y << "=" << x*y << "\n";
    cout << x << "/" << y << "=" << x/y << "\n";
    return 0;
}
```

Addition, Subtraktion, Multiplikation und Division von Gleitkommazahlen

Dieses Programm läuft etwa wie folgt ab:

```
Geben Sie zwei reelle Zahlen ein: 7 3
7+3=10
7-3=4
7*3=21
7/3=2.333333
```

Wenn wir jedoch für `y` die Zahl Null eingeben, bricht das Programm beim Versuch, durch Null zu dividieren, mit einer entsprechenden Systemfehlermeldung ab. Das können wir verhindern, indem wir einen neuen Datentyp, nennen wir ihn `real`, einführen, der sich bei den vier Grundrechnungsarten wie `double` verhält, jedoch bei der Division durch Null das Programm *nicht* abbricht, sondern lediglich eine Fehlermeldung ausgibt. Um `real`-Werte ein- und ausgeben zu können, sind auch entsprechende Ein- und Ausgabeoperationen zu definieren. Betrachten wir zunächst das (kaum) modifizierte Hauptprogramm:

Bei Division durch Null erfolgt ein Programmabbruch

```
int main()
{
    cout << "Geben Sie zwei reelle Zahlen ein: ";
    real x, y;
    cin >> x >> y;
    cout << x << "+" << y << "=" << x+y << "\n";
    ... Rest wie oben ...
}
```

`real` soll bei Division durch Null nur eine Fehlermeldung ausgeben

Die Verwendung des *benutzerdefinierten* Datentyps `real` erfolgt also genauso wie die des *eingebauten* Datentyps double! Daß dies relativ einfach erreicht werden kann, illustriert die folgende Definition der *Klasse* real:

class real führt einen neuen Datentyp ein, für den sechs Operationen definiert sind

```
class real {
  double value;              // real kapselt einen double-Wert
 public:                                    // Zugriffsfunktionen:
  real operator + (real y) { return value + y.value; }
  real operator - (real y) { return value - y.value; }
  real operator * (real y) { return value * y.value; }
  real operator / (real y)
  {
    if (y.value != 0)
      return value / y.value;
    else {
      cout << "Unerlaubte Division " << value << "/0!\n";
      return 0;                 // Beliebiges Ersatzelememt
    }
  }

  friend istream& operator >> (istream& i, real& x)
    { return i >> x.value; }
  friend ostream& operator << (ostream& o, real& x)
    { return o << x.value; }
};
```

Der Datentyp real entspricht einer Struktur, die eine double-Komponente enthält und für die die Operationen +, -, *, und /, sowie - auf eine etwas andere Weise - auch die Ein- und Ausgabeoperationen >> und << definiert sind. Alle Operationen bauen auf die entsprechenden, bereits vordefinierten double-Operationen auf, wobei die Division den Fall Divisor=0 explizit abhandelt.

Mehr darüber später

Die genauere Diskussion dieser Mechanismen und anderer objektorientierter Aspekte der Sprache erfolgt ab Kapitel 5.

Übersetzung von C++

Wenn der C++-Übersetzer aufgerufen wird, werden in Wirklichkeit, abhängig von der benützten Implementation, der Reihe nach bis zu vier getrennte Programme aktiviert.

Präprozessor

Zuerst wird der Präprozessor aufgerufen. Dieses Programm behandelt alle #-Anweisungen, entfernt Kommentare und führt Makroexpansionen durch (siehe dazu den nächsten Abschnitt).

Übersetzer

Danach folgt der eigentliche C++-Compiler. Dieser kann das Programm nun entweder unmittelbar in Objektcode übersetzen oder eine Zwischendarstellung in C erzeugen, die dann natürlich von einem C-Compiler weiterbearbeitet werden muß.

Sollte bis hierher kein Fehler aufgetreten sein, existiert nun eine

Objektdatei, die vom Binder [linker] unter Zuhilfenahme der System-   *Binder*
bibliotheken in ein ausführbares Programm transformiert wird. Dieser
Schritt kann wiederum automatisch erfolgen, das hängt davon ab,
unter Angabe welcher Optionen der gesamte Prozeß gestartet wurde.

Während die letzteren Zwischenschritte für uns eher irrelevant sind,
soll die Funktionsweise des Präprozessors gleich im nächsten
Abschnitt diskutiert werden. Da es sich dabei ja nicht unmittelbar um
C++ handelt, paßt dieser Abschnitt gut in dieses nullte Kapitel.

Der Präprozessor

Der Präprozessor ist ein separates Programm, das vor dem
eigentlichen Compiler gemäß den durch # markierten Anweisungen
allerlei Manipulationen am Quelltext vornimmt. Seine Hauptaufgaben
sind:

- Dateiinklusion   *Aufgaben*
- Makrodefinition und -expansion   *des Prä-*
- Bedingte Übersetzung   *prozessors*
- Elimination von Kommentaren

Während man auf viele Fähigkeiten des Präprozessors verzichten   *Datei-*
könnte, ist die von ihm durchgeführte *Dateiinklusion* von entschei-   *inklusion*
dender Bedeutung, da sie die Modularisierung größerer Programme
unterstützt: Für die korrekte Verwendung von Programmmodulen sind
meist mehr oder weniger umfangreiche Deklarationen notwendig, die
von den Entwicklern dieser Module in Form von Headerdateien zur
Verfügung gestellt werden. Diese Dateien müssen durch die
`#include`-Anweisung in all jene Programme, die diese Module benützen, eingefügt werden. Sie bewirkt, daß der Inhalt der angegebenen
Datei in den gerade bearbeiteten Programmtext kopiert wird, und hat
entweder die Form

```
#include <iostream.h>        // Dateiname in Spitzklammern
```

oder

```
#include "complex.h"        // Dateiname in Anführungszeichen
```

Der Unterschied zwischen diesen beiden Varianten besteht darin, daß   *Unter-*
im ersten Fall die Datei (im Beispiel `iostream.h`) in bestimmten,   *schiedliche*
installationsabhängigen Standardverzeichnissen [Directories] des   *Datei-Such-*
Dateisystems gesucht wird, sodaß Standardheaderdateien wie z.B.   *strategien*
`iostream.h` oder `stdlib.h` benutzerunabhängig im System
installiert werden können. Im zweiten Fall wird *zuerst* das aktuelle
Verzeichnis durchsucht, und nur, wenn sich die Datei dort *nicht*

befindet, wird die Suche in denselben Standardverzeichnissen wie im ersten Fall fortgesetzt[7].

Die inkludierten Dateien können durchaus ihrerseits wieder `#include`-Direktiven enthalten; Rekursionen werden allerdings durch Fehlermeldungen des Präprozessors bestraft.

Makro-definition

Der zweite Hauptzweck des Präprozessors ist die Definition bzw. Expansion von *Makros*. Erstere erfolgt durch eine der drei Formen der `#define`-Anweisung:

```
#define MC68000
#define PI 3.141592653589793          // gilt als obsolet
#define sqr(a) (a*a)
```

In allen Fällen wird ein *Makroname* (`MC68000`, `PI`, `sqr`) vereinbart und mit einem bestimmten Text verknüpft. Im ersten Fall ist es der leere Text; dies kann durchaus sinnvoll sein, weil es Möglichkeiten gibt festzustellen, ob ein Name *überhaupt* über eine Definition verfügt, egal, ob ihm ein Text zugeordnet ist oder nicht.

Im zweiten Fall wird dem Namen `PI` der Text

```
3.141592653589793
```

Makro-expansion

zugeordnet. Bei der Expansion des Makros, z.B. in

```
a = r*r*PI;
```

wird einfach der Name `PI` durch den ihm zugeordneten Text ersetzt:

```
a = r*r*3.141592653589793;
```

Von der Benützung des Präprozessors für die Definition von benannten Konstanten wird allgemein abgeraten; für diesen Zweck gibt es in C++ die `const`-Variablen (siehe das eingangs besprochene Programmbeispiel), die gegenüber Präprozessorkonstanten den Vorteil haben, daß sie aus einem symbolischen Debugger heraus zugreifbar sind.

Parametrisierte Makros

In der dritten Form ist der dem Makronamen zugeordnete Text *parametrisiert* und kann daher bei der Verwendung des Makros den aktuellen Bedürfnissen entsprechend angepaßt werden (Achtung: Die öffnende Klammer der formalen Parameterliste muß dem Makronamen *unmittelbar* folgen; ein Zwischenraum an dieser Stelle würde sie dem Expansionstext zuordnen!):

```
a = sqr(r)*PI;                         // gilt auch als obsolet
```

wird zu

---

[7] Die zu durchsuchenden Standardverzeichnisse können meist beim Compileraufruf (der ja implizit auch der Präprozessoraufruf ist) angegeben werden; häufig wird dafür die Option `-I` benützt.

```
a = r*r*PI;
```

expandiert. Auch hier ist der Kommentar nicht zufällig, es gibt in C++ sicherere Formulierungstechniken. Diese birgt nämlich einige Gefahren in sich, so würde z.B. `sqr(a-b)` ja zu `(a-b*a-b)` expandiert werden, was gleichzusetzen ist mit `(a-(b*a)-b)` und wohl kaum beabsichtigt wäre. Wenngleich man den demonstrierten Fehler auch leicht durch die Definition

*Un-
erwünschte
Seiten-
effekte*

```
#define sqr(a) ((a)*(a))
```

beheben könnte, empfiehlt es sich doch, mit diesem Konstrukt sparsam umzugehen. Das Hauptproblem entsteht nämlich, wenn ein formaler Makroparameter, der in der Makrodefinition mehrfach vorkommt (wie `a` in der Definition von `sqr`), durch ein aktuelles Argument mit *Seiteneffekten* ersetzt wird, beispielsweise in `sqr(next_val())`, wobei wir annehmen, daß `next_val()` eine Funktion ist, die irgendeine Wertequelle konsumiert, z.B. die nächste Benutzereingabe liest. Diese Seiteneffekte treten dann eben entsprechend oft auf, im Beispiel würden also wegen der Expansion zu `(next_val()*next_val())` zwei aufeinanderfolgende Benutzereingaben miteinander multipliziert werden, was sicherlich unerwünscht wäre.

Es ist wichtig zu wissen, daß eine Makrodefinition mit dem Zeilenende abgeschlossen wird. Wenn man längere Makros definieren möchte, kann man das Zeilenende vor dem Präprozessor "verstecken", indem man als unmittelbar letztes Zeichen den "verkehrten" Schrägstrich [backslash] \ angibt. Dadurch wird die folgende Zeile logisch an die erste angehängt; auf diese Weise können sich Makros auf beinahe beliebig viele Zeilen erstrecken.

*Mehrzeilige
Makro-
definitionen*

Das dritte Aufgabengebiet des Präprozessors ist die Steuerung der *bedingten Übersetzung*. Die `#if`-Direktive überprüft, ob ein angegebener Ausdruck, der zur *Übersetzungszeit* evaluierbar sein muß, einen "wahren", d.h. von Null verschiedenen Wert ergibt und aktiviert bzw. deaktiviert bestimmte Teile des Programms:

*Bedingte
Über-
setzung..*

```
#if N > 1023                      // N muß ein Makroname mit
                                  // numerischem Wert sein.
    ... Code-Variante für den Fall N > 1023 ...
#elif N > 511
    ... Code für den Fall 511 < N ≤ 1023 ...
#else
    ... Variante für N ≤ 511 ...
#endif
```

*..beginnt
mit `#if`*

*`#elif` kann
mehrfach,
muß aber
nicht
vorkommen;
`#else` kann
auch
entfallen*

Für die Abfrage, ob ein Name (wie `MC68000`) über eine Makrodefinition (eventuell auch über die leere Definition) verfügt, steht der Präfixoperator `defined` zur Verfügung, der 1 liefert, wenn der angegebene Name eine Definition besitzt, und 0, falls dies nicht der Fall ist:

```
#if defined MC68000
...                          // Motorola-spezifische Vereinbarungen
#else
...                          // Prozessorunabhängige Variante
#endif
```

Logische Ausdrücke können wie in C++ selbst durch den Präfixoperator
! negiert werden.

`#if`-Anweisungen können geschachtelt werden, außerdem sind
folgende Abkürzungen erlaubt:

```
#ifdef NAME                  // entspricht: #if defined NAME
#ifndef NAME                 // entspricht: #if ! defined NAME
```

*Löschen von
Makro-
definitionen*
Eine bereits vorhandene Definition kann durch die Anweisung

```
#undef MC68000
```

wieder entfernt werden.

Weitere Besonderheiten des Präprozessors werden wir im Laufe der
Zeit kennen lernen; die Compiler-Handbücher sowie [5] verfügen über
genauere Zusammenfassungen.

Übungsaufgaben

→ *Seite 271*   0.1   Fügen Sie am Anfang der ersten Zeile des Programms von Seite 1
(*vor* der `#include`-Anweisung) das Zeichen `//` ein. Was passiert
nun bei der Übersetzung des Programms?

→ *Seite 271*   0.2   Entfernen Sie das Wort `double` aus der Definition für `pi`. Wie
verhält sich das Programm nun?

→ *Seite 271*   0.3   Was würde passieren, wenn man die Definition der Variablen `a`
durch

```
const double a = r*r*pi;
```
ersetzte?

→ *Seite 271*   0.4   Ermitteln Sie die Stelle in Ihrem Dateisystem, die die Standard-
Headerdateien wie `iostream.h` beherbergt. Schauen Sie sich die
Datei `iostream.h` an und analysieren Sie die Bedeutung und
Wirkungsweise der ersten darin enthaltenen Präprozessor-
Anweisungen.

0.5   Die meisten Übersetzer können durch eine bestimmte Option
veranlaßt werden, *nur* den Präprozessor zu aktivieren und den
modifizierten Quelltext in eine Datei zu übertragen. Stellen Sie
fest, welche Option bei Ihrem Übersetzer dafür verantwortlich ist
und untersuchen Sie die resultierende Datei.

1

Datentypen

Intuitiv verstehen wir unter dem *Datentyp* eines Objekts die Vereinbarung, wieviel Speicherplatz das Objekt benötigt und wie das Bitmuster, das den Inhalt dieses Speicherbereichs darstellt, zu interpretieren ist. Doch wie ist diese "Interpretation" eigentlich festgelegt? Eine Möglichkeit besteht in der Angabe, welche Operationen auf den Objekten dieses Typs definiert sind und welchen algebraischen Gesetzen diese Operationen unterworfen sind. Die Art und Weise hingegen, in der diese Operationen im Computer tatsächlich berechnet werden bzw. welches Bit für welchen Aspekt des Datums zuständig ist, ist für den Programmierer als "Konsument" des Datentyps höchstens von akademischem Interesse und gehört eigentlich nicht mehr zur Definition des Datentyps in unserem Sinne.

Beispielsweise könnten wir einen Datentyp *Integer* vereinbaren, für den die Operationen Addition, Subtraktion, Multiplikation und ganzzahlige Division definiert sind und der annähernd den üblichen algebraischen Gesetzen, wie z.B. x+0=0+x=x, x*1=1*x=x, x-x=0, x*y=y*x usw., die wir auch als *Datentypinvarianten* bezeichnen können, genügt. Weiters ist die Größe des Wertevorrats von Interesse, z.B. könnten wir uns damit zufriedengeben, die ganzen Zahlen im Bereich von -32768 bis +32767 darstellen zu können. *Weniger* wichtig ist es, daß jedes Objekt dieses Datentyps zwei Bytes Platz benötigt, und *nicht* interessiert uns im allgemeinen, daß Bit Nummer 15 für das Vorzeichen verantwortlich ist. Diese Tatsache ist zwar den meisten von uns bewußt; aber wer weiß schon wirklich auswendig, wo in einem acht Byte langen `double`-Objekt die Grenzen zwischen Vorzeichen, Mantisse, Vorzeichen des Exponenten und Exponent liegen?

Eine besondere Stärke von C++ liegt in der Möglichkeit, neue Datentypen zu definieren und sie derart in die Sprache zu integrieren, daß

*Datentypen
als Abstrak-
tions-
mecha-
nismen*

die Unterschiede zwischen diesen konstruierten Datentypen und den "eingebauten" Datentypen verschwimmen (siehe Kapitel 5). Im folgenden werden wir uns mit letzteren, die sozusagen gratis zur Verfügung stehen, beschäftigen. Diese werden üblicherweise in *fundamentale* (durch ein einzelnes Schlüsselwort wie int bezeichnete) und *abgeleitete* Typen (wie Felder, Strukturen und dergleichen) eingeteilt.

Fundamentale Datentypen

char, der "kleinste" Datentyp

Der Typ char wird benützt, um einzelne Zeichen oder kleine ganze Zahlen darzustellen. Ein char-Objekt benötigt typischerweise ein Byte Speicherplatz und definiert damit die Maßeinheit für den sizeof-Operator (siehe auch Seite 52), der Auskunft gibt über die Größe eines Datenobjekts[1]: sizeof(char):=1.

char-Konstanten

Konstanten vom Typ char sind unter einfachen Hochkommata angeführte Zeichen, wie

```
'a', '1', ' ', 'X'
```

Notation von Sonderzeichen:

Nicht "vernünftig" darstellbare Zeichen können durch einen Sondercode, der durch einen Backslash (\) eingeleitet wird, notiert werden. Einige davon sind:

symbolisch..

```
\n      // Zeilenende²
\t      // horizontaler Tabulator
\b      // Backspace
\\      // Backslash
\'      // Hochkomma
\"      // Anführungszeichen
```

Darüber hinaus kann jedes Zeichen des zugrunde liegenden Zeichensatzes durch Angabe seines numerischen Codes, ebenfalls durch einen Backslash eingeleitet, repräsentiert werden:

..und numerisch

```
\ooo                    // Zeichencode als Oktalzahl ooo
\xhhh                   // Zeichencode als Hexadezimalzahl hhh
```

Damit ergibt sich z.B. folgende Äquivalenz: '"' = '\"' = '\042' = '\x022'

Ganze Zahlen, die in einem Maschinenwort Platz finden, werden durch Objekte vom Datentyp int repräsentiert. Darüber hinaus sind die Typen long int (kurz long) und short int (kurz short) vorgesehen, wobei sehr häufig int entweder mit long int oder mit short int

---

[1] Sollte also char in einer bestimmten Implementation *zwei* Bytes in Anspruch nehmen, dann gilt für einen anderen Typ X, der z.B. vier Bytes benötigt: sizeof(X) = 2.

[2] Entspricht unter UNIX dem *linefeed* (LF), unter DOS der Kombination *carriage return+linefeed* (CR+LF)

identisch ist. Garantiert wird jedoch, daß gilt:

```
1 = sizeof(char) ≤ sizeof(short) ≤ sizeof(int) ≤ sizeof(long)
```

Für alle diese, gemeinsam häufig als *integrale Datentypen* bezeich-
neten Typen sind zusätzlich die Attribute `signed` bzw. `unsigned`
definiert, die lediglich die Bedeutung des führenden Bits ändern: Im
`signed` Falle handelt es sich um ein Vorzeichenbit, wodurch sich der
maximal darstellbare Absolutbetrag halbiert. Bei einer Implementation mit `sizeof(int)=2` zum Beispiel umfaßt der Wertebereich
von `signed int` die ganzen Zahlen von -32768 bis 32767, während sich
mittels `unsigned int` die Zahlen 0 bis 65535 darstellen lassen.
`signed int` ist übrigens dasselbe wie `int`, wohingegen `char`, `signed`
`char` und `unsigned char` als drei unterschiedliche Typen angesehen
werden, wobei je nach Implementation entweder `signed char` oder
`unsigned char` mit `char` zusammenfallen.

`int`-Konstanten können dezimal, oktal und hexadezimal notiert
werden. Die dezimale Darstellung ist die übliche, z.B. 12. Beginnt die
Zahl allerdings mit einer führenden Null, so wird sie als Oktalzahl
interpretiert (Beispiel: 014); die Ziffern 8 und 9 sind dann natürlich
verboten. Hexadezimalzahlen müssen mit `0x` beginnen und dürfen die
Ziffernsymbole A, B, C, D, E, und F enthalten. `0xC` stellt z.B. ebenfalls
die Zahl 12 dar.

Eine `int`-Konstante kann durch den Suffix L zu einer `long int` Kon-
stante gemacht werden, der Suffix U charakterisiert eine `unsigned`
`int` Konstante. Schließlich wird durch den Suffix UL eine `unsigned`
`long` Konstante erzeugt[3]: `1024UL`.

Einen weiteren integralen Datentyp stellt der sogenannte *Aufzähltyp*
[enumeration type] dar. Durch

```
enum boolean { false, true };
```

wird ein Datentyp namens `boolean` definiert, dessen Ausprägungen
`false` und `true` Konstanten sind, die den Werten 0 bzw. 1
entsprechen. Die Wertezuordnung erfolgt, von null beginnend, der
Reihe nach aufsteigend, sodaß `maybe` in

```
enum fuzzy { false, true, maybe };
```

den Wert 2 zugewiesen erhält. Diese Zuordnungssystematik kann
durchbrochen werden, indem einige oder alle Konstanten explizit
definiert werden. Um z.B. in einem fiktiven Kartenspiel die
Kartenwerte von Bube (2), Dame (3), König (4) und As (11) zu
kodieren, wäre folgende Definition passend:

---

[3] Die Symbole A bis F, X, U und L sowie E (bei Gleitkommazahlen) werden sowohl als
Groß- als auch als Kleinbuchstaben akzeptiert.

```
enum figur { bube = 2, dame, koenig, as = 11 };
```

Beachten Sie, daß nach einer expliziten Wertzuordnung alle folgenden "nichtinitialisierten" Konstanten wieder der Reihe nach mit aufsteigenden ganzen Zahlen belegt werden. Die expliziten Wertzuordnungen müssen jedoch weder aufsteigend noch eindeutig sein:

```
enum figur { bube = 2, dame, koenig = dame, as = 1 };
```

wäre durchaus korrekt und würde dame und koenig beiden den Wert 3 zuordnen.

Um-
wandlung
zu int

Bei der Verwendung von Aufzähltypen ist zu beachten, daß ihre Werte automatisch zu int-Werten umgewandelt werden können, *nicht* jedoch umgekehrt:

```
int wert = bube;     // Umwandlung von figur auf int möglich
figur karte = 2;     // Fehler: automatische Umwandlung von
                     // int auf figur ist nicht vorgesehen
```

Das letzte Beispiel zeigt die Verwendung des Typnamens: Überall, wo syntaktisch z.B. int oder double zulässig sind, könnte auch figur stehen. Es gibt jedoch auch Aufzählungen ohne Angabe eines Typnamens, wie z.B.

Anonyme
Aufzähl-
typen

```
enum { false, true };
```

die lediglich den Zweck haben, die aufgezählten Konstanten zu definieren. Diese können dann durch die oben angesprochene implizite Typumwandlung im Kontext von ganzzahligen Werten benützt werden, wie etwa in

```
int found = false;
```

Gleit-
komma-
datentypen

Die *Gleitkommadatentypen* sind float, double und long double. float Werte werden üblicherweise in einem Maschinenwort, double in zwei, und long double in drei oder vier Worten untergebracht. Ähnlich wie bei integralen Typen ist die einzig garantierte Zusicherung eine sehr schwache:

```
sizeof(float) ≤ sizeof(double) ≤ sizeof(long double)
```

Gleit-
komma-
konstanten:

Gleitkommakonstanten bestehen aus einem Mix aus ganzzahligem Anteil, Punkt, Nachkommateil und einem eventuell vorzeichenbehafteten Exponenten, der durch den Buchstaben E eingeleitet wird. Die meisten dieser Bestimmungsstücke dürfen ausgelassen werden, es muß nur achtgegeben werden, daß keine *ganze* Zahl entsteht:

double..

```
1000. = 1000.0 = 1E3 = 1.0E3 = 1000000E-3 = 0.1E4 = .01E5
```

..oder
float

Gleitkommakonstanten sind grundsätzlich vom Typ double; der Typ float kann jedoch durch den Suffix F erzwungen werden: 3.1415F.

Die implementationsabhängigen Minima und Maxima der Datentypen sind in der Datei `limits.h` als Präprozessorkonstante definiert. Eine typische Zeile aus dieser Datei ist etwa

```
#define ULONG_MAX 0xFFFFFFFF        /* max. unsigned long */
```

Auch für den *leeren* Wertebereich gibt es übrigens einen Datentyp: void. Dieser wird hauptsächlich als Ergebnistyp von Funktionen benützt, die eigentlich reine *Prozeduren* sind und daher gar nichts zurückgeben. Auch Zeiger auf void können sinnvoll sein, siehe dazu den übernächsten Abschnitt. Doch zuvor noch ein kleiner Exkurs zur Vereinbarung von Variablen.

void, der Anti-datentyp

Deklarationen und Definitionen

Wie wir bereits im ersten Programm gesehen haben, ist die einfachste Form der Vereinbarung einer Variable in C++ die Angabe des Datentyps gefolgt vom Variablennamen und dem obligaten Strichpunkt:

Variablen-verein-barungen

```
int i; int j; double d; unsigned char c;
```

Namen beginnen übrigens mit einem Buchstaben oder einem Unterstreichungszeichen und können dann eine beliebige Kombination aus Buchstaben, Ziffern und dem Unterstreichungszeichen enthalten. Groß- und Kleinschreibung werden vom Übersetzer unterschieden; die Verwendung der C++-Schlüsselwörter[4] als Namen ist verboten.

Syntax von Bezeichnern

Variablen vom gleichen Typ können gemeinsam deklariert werden:

```
int i, j;
```

Außerdem ist es möglich, Variablen bereits bei ihrer Definition zu initialisieren:

```
int i=3, j=i; double d=2.1; unsigned char c='\0';
```

Dadurch werden die Variablen jedes Mal, wenn sie angelegt werden, mit den angegebenen Werten belegt. Die genaue Semantik hängt aber von der *Speicherklasse*, der sie angehören, ab. C++ kennt die beiden Speicherklassen auto(matic) und static, die im wesentlichen festlegen, wann die ihnen zugeordneten Objekte existieren[5].

Speicher-klassen: auto und static

---

[4] asm, auto, break, case, catch, char, class, const, continue, default, delete, do, double, else, enum, extern, float, for, friend, goto, if, inline, int, long, new, operator, overload, private, protected, public, register, return, short, signed, sizeof, static, struct, switch, this, template, try, typedef, union, unsigned, void, volatile, while.

[5] C++ unterstützt darüber hinaus auch noch *dynamische* Objekte, die über Zeigervariablen (s. S. 21) erreichbar sind und durch die Operatoren new und delete (s. S. 49) erzeugt bzw. eliminiert werden.

Lebens-
dauer von
auto-
Objekten

Die *Lebensdauer* von Objekten der Klasse `auto` ist die Aktivitätszeit des Blocks, in dem sie definiert sind. Wenn der Block aktiviert wird, werden die Objekte erzeugt, wenn der Block verlassen wird, hören sie auf zu existieren. Daraus folgt erstens, daß eine automatische Variable nur innerhalb eines Blocks definiert werden kann, und zweitens, daß eine automatische Variable bei Aktivierung ihres Blocks noch *keinen* definierten Wert besitzt. Betrachten wir z.B. die Funktion `f()`:

Funktion
mit lokalen
auto-
Variablen

```
int f()
{
   int i, j=0;              // äquivalent mit: auto int i, j=0;
   ...
}
```

Ihre beiden *lokalen* Variablen `i` und `j` werden bei jedem Aufruf der Funktion neu angelegt; der Anfangswert von `i` ist dabei zufällig, jener von `j` aber auf Grund der expliziten Initialisierung immer null.

auto ist
redundant

Automatische Variable werden mit dem Schlüsselwort `auto` vereinbart. Da es sich dabei allerdings um die Standardspeicherklasse für innerhalb eines Blocks deklarierte Variablen handelt, gehört `auto` zu den am seltensten verwendeten Schlüsselworten in C++.

register,
als
Variante
von auto,..

Es gibt allerdings auch die Möglichkeit, automatische Variablen durch das Schlüsselwort `register` zu deklarieren:

```
int f()
{
   register int i, j=0;          // Eventuell äquivalent mit:
   ...                           //           // int i, j=0;
}
```

..eine
Möglichkeit
zur Code-
optimierung

Dies ist ein Hinweis an den Compiler, daß man plant, die genannten Variablen sehr häufig zu verwenden. Der Übersetzer kann diesen Hinweis beherzigen und die Variablen aus Effizienzgründen in Registern halten, er ist dazu allerdings nicht verpflichtet. Im allgemeinen wird empfohlen, von der `register`-Deklaration sehr sparsam Gebrauch zu machen, da sie bei hemmungsloser Anwendung unter Umständen die Laufzeiteffizienz sogar beeinträchtigen kann.

Lebens-
dauer von
static-
Objekten

Alle Objekte, die außerhalb jedes Blocks definiert sind, gehören zur Speicherklasse `static`. Das bedeutet, daß sie (und ihre Werte) während der gesamten Laufzeit des Programms existieren. Das bedeutet aber auch, daß ihre Initialisierung *vor* Aktivierung des Blocks `main()` erfolgt, wie das folgende Beispiel veranschaulicht:

Funktion
zur
interaktiven
Festlegung
des
Anfangs-
werts von s

```
int f()
{
   cout << "Startwert: ";
   int i;
   cin >> i;
   return i;
}
```

```
int s = f();                                    // statisch!
main () { cout << "Programmstart; s = " << s << "\n"; }
```

Die Exekution des Programms ergibt[6]:

```
Startwert: 3
Programmstart; s = 3
```

Die erste Ausgabe erfolgt noch *vor* dem "Programmstart"! Es erfordert nicht viel Phantasie zu erkennen, daß zyklische Initialisierungsabhängigkeiten leicht zu unerwünschtem Programmverhalten führen können; siehe dazu die Aufgabe 1.1 am Ende dieses Kapitels.

Im Gegensatz zu den automatischen Variablen haben nichtinitialisierte statische Variablen *sicher* den Anfangswert Null.

Das Schlüsselwort `static` kann nun verwendet werden, um eine Variable, die innerhalb eines Blocks definiert ist (und dadurch implizit automatisch wäre) statisch zu vereinbaren. Dadurch kann z.B. eine Funktion mit "Gedächtnis" ausgestattet werden:

```
void f()        // Am Rande bemerkt: f() gibt NICHTS zurück!
{
   static int aufrufe = 1;
   cout<<"Werde nun zum "<<aufrufe<<". Mal aufgerufen.\n";
   aufrufe = aufrufe + 1;
}
```

Funktion mit "Gedächtnis"

Die statische Variable `aufrufe`, die im übrigen nur innerhalb der Funktion bekannt ist (siehe unten), wird vor der ersten Benützung mit 1 initialisiert; danach allerdings nie mehr wieder. Stattdessen überdauert sie jeden Aufruf der Funktion `f()` und wird sukzessive inkrementiert.

Achtung: Während die explizite `auto`-Deklaration einer ohnehin automatischen Variablen natürlich keinen Effekt hat (außer den Dokumentationswert des Codes minimal zu erhöhen), hat die `static`-Deklaration einer bereits statischen, weil außerhalb jedes Blocks definierten Variablen sehr wohl eine Bedeutung: Es handelt sich dabei um ein Signal an den Binder [linker], den Namen des Objekts nicht zu veröffentlichen; ein getrennt übersetzter Programmteil kann dadurch weder absichtlich noch irrtümlich darauf zugreifen.

static kann auch heißen: "wird nicht exportiert"

Dieser Aspekt führt uns nun zur Frage der *Sichtbarkeit* (des *Geltungs-*

---

[6] Das Verhalten ist nicht wohldefiniert. Insbesondere könnte die Ausgabe vor der Benutzereingabe auch `Programmstart; s = Startwert:` lauten, da die einzige Zusicherung über den Zeitpunkt der Initialisierung der statischen Variablen s lautet, daß sie (falls möglich) *vor* der ersten Verwendung von s stattfindet. Sind mehr als eine globale Variable vorhanden, erfolgt die dynamische Initialisierung in der Reihenfolge des Auftretens der Definitionen in der Quelldatei; über die Initialisierungsreihenfolge von Variablen, die über *mehrere* Übersetzungseinheiten verstreut sind, kann jedoch keine Aussage gemacht werden.

bereichs [scope]) von Objekten, die unabhängig von der Lebensdauer zu erörtern ist. C++ kennt vier verschiedene Sichtbarkeitsbegriffe, lokal, global, funktionslokal und klassenlokal (die letzten beiden werden in den Kapiteln 2 bzw. 5 behandelt).

Lokaler Geltungs- bereich

Lokale Namen werden innerhalb eines Blocks vereinbart und sind von der Stelle ihrer Vereinbarung bis zum Ende des Blocks bekannt ("sichtbar"). Wird derselbe Name jedoch in einem inneren Block für die Deklaration eines anderen Objektes benützt, überlagert diese Deklaration die äußere, sodaß das im äußeren Block vereinbarte Objekt im inneren Block nicht mehr benützt werden kann:

```
int i = 1;                                      // Sinnlos!
main ()
{
  int i = 2;                        // Überlagert äußeres int i
  {
    double i = 3.14;               // Überlagert inneres int i
    cout << i << "\n";
  }                             // Ende der Gültigkeit von double i
  cout << i << "\n";
}                             // Ende der Gültigkeit des inneren int i
```

Dieses Programm gibt zunächst 3.14, dann 2 aus; das äußerste i wird hier jedoch nie verwendet.

Globaler Geltungs- bereich

Globale Namen sind solche, die außerhalb jedes Blocks und außerhalb jeder Klasse deklariert sind, wie die erste `int` Variable im obigen Beispiel. Ihre Sichtbarkeit reicht von der Stelle ihrer Deklaration bis an das Ende der Quelldatei, wenn sie nicht zwischendurch überlagert werden, wie eben im vorhergehenden Beispiel. C++ verfügt jedoch über

: :-Operator

einen Bereichsoperator `: :` [scope resolution operator], der es ermöglicht, jederzeit auf die Definition eines globalen Namens zuzugreifen. Seine Verwendung wird in der folgenden Variante des vorhergehenden Beispiels demonstriert:

```
int i = 1;                                 // Nicht mehr sinnlos!
main ()
{
  int i = 2;                        // Überlagert äußeres int i
  {
    double i = 3.14;                          // Nun sinnlos!
    cout << ::i << "\n";        // Bezeichnet das äußerste i
  }                        // Ende des Geltungsbereichs von double i
  cout << i << "\n";
}                        // Ende des Geltungsbereichs des inneren int i
```

Nun werden die Zahlen 1 und 2 ausgegeben.

Kommuni- kation zwi- schen ge- trennt über- setzten

Globale Namen können außerdem (unter Vermittlung des Binders) von getrennt übersetzten Programmteilen referenziert werden, wenn sie

a) nicht als `static` definiert sind, und

b) in jeder "Konsumentendatei" ordnungsgemäß deklariert sind. Dies bedeutet, daß der Übersetzer in der Konsumentendatei über Name und Datentyp des jeweiligen Objekts informiert wird, jedoch daran gehindert wird, dort Speicherplatz für das Objekt anzulegen, da der globale Name ja überall ein und denselben Speicherplatz bezeichnen soll.

Programm-teilen durch exportierte globale Variablen

Forderung b) kann durch Angabe des Schlüsselwortes `extern` bei der Deklaration des globalen Namens in allen Konsumentendateien, in die das Objekt importiert werden soll, erfüllt werden. Außerdem darf keine dieser Deklarationen eine Initialisierung enthalten.

`extern` *heißt: "wird importiert"*

Dies führt uns nun direkt zur Klärung des Unterschieds zwischen den Begriffen Deklaration und Definition: Eine *Deklaration* informiert den Übersetzer lediglich, welchen Typs das Objekt ist, das der deklarierte Name bezeichnet. Eine *Definition* hingegen sagt: "Dies *ist* das Objekt", bei Variablen bedeutet dies, daß entsprechender Speicherplatz zu reservieren ist, bei Funktionen muß Code erzeugt werden etc. Die folgenden Beispiele mögen diesen Sachverhalt illustrieren:

Deklaration versus Definition

```
int c1;                                    // Definition
extern int c2;                             // Deklaration
extern int c3 = 17;       // Definition wegen Initialisierung
int twice (int x) { return 2*x; }    // Funktionsdefinition
int twice (int x);                    // Funktionsdeklaration
```

Als Faustregel gilt: Jede Variablendeklaration ist auch eine Definition, es sei denn, es handelt sich um eine `extern`-Deklaration *ohne* Initialisierung.

Selbstverständlich muß jedes Objekt genau einmal definiert werden, während es beliebig oft deklariert werden kann, solange diese Deklarationen konsistent sind.

Betrachten wir zum Abschluß dieser Diskussion noch das folgende Beispiel, in dem wir annehmen, daß ein Programm aus den beiden getrennt zu übersetzenden Quelldateien `a.C` und `b.C` besteht:

```
// Datei a.C:
int i = 1;       // Definition; i wird vom Binder exportiert
static int j = 2;    // Definition; j wird NICHT exportiert
int f ()                    // Definition; f wird exportiert
{
   static int i = 3;  // Definition, überlagert die äußere.
   extern int j;                            // Deklaration
   ::i = i;                         // Verändert das äußere i
   return j;                          // Äquivalent zu ::j!
}
```

Datei `a.C` *exportiert* i *und* f() *und importiert gar nichts*

```
// Datei b.C:
#include <iostream.h>
extern int i;            // Deklaration, i wird importiert
int j = 4;               // Definition, j wird exportiert
int f();                 // Deklaration, f wird importiert
```

Datei `b.C` *exportiert* j *und importiert* i *und* f()

```
int main()                    // Definition, main wird exportiert
{
    cout << "i = " << i << "; j = " << j << "\n";
    cout << "f() = " << f() << "\n";
    cout << "i = " << i << "; j = " << j << "\n";
}
```

Die Ausgabe des Programms lautet:

```
i = 1; j = 4
f() = 2
i = 3; j = 4
```

*static
und
extern
möglichst
nicht
mischen!*
Bemerkenswert ist die Tatsache, daß mit der `extern`-Deklaration der Variablen `j` in `f()` *nicht* die Variable `j` aus `b.C`, sondern jene aus `a.C` gemeint ist: Eine `extern`-Deklaration, die auf eine `static`-Definition mit demselben Namen (`j` im Beispiel) folgt, führt kein neues Objekt ein, sondern verweist auf das zuvor definierte Objekt, das nach wie vor *nicht* exportiert wird. Umgekehrt stellt die `static`-Definition eines zuvor als `extern` deklarierten Objekts einen Fehler dar.

Abgeleitete Datentypen

*Abgeleitete
Datentypen
werden aus
bekannten
aufgebaut*
Ein abgeleiteter Datentyp entsteht, indem bestimmte Konstruktionsprinzipien auf bereits bekannte (fundamentale oder abgeleitete) Datentypen angewandt werden. Es entstehen dadurch *Konstanten*, *Zeiger*, *Referenzen*, *Felder* [arrays], *Strukturen* (auch *Verbunde* genannt), *Variantenstrukturen*, *Funktionen* und *Klassen*. Die ersten sieben Mechanismen werden im folgenden besprochen, Klassen werden im Kapitel 5 eingeführt. Sie werden in C++ auch als *benutzerdefinierte Typen* bezeichnet, während alle anderen unter dem Begriff *eingebaute* [built-in] *Typen* subsumiert werden.

Konstanten

*Konstanten
müssen
initialisiert
werden*
Konstanten werden definiert, indem einer Variablendefinition das Schlüsselwort `const` vorangestellt wird. Da das Wesen einer Konstante ja darin besteht, daß ihr Wert im Laufe ihrer Existenz nie mehr verändert wird, *muß* sie bei der Definition initialisiert werden:

```
const char newline = '\n';
const dim = 3;                // entspricht: const int dim = 3;
```

Wird kein Datentyp angegeben, gilt implizit der Typ `int`.

Eine Spezialität von *globalen* (also außerhalb von Blöcken definierten) Konstanten ist, daß sie implizit als `static` vereinbart werden. Um eine Konstante, die in einer Datei `a.C` definiert ist, in einer Datei `b.C` verwenden zu können, muß sie in *beiden* Dateien explizit als `extern` vereinbart werden:

```
// Datei a.C:
extern const double pi = 3.14;          // Definition
// Datei b.C:
extern const double pi;                 // Deklaration
```

Eine globale Konstante muß entweder genau einmal als `extern`*.*

Eine alternative Lösung ist, die Konstanten als `static` zu belassen, sie jedoch in Headerdateien zu definieren, die von jeder Datei, die die Konstanten benützt, inkludiert wird:

```
// Datei ab.h:
const double pi = 3.14;                 // Definition
// Datei a.C:
#include "ab.h"
// Datei b.C:
#include "ab.h"
```

..oder mehrfach (aber konsistent) als `static` *vereinbart werden*

Auf diese Weise wird allerdings für jede Konstante mehrfach Speicherplatz angelegt, ein Aspekt, der bei großen konstanten Objekten nicht unberücksichtigt bleiben sollte.

Im Zusammenhang mit Zeigern werden wir auf `const`-Objekte noch einmal eingehen.

Abschließend sei noch bemerkt, daß es in C++ sozusagen auch das "Gegenteil" von `const` gibt: das Schlüsselwort `volatile`, welches - syntaktisch wie `const` zu verwenden - den Compiler darüber informiert, daß das so markierte Objekt durch äußere Einflüsse (z.B. im Zuge eines Interrupthandlers) verändert werden kann. Der Compiler unterläßt dann gewisse Optimierungsschritte, z.B. die Elimination scheinbar redundanter Zuweisungen. Wir werden uns im weiteren damit allerdings nicht mehr beschäftigen.

`volatile` = "anti-konstant"

Zeiger

Zeigertypen [pointer types] sind Datentypen zur Manipulation von Objektadressen. Ein Zeigertyp entsteht, indem vor dem deklarierten Namen ein Stern angegeben wird:

```
int* p;
```

Zeiger-verein-barung

definiert z.B. `p` als einen Zeiger auf ein `int` Objekt. Um einem Zeiger die Adresse eines Objekts zuzuordnen, kann der Adreßoperator `&` benützt werden:

```
int* p, i = 3;       // i wird als gewöhnliche int Variable
p = &i;                                  // definiert
```

Hier erhält `p` als Wert die *Adresse* der Variablen `i` zugewiesen. Graphisch wird dies häufig wie folgt veranschaulicht:

Zeiger-
dereferen-
zierung

Um über p den *Inhalt* der Variable i anzusprechen, muß p *dereferenziert* werden; dies geschieht in C++ ebenfalls durch Voranstellen eines Sterns:

```
*p = *p + 1;                        // äquivalent mit i = i + 1;
```

Zeiger sind typgebunden; die folgende Konstruktion ist daher illegal:

```
int i;
double* p = &i;        // Typkonflikt; &i ist vom Typ int*  7
```

Typ-
gebundene
Zeiger..

Es würde ja bedeuten, daß in der Folge durch *p ein int Objekt als double-Objekt interpretiert wird, was zu katastrophalen Ergebnissen führen könnte. Nehmen wir an, es gelte sizeof(double)=4 und sizeof(int)=2, dann werden für die Variable i, auf die p zeigen sollte, zwei Bytes Speicher reserviert; durch die Anweisung

```
*p = 2.718;
```

..helfen
Über-
raschungen
zu ver-
meiden

würden von jenem Byte, auf das p zeigt, ausgehend, *vier* Bytes belegt. Zwei davon sind jedoch "extraterritorial"; ihre Modifikation führt entweder sofort (im besten Fall) oder irgendwann später (im allgemeinen) zu einem Programmabsturz oder zumindest zu unerwarteten Ergebnissen.

Dennoch kann es manchmal sinnvoll sein, Zeiger unterschiedlichen Typs aufeinander zuzuweisen. Um unbeabsichtigte Fehler der obigen Art zu vermeiden, müssen derartige Zeigerkonversionen vom Programmierer explizit angegeben werden - siehe dazu den Abschnitt über Typkonversionen.

Adresse
Null ist
*tabu, *0 ist*
daher
verboten

Numerische Zeigerkonstanten sind, abgesehen von zwei Ausnahmen, unüblich. Die erste Ausnahme ist der sogenannte *Nullzeiger*, dessen Wert Null garantiert keine sinnvolle Speicheradresse bezeichnet und daher üblicherweise als Code für "Adresse noch undefiniert" benützt wird. In vielen Programmen wird dafür aus historischen Gründen eine Präprozessorkonstante NULL, die genau diesen Wert darstellt, benützt.

Die zweite Ausnahme sind besondere Hardwareadressen, wie sie in Systemprogrammen benützt werden (müssen). Die Zuweisung einer von Null verschiedenen numerischen Konstante an eine Zeigervariable verlangt jedoch auch eine explizite Typkonversion.

Für Zeigerdatentypen ist eine besondere Arithmetik definiert. Zu einem Adreßausdruck darf ein integraler Ausdruck hinzugezählt oder abgezogen werden, wie in

---

[7] Man beachte, daß bei der Initialisierung eines Zeigers der für die Vereinbarung notwendige Stern den Zeiger *nicht* dereferenziert, d.h., die Wertzuweisung erfolgt auf p, nicht auf *p (das ja *vor* erfolgter Initialisierung noch gar nicht wohldefiniert wäre)!

```
int i = 1, j = 17, * p = &i + 1;
```

Nehmen wir an, es gelte `sizeof(int)=2` und `&i=1000`, d.h., die *Zeiger-* Variable `i` wird zufällig genau an der Adresse 1000 im Hauptspeicher *arithmetik* angelegt. Dann wird die Zeigervariable `p` mit der Adresse 1002 (!) *ist typ-* initialisiert, und zwar deshalb, weil der Compiler in einem Adreß- *orientiert* ausdruck das Inkrement (1) implizit mit der Größe des betreffenden Datentyps (`sizeof(int)=2`), multipliziert. Wenn wir weiters annehmen, daß `j` unmittelbar hinter `i`, also an der Adresse 1002 angelegt wird, zeigt `p` nach der Initialisierung letztlich auf `j`, d.h., `*p` hat den Wert 17 (ein Aspekt, der selbstverständlich nicht ausgenützt werden soll, da er hochgradig implementationsabhängig ist).

Diese Semantik ist sehr praktisch im Zusammenhang mit Feldern; wir werden in Kürze darauf zurückkommen.

Mit Zeigern gelingt es uns erstmals, Funktionen zu definieren, deren Argumente als Variablenparameter übergeben werden. Die folgende Funktion tauscht die Inhalte ihrer `int` Argumente aus:

```
void exc (int* p1, int* p2)
{
  int aux = *p1;
  *p1 = *p2;
  *p2 = aux;
}
```

Simulation von Variablen- parametern

Anstatt `int`-Werten erwartet die Funktion Adressen von `int` Variablen. Diese müssen beim Aufruf natürlich entsprechend ermittelt werden:

```
int a=1, b=2;
exc(&a, &b);
cout << a << " " << b;                    // Ausgabe: 2 1
```

Bei genauerer Betrachtung wird man feststellen, daß der Variablen- übergabemechanismus hier nur simuliert wird. Den formalen Parame- tern `p1` und `p2` werden wieder nur *Werte* (in Kopie!) übergeben, da die- se Werte allerdings Adressen von Variablen der rufenden Routine dar- stellen, können die korrespondierenden Variablen durch *explizite Dere- ferenzierung* der Zeiger im Rumpf der Funktion verändert werden. C++ bietet jedoch auch die Möglichkeit, *echte* Variablenparameter zu definieren. Dies wird im nächsten Abschnitt besprochen.

Wie wir gesehen haben, können mit Hilfe von Zeigern Objekte *indirekt* *Zeiger auf* verändert werden, dies gilt jedoch glücklicherweise *nicht* für `const` *Konstanten* Objekte. Ein derartiger Versuch wird vom Übersetzer nämlich bereits im Keim erstickt:

```
const double pi = 3.141;
double* p = &pi;                          // Ist verboten!
*p = 3.2;                                 // Wäre erlaubt.
```

In diesem Programmstück ist die zweite Zeile aus Typkompatibilitätsgründen unzulässig: `pi` ist ein `const double`-Objekt, daher hat der
Ausdruck `&pi` den Typ `const double*` (lies - von rechts nach links -
"Zeiger auf eine `double`-Konstante"), während `p` lediglich als `double*`
vereinbart ist. Die versuchte Initialisierung von `p` führt daher zu
einem Übersetzungsfehler. Dieser Fehler kann behoben werden, indem
`p` entsprechend definiert wird:

```
const double pi = 3.141;
const double* p = &pi;              // Ist nun erlaubt.
*p = 3.2;                           // Ist verboten!
```

Nun ist allerdings die dritte Zeile unzulässig: Ein Zeiger auf eine
Konstante darf, wenn er dereferenziert wird, nicht auf der linken Seite
einer Zuweisung stehen.

Diese Regeln stellen sicher, daß Konstanten tatsächlich konstant sind.
Ein Zeiger auf eine Konstante darf jedoch verändert werden:

```
const double pi = 3.141;
const double e = 2.718;
const double* p = &pi;
cout << *p;                         // Gibt 3.141 aus
p = &e;
cout << *p;                         // Gibt 2.718 aus
```

Schließlich können auch Zeiger selbst als Konstanten definiert werden:

Konstante
Zeiger
```
double e = 2.718, pi = 3.141;            // Nicht konstant
double* const p = &e;     // Initialisierung ist notwendig!
e = pi;
cout << *p;   // Gibt 3.141 (den aktuellen Wert von e) aus.
p = &pi;                  // Verboten, da p konstant ist.
```

Inter-
pretation
komplexer
Verein-
barungen
Wie bei vielen C++-Deklarationen, die unter Umständen etwas unübersichtlich sind, empfiehlt sich hier die Sprechweise, die vom neudeklarierten Namen ausgehend, nach außen (im allgemeinen, jedoch
nicht immer, nach links) fortschreitet. Im obigen Beispiel bedeutet dies
("*" wird durch "Zeiger" oder "Pointer" ersetzt): "p ist ein konstanter
Zeiger auf ein `double`-Objekt", während im Beispiel davor p als
"Zeiger auf eine `double`-Konstante" definiert wurde. Zum Abschluß sei
noch ein "konstanter Zeiger auf eine `double`-Konstante" vorgestellt:

```
const double e = 2.718;
const double* const p = &e;
```

Hier dürfen weder `p` noch `*p` verändert werden.

Referenzen

Referenztypen [reference types] sind eng mit Zeigertypen verwandt;
man kann sie sich als konstante Zeiger vorstellen, die bei der
Verwendung automatisch (also ohne Angabe des Operators `*`)

dereferenziert werden. Definiert werden Referenzen wie Zeiger, wobei das Zeichen & an die Stelle des Sterns tritt[8]:

```
int i;                              // Beliebiges "Stammobjekt"
int& r = i;             // Referenz; Initialisierung notwendig!
```

Die Variable r stellt eine "Referenz auf ein int-Objekt", nämlich i, dar, die nach ihrer Vereinbarung alternativ zum ursprünglichen Objekt i verwendet werden kann:

```
i = 7;
cout << "i = r = " << r << "\n";     // Gibt "i = r = 7" aus
r = r * 2;
cout << "i = r = " << i << "\n";     // Gibt "i = r = 14" aus
```

Ein Programmstück mit Referenzen..

Da es sich, wie schon erwähnt, um einen impliziten, *konstanten* Zeigertyp handelt, *muß* eine Referenz bei ihrer Definition initialisiert werden. Diese Bindung zum "Stammobjekt" bleibt lebenslänglich bestehen - jede weitere Zuweisung ändert ja das Stammobjekt und nicht mehr die Referenz, wie die folgende Übersetzung in die äquivalente Zeigernotation demonstriert:

```
int i;
int* const r = &i;             // Initialisierung notwendig!
i = 7;
cout <<"i = *r = " << *r << "\n"; // Gibt "i = *r = 7" aus
*r = *r * 2;      // Der Zeiger r wird immer dereferenziert!
cout <<"i = *r = " << i << "\n"; // Gibt "i = *r = 14" aus
```

..wird in Zeigernotation übersetzt

Die Gegenüberstellung der letzten beiden Codefragmente zeigt bereits, daß in Programmteilen, in denen alternativ über einen Zeiger auf ein Objekt zugegriffen werden soll, die Referenzschreibweise die Lesbarkeit erhöht (speziell in der Anweisung *r=*r*2). Abgesehen von diesem kosmetischen Effekt liegt eine Hauptanwendung von Referenzen wohl in der Parameterübergabe an Funktionen: Der *Variablenübergabemechanismus* basiert auf diesem Konzept, wie die folgende, überarbeitete Version der Routine exc() zum Vertauschen der Inhalte zweier int-Variablen verdeutlichen soll:

```
void exc (int& r1, int& r2)        // beide Parameter sind
{                                  // Referenzen
  int aux = r1;
  r1 = r2;
  r2 = aux;
}
int a=1, b=2;
exc(a, b);    // Die Adressen werden vom Compiler ermittelt!
cout << a << " " << b;                     // Ausgabe: 2 1
```

Echte Variablenparameter

Wenn wir diese Funktionsdefinition mit jener auf Seite 23 vergleichen, stellen wir fest, daß die neue Variante durch den Entfall der Derefe-

---

[8] Im Unterschied zu Zeigern stellen Referenzen selbst keine Datenobjekte mehr dar, weshalb Referenzen auf Referenzen (etwa int&& rr = ...) *nicht* erlaubt sind.

renzierungen leichter zu lesen ist; der neue Aufruf `exc(a,b)` hingegen
hat im Vergleich zur Zeigervariante `exc(&a,&b)` etwas an Dokumentationswert eingebüßt: Man sieht ihm nicht mehr an, daß die Objekte `a`
und `b` innerhalb der Routine `exc()` verändert werden können.

*Uneigent-
liche
Variablen-
parameter
sparen Zeit
und
Speicher-
platz*

Manchmal werden Referenzparameter an Stelle von Wertparametern
benützt, obwohl die korrespondierenden aktuellen Parameter gar nicht
verändert werden sollen. Meist handelt es sich dabei um größere
Objekte, bei denen die Übergabe einer Adresse wesentlich
ökonomischer ist als die Übergabe (= Kopie) des ganzen Objekts. In so
einem Fall empfiehlt es sich, die Tatsache, daß es sich semantisch um
einen Wertparameter handelt, der nur aus praktischen Überlegungen
als Variablenparameter übergeben wird, durch die Verwendung von
`const`-Referenzen zu dokumentieren:

```
void f (const Big& v);    // v wird in f() nicht verändert!
```

In diesem Beispiel wird angenommen, daß `sizeof(Big)` >
`sizeof(Big*)` gilt, d.h., daß es günstiger ist, die Adresse an Stelle
einer Kopie des Objekts zu übergeben. Dennoch kann zugesichert
werden, daß `v` innerhalb von `f()` nicht verändert wird[9].

Aus ähnlichen Überlegungen werden Referenztypen auch häufig als
Ergebnistypen von Funktionen verwendet. Das kann zu der für
manche vielleicht ungewohnten Situation führen, daß ein Funktionsaufruf auf der linken Seite einer Zuweisung auftritt:

*Funktions-
aufrufe als
Linkswert*

```
int& f() { static int x; return x; }
main() { f() = 7; cout << f(); }                      // Gibt 7 aus
```

Nehmen wir als sinnvolleres Beispiel an, daß `search(k,S)` eine Referenz auf das zum Schlüsselwert `k` passende Element der Suchstruktur
`S` liefert. Dieses Element kann dann durch eine Anweisung wie

```
search(k, S) = new_value;
```

verändert werden (vorausgesetzt, es ist sichergestellt, daß überhaupt
ein Element mit dem Schlüssel `k` existiert).

Felder

Unter einem *Feld* [array] verstehen wir die Zusammenfassung einer
Sequenz von Objekten gleichen Typs (des sogenannten *Elementtyps*) zu
einem aggregierten Objekt. Der Zugriff auf einzelne Elemente eines
Feldes erfolgt durch Indizierung, d.h. durch Angabe der relativen
Position des Elementes im Feld.

---

[9] Dies gilt leider nur bedingt. Durch explizite Typkonversionen können konstante
Referenzen zu normalen Referenzen gemacht werden; unabsichtliche
Modifikationen sind jedoch eher ausgeschlossen.

C++ unterstützt Vektoren, deren Elemente grundsätzlich von 0 aufwärts durchnumeriert sind. Die Vereinbarung erfolgt durch Angabe des Elementtyps, gefolgt vom Feldnamen und der Anzahl der Feldelemente:

```
double v[3];
```

Feld-
definition

definiert z.B. einen dreielementigen `double`-Vektor. Bei der Definition eines Vektors muß seine Ausdehnung zur Übersetzungszeit zu ermitteln sein, dabei können jedoch sehr wohl arithmetische Ausdrücke benützt werden:

```
const int dim = 3;
double v[dim], w[2*dim];
```

ist erlaubt und definiert einen drei- und einen sechselementigen Vektor. Bei reinen *Deklarationen* kann die Ausdehnungsangabe entfallen:

```
extern double v[];
```

Feld-
deklaration

Dies gilt auch für den Fall einer Definition mit Initialisierung durch Angabe einer Werteliste in geschwungenen Klammern:

```
double ex[3]  = { 1, 0, 0 };
double ey[3]  = { 0, 1 };
double ez[]   = { 0, 0, 1 };
```

Feld-
definition
mit Initiali-
sierung

Alle drei Variablen stellen hier dreielementige Felder dar, die explizit initialisiert werden. Im Falle von `ey` ist die angegebene Werteliste für die Initialisierung zu kurz; das dritte Element wird daher implizit mit null belegt. Bei `ez` fehlt die Anzahl der Elemente, der Compiler ermittelt den Wert aus der angegebenen Initialisierungsliste. Initialisierungslisten, die *länger* sind als die definierte Größe des Feldes, sind verboten.

`char`-Vektoren (Zeichenketten [character strings]) werden üblicherweise durch ein *Nullbyte* ('\0') terminiert, sodaß die physische Ausdehnung um eins größer ist als die logische. Dieser Konvention folgen auch die unter Anführungszeichen notierten Stringkonstanten, die vom Compiler in `char`-Vektoren untergebracht werden. Stringkonstanten können auch zur Initialisierung benützt werden; im folgenden Beispiel sind s, t und u gleichwertig:

Zeichen-
ketten und
Zeichen-
ketten-
konstanten

```
char s[] = "C++";                    // sizeof(s)=4 !
char t[] = { 'C', '+', '+', '\0' };
char u[] = "C" "++";
```

Wie die Definition von u zeigt, werden unmittelbar aufeinanderfolgende Stringkonstanten vom Übersetzer miteinander verschmolzen.

Der Zugriff auf einzelne Elemente eines Vektors erfolgt durch Angabe eines Indexausdrucks in eckigen Klammern, wobei das erste Element immer über den Index null, das letzte durch den Index (Anzahl der

Elemente - 1) erreicht wird:

```
s[0] = 'c';                                       // C → c
cout << s << "\n";                                // Gibt c++ aus
```

`s[3]` entspricht bereits dem Nullbyte, `s[4]` stellt einen Indexfehler dar, der *zur Laufzeit nicht erkannt wird*[10].

Feldnamen sind Zeiger; Indizierung entspricht Dereferenzierung nach Zeigerarithmetik

Zum besseren Verständnis diverser Eigenarten von C++ Feldern ist es nützlich, sich vor Augen zu halten, daß der Name eines Feldes *alleine* (also ohne Indexangabe) einen konstanten Zeiger auf das erste Feldelement darstellt. Es entspricht also im letzten Beispiel `s` der Adresse `&s[0]`; konsequenterweise kann der Zugriff auf ein bestimmtes Element auch durch Dereferenzierung erfolgen: `*s` statt `s[0]`, `*(s+1)` statt `s[1]` usf. Durch die Eigenschaften der auf Seite 22 beschriebenen Zeigerarithmetik gilt dies für Felder beliebigen Elementtyps; es entspricht also z.B. auch `*(ey+2)` dem dritten `double`-Element `ey[2]` des Vektors `ey` aus dem früheren Beispiel, da die Konstante 2 implizit mit der Größe des Datentyps, auf den der Zeigerausdruck zeigt (nämlich `double`), multipliziert wird[11].

Felder können nur elementweise kopiert werden

Eine wesentliche Konsequenz dieser Dualität ist die Tatsache, daß in C++ Felder einander nicht zugewiesen werden können:

```
s = t;                                            // Syntaxfehler!
```

ist verboten, da auf der linken Seite der Zuweisung ein konstantes Zeigerobjekt (vom Typ `char* const`) steht, das natürlich nicht verändert werden darf. Das Kopieren von Vektoren erfolgt daher immer elementweise.

Matrizen

Mehrdimensionale Felder entsprechen Vektoren von Vektoren:

2x3 Matrix

```
matrix[2][3] = { { 1, 2, 3 }, { 4, 5, 6 } };
```

Die Elemente der Variablen `matrix`, `matrix[0]` und `matrix[1]`, sind ihrerseits Vektoren; der Zugriff auf einen einzelnen Skalar erfolgt durch Doppelindizierung (`i` und `j` seien geeignete `int`-Variablen):

Zugriff auf Element j-1 in Zeile i-1

```
matrix[i][j] = 2.1;                    // Korrekte Indizierung
*(*(matrix+i)+j) = 2.1;                // Äquivalente Form
```

Achtung! Die naheliegende Schreibweise `matrix[i,j]` ist zwar

---

[10] Im besten Fall wird durch so einen Indexüberlauf eine Speicherzelle angesprochen, die nicht mehr zum betreffenden Prozeß gehört, sodaß das Betriebssystem, falls es schlau genug ist, mit einem Programmabbruch reagieren kann. Im gegenständlichen Beispiel ist jedoch anzunehmen, daß `s[4]` ident ist mit `t[0]`, sodaß der Fehler von keiner übergeordneten Instanz erkannt wird.

[11] An dieser Stelle wird häufig auf ein Kuriosum hingewiesen, das auch ich Ihnen nicht vorenthalten möchte: Wegen `s[2]` = `*(s+2)` = `*(2+s)` kann das dritte Element des Vektors `s` auch durch `2[s]` angesprochen werden. Die Ausnützung dieses Sachverhalts führt selbstverständlich zu maximal unleserlichen Programmen.

syntaktisch erlaubt, liefert aber nicht den gewünschten Skalar, sondern die Anfangsadresse der j-ten Zeile (siehe dazu die Diskussion des Kommaoperators auf Seite 52).

Im Speicher wird die Matrix zeilenweise *linearisiert* abgelegt, das heißt, für das obige Beispiel ergäbe ein Speicherauszug folgendes Bild:

Dabei ist die logische Grenze zwischen den beiden Elementvektoren durch einen vertikalen Strich angedeutet. Diesem Schema entsprechend, kann die Initialisierungsliste eines mehrdimensionalen Feldes auch linear angegeben werden:

```
double matrix[2][3] = { 1, 2, 3, 4, 5, 6 };   // 2*3 Matrix
```

Um dem Übersetzer die Adreßberechnung zu ermöglichen, müssen bei der Deklaration von n-dimensionalen Feldern zumindest die Ausdehnungen der letzten n-1 Dimensionen angegeben werden. Das bedeutet, daß die Matrix des vorhergehenden Beispiels in einer anderen Quelldatei z.B. als


```
extern double matrix[][3];
```

deklariert werden könnte,

```
extern double matrix[][];
```

liefert dem Übersetzer jedoch zuwenig Information.

Mehrdimensionale Felder lassen sich aber auch dadurch simulieren, daß an Stelle von "Vektoren von Vektoren" ersatzweise "Vektoren von Zeigern auf Vektoren" definiert werden. Während erstere, wie oben illustriert, einen zusammenhängenden Speicherblock belegen, faßt die zweite Variante unterschiedliche Speicherbereiche zusammen:

```
char* z[3] = { "1. Zeile", "die 2.", "Nummer 3" };
```

Die Speicherzuordnung zu dieser Variable lautet schematisch:

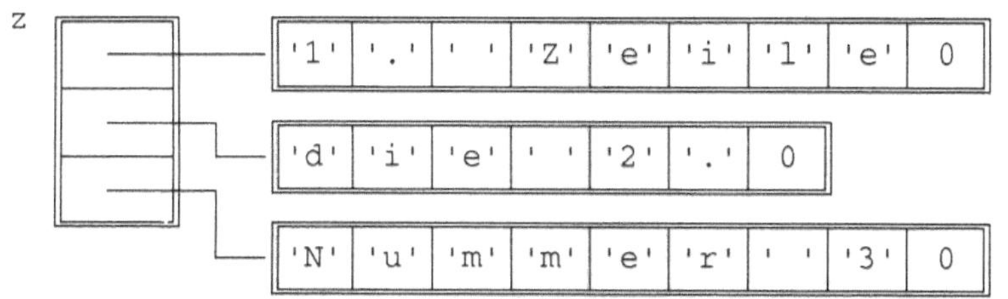

Als Kontrast dazu sei auch eine entsprechende "echte" Matrix angegeben:

```
char m[3][12] = { "1. Zeile", "die 2.", "Nummer 3" };
```

Ihr Layout kann man sich so vorstellen (die Zeilen liegen im Speicher natürlich hintereinander):

Eine Matrix   m

'1'	'.'	' '	'Z'	'e'	'i'	'l'	'e'	0
'd'	'i'	'e'	' '	'2'	'.'	0	0	0
'N'	'u'	'm'	'm'	'e'	'r'	' '	'3'	0

Man beachte, daß die Zeilen in der Matrixform alle gleich lang sind, woraus in diesem Beispiel zwei Bytes "Speicherverschnitt" resultieren.

Der Übersetzer erlaubt aber auch bei Zeigervektoren die Verwendung von Mehrfachindizes. Um z.B. den Zweier durch ein Leerzeichen zu überschreiben, würde man die Anweisung

Ein Mehr-
fachindex-
ausdruck..

```
z[1][4] = ' ';
```

benützen, die zu folgender Zeigerarithmetik führt:

..und seine
Semantik

```
*(*(z + 1) + 4) = ' ';
```

Da z einen Zeiger auf einen Vektor von char-Zeigern repräsentiert, wird der Index 1 implizit mit sizeof(char*) multipliziert. Das Ergebnis des Teilausdrucks *(z+1) ist ein char-Zeiger, der auf den Anfang der zweiten Zeile verweist. Der Index 4 braucht nicht weiter modifiziert zu werden (sizeof(char)=1); nach seiner Addition ergibt sich die Adresse des gewünschten Zeichens, die nur noch dereferenziert zu werden braucht, um die Zuweisung zu ermöglichen.

Mit dieser "Zeigervektormethode" können auch dynamische Felder, deren Dimensionen erst zur Laufzeit bekannt sind, implementiert werden, wie im Abschnitt über dynamische Speicherverwaltung im nächsten Kapitel gezeigt werden wird.

Kenner anderer Programmiersprachen werden nun mit Recht darauf hinweisen, daß das Feldkonzept in C++ nur sehr rudimentär unterstützt wird. Es fehlen Möglichkeiten

Schwächen
des Feld-
konzepts in
C++

- zur Laufzeitüberwachung von Indexausdrücken,
- zur Vereinbarung von beliebigen Indexbereichen (wie etwa in Pascal ARRAY [-5:5, 12:17] OF TYPE;),
- zur Redimensionierung einmal angelegter Felder und
- zum bequemen Kopieren (Zuweisen) von gleichartigen Feldern.

All diese Eigenschaften können allerdings in benutzerdefinierten Typen sehr wohl verwirklicht werden! Wir werden dies im Zusammenhang mit dem Klassenkonzept noch genau besprechen (siehe insbesondere Kapitel 10).

Strukturen

Das zweite wesentliche Datenaggregat ist die Struktur (auch *Verbund*; [record, structure] genannt), die dem Pascal-RECORD- oder dem C-struct-Datentyp entspricht. Obwohl dieses Konzept in C++ eigentlich ein Teil des Klassenkonzeptes ist, soll, um dieses Kapitel halbwegs vollständig zu halten und das Kapitel 5 nicht zu überfrachten, an dieser Stelle kurz der klassische, nicht objektorientierte Aspekt des struct-Datentyps vorgestellt werden[12].

struct-Datentypen in ihrer einfachsten Form

Eine Struktur ist ein Datenaggregat, in dem heterogene Teilobjekte zu einer Einheit zusammengefaßt werden. In C++ erfolgt dies durch eine struct-Spezifikation[13]:

```
struct pers_rec {
   char name[30];
   char address[60];
   long soc_sec_no;
   int year_of_birth;
} person;
```

Definition eines Strukturtyps und einer Strukturvariablen

Diese Definition vereinbart sowohl eine Strukturvariable (nämlich person), als auch einen Strukturtyp (nämlich pers_rec bzw. - aus historischen Gründen - auch struct pers_rec). Entfallen können je nach Bedarf entweder pers_rec (es handelt sich dann nur um eine Variablendefinition) oder person (ergibt eine reine Typdefinition), in (sinnlosen) Extremfällen auch beide. Die Typdefinition erlaubt es, weitere Objekte von diesem Strukturtyp zu definieren:

```
pers_rec p[100]; // Äquivalent mit struct pers_rec p[100];
```

vereinbart z.B. ein Feld von hundert Personenrecords.

Der Zugriff auf die einzelnen *Komponenten* [members] erfolgt durch Namensselektion mit dem Punktoperator:

Zugriff auf Strukturkomponenten

```
void print_pers (pers_rec& p)             // Referenz aus
{                                         // ökonomischen Gründen
   cout << "Name: " << p.name <<"\n";
   cout << "Adresse: " << p.address << "\n";
   cout << "Soz.vers.nr.: " << p.soc_sec_no << "\n";
   cout << "Geburtsjahr: " << p.year_of_birth << "\n";
}
```

Man beachte übrigens in diesem Beispiel, daß der Parameter als Referenz übergeben wird, obwohl keineswegs die Intention besteht, seinen

---

[12] Daß diese Unterscheidung zwischen klassischen und objektorientierten Aspekten nicht ganz willkürlich ist, zeigt der Anfang des Kapitels 8.4.1 in [5], wo ein *Aggregat* als "array or ... object of a class with no constructors, no private or protected members, no base classes, and no virtual functions" definiert wird. Genau so etwas wird hier behandelt.

[13] Wie man dem Kapitel 5 entnehmen kann, stellt eine class-Spezifikation eine mögliche Alternative dar.

Inhalt zu ändern. Die konzeptionell angemessenere Wertparameterübergabe würde das Kopieren von etwa 96 Bytes erfordern, ein stack- und zeitraubender Vorgang, der besser vermieden wird.

x->y
entspricht
*(*x).y*

Der Operator `->` stellt eine Kurzschreibweise für den Zugriff auf eine Strukturkomponente über einen Zeiger, also für Komponentenselektion nach erfolgter Dereferenzierung, dar:

```
pers_rec* p = ...;              // Geeignete Initialisierung
...
cout << p->name;        // Äquivalent zu: cout << (*p).name;
```

Strukturen können selbstverständlich auch geschachtelt sein:

```
struct date { int y, m, d; };
struct pers_rec {
  ...
  date date_of_birth;
} person;
void print_pers (pers_rec& p)
{ ...
  cout << "Geburtsdatum: " << p.date_of_birth.d << "."
       << p.date_of_birth.m << "." << p.date_of_birth.y
       << "\n";
}
```

Initia-
lisierung
von Struk-
turen

Wie Felder können auch Strukturen initialisiert werden, indem die Werte der einzelnen Komponenten in geschwungenen Klammern aufgezählt werden[14]:

```
date birthday_of_author = { 1959, 4, 10 };
```

Im Gegensatz zu Feldern sind bei Strukturen Zuweisungen *erlaubt*:

```
pers_rec a, b;
... Person a wird mit Werten belegt ...
b = a;        // alle Komponenten von a werden auf b kopiert
```

Selbst-
referenzen

Der Strukturname stellt übrigens *sofort* nach seiner Einführung einen gültigen Typnamen dar, sodaß das bekannte Problem, innerhalb eines Strukturtyps einen Zeiger auf denselben Strukturtyp (wie z.B. bei verketteten Listen üblich) zu definieren, auf elegante Weise gelöst werden kann:

```
struct list_node {         // Element einer linearen Liste
  infotype info;
  list_node* next;   // list_node ist hier bereits bekannt
};
```

Abschließend sei noch kurz die Möglichkeit erwähnt, in Strukturen sogenannte *Bitfelder* [bitfields] zu definieren. Ein Bitfeld ist eine Komponente, deren Ausdehnung in Bits festgelegt wird:

---

[14] Diese Form der Initialisierung ist lediglich bei den hier beschriebenen Strukturen *ohne* Klassenaspekte (vgl. Fußnote 12) erlaubt. Im allgemeinen ist ein Konstruktoraufruf vonnöten (siehe Kapitel 5).

```
struct short_layout {          // Möglicher Aufbau von     Bitfelder
   int val: 15;                // short-Objekten
   int sign: 1;
};          // soll insgesamt zwei Bytes in Anspruch nehmen
```

In diesem Beispiel wird versucht, eine Bitmaske für den Aufbau einer `signed short`-Variable zu definieren. Ob es gelingt, ist hochgradig implementationsabhängig; eine notwendige Voraussetzung dafür ist, daß `sizeof(short)=sizeof(short_layout)=2` gilt. Dem Compiler steht jedoch frei, die Komponente `sign` in einem neuen Maschinenwort anzulegen, sodaß eventuell sogar `sizeof(short_layout)=4` gilt. Auf dieses Beispiel werden wir später noch zurückkommen.

Eine von vielen Einschränkungen für Bitfelder ist, daß ihr Basistyp ein integraler sein muß; `double x:12` oder ähnliches ist nicht erlaubt. Weitere Details über Bitfelder sind dem Handbuch der jeweiligen C++-Implementation zu entnehmen; wir werden in diesem Buch - mit Ausnahme des angekündigten Beispiels - nicht mehr darauf eingehen.

Variantenstrukturen

Einen Sonderfall der Struktur stellt die *Variantenstruktur* dar, in der die Komponenten nicht hintereinander, sondern quasi *übereinander* angelegt werden, sodaß zu jedem Zeitpunkt nur *eine* Komponente sinnvolle Werte enthalten kann. Syntaktisch wird eine Variantenstruktur wie eine normale Struktur aufgebaut, wobei jedoch an die Stelle des Schlüsselwortes `struct` das Schlüsselwort `union` tritt: *union Datentypen*

```
union int_or_float {
   int i;
   float f;
} u;
```

i und f teilen ein- und denselben Speicherbereich

Hier kann nun - der Struktursyntax entsprechend - *entweder* auf `i` *oder* auf `f` zugegriffen werden:

```
u.i = 17;
cout << "i = " << u.i << "\n";        // Ausgabe: i = 17
u.f = 3.14;                           // überschreibt u.i!
cout << "f = " << u.f << "\n";        // Ausgabe: f = 3.14
cout << "i = " << u.i << "\n";        // Ausgabe: i = (Mist)
```

Illegale Verwendung einer Variantenstruktur

Da die Komponente `f` den Speicherplatz mit der Komponente `i` teilt, gilt `sizeof(int_or_float) = max(sizeof(int),sizeof(float))` (man beachte, daß `int_or_float` wiederum einen Typnamen darstellt). Die Variantenstruktur wird in C++ noch seltener als in anderen Programmiersprachen verwendet, da viele ihrer Anwendungsgebiete durch abgeleitete Klassen (siehe Kapitel 6) besser abgedeckt werden. Die meisten verbleibenden Anwendungen fallen in den Bereich der hardwarenahen Programmierung, wo ein bestimmtes Bitmuster einmal auf die eine, einmal auf eine andere Weise interpretiert werden soll. Im folgenden Beispiel wird eine `short`-Komponente einer `short_layout`-Komponente überlagert, um die interne Darstellung negativer Zahlen (bzw. die Verwendung von Bitfeldern) zu demonstrieren:

<table>
<tr><td>

Versuch,
das
Bitmuster
einer
short-Va-
riablen in
Betrag und
Vorzeichen
zu zerlegen

</td><td>

```
#include <iostream.h>
struct short_layout {
  int val:15;                                // Betrag
  int sign:1;                               // Vorzeichen
};

union u {
  short_layout l;
  short s;
};

main()
{
  cout <<sizeof(short_layout)<<"="<<sizeof(short)<<"?\n";
  u x;
  x.s = 7;
  cout <<x.s<<":\t"<<x.l.sign<<" "<<x.l.val<<"\n";
  x.s = -7;
  cout <<x.s<<":\t"<<x.l.sign<<" "<<x.l.val<<"\n";
}
```

</td></tr>
</table>

Dieses Programm kann (muß aber nicht, da sowohl die Implementation von Bitfeldern als auch die Darstellung negativer Zahlen implementationsabhängig sind) die folgende Ausgabe erzeugen:

```
2=2 ?
7:   0 7
-7: 1 32761
```

<table>
<tr><td>

Negative
Zahlen:
Meist im
Zweier-
komplement

</td><td>

Die erste Zeile zeigt, daß die Überlagerung von `short_layout` mit `short` in bezug auf die Größe der Objekte sinnvoll ist. Den Zeilen zwei und drei kann man entnehmen, daß negative Zahlen tatsächlich durch Vorzeichenbit und Betrag, letzterer im Zweierkomplement (32761+7 = $32768 = 2^{15} = 2^{16-1}$) repräsentiert werden.

</td></tr>
<tr><td>

Anonyme
Varianten-
struktur

</td><td>

Durch eine *unbenannte* Variantenstruktur [anonymous union] wird ein Objekt definiert, auf dessen Komponenten ohne die Punktsyntax zugegriffen werden kann. Als Beispiel sei die Funktion `main()` des vorhergehenden Programmes unter Verwendung einer unbenannten Variantenstruktur noch einmal wiedergegeben:

</td></tr>
</table>

```
main()
{
  cout << sizeof(short_layout) << "="
       << sizeof(short) << " ?\n";
  union { short_layout l; short s; };  // kein Objektname!
  s = 7;       // unmittelbarer Zugriff auf eine Komponente
  cout << s << ":\t" << l.sign << " " << l.val << "\n";
  s = -7;
  cout << s << ":\t" << l.sign << " " << l.val << "\n";
}
```

Funktionen

In sehr beschränktem Maße können in C++ auch Funktionen als Daten aufgefaßt werden. Wir besprechen daher in diesem Abschnitt, wie Funktionen und Zeiger auf Funktionen definiert und deklariert werden. Weitere Details über Funktionen in C++ erfahren Sie in Kapitel 3.

Die *Definition* einer Funktion erfolgt durch Angabe des Ergebnistyps, des Funktionsnamens, einer (eventuell leeren) Parameterliste und des Funktionsrumpfes (des Anweisungsblocks), bei der *Deklaration* einer Funktion wird der Rumpf durch einen Strichpunkt ersetzt:

Definition und Deklaration von Funktionen

```
double hyp (double a, double b)      // Definition von hyp()
{
    extern double sqrt(double);   // Deklaration von sqrt()¹⁵
    return sqrt(a*a + b*b);
}
```

Jede Funktion wird automatisch als `extern` vereinbart; durch explizite Angabe von `static` vor dem Ergebnistyp kann ihr Export jedoch auch verhindert werden.

Funktionen sind implizit `extern`

Wird der Ergebnistyp nicht angegeben, nimmt der Übersetzer implizit den Typ `int` an. Soll die Funktion jedoch *gar kein* Ergebnis liefern, also den Charakter einer reinen Prozedur haben, so kann als Ergebnistyp `void` spezifiziert werden.

void-Funktionen liefern kein Ergebnis

Eine leere Parameterliste, wie etwa in

Parameterlose Funktion

```
double random ();
```

ist gleichbedeutend mit der Parameterliste `(void)`. Funktionen können auch über eine variable Anzahl von Parametern verfügen, was durch drei Punkte am Ende der Parameterliste angegeben wird; dies wird in Kapitel 3 genauer behandelt.

Um die Anwendung von *Zeigern auf Funktionen* zu diskutieren, betrachten wir z.B. Funktionen wie `sin()`, `cos()` oder `exp()`, die jeweils einem `double`-Argument ein `double`-Ergebnis zuordnen, also als

Funktionen als Daten: Zeiger auf Funktionen

```
double sin(double), cos(double), exp(double);
```

vereinbart werden können. Nehmen wir weiter an, wir wollten eine allgemeine Funktion zur Ermittlung des bestimmten Integrales über einem gegebenen Intervall entwickeln, die etwa wie folgt aufzurufen wäre:

---

¹⁵ Wie man dem Beispiel entnehmen kann, können bei Funktions*deklarationen* die Namen der formalen Parameter weggelassen werden; den Compiler interessieren nur die Datentypen.

```
double area = integ(sin, 0, pi/2);
```

Prozedurale
Parameter

Für diesen Zweck müssen wir in der Lage sein, `sin()` als Parameter an die Funktion `integ()` zu übergeben. Ein Funktionsname *ohne* Parameterliste stellt in C++ (ähnlich wie ein Feldname ohne Index) immer einen *Zeiger* dar; die Vereinbarung von `integ()` lautet daher:

```
double integ (double (*f) (double),
                   double low, double high)
{ ... double f_low = (*f)(low); ... }
```

Die Klammern um `*f` sind notwendig, da ohne sie kein Zeiger auf eine Funktion, sondern eine Funktion mit einem Zeiger auf `double` als Ergebnistyp deklariert würde.

Zeiger auf
Funktionen
werden
beim Aufruf
auto-
matisch de-
referenziert

Die Verwendung eines derartigen Parameters wird im angedeuteten Funktionsrumpf von `integ()` demonstriert: Der Zeiger wird dereferenziert und mit aktuellen Parametern versehen. C++ erlaubt hier auch eine saloppere Notation; die Dereferenzierung des Zeigers muß nicht explizit angegeben werden:

```
{ ... double f_low = f(low); ... }          // (*f) implizit!
```

Selbstverständlich ist die Verwendung von Funktionszeigern nicht auf Parameterübergabe beschränkt, es können auch ganz "normale" Variablen vereinbart werden. Zur Übung vereinbaren wir eine Zeiger-variable v, der `integ` zugewiesen werden kann - in diesem Beispiel sind alle unnotwendigen formalen Parameternamen weggelassen:

```
double (*v) (double (*) (double), double, double);
...
v = integ;
...
double area = (*v)(sin, 0, pi/2);        // = v(sin,0,pi/2)
```

Typvereinbarungen

Die zuletzt vorgestellten Vereinbarungen zeigen, daß die Verwendung komplexer Datentypen, wie "Zeiger auf eine `double` Funktion, deren drei Parameter vom Typ Zeiger auf eine `double` Funktion mit einem `double` Parameter, `double` und `double` sind" bald zu mühseliger Notation führt, die noch mühseliger zu lesen ist. Um dem abzuhelfen, können für beliebige Typkonstrukte Namen vergeben werden. Syntaktisch erfolgt dies wie eine Variablendeklaration, die durch das Schlüsselwort `typedef` eingeleitet wird:

Definition
eines
Typnamens

```
typedef double (* real_func) (double);
```

`real_func` stellt hier jedoch keine Variable, sondern einen Typnamen dar, wobei bezüglich der Sichtbarkeit die üblichen Regeln zur Anwendung gelangen (siehe Seite 17).

Die Funktion `integ()` aus dem vorigen Abschnitt kann nun ein wenig übersichtlicher deklariert werden:

```
double integ (real_func f, double low, double high);
```

Als zweites Beispiel können wir die schrittweise Definition eines Matrixtyps betrachten:

```
typedef double vect[3];
typedef vect matrix[3];              // matrix ist ein 3x3-Feld
matrix e = { { 1, 0, 0 },
             { 0, 1, 0 },
             { 0, 0, 1 } };
```

Im Gegensatz zu allen bisher kennengelernten Definitionen sind wiederholte Typdefinitionen gestattet, solange sie einander nicht widersprechen:

```
typedef struct complex { double re, im; } complex;
typedef int bool;
typedef int bool;
typedef bool bool;
```

Redundant,
aber erlaubt

stellen drei Beispiele kompatibler Redefinitionen eines bereits definierten Typs (nämlich `complex` **nach** `struct complex` **bzw.** `bool` nach der zweiten Zeile) dar.

Ein `typedef`-Name ist äquivalent zum Typ, durch den er definiert wird. Nach der obigen Definition kann also `bool` überall, wo `int` verlangt wird, benützt werden und vice versa. Dies steht im Gegensatz zu `struct`- **und** `union`- (und `class`-) Datentypen, wie das folgende Beispiel zeigt:

```
typedef int whole;            // whole und integer sind
typedef int integer;          // (transitiv) äquivalent
whole x = 1;
integer y = x;                            // Erlaubt
struct s1 { int i; };
struct s2 { int i; }; // s1 und s2 sind verschiedene Typen
s1 a = { 1 };
s2 b = a;                     // Verboten; Typkonflikt
```

Gleichartige
Strukturen
stellen
unter-
schiedliche
Typen dar

Typkonversionen

Die in streng typgebundenen Programmiersprachen notwendige explizite Angabe von Datenkonversionen führt häufig - speziell in trivialen Fällen - zu überfrachtetem Programmtext. In C++ werden aus diesem Grunde viele Typkonversionen *automatisch* durchgeführt. Die schreibtechnische Vereinfachung birgt natürlich die Gefahr einer unbemerkten Konversion und eines damit verbundenen unbeabsichtigten Informationsverlustes in sich:

Standard-
kon-
versionen
verein-
fachen die
Notation..

```
int i; unsigned c = 60000;
```

```
          i = c;                          // automatische Konversion!
```

..*können
aber auch
zu Fehlern
führen*
Diese Zuweisung führt in Folge der Konversion von unsigned int nach signed int auf Maschinen mit zwei Bytes großen int-Objekten zu einem Wert von -5536 für i! Daher ist es wichtig, die vom Übersetzer angewandten Transformationsregeln zu kennen und eventuell explizit zu beeinflussen. Die folgenden sind die wichtigsten Konversionsregeln (weitere werden wir im Laufe der Zeit noch besprechen):

*Integral-
aus-
weitungen*
1. char, short, Aufzähltypen und Bitfelder können immer an Stelle von int benützt werden. Wenn alle Werte des ursprünglichen Datentyps durch int dargestellt werden können (ist z.B. bei char sicher der Fall), wird nach int umgewandelt, andernfalls nach unsigned int. Diese Konversionen werden als *Integralausweitungen* [integral promotions] bezeichnet.

*Sonstige
Aus-
weitungen*
2. Wenn die beiden Operanden eines arithmetischen Operators wie +, -, * etc. unterschiedlichen Typs sind, dann wird die *erste* passende Regel des folgenden Schemas angewandt, das kurz durch die Faustregel "Ausweiten auf den 'größeren' der beiden Datentypen" charakterisiert werden kann:

*float →
double →
long
double*
a) Ist einer der beiden Operanden vom Typ long double, dann wird der andere auf long double umgewandelt.

b) Ist einer der Operanden vom Typ double, wird der andere auf double umgewandelt.

c) Ist einer der Operanden vom Typ float, wird der andere auf float umgewandelt.

Wenn keine der Prämissen für a) bis c) zutrifft, werden nun beide Operanden, falls möglich, nach Regel 1) auf int bzw. unsigned konvertiert. Danach wird weiter untersucht:

*signed →
unsigned,
int →
long*
d) Ist einer der beiden Operanden vom Typ unsigned long, dann wird der andere auf unsigned long umgewandelt.

e) Ist einer der Operanden vom Typ long int und der andere vom Typ unsigned int, dann wird, falls long int alle Werte von unsigned int darstellen kann, der unsigned int Operand auf long int umgewandelt, andernfalls werden beide Operanden auf unsigned long int konvertiert.

f) Ist einer der Operanden vom Typ long, wird der andere auf long umgewandelt.

g) Ist einer der Operanden vom Typ unsigned, wird der andere auf unsigned umgewandelt.

Nach der entsprechenden Umwandlung erfolgt die Berechnung des Ergebnisses, das dem (nunmehr gemeinsamen) Datentyp der beiden

Operanden angehört. Bei Zuweisungen wird das Ergebnis natürlich dem Datentyp der linken Seite der Zuweisung angepaßt, dabei kann dann ein signifikanter Informationsverlust auftreten.

3. Die Konstante 0 wird, wenn der Kontext es verlangt, zum sogenannten Nullzeiger umgewandelt, von dem sichergestellt ist, daß er *nie* auf ein gültiges Objekt zeigt.

0 kann auch ein Zeiger sein

4. Beliebige Zeigertypen können automatisch auf den Typ `void*` umgewandelt werden, soferne sie nicht auf `const`- oder `volatile`-Objekte zeigen. Die Umkehrung gilt jedoch nicht: Im Gegensatz zu C verbietet C++ implizite Konversionen von `void*` auf andere Zeigertypen.

X → void**

Nun zu einem Beispiel, das uns die Notwendigkeit expliziter Typkonversionen demonstriert. Es soll ein Makro `OFFSET(s,c)` formuliert werden, das die relative Position der Komponente `c` in der Struktur `s` (in Bytes) ermittelt, wie etwa:

```
struct { char s[13]; int i; } rec;
cout << "Offset von i in rec = " << OFFSET(rec,i);
```

Die Lösungsidee lautet wie folgt:

```
#define OFFSET(s,c) (&s.c - &s)
```

Komponentenadresse - Objektadresse

Leider führt diese Definition im obigen Beispiel zu einem Syntaxfehler, da im expandierten Ausdruck `(&rec.i-&rec)` die beiden Operanden der Adreßsubtraktion nicht vom gleichen Typ sind. Abhilfe schafft die *explizite Konversion* [cast] der beiden Zeiger auf den Typ `char*`. Dies erfolgt durch den Präfixoperator (*TYPE*), der den unmittelbar nachfolgenden Ausdruck auf den angegebenen Datentyp *TYPE* umwandelt:

Explizite Typkonversion: Präfixnotation

```
#define OFFSET(s,c) ((char*)&s.c - (char*)&s)
```

Nun werden beide Zeiger als Zeiger auf `char` interpretiert, bevor die Adreßsubtraktion durchgeführt wird. Das Ergebnis der Subtraktion gibt dann wie gewünscht die Anzahl der `char`-Elemente (= Anzahl der Bytes) zwischen dem Anfang der Struktur `s` und der Komponente `c` an.

Für die angegebene Syntax zur Typkonversion gibt es eine Alternative, soferne der Typ, auf den umgewandelt werden soll, einen Namen hat. Dann kann nämlich statt der Präfixnotation (*TYPE*)*EXPRESSION* die unter Umständen leichter lesbare funktionale Schreibweise *TYPE*(*EXPRESSION*) benützt werden:

Explizite Typkonversion: Funktionale Notation

```
typedef char* char_ptr;          // Name für char* vergeben
#define OFFSET(s,c) (char_ptr(&s.c) - char_ptr(&s))
```

Abschließend sei noch bemerkt, daß es durchaus sinnvoll ist, durch explizite Konversionsangaben manche implizite Umwandlungen zu dokumentieren, wie z.B. im eingangs angegebenen Beispiel:

Faustregel: Konversionen immer explizit angeben

```
int i; unsigned c;
...
i = int(c);     // redundant, aber für den Leser informativ
```

Der Programmierer teilt dem Leser des Programmes dadurch mit, daß er sich der Umwandlung und ihren Konsequenzen bewußt ist.

Typübersicht

Die folgende Tabelle soll einen Überblick über die C++-Datentypen geben und die in diesem Buch benützte Sprechweise klären.

	Fundamentale Datentypen			Abgeleitete Datentypen
Eingebaute Datentypen	Arithmetische Datentypen[16]	Integrale Datentypen	`char` `int` `enum`	*Konstanten Zeiger Referenzen Felder Funktionen*
		Gleitkomma Datentypen	`float` `double`	
	`void`			
Benutzerdefinierte Datentypen	——			`class` `struct` `union`

Wir haben uns bisher insoferne nicht ganz an diese Klassifikation gehalten, als wir die Diskussion der "eigentlichen" benutzerdefinierten Datentypen zwar auf Kapitel 5 verschoben haben, jedoch auf die konventionellen Aspekte von `struct` und `union` bereits hier eingegangen sind.

Übungsaufgaben

→ *Seite 272*   1.1 Konstruieren Sie einen Fall zyklischer Initialisierungsabhängigkeit zwischen mindestens zwei statischen Variablen und diskutieren Sie das Verhalten des Programms.

→ *Seite 272*   1.2 Was passiert, wenn Sie in den Programmdateien `a.C` und `b.C` auf Seite 19

a) die Zeile 2 in `a.C` durch `extern int i = 1;` ersetzen?

---

[16] Die durch `signed`, `unsigned`, `short` und `long` erzeugbaren Varianten sind hier nicht explizit angeführt.

b) die Zeile 2 in `a.C` durch `extern int i;` ersetzen?

c) die Zeile 3 in `a.C` durch `int j = 2;` ersetzen?

d) die Zeile 5 in `b.C` durch `extern int f();` ersetzen?

e) die Zeile 5 in `b.C` durch `static int f();` ersetzen?

f) die Zeile 6 in `b.C` durch `static int main()` ersetzen?

Alle Varianten sind unabhängig von einander zu diskutieren.

1.3 Ist die markierte Programmzeile syntaktisch korrekt? Wenn nein,   → *Seite 273*
warum nicht? Wenn ja, was gibt das Programm aus?

```cpp
char s[] = "ABC", t[] = "XYZ";
void f (char a[], char b[10])
{
   a = b;                              // ??? erlaubt ???
}
main ()
{
   f(s, t);
   cout << s << "\n";
}
```

1.4 Was gibt das folgende Programm aus?   → *Seite 273*

```cpp
main ()
{
   int x[3], y[3] = { 1 };
   cout << x[0] << x[1] << x[2] << "\n";
   cout << y[0] << y[1] << y[2] << "\n";
}
```

1.5 Interpretieren Sie die folgenden Vereinbarungen: → *Seite 273*

```cpp
int a[3][3], *b[3], (*c)[3], &d[3];
```

1.6 Übersetzen Sie die nachstehenden Variablendefinitionen in C++:   → *Seite 273*

a) Ein Feld von fünf Zeigern auf Funktionen, die weder Argumente erwarten noch ein Ergebnis liefern.

b) Ein Zeiger auf eine Funktion, die ein Gleitkommaargument erwartet und einen Zeiger auf eine 3x3 Matrix von Gleitkommazahlen zurückliefert.

c) Ein Zeiger auf eine ganzzahlige Konstante.

d) Ein konstanter Zeiger auf eine Struktur mit zwei doppeltgenauen Gleitkommazahlen.

e) Eine Referenz auf einen konstanten `char`-Zeiger.

1.7 Der Präfixoperator `#` des Präprozessors verwandelt sein Argument, einen Makroparameter, in eine Zeichenkette. Benützen   → *Seite 273*
Sie nachstehendes Makro, um in einem kleinen Programm den Speicherbedarf der wichtigsten Datentypen zu eruieren:

```cpp
#define p(X) cout << #X ":\t" << sizeof(X)
```

2

Operationen

Nachdem wir uns in Kapitel 1 ein mehr oder weniger umfangreiches Arsenal an Datentypen zugänglich gemacht haben, ist es höchste Zeit zu klären, welche Operationen zur *Verarbeitung* dieser Daten zur Verfügung stehen. In diesem Kapitel werden zunächst *Ausdrücke* behandelt und danach die kurze Liste der C++-*Anweisungen* besprochen.

Ausdrücke

Ausdrücke [expressions] in C++ ähneln in vielerlei Hinsicht jenen in anderen Programmiersprachen: Sie bestehen aus Operanden, die durch geeignete Operatoren miteinander verknüpft werden, wobei die durch Präzedenz und Assoziativität der Operatoren vorgegebene Bindung durch Setzen runder Klammern geändert werden kann. Zur Klärung dieser Begriffe möge das folgende Beispiel dienen:

```
17 - 4 - 3 * 2                                          // Ergibt 7
```

Präzedenz = Bindungsstärke eines Operators

Die Präzedenz des Subtraktionsoperators (12, siehe dazu die Tabelle auf Seite 54) ist niederer als die des Multiplikationsoperators (13), das führt zur impliziten Klammerung

```
17 - 4 - (3 * 2)
```

Assoziativität regelt die Gruppierung bei fehlenden Klammern

Da die Subtraktion wie fast alle C++-Operationen *linksassoziativ*[1] ist, lautet die vollständige Klammerung des obigen Ausdrucks

```
(17 - 4) - (3 * 2)                     // Äquivalent zu 17-4-3*2
```

Jede andere Intention muß durch Klammern ausgedrückt werden.

---

[1] Das bedeutet, daß a•b•c als (a•b)•c interpretiert wird. Im Gegensatz dazu gilt bei *Rechtsassoziativität* a•b•c = a•(b•c).

Achtung: Weder durch implizite noch durch explizite Klammern kann die *Auswertungsreihenfolge* beeinflußt werden. Betrachten wir dazu das folgende Programm:

```cpp
#include <iostream.h>
int f (int x)                    // Gibt das Argument aus und
{                                // liefert es als Funktionswert zurück
  cout << x << " ";
  return x;
}
main ()
{
  int a = (f(1) + f(2)) - (f(3) + f(4));
}
```

Die Reihen-folge der Auswertung von Teil-ausdrücken ist un-definiert

Da die Auswertungsreihenfolge bei arithmetischen Operationen in C++ nicht definiert ist, kann dieses Programm je nach Implementation *jede beliebige* Permutation der Zahlen eins bis vier ausgeben!

Bei der nun folgenden Besprechung der einzelnen Operatoren ist zu beachten, daß im Zusammenhang mit benutzerdefinierten Datentypen die Semantik der Operatoren völlig frei definiert werden kann und daher mit dem folgenden in keiner Weise übereinzustimmen braucht.

Arithmetische Ausdrücke

Zur Bildung arithmetischer Ausdrücke stehen die üblichen vier binären Operatoren +, -, * und /, die unären Vorzeichenoperatoren + und -, sowie der Modulus-Operator %, der den Rest einer ganzzahligen Division ermittelt, zur Verfügung. Die Präzedenzen dieser Operatoren reflektieren die algebraische Regelung, daß Multiplikation, Division und Modulus stärker binden als Addition und Subtraktion. Die ange-führten Operatoren sind mit Ausnahme des Modulus für alle arith-metischen Datentypen[2] definiert, der Modulus verlangt zwei integrale Operanden. Stimmen die Datentypen der Operanden eines Operators nicht überein, werden die üblichen arithmetischen Konversionen, wie sie auf Seite 38 beschrieben werden, durchgeführt:

*+, -, *, /, %*

```cpp
17.3 + 3 / (5 % 3)
```

Das Ergebnis des Klammerausdrucks ist 2 (der Rest der ganzzahligen Division 5/3). Da beide Operanden der Division vom Typ int sind, ist keine Konversion notwendig, es wird die ganzzahlige Division 3/2 durchgeführt, deren int Ergebnis 1 für die Addition nach Regel 2b) von Seite 38 auf double ausgeweitet wird. Das Endergebnis dieser Berechnung ist schließlich 18.3. In

```cpp
17.3 + 3.0 / (5 % 3)
```

---

[2] Das sind integrale Datentypen und Gleitkommadatentypen.

wird bereits der Nenner der Division nach Regel 2b) auf `double` umgewandelt, danach wird eine Gleitkommadivision durchgeführt (Ergebnis ist 1.5), sodaß letztlich ein Endresultat von 18.8 erzielt wird.

Effekt eines Überlaufs ist nicht definiert

Mathematisch undefinierte Operationen wie die Division durch Null führen im allgemeinen zu einem Programmabbruch; das Ergebnis von Berechnungen, die den Wertebereich des Datentyps verlassen, wie z.B.

```
unsigned char c = 0xFF; // Größter darstellbarer Wert (255)
c = c + 1;                              // Überlauf in c
```

ist undefiniert.

Logische Ausdrücke

0 entspricht logisch "falsch", jeder andere Wert gilt als "wahr"

Obwohl es in C++ keinen logischen Datentyp gibt - die `int`-Zahl (oder der `void`-Zeiger) 0 wird als *falsch*, jeder andere Wert als *wahr* interpretiert - betrachten wir logische Ausdrücke als einen Spezialfall von arithmetischen Ausdrücken. Logische Ausdrücke werden einerseits durch Verknüpfung arithmetischer Operanden durch Vergleichs-operatoren und andererseits durch Kombination logischer Teilausdrücke durch boolesche Operatoren gebildet.

Vergleichs-operatoren für arith-metische und Zeiger-Datentypen

Die Vergleichsoperatoren sind `<`, `>`, `<=` (kleiner oder gleich), `>=` (größer oder gleich), `==` (gleich) und `!=` (ungleich). Sie liefern den Wert 1, falls ihre beiden Operanden in der entsprechenden Relation zueinander stehen, andernfalls 0.

Achtung: Die Prüfung auf Gleichheit (`==`) kann leicht mit der Zuweisung (`=`) verwechselt werden; tückischerweise sind diese Verwechslungen meist syntaktisch korrekt (siehe dazu das Beispiel auf Seite 46), sodaß sie lange unentdeckt bleiben und schwere Laufzeitfehler verursachen können. Eine weitere Fehlerquelle für Anfänger ist die syntaktische Zulässigkeit von Ausdrücken wie

```
3 < 2 < 1                              // Liefert 1 (wahr!)
```

die allerdings unerwartete Ergebnisse liefern: Der obige Ausdruck ist wegen der Linksassoziativität des Operators `<` äquivalent mit `(3<2)<1`; der linke Teilausdruck ist falsch, liefert daher 0, was wegen der Gültigkeit der Relation `0<1` insgesamt zum Ergebnis 1 (= wahr)

Logische Operatoren (&&, | |, !)

führt! Wie man sofort erkennt, muß eine derartige Mehrfachrelation in zwei durch logisches *Und* (`&&`) verknüpfte Teilrelationen zerlegt werden:

Konjunktiv oder..

```
(3 < 2) && (2 < 1)                     // Liefert 0 (falsch)
```

Das Gesamtergebnis dieser Verknüpfung ist genau dann 1, wenn beide Operanden nicht 0 sind - in unserem Beispiel ist das Resultat natürlich 0.

Außer der Undverknüpfung sind das logische *Oder* (| |, liefert 1, wenn einer der beiden Operanden ungleich 0 ist) sowie das unäre logische *Nicht* (!) definiert. Die Besonderheit von Und- und Oderverknüpfung ist, daß ihre Operanden *strikt von links nach rechts* ausgewertet werden, wobei die Auswertung nur solange fortgesetzt wird, als der Ergebnis-Wahrheitswert noch nicht feststeht. Das bedeutet, daß in

```
a || b
```

b nur ausgewertet wird, wenn a den Wert Null hat, bzw. in

```
a && b
```

nur dann, wenn a ungleich null ist, da nur in diesen Fällen der Wert von b das Ergebnis des Ausdrucks noch beeinflussen kann. Dies wird häufig zur Absicherung von Index- oder Zeigerausdrücken benutzt:

```
i < MAX  &&  array[i] != key
```

Im obigen Ausdruck, bei dem wir eine Definition wie `int array[MAX]` voraussetzen, wird zunächst geprüft, ob die Indizierung mit i noch zulässig ist, nur falls dies zutrifft, wird tatsächlich auf das i-te Element zugegriffen.

Die Präzedenz der Operatoren `&&` und `||` ist vorteilhaft niedrig, sodaß der obige Ausdruck keinerlei weiterer Klammerung bedarf, sondern in dieser Form äquivalent ist zu

```
(i < MAX)  &&  (array[i] != key)
```

Zuweisungen

Erstaunlicherweise gilt die *Zuweisung*

```
LVALUE = EXPRESSION
```

in C++ als *Ausdruck*. Der Datenfluß von der rechten Seite der Zuweisung in den Speicherbereich, den der sogenannte *Linkswert*[3] [lvalue] links vom Symbol = spezifiziert, gilt als *Seiteneffekt* des Zuweisungsausdrucks [assignment expression]. Das *Resultat* des Ausdrucks ist der Wert der linken Seite *nach* erfolgter Zuweisung (und damit auch nach allfälliger Datenkonversion), der ebenfalls einen Linkswert darstellt.

Die syntaktische Eingliederung der Zuweisung unter die Ausdrücke bringt einige recht praktische Vorteile in der Notation mit sich, wie z.B. die Möglichkeit von Mehrfachzuweisungen:

```
a = b = c = d = 0
```

---

[3] Linkswerte sind Namen von (nichtkonstanten) Objekten, Indexausdrücke, dereferenzierte Zeigerausdrücke usw.

wird wegen der Rechtsassoziativität des Operators = als

```
a = (b = (c = (d = 0)))
```

interpretiert: d wird der Wert 0 zugewiesen, das Ergebnis dieses
Teilausdrucks ist damit ebenfalls 0. Dieser Wert wird c zugewiesen
und bildet das Resultat der zweiten Zuweisung, das anschließend b
und schließlich a zugewiesen wird.

Leider kann diese Flexibilität auch zum Nachteil gereichen. Ein
Schreibfehler wie

Unbeab-
sichtigte
Zuweisun-
gen werden
oft nicht
erkannt

```
if (i = 0)                          // Gemeint ist: if (i == 0)
    ...
```

kann völlig unbemerkt bleiben: i=0 ist ein Ausdruck, dessen Wert 0
ohne weiteres als boolescher Wert *falsch* interpretiert wird und daher
syntaktisch an dieser Stelle durchaus zulässig ist. Anstatt, wie
erwartet, i mit null zu vergleichen, wird i jedoch mit null belegt! Die
Häufigkeit und Schwere dieses Fehlers hat dazu geführt, daß manche
Compiler in einer solchen Situation Warnungen wie "unbeabsichtigte
Zuweisung?" ausgeben.

Das
Ergebnis
einer
Zuweisung
ist ein
Linkswert

Wie oben schon festgehalten, kann das Ergebnis einer Zuweisung auch
als Linkswert benützt werden, weshalb auch die Zusammensetzung

```
(((a = b) = c) = d) = 0; // Entspricht a=b; a=c; a=d; a=0;
```

erlaubt ist. Dieses Beispiel ist offensichtlich unsinnig; im
Zusammenhang mit Referenzen kann die Eigenschaft jedoch ganz
praktisch sein (siehe auch Seite 275):

```
int a;
int& b = (a = 0);                   // b ist eine Referenz auf a
```

Spezial-
formen der
Zuweisung

Mit dem bisher Gesagten ist allerdings die C++-Zuweisung längst nicht
erschöpft. Für das häufig auftretende Muster

```
LVALUE = LVALUE • EXPRESSION // • steht für einen binären Operator
```

gibt es eine ganze Familie von Abkürzungen

•=

```
LVALUE •= EXPRESSION
```

wobei statt • einer der binären Operatoren *, /, %, +, -, >>, <<, &, ^
oder | einzusetzen ist. Der Inhalt der Variablen x wird also z.B. durch
x+=4 oder x*=2 um vier erhöht bzw. verdoppelt. Neben einem
gewissen schreibtechnischen Vorteil für den Programmierer bieten
diese Abkürzungen auch Optimierungseffekte, die sonst nur von sehr
schlauen Übersetzern erzielt werden könnten. Nehmen wir an, der
Inhalt der Speicherzelle x[i+3].link->next->value sollte um zwei
vermindert werden. Die übliche Anweisung

```
x[i+3].link->next->value = x[i+3].link->next->value - 2;
```

führt unter Umständen zur doppelten Auswertung eines ziemlich komplizierten Linkswertes, die abgekürzte Form

```
x[i+3].link->next->value -= 2;
```

vermeidet dies und unterstützt die Lesbarkeit dieser Programmzeile.

Der *Wert* der •=-Zuweisung ist übrigens derselbe wie jener der äquivalenten Langform, also der Wert der linken Seite *nach* erfolgter Zuweisung.

Auch die •=-Zuweisung ist rechtsassoziativ,

```
a += b += c// Lies
```

Schließlich können in C++ auch die Ausdrücke *LVALUE*+=1 und *LVALUE*-=1 noch zu *LVALUE*++ und *LVALUE*-- bzw. ++*LVALUE* und --*LVALUE* abgekürzt werden[4]. Der Unterschied zwischen der Postfix- und der Präfixform liegt nicht im *Seiteneffekt*, sondern im *Wert* des Ausdrucks: Das Ergebnis des *Postfix*inkrements ++ (oder -dekrements --) ist der Wert des Objekts *vor* der Änderung, der Wert der *Präfix*form ist jener *nach* erfolgter Änderung:

```
int i = 3, j = 3;
cout << ++i << " " << j++ << "\n";      // Gibt 4 3 aus
cout <<   i << " " << j   << "\n";      // Gibt 4 4 aus
```

In diesem Beispiel werden beide Variablen um eins erhöht, in der zweiten Zeile wird allerdings mit dem *neuen* Wert von i (nämlich vier) und dem *alten* Wert von j (drei) weitergearbeitet. Die Präzedenz der Operatoren ++ und -- ist übrigens höher als die des Dereferenzierungsoperators, sodaß der häufig anzutreffende Ausdruck *ptr++ wie *(ptr++) und nicht wie (*ptr)++ gelesen werden muß; er inkrementiert den Zeiger ptr, nachdem die Adresse dereferenziert wurde.

Aus der Tatsache, daß die Auswertungsreihenfolge von Teilausdrücken in C++ im allgemeinen undefiniert ist, folgt, daß die Semantik von Konstrukten wie

```
x[i] = ++i
```

von der Implementation abhängig ist: es ist nicht definiert, ob die Berechnung des Linkswerts x[i] vor oder nach dem Inkrement der Variablen i erfolgt.

---

[4] Dies soll den Compiler veranlassen, wenn möglich effiziente Inkrement- bzw. Dekrementoperationen zu erzeugen, wie sie bei einigen Maschinenarchitekturen vorgesehen sind.

Bitmanipulationen

Die hier zu besprechenden Operatoren erlauben es, in C++ das Bitmuster von Ausdrücken zu manipulieren und damit hardwarenahe Programmierung zu betreiben.

Bitweises Verschieben von Speicher- inhalten: << und >>

Die Operatoren << und >> verschieben das Bitmuster des linken integralen Operanden um die durch den rechten (ebenfalls integralen) Operanden angegebene Anzahl von Bits nach links (in Richtung höherwertiger Bits) bzw. nach rechts. Beim Linksverschieben [left shift] wird rechts mit Nullen aufgefüllt, beim Rechtsverschieben [right shift] wird links mit Nullen aufgefüllt, falls es sich um einen unsigned-Ausdruck oder um einen signed-Ausdruck, dessen Wert positiv ist, handelt. Liegt ein negatives Vorzeichen vor, bleibt es der Implementation überlassen, ob Nullen oder Einser nachgeliefert werden. Zum Beispiel:

Links- verschieben

```
int x = 7;                 // Bitmuster in x: 0..00111
x = x << 1;                // Bitmuster ist nun: 0..01110
```

x wird in der zweiten Zeile verdoppelt - beachten Sie, daß die kürzere Schreibweise x<<=1; denselben Effekt hätte.

Rechts- verschieben

```
int x = 3;                 // Bitmuster in x: 0..0011
x = x >> x;                // Bitmuster ist nun: 0..0000
```

Hier wird das Bitmuster von x um drei nach rechts verschoben, wobei links mit Nullen aufgefüllt wird. Dies entspricht einer ganzzahligen Division durch acht (=2^3), deren Resultat hier natürlich null ist. Die Bedeutung von

```
int x = -1;
x >>= 1;
```

ist, da ein negatives Vorzeichen vorliegt, implementationsabhängig.

Bit- operatoren &, | und ^

Die bitweise Verknüpfung zweier integraler Ausdrücke erfolgt durch die Operatoren & (bitweises Und), | (bitweises Oder) und ^ (bitweises exklusives Oder). Die Wirkungsweise dieser Operatoren sei an Hand des folgenden Beispiels demonstriert:

```
int x = 5, y = 12, z;
z = x & y;                 // z =  4 (0101 & 1100 = 0100)
z = x | y;                 // z = 13 (0101 | 1100 = 1101)
z = x ^ y;                 // z =  9 (0101 ^ 1100 = 1001)
```

Makro zur Bitrotation

Mit Hilfe der bisher besprochenen Operatoren können wir zur Übung ein Makro lrot(e) formulieren, das sein Argument e um eine Stelle nach links *rotiert*:

```
#define lrot(e) (((e)<<1) | (((e)>>sizeof(e)*8-1) & 1))⁵
```

---

⁵ Die Klammerung des Parameters e im Makrorumpf ist notwendig, um beliebige Ausdrücke als Argument zuzulassen, also etwa lrot(a&b), was *ohne* die Klammern zu (a&b<<1..), gleichbedeutend mit (a&(b<<1)..), expandieren würde.

(e)<<1 verschiebt das Bitmuster um eins nach links, wobei ganz rechts eine Null entsteht. ((e)>>sizeof(e)*8-1) verschiebt das führende Bit von e an die rechteste Stelle, und zwar unabhängig von der Anzahl der Bytes, die e in Anspruch nimmt. Da unklar ist, ob beim Rechtsverschieben links Nullen nachgeliefert werden, wird das rechteste Bit durch Undverknüpfen mit der Maske 0..01 "herausgeschnitten". Das auf diese Weise isolierte ehemalige führende Bit wird anschließend durch Oderverknüpfen in das Ergebnis des Linksshifts eingefügt.

All diese Operationen beeinflussen natürlich den Inhalt von v nicht; daher wird zum Schluß das Endergebnis auf v zugewiesen.

Schließlich ist auch eine bitweise Negation vorgesehen: der Präfixoperator ~ bildet das Einserkomplement seines Operanden:

```
unsigned char c = 0xAA;          // Bitmuster 10101010
c = ~c;                          // Ergibt 85 = 01010101
```

Speicherverwaltung

Das Programmieren mit dynamischen Datenstrukturen wird durch die Operatoren new und delete unterstützt, die wir an dieser Stelle nur kurz diskutieren, da sich ein wesentlicher Teil ihrer Semantik erst im Zusammenhang mit überladenen Operatorfunktionen (Kapitel 3) entfaltet.

new und delete verwalten dynamische Objekte

Der Operator new liefert einen Zeiger auf ein dynamisch angelegtes Objekt vom angegebenen Typ:

new erzeugt ein neues Objekt

```
int* dyn_array;                  // Dynamisches Feld
int size;
... size wird belegt ...
dyn_array = new int[size];
```

In diesem Beispiel wird ein dynamisches int-Feld dyn_array aufgebaut, dessen Ausdehnung size erst zur Laufzeit bekannt ist. new int[size] liefert einen Zeiger auf einen dem *Heap* entnommenen Speicherblock der Größe size*sizeof(int), der unabhängig von der Lebensdauer der Variablen dyn_array bis zu seiner expliziten Freigabe durch den Operator delete (siehe unten) existiert. Kann der Speicherplatzanforderung nicht nachgekommen werden, gibt new den Nullzeiger zurück[6].

---

[6] Zunächst wird eine Fehlerbehandlungsfunktion vom Typ void(*)() aktiviert, falls eine solche vorher durch Aufruf der in new.h deklarierten Funktion set_new_handler(void(*)()) installiert wurde. In diesem Fall versucht new *nach* Aufruf dieser Funktion ein weiteres Mal, den geforderten Speicherplatz zu akquirieren, bevor endgültig durch Rückgabe des Nullzeigers ein Mißerfolg signalisiert wird.

Auf Grund der engen Verwandtschaft zwischen Zeigerdatentypen und Felddatentypen (siehe Seite 26) kann `dyn_array`, obgleich ein Zeiger, indiziert werden wie ein Feld:

```
dyn_array[i] = x;
```

Selbstverständlich kann `new` auch für Skalare verwendet werden:

Allokation mit Initialisierung

```
int* p = new int;
int* q = new int(0);          // Objekt wird initialisiert
```

Die zweite Zeile zeigt eine Variante der new-Syntax: In runden Klammern kann ein Ausdruck angegeben werden, mit dem das neue Datenobjekt nach seiner Allokation initialisiert wird. Dies ist beim Anlegen von Feldern wie `dyn_array` *nicht* möglich, bei Strukturen und Klassen nur dann, wenn vom Programmierer ein sogenannter *Konstruktor* definiert wurde (wird in Kapitel 5 besprochen)[7].

Listenverarbeitung

Als klassisches Anwendungsbeispiel sei das Einfügen in eine einfach verkettete, lineare Liste der Art

In eine Liste..

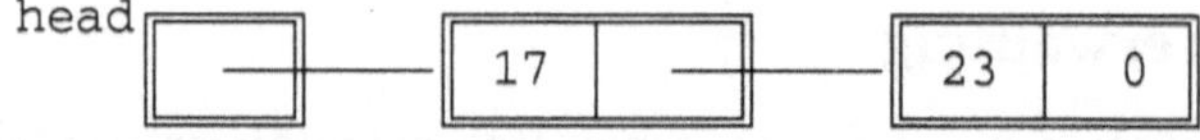

gezeigt, deren Listenelemente jeweils aus einer Komponente `info` (hier eine ganze Zahl) und `link` (ein Zeiger zum nächsten Element oder 0, falls keines mehr existiert) bestehen. Die Zeigervariable `head` zeige auf das erste Listenelement.

Die Aufruf `insert(head,13)` der Einfügeroutine soll das neue Element (mit dem Wert 13) am Anfang der Liste `head` einfügen:

..wird am Anfang eingefügt

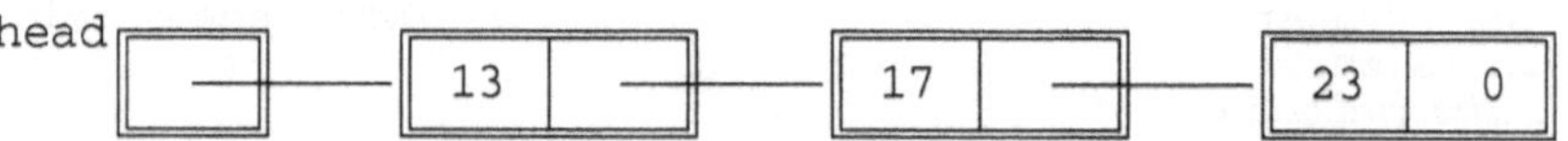

wobei wir der Einfachheit halber davon ausgehen, daß `new` *sicher* ein neues Listenelement anlegen kann, also nicht 0 liefert. Eine mögliche Lösung lautet etwa so:

```
typedef int info_type;
struct list_rec {                       // Listenelement
  info_type info;
  list_rec* link;
};

typedef list_rec* list;
```

Die Funktion `set_new_handler()` erwartet die Adresse der Fehlerbehandlungsroutine als Argument und liefert die zuvor installierte Variante als Funktionswert zurück. Ein Nullzeiger als Argument bewirkt die Deaktivierung dieses Mechanismus.

[7] Bei eingebauten Datentypen wie `int` funktioniert diese Initialisierung über `new` erst ab Sprachversion 2.0.

```
void insert (list& l, info_type i)
{
  list p = new list_rec;      // Fehlerbehandlung fehlt hier
  p->info = i;
  p->link = l;
  l = p;                      // l ist Durchgangsparameter!
}
```

Funktion zum Einfügen am Anfang einer Liste

Beachten Sie, daß in der letzten Anweisung der Parameter l verändert wird, weshalb er als Referenzparameter übergeben werden muß.

Den durch new angelegten Speicherplatz sollte man, wenn er nicht mehr benützt wird, tunlichst der Freispeicherverwaltung (einem Teil des Laufzeitsystems) wieder zurückgeben, um nicht Gefahr zu laufen, irgendwann den gesamten Heapspeicherbereich aufgebraucht zu haben. Für diesen Zweck steht der Operator delete zur Verfügung, der seinen Operanden, einen Zeigerausdruck, der Wiederverwertung preisgibt:

Dynamisch angelegte Objekte sind durch delete zu entsorgen

```
delete p;
```

Der Ergebnistyp ist void, d.h., daß delete eigentlich kein Ergebnis liefert. Auf viererlei Dinge muß man bei der Benützung von delete achtgeben:

1. Der Operand von delete muß mittels new erzeugt worden sein.

Vier Regeln für problem-freies delete

2. Mehrfaches delete ein und desselben Zeigers führt zur Katastrophe.

3. Für die Rückgabe von dynamischen Feldern, also Zeigern, die durch new *TYPE*[*N*] erzeugt wurden, sollte eine spezielle Variante, nämlich delete [] *ARRAY*, angewendet werden. Das dynamische Feld dyn_arr von vorhin muß also durch

```
delete [] dyn_arr;         // delete dyn_arr; wäre falsch!8
```

eliminiert werden[9].

4. Wenn der Operand von delete ein Linkswert ist (was meistens der Fall ist), ist sein Inhalt anschließend *undefiniert*.

Wir werden in Kapitel 14 Methoden kennenlernen, um den ersten beiden Regeln mehr oder weniger automatisch genüge zu tun.

Kehren wir zu unserem Listenbeispiel zurück und erweitern wir es um eine Funktion remove() zum Löschen des ersten Listenelements (vorausgesetzt wird, daß der Parameter nicht der Nullzeiger ist):

---

[8] Dies gilt insbesondere für den Fall benutzerdefinierter Elementdatentypen (siehe Kapitel 5). Aus Konsistenzgründen empfiehlt sich dies aber auch für fundamentale Datentypen.

[9] In älteren Versionen wird sogar verlangt, daß die Dimension des Feldes explizit angegeben wird: delete [size] dyn_arr;

Funktion
zum
Löschen des
ersten
Elements

```
void remove (list& l)
{
  list p = l->link;   // Fehlerbehandlung fehlt hier wieder
  delete l;
  l = p; // l zeigt jetzt auf das ehemalige zweite Element
}
```

Sonstige Operatoren

Die meisten "sonstigen" Operatoren haben wir bereits en passant kennengelernt[10], manche klassenspezifische heben wir uns für spätere Kapitel auf. Nach einigen Kommentaren zum Operator `sizeof` bleiben uns hier lediglich der Kommaoperator und der Bedingungsoperator zu besprechen übrig.

sizeof   Den Speicherbedarf eines Datenobjekts ermittelt, wie wir schon im Kapitel 1 (Seite 12) erwähnt haben, der Operator `sizeof`. Hier sei noch darauf hingewiesen, daß `sizeof` für zweierlei Arten von Operanden definiert ist:

1. Geklammerte Datentypen (`sizeof(int)`, `sizeof(char*)`), und

2. Ausdrücke (`sizeof x`, `sizeof 3.14`, `sizeof(a+b)`), die *nicht* ausgewertet werden - der Übersetzer ermittelt nur den Datentyp des Resultats und ersetzt den `sizeof`-Ausdruck durch den entsprechenden Zahlenwert. Dabei ist zu beachten, daß `sizeof`, auf den Namen eines Feldes angewandt, den Platzbedarf des gesamten Feldes angibt, d.h., der Feldname wird in diesem Fall *nicht* als Zeiger auf das erste Element interpretiert:

```
int x[20], * p;
int xspace = sizeof x;        // xspace = 20*sizeof(int)
int pspace = sizeof p;        // pspace = sizeof(int*)
int ispace = sizeof *p;       // ispace = sizeof(int)
```

size_t   Der Ergebnistyp des `sizeof` Operators ist übrigens `size_t`, ein in `stddef.h` definierter integraler Datentyp.

Zusammen-
gesetzte
Ausdrücke

Der *Kommaoperator* (`,`) verbindet zwei Ausdrücke miteinander, die beide (strikt von links nach rechts) ausgewertet werden. Der Wert bzw. Datentyp des gesamten Ausdrucks ist der Wert bzw. Datentyp des *rechten* Operanden; der Wert des linken Operanden wird ignoriert. Daraus folgt, daß der linke Ausdruck lediglich seiner Seiteneffekte halber angegeben wird, was im allgemeinen zu eher schwer lesbaren Programmkonstrukten führt.

```
int x = (cout << "x wird belegt", y+2);
```

---

[10] Als da sind: Funktionsaufruf, globaler (unärer) Bereichsoperator (`::`, S. 18), Adreßoperator (S. 21), Dereferenzierung (S. 22), Indizierung (S. 27), Komponentenselektion (S. 31), Typkonversion (S. 39).

In diesem Beispiel wird zuerst der Text "x wird belegt" ausgegeben, dann wird der rechte Ausdruck (y+2) ausgewertet und der Variablen x zugewiesen. Die Klammerung ist notwendig, weil der Kommaoperator schwächer bindet als der Zuweisungsoperator (siehe die Tabelle auf Seite 54).

Der Kommaoperator wird hauptsächlich im Zusammenhang mit komplexeren for-Schleifen benützt; siehe dazu das Beispiel auf Seite 59.

Wesentlich häufiger findet der ternäre *Bedingungsoperator* (? :), auch *arithmetisches* if genannt, Anwendung, der innerhalb eines Ausdrucks eine ähnliche Rolle spielt wie die if-Anweisung für den Kontrollfluß: Der erste Operand wird evaluiert, ergibt er einen von Null verschiedenen Wert, wird der zweite, ansonsten der dritte Operand ausgewertet und als Ergebnis benützt: *Bedingte Ausdrücke*

```
double max = a>b ? a : b;
int sign = x>0 ? 1
               : (x<0 ? -1
                      :  0);
```

Maximum von a und b und Signum von x

Im zweiten Beispiel sind zwei Bedingungsoperatoren kaskadenartig verschachtelt; die Klammern dienen lediglich der Lesbarkeit - wegen der Rechtsassoziativität dieses Operators sind sie nicht vonnöten.

Selbstverständlich könnten beide Beispiele ebenso mittels if-Anweisungen (siehe Seite 55) formuliert werden. Durch den Bedingungsoperator wird jedoch sichergestellt, daß den Variablen max bzw. sign *in jedem Fall* ein Wert zugewiesen wird.

Operatorübersicht

Die nachfolgend angegebene Tabelle gibt Aufschluß über Arität (Anzahl der Operanden, Spalte #), Präzedenz (oder Bindungsstärke, Spalte *Pr*) und Assoziativität (Spalte *A*) aller C++-Operatoren, wobei als Präzedenzstufe *stärker* bindenden Operatoren *größere* Zahlen zugeordnet sind. Unter *A* steht ein L für links-, bzw. ein R für rechtsassoziative Operatoren. Unter der Rubrik *S.* ist die Seite angegeben, auf der der Operator behandelt wird.

Abschließend sei noch einmal betont, daß den meisten der Operatoren für benutzerdefinierte Datentypen durch *Überladen* eine beliebige Semantik zugeordnet werden kann - als Beispiel haben wir schon die spezielle Bedeutung der Operatoren << und >> im Zusammenhang mit Ein- und Ausgabe kennengelernt (siehe Seite 3). Die syntaktischen Eigenschaften der Operatoren, also Arität, Präzedenz und Assoziativität, können allerdings *nicht* verändert werden. Genaueres zum Thema Überladen von Operatoren enthält Kapitel 3.

Operator	#	Funktion	Pr	A	S.
: :	1	globale Geltungsbereichsangabe	17	R	18
: :	2	klassenspezifische Geltungsbereichsangabe	17	L	94
-> .	2	Komponentenselektion	16	L	31
[ ]	2	Indizierung	16	L	27
( )	n	Funktionsaufruf	16	L	4
sizeof	1	Speicherbedarf eines Datentyps	16	L	12
++ --	1	Inkrement und Dekrement	15	R	47
~ !	1	bitweises und logisches Nicht	15	R	45
+ -	1	arithmetische Vorzeichen	15	R	43
* &	1	Dereferenzierung und Adreßermittlung	15	R	22
(TYP)	1	Typkonversion	15	R	39
new delete	n	dynamische Speicherverwaltung	15	R	49
->* .*	2	Komponentenzeigerdereferenzierung	14	L	115
* / %	2	Multiplikation, Division und Restbestimmung	13	L	43
+ -	2	Addition und Subtraktion	12	L	43
<< >>	2	bitweise Links- und Rechtsverschiebung	11	L	48
< <= > >=	2	Vergleich	10	L	44
== !=	2	Vergleich	9	L	44
&	2	bitweises Und	8	L	48
^	2	bitweises exklusives Oder	7	L	48
		2	bitweises inklusives Oder	6	L	48
&&	2	logisches Und	5	L	45
||	2	logisches Oder	4	L	45
? :	3	arithmetische Bedingung	3	L	53
= •=	2	Zuweisungen (• ... beliebiger binärer Operator)	2	R	45
,	2	sequentielle Evaluation	1	L	52

Anweisungen

C++ bevorzugt Bibliotheks-routinen vor spezifischen Sprach-konstrukten

Wie schon in der Einleitung zu diesem Kapitel angemerkt, ist die Liste der C++-Anweisungen [statements] eher kurz. Abgesehen von einigen Ausnahmen, auf die wir gleich eingehen werden, betreffen alle Anweisungen den Kontrollfluß; spezielle Sprachkonstrukte für Ein- und Ausgabe, wie sie z.B. in COBOL oder PL/1 existieren, sind in C++ unbekannt; diese Aufgaben werden vielmehr von entsprechenden Unterprogramm- bzw. Klassenbibliotheken in mehr oder weniger standardisierter Form übernommen.

Nun zu den angesprochenen Sonderfällen, jenen Anweisungen, die *nicht* den Kontrollfluß manipulieren:

Ausdrücke mit Strich-punkt sind in C++ An-weisungen,..

Die *Ausdrucksanweisung* [expression statement] ist eine C/C++-Spezialität: Jeder Ausdruck kann durch einen abschließenden Strichpunkt zu einer Anweisung gemacht werden, sein *Wert* wird dabei ignoriert. Das erlaubt z.B. die folgenden sinnlosen Anweisungen:

```
a+b; 77; *ptr;                          // Bewirken nichts
```

Wie man leicht einsieht, haben Ausdrucksanweisungen nur einen
Sinn, wenn sie *Seiteneffekte* bewirken; ein typischer Seiteneffekt ist
z.B. der Datentransfer bei einem Zuweisungsausdruck:

..die auf Seiteneffekten beruhen

```
f = r*r*pi;
```

Auch in diesem Fall wird der Wert des gesamten Ausdrucks (das ist
der Wert der linken Seite nach der Zuweisung) letzten Endes ignoriert.

Die *Verbundanweisung* [compound statement] ist in C++ ident mit
einem *Block* [block][11] und besteht aus einer durch { und } begrenzten
Liste von Anweisungen. Sie ermöglicht einerseits die Angabe mehrerer
Anweisungen, wo aus syntaktischen Gründen nur eine einzige erlaubt
ist, andererseits definiert sie den Gültigkeitsbereich der in ihr
enthaltenen *Deklarationsanweisungen* [declaration statements].

Zusammengesetzte Anweisungen

Die letzte Spezialität ist die *Leeranweisung* [null statement]

```
                                                // Bewirkt nichts
```

Leere Anweisung

die keines besonderen Kommentars bedarf.

Verzweigungen

In diese Kategorie fallen die `if`-Anweisung (Zweiwegverzweigung) und
die `switch`-Anweisung (Mehrwegverzweigung).

Die `if`-Anweisung kommt in zwei Formen vor:

if-Anweisung, mit und ohne else

```
if ( EXPRESSION ) STATEMENT-1
if ( EXPRESSION ) STATEMENT-1 else STATEMENT-2
```

Der (geklammerte!) Ausdruck EXPRESSION wird ausgewertet und als logischer Ausdruck interpretiert. Jeder Wert ungleich null bewirkt die
Durchführung der Anweisung STATEMENT-1, während das Ergebnis null
zur Aktivierung von STATEMENT-2 (falls angegeben) führt.

Bei geschachtelten `if`-Anweisungen wird jedes `else` mit dem letzten
`else`-losen `if` verknüpft, die folgenden beiden Strukturen sind daher
äquivalent:

Geschachteltes if

```
if (a) if (b) s1; else s2;      // s1 und s2 sind beliebig
if (a) {                 // Äquivalent zur obigen Anweisung
  if (b) s1;
  else s2;
}
else ;                                   // Leeranweisung
```

Sollte hingegen s2 im Falle von `!a` ausgeführt werden, müßte
entweder das innere `else` explizit angeführt oder die innere `if`-

---

[11] Dies ist nicht notwendigerweise der Fall: In PL/1 z.B. lautet die Verbundanweisung `do...end`, während ein Block durch `begin...end` geklammert wird.

Anweisung geklammert werden:

Inneres if
vervoll-
ständigen ..

```
if (a)
   if (b) s1;
   else ;                    // Dieses else muß angegeben werden,
else s2;                     // um "else s2" nach außen zu verdrängen
```

..oder
klammern

```
if (a) {
   if (b) s1;
} else s2;
```

Die Mehrwegverzweigung

switch-
Anweisung

```
switch ( EXPRESSION ) {
   case CONST-1: STATEMENTLIST-1
   case CONST-2: STATEMENTLIST-2
   ...
   case CONST-N: STATEMENTLIST-N
   default: STATEMENTLIST                           // Optional
}
```

evaluiert den integralen Ausdruck $EXPRESSION$ und verzweigt zu jenem durch `case` markierten Sprungziel innerhalb der folgenden Verbundanweisung, dessen Konstante $CONST$-I mit dem Wert des Ausdrucks übereinstimmt. Von dieser Stelle aus wird der Kontrollfluß *sequentiell*

Jeder Zweig
muß
explizit
verlassen
werden

fortgesetzt, d.h., daß im Gegensatz etwa zu Pascal die Anweisung *nicht* unmittelbar vor der nächsten Alternative verlassen wird. Da dies jedoch in den meisten Fällen wünschenswert ist, werden die $STATEMENT$-$LISTS$ im allgemeinen durch eine `break`-Anweisung abgeschlossen, die einen Sprung an das Ende der `switch`-Anweisung verursacht.

Die optionale `default`-Marke kennzeichnet jene Stelle, an die verzweigt werden soll, falls keine der `case`-Konstanten dem Wert des Ausdrucks entspricht. Ist keine `default`-Marke angegegeben, wird in einem solchen Falle ans Ende der `switch`-Anweisung verzweigt.

Im folgenden Beispiel wird angenommen, daß der Benutzer eines Menüsystems die Auswahl durch Eingabe eines einzelnen Zeichens trifft:

Inter-
pretation
eines
Benutzer-
befehls (1
Zeichen)

```
char user_input = ... ;                             // Menuauswahl
switch (user_input) {
   case 'H': case 'h': help(); break;                    // Help
   case 'Q': case 'q': return;                           // Quit
   case 'D': case 'd': delete_object(); break;    // Delete
   default: error(); help();              // Falsche Eingabe
}
```

Die skizzierte `switch`-Anweisung analysiert diese Benutzereingabe und stößt entsprechende Aktionen an. Bemerkenswert ist dabei, daß einige der $STATEMENTLISTS$ leer sind, nämlich jene, die den Konstanten `'H'`, `'Q'` und `'D'` zugeordnet sind. Da in diesen Fällen das Programm von der Stelle der entsprechenden Marke an sequentiell fortfährt, wird erreicht, daß im konkreten Beispiel Großbuchstaben und Kleinbuchstaben gleich behandelt werden. Alle anderen STATEMENTLISTS werden jedoch mit einer unbedingten Transferanweisung (break oder return, siehe dazu den übernächsten Abschnitt) terminiert, sodaß die zugeordneten Anweisungen *exklusiv* ausgeführt werden. Die einzige Ausnahme stellt die default-Klausel dar, die als letzte Alternative keines Sprungbefehls mehr bedarf, da nach ihr die switch-Anweisung ohnehin zu Ende ist.

Durch Umstellen kann ein Funktionsaufruf eingespart werden:

```
switch (user_input) {
  default: error();
  case 'H': case 'h': help(); break;
  case 'Q': case 'q': return;
  case 'D': case 'd': delete_object(); break;
}
```

Nach error() *wird mit* help() *fortgesetzt*

Hier wird im default-Fall error() aufgerufen, danach der H/h-Zweig durchlaufen und das Programm mit help() fortgesetzt. Diese kompaktere Schreibweise kann jedoch zu unübersichtlichen Programmen führen; eine im Sinne der strukturierten Programmierung sinnvolle Faustregel ist, daß eine Anweisungsliste, die nicht gänzlich entfällt (wie z.B. unmittelbar nach den Marken für die Großbuchstaben), in jedem Fall mit einem unbedingten Transfer wie break oder return abgeschlossen werden sollte.

Faustregel für strukturierte switch-Anweisungen

Wenn switch-Anweisungen geschachtelt sind, beziehen sich die case- und default-Marken jeweils auf das sie unmittelbar umgebende switch-Statement. Abgesehen von dieser Regelung, können case- und default-Marken in beliebig verschachtelten Blöcken auftreten und zu entsprechend unleserlichem Code führen - siehe dazu die Übungsaufgabe 2.1.

Geschachteltes switch

Abschließend sei noch ein weiteres Beispiel zum switch-Statement angegeben, das dazu verwendet wird, die Anzahl der Tage zu einem durch seinen Namen gegebenen Monat zu ermitteln:

```
#include <ctype.h>    // Deklaration der Funktion toupper()
int days (const char* month)    // "Jänner", ... "Dezember"
{
  switch (toupper(month[0])) {
    case 'J':                     // Jänner/Januar Juni Juli
      return toupper(month[1]) == 'U' &&
             toupper(month[2]) == 'N'
        ? 30                                  // Juni
        : 31;                     // Jänner/Januar Juli
    case 'M':                                 // März Mai
    case 'O':                                 // Oktober
    case 'D':                                 // Dezember
      return 31;
    case 'A':                                 // April August
      return toupper(month[1]) == 'P'
        ? 30                                  // April
        : 31;                                 // August
```

Analyse eines Monatsnamens und Rückgabe der entsprechenden Tagesanzahl

```
        case 'S':                                    // September
        case 'N':                                    // November
          return 30;
        case 'F':                                    // Feber/Februar
          return 28;        // Schaltjahr nicht berücksichtigt
        default:                                         // Unklar
          return 0;                               // Fehlersignal
      }
    }
```

toupper()   Die Standardfunktion `toupper()`, die in der Headerdatei `ctype.h` deklariert ist, wandelt ihr Argument (einen Wertparameter), wenn es ein Kleinbuchstabe ist, in einen Großbuchstaben um und gibt das eventuell modifizierte Zeichen als Funktionswert zurück.

Schleifen

C++ unterstützt mit

```
while ( EXPRESSION ) STATEMENT       // Test am Schleifenbeginn
do STATEMENT while ( EXPRESSION )      // Test am Schleifenende
for ( INIT-STMT EXPRESSION; RE-INIT-EXPRESSION ) STATEMENT
```

alle wesentlichen Schleifenkonzepte. Die beiden while-Schleifen werden solange durchlaufen, bis der logische Ausdruck EXPRESSION null ist; da der Ausdruck in der ersten Form am *Schleifenbeginn* evaluiert wird, kann die Schleife eventuell auch *gar nicht* durchlaufen werden, während die zweite Form (auch do-Schleife genannt) *mindestens einmal* durchlaufen werden muß.

strcpy()   Betrachten wir als Beispiel eine Funktion `strcpy()`, die den Inhalt einer Zeichenkette s auf eine zweite Zeichenkette t überträgt. Die Zeichenketten seien wie üblich als nullterminierte char-Vektoren dargestellt, deren Anfangsadressen an die Funktion übergeben werden:

Imple-
mentiert
t = s
durch
element-
weises
Kopieren in
einer
while-
Schleife
```
char* strcpy (char* t, const char* s)                    // s wird
{                              // nicht verändert - daher const char*
  int i = 0;
  while (s[i] != '\0') {          // Solange s[i] nicht das
    t[i] = s[i]; // Nullzeichen ist: Zeichenweise kopieren
    i++;                                      // Index erhöhen
  }
  t[i] = '\0';              // '\0' wurde ja NICHT übertragen
  return t; // Funktionswert = Adresse des Ergebnisstrings
}
```

Dieselbe Funktion lautet mit Hilfe einer do-Schleife formuliert:

Variante
mit do-
Schleife: Es
muß ja
mindestens
'\0' kopiert
werden
```
char* strcpy (char* t, const char* s)
{
  int i = 0;                 // Das Nullzeichen wird nun auch
  do t[i] = s[i]; while (s[i++] != '\0'); // innerhalb der
  return t;                          // Schleife übertragen
}
```

In Übungsaufgabe 2.2 wird diese Schleife noch durch allerlei

Programmiertricks optimiert werden.

Die `for`-Schleife ist in C++ lediglich eine schreibtechnische Abkürzung für die Konstruktion

for-Schleife

```
INIT-STMT
while ( EXPRESSION ) { STATEMENT  RE-INIT-EXPRESSION; }
```

die weder (wie z.B. in Pascal) Endlichkeit der Schleife garantiert, noch vom Compiler für Codeoptimierung herangezogen werden kann. Da jedes der drei Kontrollelemente *INIT-STMT*, *EXPRESSION* und *RE-INIT-EXPRESSION* entfallen kann, könnte mit

```
for (; EXPRESSION; ) STATEMENT // Leeranweisung als INIT-STMT
```

eine `while`-Schleife simuliert werden. Eine nicht angeführte Bedingung "evaluiert" immer zum Wert 1; daher stellt

```
for (;;) STATEMENT
```

Endlosschleife

eine Endlosschleife dar.

Ein Beispiel für die übliche Verwendung der `for`-Schleife ist etwa die folgende Variante der Funktion `strcpy()`:

```
char* strcpy (char* t, const char* s)
{
  int i, l = strlen(s);     // strlen() liefert die Länge
  for (i=0; i<=l; i++)      // Übertrage l+1 Zeichen
    t[i] = s[i];            // (inklusive '\0')
  return t;
}
```

strcpy() mit for-Schleife

Da die Initialisierungsanweisung *INIT-STMT* auch eine Deklarationsanweisung sein darf, können Schleifenkontrollvariablen (wie `i` im obigen Beispiel) auch unmittelbar dort vereinbart werden:

```
char* strcpy (char* t, const char* s)
{
  for (int i=0; s[i]!='\0'; i++)
    t[i] = s[i];
  t[i] = '\0';              // i existiert auch hier noch
  return t;
}
```

strcpy() mit for-Schleife mit allgemeinerer Abbruchbedingung

Der Geltungsbereich von `i` erstreckt sich in diesem Falle von der Deklaration bis zum Ende des die `for`-Schleife *umgebenden* Blocks, ist also *nicht* auf den Schleifenrumpf beschränkt.

Müssen in der *RE-INIT-EXPRESSION* mehrere Schleifenvariablen modifiziert werden, wird üblicherweise der Kommaoperator angewandt:

```
for (int i=start, j=end; i<j; i++, j--) ...
```

Schleifen können natürlich mittels Sprunganweisungen an beliebigen Stellen verlassen werden; die artigste Form, dies zu tun, ist die `break`-Anweisung, mit der wir den nächsten Abschnitt beginnen werden.

Transferanweisungen

Transfer- oder Sprunganweisungen verzweigen den Kontrollfluß an
mehr oder weniger beliebige Stellen im Programm. Je nach Grad
dieser Beliebigkeit entstehen mehr oder weniger unstrukturierte
Programme, die im allgemeinen schlecht funktionieren, sicher aber
schlecht zu lesen und schlecht zu warten sind. C++ bietet allerdings
eine Reihe von Transferanweisungen, die das Paradigma der strukturierten Programmierung in unterschiedlichem Maß unterstützen
bzw. torpedieren.

Die harmloseste dieser Anweisungen ist die `break`-Anweisung, die an
das Ende der sie unmittelbar umgebenden Schleife oder `switch`-
Anweisung verzweigt. Das folgende Beispiel skizziert eine typische,
gutartige Anwendung:

```
for (;;) {                               // "Endlos"-Schleife
  display_input_prompt();  // Eingabeaufforderung ausgeben
  user_input = read_input();          // Kommando einlesen
  if (is_end_symbol(user_input)) // Benutzer will aufhören
    break;
  process(user_input);           // Verarbeiten der Eingabe
}
```

Beim Versuch, in diesem Beispiel ohne `break` auszukommen, muß
eine gewisse Umständlichkeit in Kauf genommen werden:


```
do {
  display_input_prompt();
  user_input = read_input();
  if (!is_end_symbol(user_input))
    process(user_input);
} while (!is_end_symbol(user_input));
```

oder


```
int not_at_end;
do {
  display_input_prompt();
  user_input = read_input();
  if (not_at_end = !is_end_symbol(user_input))
    process(user_input);
} while (not_at_end);
```

Während die Anwendung der `break`-Anweisung zum Verlassen von
Schleifen auch Geschmacksache sein mag, ist sie für die übersichtliche
Formulierung von `switch`-Statements jedoch unerläßlich (siehe das
Beispiel auf Seite 56).

Die Rolle, die `break` bei Schleifen und `switch`-Anweisungen spielt,
wird bei Funktionen (siehe Kapitel 3) von der `return`-Anweisung
übernommen. Sie tritt in zweierlei Form auf; die erste erlaubt die
Angabe eines Funktionsergebnisses, während die zweite Form für
reine Prozeduren benützt wird:

```
return EXPRESSION ;              // Für "echte" Funktionen
return;                          // Für void-Funktionen
```

return (mit oder ohne Ergebnis) zum Verlassen von Funktionen

Bei der Rückgabe eines Wertes wird vom Compiler in der rufenden Funktion ein temporärer Speicherbereich angelegt, der mit dem Wert der `return`-Anweisung *initialisiert* wird. Die Semantik der Funktionswertübergabe ist also äquivalent mit jener der Wertparameterübergabe.

Wie jede Transferanweisung sollte auch `return` sparsam verwendet werden; die klassische Lehre von der strukturierten Programmierung erlaubt z.B. *genau eine* derartige Anweisung pro Funktion!

Die `goto`-Anweisung verzweigt zu einer *Anweisungsmarke* [label] (bestehend aus einem Namen und einem Doppelpunkt), die irgendwo *innerhalb derselben Funktion*[12] definiert sein muß:

goto

```
if (unexpected_error) goto end;          // Sprungbefehl
...
end: clean_up();                         // Sprungziel
return;
```

Es ist allerdings verboten, *hinter* eine Deklarationsanweisung mit Initialisierung zu springen, wie in

```
if (unexpected_error) goto end;          // Fehler:
int aux = 0;                // übersprungene Initialisierung
...                                 // Hier wird aux verwendet
end: ...            // Hier könnte aux verwendet werden
```

Dies kann repariert werden, indem man die Deklaration und jenen Teil des Codes, in dem die Variable benützt wird, in einen Block einkleidet:

```
if (unexpected_error) goto end;     // goto ist nun erlaubt
{ int aux = 0;
  ...
}                        // Ende des Gültigkeitsbereichs für aux
end: ...              // Nun ist aux hier nicht mehr bekannt
```

Diese Regel, die sinngemäß auch für `switch`- und `if`-Anweisungen anzuwenden ist, soll sicherstellen, daß eine Variable, die bei ihrer Definition initialisiert wird, auch tatsächlich nie uninitialisiert verwendet wird. In der zweiten Version des Codefragments ist `aux` nach der Marke `end:` ohnehin nicht mehr verwendbar, daher stellt sich auch die Frage nach der Initialisierung nicht.

Faustregel: Definitionen nicht "überspringen"

Schließlich soll noch die `continue`-Anweisung erwähnt werden, die in einer Schleife den aktuellen Iterationsschritt beendet und zum Schleifenkopf (bei `for`- und `while`-Schleifen an den Anfang, bei `do`-Schleifen an das Ende) verzweigt, wo die Schleifenbedingung neuerlich

continue

---

[12] Der Gültigkeitsbereich von Anweisungsmarken wird dementsprechend als *funktionslokal* bezeichnet.

ausgewertet wird.

Die beiden letzten Konstrukte erscheinen ein wenig anachronistisch
und werden wirklich nur in Ausnahmefällen benützt.

Übungsaufgaben

→ *Seite 274*   **2.1** Was gibt das folgende Programm aus?

```
#include <iostream.h>
main()
{
  int a, i;
  for (a=1; a<=3; a++)
    switch (a)
      case 1:
        for (i=1; i<=3; i++)
      case 2:
        if (a < i)
      case 3: cout << "ALPHA " << a << " " << i << "\n";
          else
            cout << "BETA " << a << " " << i << "\n";
}
```

→ *Seite 274*   **2.2** Überarbeiten Sie die Funktion `strcpy()`, sodaß Zeigerarithmetik
an Stelle der Indizierung zur Anwendung gelangt. Bemühen Sie
sich um eine möglichst kurze und effiziente Lösung.

→ *Seite 274*   **2.3** Schreiben Sie die beiden Funktionen

```
unsigned lrot(unsigned e, unsigned n);
unsigned rrot(unsigned e, unsigned n);
```

die den Ausdruck `e` um `n` Bits nach links bzw. nach rechts rotiert
zurückgeben.

→ *Seite 275*   **2.4** Definieren Sie die Funktion

```
unsigned setbit(unsigned e, unsigned n, unsigned val);
```

die im Ausdruck `e` Bit Nummer `n` ($0 \leq$ `n<sizeof(unsigned)`) auf
den Wert `val` (null oder eins) setzt und den modifizierten
Ausdruck zurückgibt.

→ *Seite 275*   **2.5** Schreiben Sie eine Funktion, die überprüft, ob in einem zwei-
dimensionalen Feld mehr als die Hälfte der Einträge null sind.

→ *Seite 275*   **2.6** Geben Sie ein Programmstück an, das zwei `double`-Matrizen mit
einander multipliziert.

→ *Seite 276*   **2.7** Schreiben Sie ein Programm, das eine Reihe von Zeichen mittels
`>>` von `cin` einliest und sofort wieder ausgibt, wobei
Kleinbuchstaben in Großbuchstaben umzuwandeln sind. Das
Zeichen $ soll das Ende der Eingabesequenz markieren.

3

Funktionen

In diesem Kapitel soll nun das in Kapitel 1 erworbene rudimentäre Wissen über Funktionen wesentlich erweitert werden. Es behandelt Funktionen mit variabler Parameteranzahl, Standardwerte für Funktionsargumente, das Überladen von Funktionsnamen und Operatoren sowie makroähnliche `inline`-Funktionen. Das letzte Wort über Funktionen ist damit allerdings immer noch nicht gesprochen; Komponentenfunktionen (Methoden) werden auf Grund ihrer Abhängigkeit vom Klassenkonzept erst in Kapitel 5 behandelt.

Funktionen werden auch in den Kapiteln 1 und 5 behandelt

Variable Parameterlisten

In manchen Fällen ist es praktisch, wenn man einer Funktion eine beliebige Anzahl von Parametern übergeben kann. In C++ ist dies möglich, vorausgesetzt, die Funktion ist in der Lage festzustellen, wieviele aktuelle Parameter von welchem Datentyp bei einem bestimmten Aufruf *tatsächlich* angegeben werden.

Betrachten wir zum Beispiel eine Funktion `max()`, die das größte von beliebig vielen (aber mindestens zweien - weniger sind wohl sinnlos) `int`-Argumenten zurückliefert. Sie könnte z.B. wie folgt deklariert werden:

max() soll aus beliebig vielen Argumenten das größte ermitteln

```
int max (int a, int b, ...);
```

Die drei Punkte, die nur am Ende der Parameterliste auftreten dürfen, fungieren als *Auslassungszeichen* [ellipsis] und geben an, daß *mehr* aktuelle Argumente als deklarierte formale Parameter übergeben werden dürfen. Die obige Deklaration würde die folgenden Aufrufe erlauben:

```
m1 = max(x, y);   // Mindestanzahl an Parametern ist hier 2
m2 = max(0, k, 1, m); // Liefert das Maximum aus {0,k,1,m}
```

Diese Beispiele sind jedoch insoferne falsch, als die Funktion `max()` nicht eruieren kann, wieviele aktuelle Parameter sie tatsächlich übergeben erhält. Diese Information wird im allgemeinen (aber nicht notwendigerweise) durch einen zusätzlichen Parameter bereitgestellt: Entweder wird die Anzahl der aktuellen Argumente als weiterer Parameter im fixen Teil der Parameterliste übergeben, also etwa

Der erste Parameter zählt die folgenden

```
int max (int n_arg, int a, int b, ...);
m1 = max(2, x, y);
m2 = max(4, 0, k, l, m);
```

oder es wird das Ende der Liste durch einen speziell ausgezeichneten Parameter markiert, der selbst nicht mehr zu verarbeiten ist:

INT_MAX aus limits.h markiert das Ende der aktuellen Parameterliste

```
int max (int a, int b, ...);
m1 = max(x, y, INT_MAX);
m2 = max(0, k, l, m, INT_MAX);
```

Eine portable Methode, um aus der Funktion `max()` auf die aktuellen Parameter zuzugreifen, wird durch Makros, die in `stdarg.h` definiert sind, bereitgestellt. Der folgenden exemplarischen Beschreibung liegt die Aufgabe zugrunde, die Funktion `int max (int n_arg, int a, int b, ...)` zu implementieren.

Zugriff auf die durch ... vereinbarten formalen Parameter über die Makros va_list, va_start,..

Der Datentyp `va_list` kann benützt werden, um eine lokale Variable, nennen wir sie `args`, zu definieren, die die variable Parameterliste repräsentiert. Diese Variable wird durch das Makro `va_start` wie folgt initialisiert (dabei wird vorausgesetzt, daß die Parameterliste von `max()` wie oben angegeben lautet):

```
va_list args; // Hilfsvariable für variable Parameterliste
va_start(args, b);
```

Das zweite Argument des Makros `va_start` ist der letzte *benannte* formale Parameter der Funktion, mit dessen Hilfe das Makro die Anfangsadresse der variablen Parameterliste am Stack ermittelt[1].

..va_arg,..

Nach diesen beiden Anweisungen können jene aktuellen Parameter, die an Stelle der drei Punkte spezifiziert worden sind, durch sukzessive Anwendung des Makros `va_arg` extrahiert werden:

```
int par = va_arg(args, int);
```

liefert z.B. den nächsten `int` Parameter. Man erkennt, daß eine Funktion mit variabler Parameteranzahl nicht nur die aktuelle Anzahl, sondern auch den Datentyp der "..."-Argumente kennen muß. In unserem Beispiel sind alle Argumente vereinbarungsgemäß vom Typ `int`.

Die Bearbeitung einer variablen Parameterliste muß am Ende

---

[1] Daraus folgt, daß eine Funktion der Form `f(...)` (also ganz ohne benannte Parameter) *keine* Möglichkeit besitzt, auf ihre aktuellen Parameter zuzugreifen.

ordnungsgemäß abgeschlossen werden:

```
va_end(args);          // Kann etwas, muß aber nichts bewirken
```


Die Implementation der Funktion `max()` bleibt dem fleißigen Leser als Übungsaufgabe 3.1 überlassen.

Abschließend muß betont werden, daß durch das Auslassungszeichen der Typkontrollmechanismus von C++ außer Kraft gesetzt wird. Syntaktisch sind an Stelle der drei Punkte beliebige Parameter erlaubt, ohne Rücksicht darauf, welche Art Argumente die Funktion in Wirklichkeit erwartet.

Standardwerte für Funktionsargumente

Eine weitere, einfachere Methode, um eine Funktion mit unterschiedlichen Anzahlen von aktuellen Parametern aufzurufen, beruht auf der Tatsache, daß für Parameter *Standardwerte* [default values] angegeben werden können, die vom Übersetzer eingesetzt werden, falls das entsprechende Argument im Aufruf fehlt. Stellen wir uns als Beispiel eine Graphikfunktion `circle()` vor, die einen Kreisbogen zeichnet:


```
void circle (double x, double y, double r,
             double a1, double a2);
```

`x` und `y` stellen den Kreismittelpunkt dar, `r` den Radius und `a1` bzw. `a2` geben den Anfangs- bzw. Endwinkel des Kreisbogens in Graden an. Um einen Einheitsviertelkreis im zweiten Quadranten um den Koordinatenursprung zu zeichnen, würde man

```
circle(0, 0, 1, 45, 90);
```

aufrufen. Für einen vollen Kreis wäre

```
circle(0, 0, 1, 0, 360);
```


notwendig, ein eher komplizierter Aufruf für eine einfache Sache. Praktisch wären geeignete Standardwerte für die beiden Winkel:

```
void circle (double x, double y, double r,
             double a1=0, double a2=360);
```

Nun kann der Einheitskreis um den Koordinatenursprung durch

```
circle(0, 0, 1);               // Implizit a1=0, a2=360
```


erzielt werden, was die Schreibarbeit reduziert und die Lesbarkeit erhöht. Ebenso wäre es nun möglich, einen Viertelkreis durch

```
circle(47, 11, 13, 270);       // Implizit a2=360
```

zu erzielen, wobei hier allerdings einige Phantasie nötig ist, um dem Aufruf anzusehen, was er bewirken soll.

Defaultargumente können nur am *Ende* der Parameterliste definiert werden; die Konstruktion

```
void circle (double x=0, double y=0, double r,   // Fehler!
             double a1=0, double a2=360);
```

um durch Aufrufe wie `circle(r)` bequem Kreise um den Koordinatenursprung ziehen zu können, ist daher *falsch*.

`inline`-Funktionsdefinitionen

Manche Funktionen sind derart simpel, daß der für den Aufruf der Funktion erzeugte Code mehr Laufzeit (und Speicherplatz) kostet als der Code für den Funktionsrumpf. Beispiele sind eine einfache `max()`-Funktion für zwei Argumente oder die Funktion `abs()`, die den Absolutbetrag ihres Argumentes ermittelt:

```
double max (double a, double b) { return a > b ? a : b; }
double abs (double x)           { return x >= 0 ? x : -x; }
```

Diese Funktionen wären an sich Kandidaten für Makrodefinitionen:

```
#define max(a, b) (a > b ? a : b)
#define abs(x)    (x >= 0 ? x : -x)
```

inline-Funktionen sollen Makros ersetzen

doch wird allgemein davon abgeraten, da Makros eine latente Fehlerquelle darstellen (eine Begründung dafür finden Sie auf Seite 9). In C++ können an Stelle von Makros sogenannte `inline`-Funktionen angegeben werden, deren Definitionen, falls möglich, vom Compiler an Stelle ihres Aufrufs in den erzeugten Code expandiert werden. Dies spart Laufzeit, kostet allerdings entsprechenden Speicherplatz. Bei *sehr* kurzen Funktionen kann jedoch sogar ein Speichergewinn auftreten[2].

Syntaktisch wird eine Funktion zu einer `inline`-Funktion, indem ihrer Definition das Schlüsselwort `inline` vorangestellt wird:

```
inline double max (double a, double b) { return a>b?a:b; }
inline double abs (double x)           { return x>=0?x:-x; }
```

Der Compiler darf "inline" ignorieren

Wie die `register`-Angabe bei automatischen Variablen ist die `inline`-Spezifikation lediglich ein Hinweis an den Übersetzer und verpflichtet diesen *nicht*, den Funktionscode tatsächlich zu expandieren. Sobald die Komplexität der Funktion einen gewissen Schwellwert überschreitet (zum Beispiel, wenn Schleifen vorkommen), wird ohne weitere Warnung eine ganz normale Funktion erzeugt.

---

[2] Einer meiner Compiler erzeugt für ein Miniprogramm aus Definition und Aufruf der Funktion `abs()` ein 286 (ein Aufruf der Funktion) bzw. 459 (zehn Aufrufe) Bytes langes Objektprogramm, die `inline`-Version desselben Programms ist nur 242 bzw. 350 Bytes lang.

Überladen von Funktionsnamen

Betrachten wir noch einmal die Funktion

```
int max (int n_arg, int a, int b, ...);
```

von Seite 64 bzw. Übungsaufgabe 3.1. Gesetzt den Fall, wir benötigten eine Funktion mit vergleichbarer Semantik, die auf `double`-Werten operiert, dann wären wir in den meisten Programmiersprachen gezwungen, die neue Funktion anders, z.B. `dmax()`, zu taufen. Für `long`-Ausdrücke käme dann `lmax()` in Frage, für `unsigned` `umax()` usw.; allgemein müßten wir uns für n Datentypen n verschiedene Funktionsnamen ausdenken. In C++ hingegen können wir denselben Funktionsnamen `max()` beliebig oft vergeben, solange sichergestellt ist, daß der Compiler jeden Aufruf an Hand der Datentypen der Funktionsargumente auf eindeutige Weise einer passenden Funktion zuordnen kann.

Derselbe Funktionsname für mehrere Funktionen mit unterschiedlichen Parameterdatentypen

```
int max (int n_arg, int a, int b, ...);
double max (int n_arg, double a, double b, ...);
long max (int n_arg, long a, long b, ...);
```

Diese Bildung von Homonymen wird als *Überladen* [overloading] des Funktionsnamen bezeichnet, die Zuordnung eines gegebenen Aufrufs zu einer bestimmten Variante wollen wir *Homonymauflösung* [overloading resolution] nennen.

Wodurch unterscheiden sich nun Argumentdatentypen in für die Homonymauflösung *ausreichendem* Maße? Die wichtigsten der entsprechenden Regeln lauten:

Einige Regeln zur Homonymauflösung (siehe auch S. 69)

- Funktionen, die sich nur im Ergebnistyp unterscheiden, dürfen *nicht* denselben Namen haben.

- Ebenso reicht es nicht aus, wenn sich ihre Parameter lediglich dadurch unterscheiden, daß einem Typ `T` ein Typ `T&` gegenübersteht, wie bei `f(int)` und `f(int&)`.

- Es ist im allgemeinen auch zuwenig, wenn einem Typ `T` ein Typ `const T` gegenübersteht. Dies reicht jedoch *sehr wohl* zur Unterscheidung aus, wenn es sich um Referenztypen oder Zeigertypen handelt, wie bei `f(int&)` und `f(const int&)` oder `f(int*)` und `f(const int*)`[3].

- Da `typedef`-Namen keine neuen Datentypen, sondern lediglich Synonyme für andere Datentypen darstellen, ist auch das folgende Funktionspaar regelwidrig - es handelt sich um die (unerlaubte) Redefinition derselben Funktion:

```
typedef char* string;
```

---

[3] Wo immer in diesem Kontext von `const` die Rede ist, gilt dasselbe für `volatile`.

```
int length(string) { ... }
int length(char*)  { ... }
```

- Ebenso werden `f(T*)` und `f(T[])` als gleichwertig betrachtet. *Sehr wohl* als unterscheidbar gelten jedoch Feldtypen mit unterschiedlicher zweiter oder höherer Dimension wie `f(T[][10])` und `f(T[][20])`.

- Ein sicheres Unterscheidungsmerkmal ist die *Anzahl* der formalen Parameter. Die beiden Funktionen `f(T)` und `f(T, U)` dürfen also durchaus koexistieren. Allerdings können Defaultargumente zu Schwierigkeiten führen: `f(int)` und `f(int, int=0)` wäre z.B. falsch, da der Aufruf `f(3)` nicht eindeutig einer der beiden Funktionen zugeordnet werden könnte.

Die Sache wird noch komplizierter, wenn automatische Konversionen ins Spiel kommen. Welche der drei zuvor deklarierten Funktionen `max()` würde z.B. im folgenden Fall aufgerufen werden?

```
double x=3.14; int y=2;
int m = max(2, x, y);
```

Zunächst kann festgestellt werden, daß die Tatsache, daß ein Ergebnis vom Typ `int` erwartet wird, nichts zur Auflösung der Mehrdeutigkeit beiträgt. Es bleiben zwei Alternativen: Entweder wird `x` auf `int` konvertiert und die `int`-Variante der Funktion `max()` aktiviert, oder `y` wird auf `double` ausgeweitet und die `double`-Version kommt zum Zug. Wir wollen dies im nächsten Abschnitt näher untersuchen.

Vorsicht vor unsinnigem Überladen

Beim Überladen von Funktionsnamen sollte man aufpassen, daß man wirklich nur Funktionen mit vergleichbarer Semantik mit demselben Funktionsnamen bedenkt. Es wäre zum Beispiel höchst verwirrend, wenn außer der besprochenen `max()`-Familie noch die Funktionen

```
void max (long& var) { var = LONG_MAX; }
void max (int& var)  { var = INT_MAX; }
etc. etc.
```

welche eine übergebene Variable mit dem ihrem Datentyp entsprechenden Maximalwert (aus `limits.h`) belegen, im selben Programm definiert wären. Letztere Funktionsfamilie sollte dann eher `max_val()` oder ähnlich heißen, um dem Leser das Auseinanderhalten der beiden Bedeutungen zu erleichtern.

overload ist obsolet

Bei älteren Übersetzerversionen wird man übrigens dazu gezwungen, das Überladen eines Funktionsnamens durch Angabe des Schlüsselwortes `overload` zu explizieren, wie z.B. in

```
overload int max (int n_arg, int a, int b, ...);
```

Dies war wohl dazu gedacht, *irrtümliches* Überladen zu verhindern. Da das Überladen aber ein derart gebräuchliches Stilmittel geworden ist, ist diese Regel fallen gelassen worden. Das Wort `overload` wird aber von den meisten Übersetzern noch verstanden und ist daher im allgemeinen auch immer noch *reserviert*.

Zu beachten ist noch, daß nur Funktionen *im selben Geltungsbereich* [scope] überladen werden können, Funktionen aus einem äußeren Gültigkeitsbereich werden (wie andere Objekte auch) durch die lokale Deklaration einer Funktion gleichen Namens *verborgen*. Folgendes ist daher *falsch*:

```
extern int f (char*);
void illegal ()
{
   extern double f (double);        // Verbirgt äußeres f
   f("Leider!");                    // Fehler!
}
```

Ein Funktionsname kann nur im Gültigkeitsbereich seiner Deklaration überladen werden

Der Compiler bricht bei der Analyse des Ausdrucks `f("Leider!")` die Suche nach einer Funktion `f()` in jenem Geltungsbereich ab, in dem er die erste Variante der Funktion findet, wobei die Suche von innen nach außen erfolgt. Unglücklicherweise handelt es sich dabei um die `double`-Version dieser Funktion, weshalb ein entsprechender Übersetzungsfehler ausgegeben wird, da das aktuelle Argument den (inkompatiblen) Datentyp `char*` besitzt.

Homonymauflösung

Die Auswahl einer bestimmten Funktion aus einer Menge von verfügbaren Funktionen gleichen Namens zu einem gegebenen Funktionsaufruf erfolgt nach einem komplizierten Algorithmus, der in [5, S. 312-327] im Detail beschrieben wird. Einigermaßen vereinfacht dargestellt, lautet er:

Wie der Compiler Homonyme auflöst

0. Bestimme die Menge F jener Funktionen, die in Namen und Arität[4] mit dem Aufruf übereinstimmen und deren formale Argumentdatentypen mit den aktuellen Parameterdatentypen des Aufrufs kompatibel (d.h. ident oder konvertierbar) sind. Wenn diese Menge höchstens ein Element besitzt, kann der Algorithmus abgebrochen werden, ansonsten ist mit Schritt 1 fortzufahren.

Die Menge der potentiell aufrufbaren Funktionen bestimmen

1. Bestimme für jeden aktuellen Parameter p_i die Menge F_i' aller Funktionen aus F, die bezüglich des Datentyps für das Argument p_i *am besten* zum gegebenen Aufruf *passen* (was das bedeutet, wird noch erläutert werden).

Jeden Parameter einzeln untersuchen

2. Bilde den Durchschnitt aller F_i'. Enthält dieser genau ein Element, nenne es f und setze mit Schritt 3 fort. Andernfalls ist der Aufruf illegal.

Die Ergebnisse kombinieren

---

[4] Im Zuge dieser Betrachtungen sind Funktionen mit n Standardargumenten als n+1 Funktionen mit unterschiedlicher Parameteranzahl anzusehen.

3. Überprüfe durch paarweises Vergleichen, ob f für mindestens ein Argument eine *echt bessere* (also nicht nur gleich gute) Entsprechung darstellt als jede andere Funktion in F (dieses Argument muß nicht unbedingt für jede Funktion dasselbe sein). Wenn dies der Fall ist, kann f aufgerufen werden, ansonsten ist der Aufruf illegal.

Ein Ähnlichkeitsmaß für Datentypen:..

Bevor wir diesen Algorithmus anwenden können, muß noch definiert werden, was unter dem "besten Passen" bzw. unter einer "echt besseren Entsprechung" verstanden werden soll. In diesem Zusammenhang muß vorweggenommen werden, daß in C++ auch *benutzerdefinierte Typkonversionsfunktionen* (siehe Kapitel 5) möglich sind, die vom Compiler bei Bedarf aktiviert werden können. Die folgenden Regelungen, die klären sollen, welche Konversionen bzw. Konversionssequenzen (das sind Folgen von einzelnen Konversionsschritten) "besser" sind als andere, beziehen sich gemäß Schritt 1 des Algorithmus jeweils auf *ein* bestimmtes Funktionsargument:

..Grundsätzliches..

Zunächst einige allgemeine Regeln:

- Es werden keine Konversionssequenzen mit mehr als einer benutzerdefinierten Konversionsfunktion in Betracht gezogen.

- Eine kürzere Konversionssequenz wird einer längeren vorgezogen.

- Die folgenden *Trivialkonversionen* haben im allgemeinen (Ausnahmen folgen) *keinen* Einfluß auf die Beurteilung zweier Konversionssequenzen (T sei ein Datentyp): `T→T&`, `T&→T`, `T[]→T*`, `T()→(*T)()`, `T→const T`, `T*→const T*`.

..und eine konkrete Stufenskala

Nun folgt die Werteskala für Argumentkonversionen. Konversionssequenzen, die nur Konversionen einer niederen Stufe beinhalten, sind besser als solche, die auch Konversionen höherer Stufen involvieren:

1. *Exakte Entsprechung*: Es sind gar keine Konversionen (oder eben lediglich Trivialkonversionen) nötig, um das aktuelle Argument an den Typ des formalen Parameters anzupassen. Unter den Trivialkonversionen sind jene, die `const`-Zeiger oder -Referenzen aus non-`const`-Zeigern oder -Referenzen erzeugen, schlechter als andere.

2. *Ausweitungen* (Integralausweitungen und `float→double` Konversionen; siehe Seite 38).

3. *Standardkonversionen* (siehe Kapitel 1 und 6).

4. *Benutzerdefinierte Konversionen* (siehe Kapitel 5).

5. *Variable Parameterliste*: Die Zuordnung eines Arguments zum Auslassungszeichen (...) ist "schlechter" als jede Konversion.

Befolgen wir nun diese Regeln Schritt für Schritt, um die auf Seite 68 gestellte Frage, welche Funktion im Falle eines Aufrufs `max(int, double, int)` aktiviert würde, zu beantworten:

0. Die Menge F enthält *alle* drei auf Seite 67 definierten `max()`-Funk-   *Theorie..*
tionen, da für alle Argumente geeignete Konversionen existieren.

1. Die Menge F_1' jener Funktionen, die für das erste Argument am
besten passen, ist {`max(int, int, int, ...)`, `max(int, double,`
`double, ...)`, `max(int, long, long, ...)`} - alle drei
Deklarationen weisen exakte Übereinstimmung mit dem aktuellen
Parameter (2) auf.

Für den zweiten Parameter (x) lautet die Menge F_2' = {`max(int,`
`double, double, ...)`} - alle anderen Funktionen erfordern für
diesen Parameter eine Konversion.

Für den dritten Parameter (y) ergibt sich aus derselben
Argumentation die Menge F_3' = {`max(int, int, int, ...)`}.

2. Der Durchschnitt dieser drei Mengen ist leer, woraus folgt, daß der
Aufruf nicht statthaft ist.

Dies muß nun leider nicht bedeuten, daß alle Compiler den Aufruf   *..und Praxis*
verbieten. Ein älterer Compiler ruft in diesem Fall `max(int, double,`
`double, ...)` auf, ein anderer hingegen `max(int, int, int, ...)`,
also ein typischer Fall von nichtportablem Code. Diesen Mißstand
kann man leicht beheben, indem man die gewünschte Konversion
explizit angibt, zum Beispiel

```
int m = max(2, int(x), y);
```

Nun wird *sicher* `max(int, int, int, ...)` aktiviert.

Um die Berechtigung des Schrittes Nummer 3 im Algorithmus zu   *Ausschluß*
dokumentieren, sei folgendes Beispiel konstruiert: *von "Miß-*
    verständ-
    nissen"

```
int f(void*, void*);
int f(const int*, int*);
int f(int*, const int*);
int i = f(0, 0);
```

Das
Problem der
"echt bes-
seren Ent-
sprechung"
für minde-
stens ein
Argument

Welche Funktion soll hier aktiviert werden? Nun, beide Parameter
können in einem Schritt sowohl zu `void*` als auch zu `int*` konvertiert
werden, weshalb der erste Schritt die Mengen F_1' = {`f(`**`void*`**`, void*)`,
`f(`**`int*`**`, const int*)`} und F_2' = {`f(void*, `**`void*`**`)`, `f(const int*,`
`int*``)`} liefert. Der Durchschnitt ergibt die einelementige Menge
{`f(void*, void*)`}. Nun erfolgt der paarweise Vergleich mit den
anderen beiden Kandidaten aus F:

```
f(void*, void*) : f(const int*, int*) bezüglich f(0, 0) und
f(void*, void*) : f(int*, const int*) bezüglich f(0, 0)
```

Bereits der erste Vergleich zeigt, daß die gewählte Funktion bezüglich
keinem der Parameter strikt besser paßt als die andere Variante. Die
Standardkonversionen $0 \rightarrow$ `void*` und $0 \rightarrow$ `const int*` werden als
gleichwertig betrachtet; das Attribut `const` wirkt sich nur bei der

Gegenüberstellung ansonsten *identer* Konversionen (wie etwa 0→int* versus 0→const int*) diskriminierend aus.

Mit diesem Ergebnis aus Schritt 3 wird der Aufruf f(0, 0) insgesamt als *illegal* betrachtet.

Ellis und Stroustrup begründen in [5] die Notwendigkeit derartig komplizierter Regelungen ausführlich. Wie dem auch sei, die Praxis zeigt, daß damit nicht nur C++-Neulinge, sondern zuweilen auch Compilerbauer überfordert sind - siehe dazu Übungsaufgabe 3.3. Es ist allerdings zu erwarten, daß nach erfolgter Standardisierung derartige Kinderkrankheiten der Übersetzer nach und nach verschwinden werden.

Implementation

Für den Binder wird die Signatur im Funktionsnamen kodiert

Wenn auch der Compiler unter Berücksichtigung der oben angegebenen Regeln Funktionen gleichen Namens auf Grund ihrer *Signaturen*, also ihrer Argumentdatentypen, auseinanderhalten kann, so wäre der Binder, der ja keinen Zugriff auf syntaktische Information wie Datentypen hat, mit überladenen Funktionsnamen gänzlich überfordert. Aus diesem Grund werden die Funktionen vom Übersetzer umgetauft, und zwar werden ihre Signaturen nach einem bestimmten implementationsabhängigen Schlüssel kodiert und an den eigentlichen Namen angehängt. Unsere Funktion

```
int max (int n_arg, int a, int b, ...);
```

kann im Objektcode z.B. max__Fiiie heißen; hier repräsentiert F eine "globale Funktion", jedes i entspricht einem int-Argument und das e steht für das Auslassungszeichen [ellipsis]. Die Variante

```
double max (int n_arg, double a, double b, ...);
```

heißt entsprechend max__Fidde. Genaueres über diese Namenskonvention entnehmen Sie bitte ihrem Compilerhandbuch, das hier vorgestellte Schema ist in [5, 122ff] genau definiert.

Einbinden fremdsprachiger Unterprogramme

Die eigenartigen Funktionsnamen schaffen Probleme..

Die im vorhergehenden Abschnitt behandelte Namenskonvention führt leider zu einem neuen Problem: Die Kompatibilität mit C-Unterprogrammen, eine wesentliche Eigenschaft von C++, ist vorderhand nicht mehr gewährleistet. Betrachten wir die in Kapitel 2 strapazierte Funktion strcpy(), die eine C-Standardbibliotheksfunktion ist. Ihre Signatur in C++, char* strcpy(char*, const char*), führt zu der Bezeichnung strcpy__FPcCPc auf Objektcodeebene (P steht für Zeiger, c für char, C für const), während die Funktion in der C-

Bibliothek natürlich einfach `strcpy` heißt und daher vom Linker nicht gefunden wird. Für diese Spezialfälle gibt es eine besondere Art der `extern`-Deklaration:

```
extern "C" char* strcpy (char* t, const char* s);
```

..gegen die es eine spezielle De-klarations-variante gibt

Die Zeichenkette `"C"` gibt an, daß es sich um eine C-Funktion handelt und der Funktionsname daher *nicht* dem C++-Namensschema folgt. Anstatt `"C"` sind durchaus auch andere Spezifikationen denkbar, etwa `"FORTRAN"` oder `"Pascal"`, die eventuell, abgesehen von der Namens-konvention, noch weitere Auswirkungen auf den erzeugten Code haben. `"Pascal"` z.B. bedeutet meistens, daß die Reihenfolge, in der die Funktionsargumente am Stack abgelegt werden, invertiert werden muß. Welche dieser Strings im einzelnen unterstützt werden, ist wie deren genaue Bedeutung implementationsabhängig und muß dem Compilerhandbuch entnommen werden. Sicher ist lediglich, daß bei allen Übersetzern `extern "C"` entsprechend berücksichtigt wird.

Soll sich die Spezifikation `extern "..."` auf *mehrere* Deklarationen beziehen, kann die Form

```
extern STRING { DECLARATION-LIST }
```

benützt werden, wo an Stelle von `DECLARATION-LIST` beliebig viele einzelne Deklarationen aneinandergereiht werden dürfen, also etwa

```
extern "C" {
   char* strcpy (char* t, const char* s);
   unsigned strlen (const char*);
}
```

oder einfacher

```
extern "C" {
   #include <string.h>
}
```

Macht alle C-String-funktionen verfügbar

Wir gehen in allen unseren Beispielen davon aus, daß die C-Header-dateien bereits um die `extern "C"`-Spezifikation erweitert worden sind - ein Blick in eine dieser Dateien genügt, um diese Hypothese zu verifizieren.

Operatorfunktionen

In C++ können fast alle Operatoren (Ausnahmen sind `.`, `.*`, `::`, `? :` und `sizeof`) auch als Funktionen aufgefaßt und konsequenterweise auch überladen werden. Genauer gesagt, können wir die Semantik der Operatoren *im Zusammenhang mit benutzerdefinierten Datentypen* (`struct`, `class`, `union`) frei bestimmen; die Redefinition von Opera-toren für eingebaute Datentypen ist jedoch *nicht* erlaubt (`new` und `de-lete` stellen eine Ausnahme dar, siehe dazu den nächsten Abschnitt).

Operatoren können überladen werden

Wir werden benutzerdefinierte Datentypen zwar erst ab Kapitel 5 detailliert behandeln, doch genügt unser in Kapitel 1 erworbenes Wissen über Strukturen, um hier einen Eindruck von der Verwendung überladener Operatoren gewinnen zu können.

Zu diesem Zweck definieren wir einen Strukturdatentyp `complex`, der komplexe Zahlen repräsentieren soll:

Ein Daten-
typ für kom-
plexe
Zahlen..

```
struct complex { double re, im; };
```

Weiters definieren wir als Pars pro toto zwei Funktionen, die übliche Operationen auf komplexen Zahlen implementieren:

..und
Operationen
darauf:
Addition..

```
complex add (const complex& x, const complex& y)⁵
{
    complex result;
    result.re = x.re + y.re;
    result.im = x.im + y.im;
    return result;
}
```

..und
Negation

```
complex neg (const complex& x)
{
    complex result;
    result.re = -x.re;
    result.im = -x.im;
    return result;
}
```

Komplexe
Arithmetik
in
klassischer
Notation

Auf ähnliche Weise können `sub()`, `mult()`, `div()` etc. definiert werden. Die Verwendung derartiger Funktionen erweist sich allerdings als umständlich, so lautet etwa die Übersetzung des Ausdrucks `-a+b*(c-d)`

```
add(neg(a), mult(b, sub(c, d)))
```

was die Lesbarkeit wohl eher beeinträchtigt.

In C++ können nun geeignete Operatorfunktionen definiert werden (hier unter Zuhilfenahme der bereits existierenden "normalen" Funktionen `add()` und `neg()`; um jeden zusätzlichen Laufzeit- und Speicherplatzaufwand zu vermeiden, sind sie übrigens als `inline` vereinbart):

Operator-
funktion für
Addition..

```
inline complex& operator + (const complex& x,
                            const complex& y)
{
    return add(x, y);
}
```

..und
unäres
Minus

```
inline complex& operator - (const complex& x)
{
    return neg(x);
}
```

---

[5] Beachten Sie bitte die Definition der Parameter: Aus Effizienzgründen werden in allen Fällen Referenzen vereinbart, wobei die Parameter durch die `const`-Spezifikation unveränderbar gemacht werden.

Mit geeigneten Definitionen für `operator-()` (binär überladen), `operator*()`, und `operator/()` kann der obige Beispielausdruck auf ganz "natürliche" Weise formuliert werden:

```
-a + b * (c - d)
```

Operatorfunktionen zeichnen sich in erster Linie durch den speziellen Namen aus: An die Stelle des üblichen Funktionsnamens tritt das Schlüsselwort `operator`, gefolgt von dem zu überladenden Operator. Dieselbe Syntax kann auch zum Aufruf der Funktion benützt werden (wenn es auch extrem unüblich ist):

```
operator+(operator-(a), operator*(b, operator-(c, d)))
```

Ansonsten unterscheiden sich Operatorfunktionen nur durch zwei Einschränkungen von normalen Funktionen: Erstens muß, wie bereits betont, mindestens ein Parameter einem benutzerdefinierten Datentyp angehören, und zweitens sind die Parameteranzahlen auf die in C++ definierten Aritäten der Operatoren beschränkt (damit sind auch Defaultargumente nicht statthaft). Abgesehen davon ist natürlich beliebiges Überladen möglich, es wären z.B. die folgenden Multiplikationsvarianten denkbar:

```
complex operator* (const complex&, const complex&);
complex operator* (const complex&, double);
complex operator* (double, const complex&);
```

Als nächstes Beispiel sei eine Variante des Operators << zur Ausgabe von komplexen Zahlen angegeben. Dazu muß man wissen, daß der in `iostream.h` definierte Datentyp der Standarddateien `cout` und `cerr` `ostream` heißt und daß der Operator << konventionsgemäß sein erstes Argument, den linken Operanden vom Typ `ostream&`, zurückgibt, um Aneinanderreihungen wie `cout<<a<<b<<c` (zu lesen als `(((cout<<a)<<b)<<c)`) etc. zu ermöglichen[6]:

```
ostream& operator << (ostream& s, const complex& c)
{
  s << c.re << (c.im >= 0 ? "+" : "") << c.im << "i";
  return s;
}
```

Nach dem Realteil wird bei nichtnegativem Imaginärteil ein Plus ausgegeben, andernfalls ist keine zusätzliche Ausgabe vonnöten, da das Minus automatisch durch die `double`-Variante des Operators << erzeugt wird.

Nun ist die Verwendung des Typs `complex` kaum mehr von der Verwendung eingebauter Datentypen zu unterscheiden:

```
cout << "Ergebnis = " << -a+b*(c-d) << "\n";
```

---

[6] In Kapitel 9 erfährt man genaueres über die Klassenbibliothek `iostream`.

Als Werbung für C++ sei hier noch einmal jene Formulierung angegeben, die bei streng typgebundenen Programmiersprachen *ohne* die Möglichkeit des Überladens erforderlich wäre:

```
print_str(cout, "Ergebnis = ");
print_complex(cout, add(neg(a), mult(b, sub(c, d)))));
print_str(cout, "\n");
```

In Kapitel 5 werden wir im Zusammenhang mit benutzerdefinierten Datentypen noch einmal ausführlich auf Operatorfunktionen zu sprechen kommen.

Speicherverwaltung

new und delete..

Die Operatoren `new` und `delete` stellen einen Sonderfall dar: Sie sind als einzige Operatoren auch außerhalb des Kontexts benutzerdefinierter Datentypen überladbar, um "selbstgestrickte" Freispeicherverwaltungen zu ermöglichen.

..ähneln malloc() und free()

Nehmen wir als Beispiel an, daß in der Testphase eines Programms ein Protokoll aller Speicheranforderungen und -freigaben zu führen ist. Die einfachste Möglichkeit, dies zu realisieren, ist die Definition spezieller Versionen von `operator new()` und `operator delete()`. Leider verliert man durch Überladen dieser Operatoren den Zugriff auf die Standard-Freispeicherverwaltung von C++, wir müssen uns daher mit einem Trick behelfen und einfach auf die entsprechenden C-Funktionen `malloc()` und `free()` zurückgreifen.

Varianten von new und delete, die ihre Aktionen proto-kollieren

```
#include <iostream.h>
#include <stdlib.h> // Deklaration von malloc() und free()
#include <stddef.h>                  // Definition von size_t
void* operator new (size_t s)
{
    void* p = malloc(s);          // Liefert s Bytes vom Heap
    cout << "new: " << s << " Bytes, Adresse "
         << (unsigned long) p << "\n";
    return p;
}
void operator delete (void* p)
{
    cout << "delete: Adresse " << (unsigned long) p << "\n";
    free((char*)p);                     // C-Analogon zu delete
}
```

Die ersten Argumente von operator new() und operator delete() sind fix vorgegeben

Diese beiden Operatorfunktionen, deren Signaturen übrigens *genau so* aussehen müssen (bei anderen Operatoren sind die Datentypen von Argumenten und Ergebnis frei wählbar), werden nun bei jeder Anwendung der Operatoren `new` bzw. `delete` aktiviert. `new` erhält die Größe des benötigten Objekts übergeben und muß einen Zeiger auf einen entsprechenden Speicherblock zurückliefern, während `delete` diesen Zeiger als Argument erhält und die Aufgabe hat, das Objekt wieder in den Freispeicherbereich einzugliedern. Beide Aufgaben werden hier nach Ausgabe des entsprechenden Protokolls an die C-Schwester-funktionen `malloc(size_t)` und `free(char*)` delegiert.

Ein Testprogramm dazu könnte lauten:

```
main ()
{
   int* p_i = new int;
   double* p_d = new double[10];
   ...
   delete p_i;
   delete [] p_d;
}
```

Die ganz "normale" Verwendung der Operatoren..

Die (implementationsabhängige) Ausgabe

```
new: 4 Bytes, Adresse 24888
new: 80 Bytes, Adresse 25048
delete: Adresse 24888
delete: Adresse 25048
```

..liefert nun automatisch ein Protokoll

protokolliert die Anforderung von (z.B.) vier Bytes für `int` bzw. 80 Bytes für den `double`-Vektor und dokumentiert die ordnungsgemäße Rückgabe des Speichers durch `delete`. Ein derartiges Protokoll könnte in der Praxis nun dazu benützt werden, zu überprüfen, ob im Laufe eines Programmes `new` und `delete` auf konsistente Weise verwendet werden.

Beim Entwurf einer eigenen Version des Operators `new` sollte darauf geachtet werden, die gewohnte Semantik von `new` *exakt* nach-zuempfinden. Das bedeutet insbesondere, daß im Falle einer unerfüll-baren Anforderung der Nullzeiger zurückgegeben werden muß, was im obigen Beispiel auf Grund des Verhaltens der Funktion `malloc()` gewährleistet ist.

`new` sollte im Fehler-fall 0 zurück-geben

Der Operator `new` kann auch als n-ärer Operator verwendet werden, falls eine geeignete Version der Funktion `operator new()` existiert. Datentyp und Semantik der zusätzlichen Operanden können frei definiert werden. Die Syntax erfordert die Angabe einer Argumenten-liste zwischen dem Schlüsselwort `new` und dem Datentyp des zu erzeugenden Objekts:

Für `new` stehen Spezial-formen zur Verfügung

```
Ta a; Tb b; Tc c;        // Ta, Tb, Tc seien beliebige Typen
int* p = new (a, b, c) int;
```

Für einen derartigen Aufruf müßte die Operatorfunktion neben dem `size_t`-Argument über drei zusätzliche Parameter geeigneten Typs verfügen:

```
void* operator new (size_t s, Ta x, Tb y, Tc z);
```

Diese Form des Operators kann dazu benützt werden, einer spezia-lisierten Freispeicherverwaltung Zusatzinformationen, wie etwa Zeiger auf zu benützende Speicherpools, die erwartete Lebensdauer des

Objekts, Zeiger auf Fehlerbehandlungsroutinen etc. zu übermitteln.

In Kapitel 14 werden wir noch einmal auf die Freispeicherverwaltung
eingehen.

Die Funktion `main()`

Programm-
parameter

Es wurde bisher verschwiegen, daß das "Hauptprogramm" in C++, die
Funktion `main()`, auch über Parameter verfügt, die zum
Ladezeitpunkt vom Betriebssystem an das Programm übergeben
werden. Korrekt sollte `main()` wie folgt definiert werden:

```
int main (int argc, char* argv[]) { ... }
```

Programm-
name und
aktuelle
Aufruf-
argumente

Die `argc` Stück aktuellen Programmparameter werden im Zeichen-
ketten-Vektor `argv` abgelegt. Das erste Argument, `argv[0]`, enthält
immer den Programmnamen, eventuell sogar als vollständigen Pfad-
namen. Die restlichen Argumente `argv[1]` bis `argv[argc-1]` können
beim Programmaufruf aus dem Betriebssystem angegeben werden.
Nehmen wir zum Beispiel an, daß wir ein Programm `copy` zum
Kopieren einer Datei erstellen, das wie folgt aufgerufen werden soll:

```
copy SOURCE DESTINATION
```

SOURCE und *DESTINATION* stehen dabei für die Namen der Quell- und der
Zieldatei. Um diesen Programmaufruf zu analysieren, könnte
folgendes Hauptprogramm verwendet werden:

```
int copy (char* source, char* dest);        // Kopierroutine
int main (int argc, char* argv[])  // Hauptprogramm "copy"
{
  if (argc != 3) {                           // Falscher Aufruf
    cout << "Falscher Programmaufruf. Richtig wäre:\n"
         << argv[0] << " Quelldatei Zieldatei\n";
    return 1;
  }
  return copy(argv[1], argv[2]);
}
```

Falls nicht genau drei aktuelle Programmparameter (Programmname,
Quelldatei, Zieldatei) angegeben wurden, wird eine Fehlermeldung
ausgegeben, die sich auf den aktuellen Programmnamen (`argv[0]`)
bezieht. Ansonsten wird die Routine `copy()` aufgerufen, die das
eigentliche Kopieren durchführen und einen ganzzahligen Fehlercode
zurückgeben soll. Dieser Fehlercode wird über die `return`-Anweisung
an das Betriebssystem zurückgegeben, wo er bei Bedarf abgefragt
werden kann.

main()
kann nicht
explizit
aufgerufen
werden

Abschließend muß noch angemerkt werden, daß `main()` nicht unbedingt als normale Funktion implementiert sein muß, was insbesondere
bedeutet, daß `main()` *nicht* rekursiv aufgerufen werden darf.

Wir werden in all jenen Beispielen, in denen es uns auf die Parametrisierung von `main()` *nicht* ankommt, die Funktion schlampigerweise wie bisher als

```
main () { ... }     // Ohne Ergebnistyp und formale Parameter
```

definieren.

Übungsaufgaben

3.1 Implementieren Sie `int max (int n_arg, int a, int b, ...)` mit Hilfe der Makros aus `stdarg.h`. → *Seite 276*

3.2 Überladen Sie die Funktion aus der vorhergehenden Aufgabe mit `double max (int n_arg, double a, double b, ...)` und testen Sie die korrekte Funktionsweise der beiden Funktionen mit dem Hauptprogramm → *Seite 276*

```
main()
{
    cout << "a) " << max(3, 17, 20, 15)         << "\n";
    cout << "b) " << max(2, 8.4, 13.7)          << "\n";
    cout << "c) " << max(4, 4.5, 12.2, 8.4, 13.0) << "\n";
    cout << "d) " << max(4, 4.5, 12.2, 8.4, 13)  << "\n";
}
```

Wieso ist die Ausgabe d) offensichtlich falsch?

Eliminieren Sie nun Ihre `double max()`**-Version wieder aus dem Programm und testen Sie dasselbe Hauptprogramm. Welche der Ergebnisse sind noch korrekt bzw. halbwegs sinnvoll, welche sind total unbrauchbar? Worin liegen die Unterschiede?**

3.3 Bestimmen Sie algorithmisch, welche der überladenen Funktionen aufgerufen werden: → *Seite 277*

```
void f (const double&, double, void*);      // 1
void f (double&, int, const char* = 0);     // 2
void f (int);                               // 3
void f (long, int = 0);                     // 4
main ()
{
    const double pi = 3.14;
    f(1.1, 1, f);
    f(1, 1, "Y");
    f(3, 1.1, 0);
    f(1.1, 3, (void*)0);
    f(1, 1);
    f(pi, pi, "Y");
    f(0);
    f(0L);
    f(0L, 'a');
    f(pi);
}
```

3.4 Implementieren Sie die Operatoren -, * und / für den Datentyp `complex`.

→ *Seite 277* **3.5** Überlegen Sie, was dagegen spricht, für die Exponentiation von (z.B.) `complex`-Werten den Operator `^` entsprechend zu überladen.

→ *Seite 277* **3.6** Schreiben Sie eine Funktion

```
char* getarg(int argc, char* argv[], char option);
```

die aus den beiden Programmparametern `argc` und `argv` die durch das Zeichen `option` definierte Programmoption ermittelt. Ihre Semantik sei durch ein Beispiel skizziert, dem folgender Programmaufruf aus dem Betriebssystem zugrunde liegt:

```
bsp -a -bxyz -c klm
```

Alle Optionen sind durch ein Minuszeichen markiert; die Option a ist ein reiner "Schalter", die Optionen b und c erwarten jeweils ein zusätzliches Argument, nämlich `xyz` bzw. `klm`. Außerdem sei eine weitere parametrisierte Option d vorgesehen. Dies kann im Programm wie folgt analysiert werden:

```
int main (int argc, char* argv[]) // Hauptprogramm bsp
{
    int a = (int) getarg(argc, argv, 'a');      // → wahr
    char* b_arg = getarg(argc, argv, 'b');   // → "xyz"
    char* c_arg = getarg(argc, argv, 'c');   // → "klm"
    char* d_arg = getarg(argc, argv, 'd');      // → 0
    ...
}
```

→ *Seite 278* **3.7** Modifizieren Sie Ihre Lösung zur obigen Aufgabe derart, daß folgendes Hauptprogramm ermöglicht wird:

```
int main (int argc, char* argv[]) // Hauptprogramm bsp
{
    int a = (int) getarg(argc, argv, 'a');
    char* b_arg = getarg('b');  // argc und argv stammen
    char* c_arg = getarg('c');       // vom ersten Aufruf
    ...
}
```

4

Grundlagen der
objektorientierten Programmierung

Bisher haben wir hauptsächlich konventionelle Aspekte von C++ besprochen, wenn auch einige Besonderheiten, die man dem objektorientierten Paradigma zuordnen könnte, bereits angeklungen sind. Bevor wir aber ab Kapitel 5 die objektorientierte Seite von C++ beleuchten, sollen in diesem Kapitel die wichtigsten Begriffe des objektorientierten Programmierens (OOP) in sprachunabhängiger Weise erläutert werden. Dieses Buch erhebt zwar nicht den Anspruch, tief in die Theorie und Philosophie des OOP einzudringen, dennoch erscheint ein separates Kapitel als eine Art kommentiertes Glossar über dieses Thema durchaus angebracht. Informierte Leser können diesen Abschnitt überspringen oder ihn zum Abgleichen des Vokabulars benützen.

Ein sprach-
unabhängi-
ger Exkurs..

Als Nebeneffekt wird in diesem Kapitel auch der Stapelspeicher, jenes Standardbeispiel, das uns durch den Rest des ersten Teils dieses Buches begleiten wird, eingeführt.

..und ein
Parade-
beispiel

Motivation

Nach Thomas Kuhn [10] sind *Krisen* die Voraussetzung für Paradigmenwechsel in der Wissenschaftstheorie, die Informatik ist in dieser Hinsicht wohl keine Ausnahme. Bemerkenswert ist allerdings, daß der seit der NATO Softwareengineering-Konferenz von 1968 als *Softwarekrise* bezeichnete Zustand in der Informatik ein und dieselbe offenbar nie ermüdende Triebfeder für die meisten bahnbrechenden Entwicklungen im Softwareengineering darstellt. Mit anderen Worten: Seit mehr als zwanzig Jahren wird versucht, den Stein der Weisen zu

Die
Software-
krise als
Impuls für
Entwick-
lungen
neuer
Software-
techniken

finden gegen notorisch falsche Programme, ewig verzögerte Softwareprojekte und inkonsistente Datenbanken, insgesamt also gegen finanzielle Debakel aller Art, bis heute hat allerdings noch niemand zu behaupten gewagt, daß die Softwarekrise überstanden wäre.

Es ist daher auch leider nicht zu erwarten, daß durch den gegenwärtige Trend zum "OO*" (objektorientierte Analyse, Design, Programmierung, Datenbanken etc. - im folgenden seien unter "OOP" alle diese Disziplinen subsumiert) mit einem Schlag alle Probleme gelöst werden. Doch erscheinen die Vorteile der objektorientierten Techniken derart überzeugend, daß damit wohl zumindest ein großer Schritt in die richtige Richtung gelungen ist.

Das OO-Paradigma löst die Techniken der funktionalen Dekomposition ab, weil..

Welches Paradigma löst die OOP eigentlich ab? Die Antwort ist ziemlich eindeutig: die "funktionsorientierte" Programmierung. Diese erste systematische Attacke gegen die Softwarekrise, die mit *Top-Down Design, funktionaler Zerlegung* und *schrittweiser Verfeinerung* umschrieben wird, stellt die Funktionalität eines zu entwickelnden Softwaresystems in den Vordergrund, die im Laufe des Entwurfs von ihrer abstrakten Formulierung in immer konkretere Teilfunktionen zerlegt wird, bis schließlich die Ebene unmittelbar implementierbarer Aktionen erreicht ist. *Daten* spielen in diesem Ansatz eine etwas untergeordnete Rolle; als Ein- und Ausgabedaten stellen sie zwar ein Vehikel zur Spezifikation der Funktionalität dar, im Inneren der Black Box, die das System auf höchster Abstraktionsstufe repräsentiert, degenerieren sie allerdings zu Lakaien, die zur Kommunikation zwischen Teilfunktionen herangezogen werden.

Diese bis vor kurzem relativ kritiklos gepriesene Technik birgt offenbar - die Softwarekrise grassiert noch immer - etliche Nachteile in sich. Die markantesten unter diesen seien hier kurz aufgezählt (genauere Behandlung erfährt dieses Thema z.B. in [12]):

..funktionale Beschreibungen auf oberster Ebene oft schwer zu formulieren sind,..

- Bei vielen komplexeren Systemen ist es schwierig, auf höchster Abstraktionsstufe eine "zerlegbare" Formulierung der Gesamtfunktion zu finden. Wie beschreibt man z.B. am besten die Funktionalität eines Betriebssystems, sodaß durch sukzessives Verfeinern dieser Beschreibung auch ein funktionstüchtiges (hier liegt die Betonung weniger auf *Funktion* - diese ist bei korrekt durchgeführtem Top-Down Entwurf meist gewährleistet - sondern auf *Tüchtigkeit* im Sinne von Leistungsfähigkeit) und wartbares System entsteht?

..die Wiederverwendbarkeit von Teilen gering..

- Die Spezifikation einer Teilfunktion erfolgt im allgemeinen im relativ engen Kontext ihres Zerlegungsvorfahren: "Um die Funktion X zu entwickeln, zerlege man sie in die Funktionen Y und Z." Dabei kann leicht übersehen werden, daß z.B. die Teilfunktion Y auch an ganz anderer Stelle desselben (oder eines zukünftigen) Programmsystems benötigt wird, dort heißt sie vermutlich B und dient gemeinsam mit C und D zur Bewerkstelligung von A. Und selbst wenn die Verwandtschaft von B und Y entdeckt wird, wird sie möglicherweise nicht ausgenützt, da B und Y sich höchstwahrscheinlich in einigen Punkten von einander unterscheiden und daher nicht ohne einen gewissen Aufwand vereinigt werden können. Mit anderen Worten: Funktionale Dekomposition resultiert häufig in schlecht wiederverwendbaren Komponenten.

- Die Funktionalität eines "lebendigen" Softwaresystems ist meist häufigen Anpassungen und Erweiterungen unterworfen. Wenn diese Änderungen nun unglücklicherweise Entscheidungen auf relativ hohem Niveau der Zerlegungshierarchie beeinflussen, kann die Adaption des Systems enorme Kosten verursachen. Im Gegensatz dazu sind Entscheidungen über Datenobjekte meist langlebiger, darüber hinaus sind, wie wir noch sehen werden, evolutionäre Entwicklungen im Design von Objekten in objektorientierten Sprachen recht gut unterstützt.

..und die Anpassung an geänderte Anforderungen oft schwierig ist.

Das letzte Argument kontra funktionale Zerlegung enthält bereits einen Hinweis auf die objektorientierte Antwort auf die Krise: Im OOP liegt der Fokus des Entwurfs auf den Daten, also auf den Objekten, auf denen operiert wird. Bertrand Meyer nennt es in [12] auch den "Einkaufslistenansatz": Man stellt eine Menge von Objekten zusammen, die in dem zu entwickelnden System eine Rolle spielen (im Betriebssystem: Dateien, Prozesse, Benutzer, etc.) und entsprechende Funktionen oder Serviceleistungen anbieten oder von anderen Objekten benötigen. Die Funktionen wurden also nicht gänzlich verdammt, sie spielen selbstverständlich eine wichtige Rolle im System, allerdings eine eher sekundäre Rolle im Entwurfsprozeß. Überhaupt werden natürlich nicht alle bisherigen Weisheiten des Softwareengineerings über Bord geworfen, ganz im Gegenteil, jene Prinzipien, die sich bewährt haben, wie z.B. das Geheimnisprinzip [information hiding], finden ganz wesentliche Berücksichtigung.

Objekte sind oberstes Strukturierungsprinzip, funktionale Aspekte folgen auf untergeordneten Ebenen

Im folgenden Abschnitt werden die wichtigsten Begriffe des OOP kurz erläutert, der letzte Teil dieses Kapitels faßt die in C++ unterstützten Konzepte überblicksweise zusammen.

Ein objektorientiertes Glossar

In den etwa 25 Jahren seit der Entwicklung von Simula 67, der Urmutter der objektorientierten Programmiersprachen [4], hat sich ein fachspezifischer Jargon entwickelt, der einer gewissen Erläuterung bedarf. Die folgende Zusammenstellung wird uns die Diskussion der objektorientierten Eigenschaften von C++ in den weiteren Kapiteln

Am Anfang war Simula 67

erleichtern, erhebt aber keinen Anspruch auf Vollständigkeit.

Objekte

Objekte [objects] sind also das Herz der OOP. Im Grunde kann jeder konkrete oder abstrakte Begriff als Objekt aufgefaßt werden - die Definition, wer oder was in einer Applikation ein Objekt darstellt, ist nichts Allgemeingültiges, sondern einfach eine (sehr frühe) Entscheidung im Designprozeß.

Klassen,
Instanzen,
und
abstrakte
Datentypen

Gleichartige Objekte werden zu *Klassen* zusammengefaßt, die die Eigenschaften ihrer Mitglieder, genannt *Ausprägungen* oder *Instanzen* [instances], beschreiben. Eine Klasse implementiert einen *abstrakten Datentyp*[1] [abstract data type, ADT], der durch die Operationen (oder Funktionen), die auf seinen Elementen definiert sind, und die semantischen Regeln, die diesen Operationen zugrunde liegen, charakterisiert wird. Das wohl berühmteste (und hier als grundsätzlich bekannt vorausgesetzte) Beispiel eines abstrakten Datentyps ist der Keller- oder Stapelspeicher [stack], eine Datenstruktur, die (theoretisch) beliebig viele Elemente einer bestimmten Wertemenge aufnehmen kann, wobei der Zugriff in sogenannter *Last-In-First-Out*-Manier erfolgt: Es sind im wesentlichen nur die drei Operationen Ablegen eines neuen Elementes auf dem Stapel (Funktion push), Zugreifen auf das "oberste" (d.h. zuletzt abgelegte) Element des Stapels (Funktion top) bzw. Entfernen des obersten Elements (Funktion pop) vorgesehen.

Ein derartiger Datentyp könnte wie folgt definiert werden:

Der Stapel,
ein exem-
plarischer
abstrakter
Datentyp,..

```
ADT Stack<X>:
    Protokoll:
        push: X×Stack<X> → Stack<X>
        pop: {s∈Stack<X>|¬is_empty(s)} → Stack<X>
        top: Stack<X> → X
        size: Stack<X> → integer
        is_empty: Stack<X> → boolean
        make_new: → Stack<X>
    Semantik: ∀ e∈X, s∈Stack<X>:
        is_empty(make_new())
        ¬is_empty(push(e,s))
        top(push(e,s)) = e
        pop(push(e,s)) = s
        is_empty(s) ⇔ (size(s)=0)
        size(push(e,s)) = size(s)+1
```

..parametri-
siert durch
den Typ
seiner
Elemente

Die erste Zeile deutet an, daß der Datentyp `Stack` *parametrisiert* ist, d.h., daß je nach Elementtyp `X` ein anderer Stackdatentyp entsteht, wobei allerdings für das Verhalten eines Objekts vom Typ Stack die konkrete Wahl des Elementtyps unerheblich ist. Der Abschnitt "Protokoll" beschreibt dann die syntaktischen Eigenschaften der angebotenen Operationen (Arität und Datentyp der Argumente bzw. des

---

[1] Kompliziertere abstrakte Datentypen können auch mehrere Klassen zu ihrer Implementation benötigen.

Ergebnisses, zusammen auch *Signatur* einer Funktion genannt), deren Verhalten im Abschnitt "Semantik" bestimmt wird. Die gesamte Beschreibung ist rein funktional, das heißt, daß die Operationen keinerlei Seiteneffekte aufweisen. Für den Leser ist es natürlich keineswegs unpraktisch, wenn zusätzlich zu den notwendigen Semantikregeln (*Axiomen*) sowohl redundante (weil logisch ableitbare) Gesetze (wie z.B. `¬isempty(s) ⇒ (size(pop(s))=size(s)-1))` als auch natürlichsprachliche Kommentare wie "Die Zugriffsoperationen `push()` und `pop()` sind zueinander invers und definieren die *Last-In-First-Out*-Eigenschaft des Stacks" oder "`make_new()` erzeugt einen neuen, leeren Stack" angegeben sind.

ADTs werden durch Operationen definiert, deren Semantik meist axiomatisch festgelegt wird

Ein Unterschied zwischen einer Klasse und einem abstrakten Datentyp besteht nun darin, daß die Operationen einer Klasse aus Effizienzgründen meist sehr wohl auf Seiteneffekten beruhen. Es wird z.B. die Operation eher ihr Argument verändern als einen neuen Stack erzeugen, der, abgesehen vom obersten Element, eine Kopie des Arguments darstellt. Diese Seiteneffekte verändern im allgemeinen allerdings nur die Interna (den sogenannten *Zustand* [state], vgl. [21]) des Objekts, auf das der Operator angewandt wird, sind also aus der Sicht der strukturierten Programmierung als "gutartige" Seiteneffekte zu betrachten. Dieser Zustand, der typischerweise *gekapselt* [encapsulated], also ausschließlich den auf dem Datentyp definierten Operationen zugänglich ist, wird durch eine Menge von *Instanzvariablen* [instance variables] beschrieben. Die konkrete Wahl der Instanzvariablen hat mit der Definition eines ADT nichts mehr zu tun, sie gehört vielmehr zur Implementation der entsprechenden Klasse.

Klassen sind (oft kompromiß-behaftete) Implementationen von ADTs

Die Objektzustände werden von Instanzvariablen beschrieben

Weitere Unterschiede zwischen einem ADT und der ihn implementierenden Klasse sind meist durch die Beschränkungen der jeweiligen Programmiersprache begründet. Häufig (z.B. in C++) fehlt ein Mechanismus, um die Axiome des Datentyps (die *Datentypinvarianten*) explizit zu formulieren und deren Gültigkeit zu garantieren; stattdessen ist man gezwungen, der Korrektheit der Implementation der Operationen zu vertrauen. Zusätzlich limitiert jede konkrete Implementation die Allgemeingültigkeit der Gesetze; die Relation `top(push(e,s))=e` gilt z.B. nur, solange die *Kapazität* des Stacks s - ein Begriff, der im ADT gar nicht vorkommt - nicht erschöpft ist.

Axiome von ADTs können oft nicht "implementiert" werden

Eine bestimmte Anwendung muß sich keineswegs mit einer einzigen Implementation eines ADTs begnügen. Nehmen wir an, es werden neben "normalen" Stacks, die besonders stark in ihrer Größe variieren, auch "schnelle" Stacks benötigt, die stabilere Durchschnittsgrößen aufweisen, aber besonders effizient implementiert sein sollten. Für so einen Fall wären die folgenden Implementationsschemata denkbar:

Kapselung der Implementation läßt die Bildung von Varianten zu

1. "Normale" Variante: Der Stack wird durch eine einfach verkettete

lineare Liste (vgl. Seite 50) implementiert, deren Anfangsadresse in einer Instanzvariablen `head` gehalten wird. `push()` fügt am Anfang der Liste ein, `top()` liefert die Informationskomponente des ersten Listenelements zurück, und `pop()` entfernt das erste Listenelement. Die Funktion `size()` könnte die Liste durchlaufen und die vorhandenen Elemente abzählen. Sollte `size()` häufig aufgerufen werden, empfiehlt sich natürlich, eine zusätzliche Instanzvariable anzulegen, die die aktuelle Länge der Liste enthält und von `push()` und `pop()` manipuliert wird.

2. "Schnelle" Variante: Der Stack wird durch ein Array fester Länge n und eine Variable, die den Index des obersten Elements enthält, repräsentiert. Statt dynamischen Speicher manipulieren zu müssen, kommen `push()` und `pop()` mit einfachen Indexoperationen aus. Der Tatsache, daß die Kapazität des Stacks nun nicht mehr allein durch den verfügbaren Speicherplatz, sondern durch eine von der Implementation willkürlich gewählte (kleine) Konstante n beschränkt wird, sollte unter Umständen durch eine zusätzliche Funktion `is_full: Stack<X>→boolean` Rechnung getragen werden.

Klassen-
variablen
und
Klassen-
methoden

In der zweiten Variante stellt die konstante Maximalgröße des Stapels einen gewissen Sonderfall dar: Im Gegensatz zu Instanzvariablen, die den Zustand eines *Objekts* charakterisieren, beschreibt sie ein Attribut der gesamten *Klasse*. Solche Größen werden daher *Klassenvariablen* [class variables] genannt, sie existieren unabhängig von der Anzahl der Instanzen einer Klasse nur in einer einzigen Ausprägung. In Analogie zu diesem Konzept gibt es auch Funktionen, die statt auf Objekte auf Klassen angewandt werden, z.B. etwa `population()`, die die Anzahl der zum Zeitpunkt des Aufrufes gerade existierenden Objekte einer bestimmten Klasse ermitteln könnte. Wir wollen diese Art Funktionen hier *Klassenmethoden* (vgl. auch die Definition von *Methode* auf Seite 89) nennen.

Speziali-
sierung von
Unter-
klassen aus
allgemeine-
ren Klassen,
Basis-
klassen und
die "is-a"-
Beziehung..

Unsere beiden konkreten Stackvarianten, der schnelle und der normale Stack, können als Spezialisierung einer allgemeinen Stackklasse betrachtet werden. Ihr gegenseitiges Verhältnis läßt sich graphisch durch die folgende *Klassenhierarchie* veranschaulichen: Beide Spezialisierungen stehen mit der Wurzel der Hierarchie in der sogenannten *is-a*-Beziehung, die

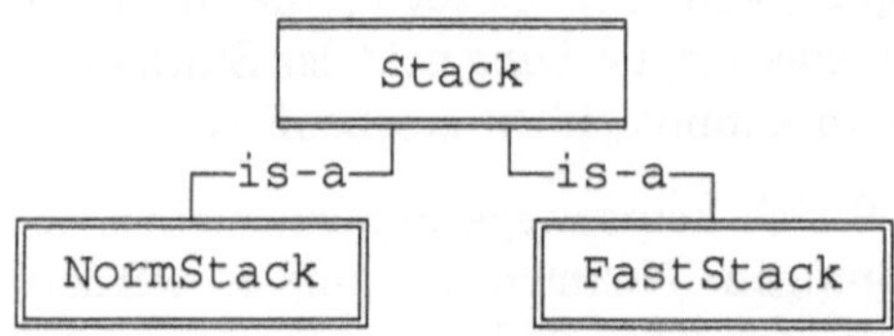

angibt, daß `NormStack` bzw. `FastStack` Spezialformen von `Stack` sind - ein `NormStack` *ist ein* `Stack`. `NormStack` und `FastStack` heißen auch *abgeleitete Klassen* [derived classes] oder *Unterklassen* [subclasses], während `Stack` ihnen gegenüber eine *Basisklasse* [base class] darstellt. Abgeleitete Klassen *erben* [inherit] zunächst alle Eigenschaften von ihren Basisklassen, können diese Eigenschaften aber nach Bedarf abändern, insbesondere erweitern. Zum Beispiel erweitert `FastStack` auf Grund seiner besonderen Implementation die Klasse `Stack` um die Funktion `is_full()`, die in `Stack` und `NormStack` nicht vorkommt. Selbstverständlich können auch von bereits abgeleiteten Klassen weitere Klassen abgeleitet werden; denken wir an eine Anwendung, in der die Maximalgröße eines `FastStack` beim Anlegen des Objektes spezifiziert werden soll, anstatt wie beim ursprünglichen `FastStack` klassenglobal zu sein. Zu diesem Zweck müßte an die Stelle des fest dimensionierten Feldes, das den Stack in `FastStack` darstellt, ein dynamisches Array treten; `make_new()` müßte daher einen Parameter bekommen, der die Maximalgröße des zu erzeugenden Stacks definiert. Die Signatur von `make_new()` lautet in der neuen Klasse `FDynStack` dann

```
make_new: Integer → Stack<X>
```

das Axiom, in dem `make_new()` auftritt, müßte zu

```
∀n∈ Integer, n≥0: is_empty(make_new(n))=true
```

..mit Eigen- schafts- vererbung

abgeändert werden. Die Maximalgröße wird nun zu einer zusätzlichen Instanzvariablen; durch die abgebildete, einfache Erweiterung der Klassenhierarchie ist allerdings kaum neuer Code zu schreiben: `make_new()` muß klarerweise neu formuliert werden, ebenso die Funktion `is_full()`, die, um die Maximalgröße zu ermitteln, nicht mehr die Klassen-, sondern die entsprechende Instanzvariable abfragen muß. Alle anderen Funktionen können jedoch von `FastStack` geerbt werden.

Vererbung erspart Code

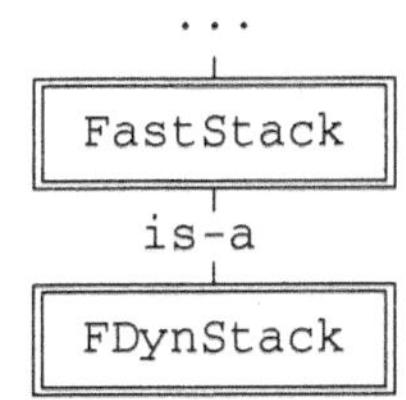

Das Konzept der *Vererbung* [inheritance] ist nicht auf *einen* Vorgänger pro Klasse beschränkt; bei mehreren Basisklassen erbt die abgeleitete Klasse die Vereinigungsmenge aller Eigenschaften. Diese *Mehrfach- vererbung* [multiple inheritance] bringt allerdings sowohl tech- nische als auch konzeptionelle Schwierigkeiten mit sich, mit denen wir uns in späteren Kapiteln noch auseinander- setzen werden; als "Denkanstoß" sei dennoch bereits jetzt nebenstehende Hierarchie gezeigt: In eckigen Klammern sind Instanzvariablen angegeben: Die Klasse W verfügt über w, A und B erben jeweils w und fügen ihrerseits a bzw. b hinzu. Das Problem

Mehrfach- vererbung

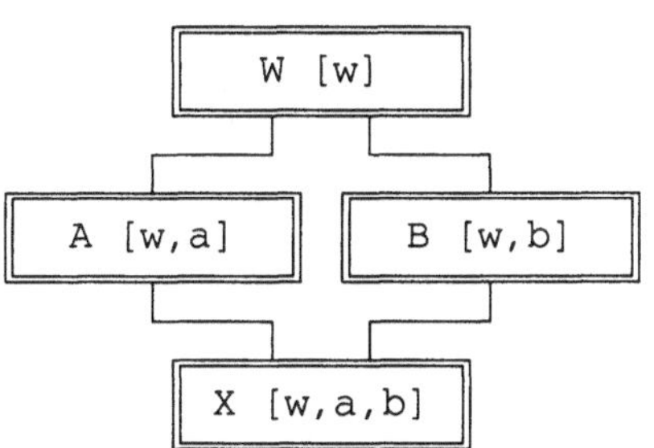

*Probleme
der
Mehrfach-
vererbung..*

stellt die Klasse X dar: Erbt sie den Anteil von W (nämlich w) einfach, wie in der Skizze angegeben, oder doppelt? Wenn letzteres der Fall ist, wie können dann die beiden Versionen von X voneinander unterschieden werden?

*..führen zu
Diskussio-
nen über
ihre Sinn-
haftigkeit*

In C++ ist Mehrfachvererbung seit Version 2.0 verfügbar und hat der Sprache zu einem strukturellen "Vorsprung" gegenüber Smalltalk verholfen. Gleichzeitig ist sie ein umstrittenes Konzept von C++, da

- Mehrfachvererbung die Komplexität der Sprache und ihrer Übersetzer signifikant erhöht und

- es gleichzeitig unklar ist, ob Mehrfachvererbung wirklich wesentlich zur Ausdruckskraft der Sprache beiträgt.

Die Argumentation ist dabei sehr subjektiv. Nach der allgemein anerkannten Church'schen These ist ohnehin jeder Algorithmus mit Hilfe einer Turingmaschine (dem primitivst möglichen abstrakten Computermodell) formulierbar, sodaß jedes Sprachkonstrukt einer höheren Programmiersprache auch danach beurteilt wird, wieviel Bequemlichkeit es dem Programmierer im Verhältnis zu seinem "Preis" bringt. Der Preis ist dabei häufig die Schwierigkeit, die Sprache korrekt zu beherrschen, die Komplexität (und Fehleranfälligkeit) der Übersetzer, die Effizienz und Größe des erzeugten Codes etc.

In diesem Lichte ist die Beurteilung der Mehrfachvererbung im allgemeinen und in C++ im speziellen noch nicht abgeschlossen. Befürworter verweisen auf die Eleganz ihrer Programme, Gegner entwickeln Verfahren, wie Mehrfachvererbung semiautomatisch durch einfache Vererbung ersetzt werden kann. Bis dato ist in der Literatur noch kein Anwendungsfall beschrieben, in dem Mehrfachvererbung wirklich nur durch extrem umständliche Maßnahmen eliminiert werden könnte.

Nun zurück zu einem wesentlichen Vorteil von abgeleiteten Klassen: Jene Teile einer hypothetischen Stackanwendung, denen die Unterscheidung zwischen "normalen" und "schnellen" Stacks egal ist, können Instanzen beider Varianten *ohne Kenntnis des tatsächlichen Typs* bearbeiten. Diese Aussage ist so wichtig, daß wir uns ihre Bedeutung noch einmal ganz klar vor Augen halten sollten: *Ein und dasselbe Programmstück ist auf unterschiedlichste Objekte anwendbar.*

Betrachten wir zum Beispiel eine Routine (in Pseudocode), die den Inhalt eines Stapels am Bildschirm ausgeben soll:

*Funktion
zur Ausgabe
eines
Stapels*

```
proc print (Stack s)
   print("[")
   while ¬is_empty(s) do:
      print(top(s))                    // Gibt Element vom Typ X aus
      s := pop(s)
   print("]")
```

Diese Prozedur verläßt sich ausschließlich auf die im ADT definierten Operationen und kann daher völlig allgemein gehalten werden! Die Auswahl der zum konkreten Stacktyp passenden Routinen `top()`, `is_empty()` und `pop()` geschieht zur Laufzeit, ein wesentliches Verhalten in objektorientierten Systemen, das *dynamisches Binden* [dynamic binding] oder auch *spätes Binden* [late binding] genannt wird[2]. Auf den zweiten Blick erkennt man in diesem Beispiel noch eine weitere Form dieser Flexibilität: Es könnte für jeden Elementdatentyp eine entsprechende Funktion `print()` vorgesehen sein, sodaß durch diese sechs Codezeilen schnelle und normale Integer-Stacks, schnelle und normale Real-Stacks etc. bearbeitet werden könnten - ja, selbst ein Stack von Stacks ist denkbar; in diesem Falle würde die vierte Zeile des obigen Beispiels einen *rekursiven* Aufruf der Routine `print()` darstellen.

Dynamisches (spätes) Binden..

Die Möglichkeit, Operationen wie `push()` oder `print()` auf heterogene Objekte anwenden zu können, wird *Polymorphismus* genannt und ist eine der wichtigsten Eigenschaften der OOP. Konzeptionell führt sie zur Unterscheidung zwischen sogenannten *Botschaften* [messages] und *Methoden* [methods]. Eine Botschaft ist ein Auftrag an ein Objekt, eine bestimmte abstrakte Operation mit bestimmten Parametern auszuführen, also etwa `push(e,s)` (Auftrag an das Objekt s, den Parameter[3] e zu stapeln), während die Methode die dem konkreten Objekt entsprechende Implementation der Operation darstellt, also im einen Fall "erzeuge ein neues Listenelement, initialisiere es mit e und füge es vorne in die lineare Liste ein" gegenüber "erhöhe den Stackindex um eins und speichere e im entsprechenden Arrayelement ab" im anderen Fall. Die Aktivierung einer Methode durch eine Botschaft wird auch als *Senden der Botschaft* bezeichnet.

..von Botschaften an Methoden erlaubt Polymorphismus

Unser Stackbeispiel enthält noch eine weitere Besonderheit: Die Basisklasse `Stack` verfügt in unserem Szenario über gar keine Implementation (weder Instanzvariablen noch Methoden), sie soll nur das für Stacks unbedingt notwendige Protokoll definieren. Eine solche Basisklasse wird als *abstrakte Basisklasse*[4] [abstract base class, ABC] bezeichnet, weil es nicht möglich ist, aus ihr Objekte zu instanzieren. Manchmal kommen auch Mischformen von konkreten und abstrakten

Abstrakte Klassen implementieren keine Methoden,..

---

[2] Im Gegensatz dazu heißt der übliche Vorgang, Funktionsaufrufen spätestens durch den Linker konkrete Sprungadressen zuzuordnen, *statisches* oder *frühes Binden* [static (early) binding].

[3] Der konzeptionellen Asymmetrie der beiden Argumente e und s wird in vielen objektorientierten Sprachen Rechnung getragen, so lautet die C++ Version etwa `s.push(e)`.

[4] In der Skizze auf Seite 86 ist die abstrakte Klasse auch graphisch von den beiden konkreten unterscheidbar. Wir werden diese Konvention auch weiterhin beibehalten.

Klassen vor; unsere Klasse `Stack` könnte z.B. als einzige Methode `is_empty()` implementieren:

```
func is_empty (Stack s):
   is_empty := (size(s) = 0)
```

..es sei denn, diese Methoden greifen nicht auf Interna der Klasse zu

Durch die Polymorphie von `size()` ist für alle Stacks korrektes Verhalten gewährleistet, jede abgeleitete Klasse kann auf eine eigene Methode für `is_empty()` verzichten, sie erbt diese allgemeingültige Definition. In manchen Fällen wird es allerdings ratsam sein, aus Effizienzgründen sehr wohl eine eigene Methode vorzusehen (und damit jene der Basisklasse zu ersetzen); denken wir nur an jene skizzierte Implementation von `size()` im `NormStack`, die bei jedem Aufruf die gesamte Liste durchläuft - hier wäre es unsinnig, `is_empty()` mit Hilfe von `size()` zu definieren.

Klienten einer Klasse..

Im Zuge der Definition von Zugriffsberechtigungen werden zweierlei Arten von *Konsumenten* oder *Klienten* [clients] einer Klasse unterschieden: Einerseits solche, die lediglich Instanzen erzeugen und diese Instanzen durch die in der Klasse zur Verfügung stehenden Operationen manipulieren (*instanzierende Klienten*), und andererseits die von ihr abgeleiteten Klassen, welche ihr Verhalten und ihre Struktur erben (*erbende Klienten*). Diese Unterscheidung führt zu drei verschiedenen "Kapselungsstufen" bezüglich des Zugriffs auf Instanzvariablen:

..und deren Zugriffsrechte auf Instanzvariablen..

1. *Öffentliche* Instanzvariablen: Diese können von *jedem* Klienten der Klasse unmittelbar manipuliert werden (keine Kapselung).

2. *Geschützte* Instanzvariablen: Lediglich *erbende* Klienten dürfen auf diese Variablen zugreifen.

3. *Private* Instanzvariablen: *Kein* Klient hat direkten Zugriff (vollständige Kapselung).

Die Stufen eins und zwei werden dort angewandt, wo vollständige Kapselung (Zugriff ist *nur* über entsprechende Funktionen erlaubt) nur unter extremen Effizienzeinbußen erreichbar wäre.

..bzw. Methoden

Eine analoges Zugriffsbeschränkungsschema ist auch für Methoden denkbar; nicht jede Hilfsfunktion, die im Zuge der Implementation einer Klasse anfällt, ist a priori zum "Export" an Klienten geeignet.

OOP mit C++

Nachdem wir nun die wichtigsten Konzepte der OOP kennengelernt haben, soll die folgende Tabelle zusammenfassen, welche von ihnen auf welche Weise in C++ implementiert sind.

Konzept	Entsprechung in C++	S.
Klasse	`class`, `struct`, `union`	92
Instanz	Variable oder dynamisch angelegtes Objekt vom Typ `class`, `struct` oder `union`	95
Instanzvariable	`class`-, `struct`- oder `union`- Komponente	92
Klassenvariable	Statische `class`- oder `struct`-Komponente	98
Methode und Botschaft	`class`-, `struct`- oder `union`-Komponentenfunktion und deren Aufruf	92
Klassenmethode	Statische `class`-, `struct`- oder `union`-Komponentenfunktion, Konstruktor	112
Protokoll	Deklaration aller Methoden innerhalb einer Klassendefinition	92
Vererbung	Abgeleitete Klassen (Einfach- und Mehrfachvererbung)	117
Abstrakte Klasse	Klasse mit rein virtuellen Methoden	133
Parametrisierte Typen	Schablonen	145
Polymorphismus	Überladen von Funktionen und Operatoren virtuelle Funktionen	67 125
Dynamisches Binden	Virtuelle Funktionen	125
Öffentliche, geschützte und private Instanzvariablen und Methoden	`public`-, `protected`- und `private`-Komponenten von `class`-, `struct`- und `union`-Typen (für letztere sind keine `protected`-Komponenten erlaubt)	92 122

Konzepte der OOP und ihre Realisierung in C++

Übungsaufgaben

4.1 Definieren Sie nach dem Muster von Seite 84 → *Seite 278*

    a) einen ADT "Menge",

    b) einen ADT "Zeichenkette"

4.2 Spezialisieren Sie den Typ Menge derart, daß auch Maximum und → *Seite 279* Minimum berechenbar sind. Welche Voraussetzung ergibt sich dabei an den Elementdatentyp?

5

Klassen

Klassen stellen in C++ *benutzerdefinierte Datentypen* dar und basieren auf einer Erweiterung des konventionellen Strukturkonzeptes, wie es in Kapitel 1 ab Seite 31 vorgestellt wurde.

Um einen ersten Eindruck dieses Konzepts zu gewinnen, implementieren wir eine Klasse `IntStack`, die einen Stack von `int`-Elementen darstellt und den ADT-Spezifikationen von Seite 84 genügt.

Ein Stapel-speicher für int-Werte

```
const int stacksize = 100;
class IntStack {                              // class ≅ struct
  private:
    int cont[stacksize];             // Array-Implementation
    int next;            // Index des nächsten freien Elements
  public:
    IntStack& push (int);
    IntStack& pop ();
    int top ();
    int size ();
    int is_empty ();
};
```

Klassen sind benutzer-definierte Datentypen mit Methoden..

Durch `class`-Vereinbarungen wird - wie wir auch schon im Zuge der Diskussion von Strukturen festgestellt haben - ein neuer *Typname*, hier `IntStack`, eingeführt.

Der wesentlichste Unterschied zur traditionellen Struktur liegt nun darin, daß Klassenkomponenten auch *Funktionen* sein können, die Methoden im Sinne von Kapitel 4 (Seite 89) implementieren. Diese Funktionen werden in C++ als *Komponentenfunktionen* [member functions] bezeichnet[1].

---

[1] Um bei einer gegebenen "normalen" Funktion zu betonen, daß es sich um *keine* Komponentenfunktion handelt, werden wir den Terminus *Nichtkomponentenfunktion* [nonmember function] verwenden.

Der zweite Unterschied zum `struct`-Datentyp, wie wir ihn bisher kennengelernt haben, sind die Angaben `private:` und `public:`, die zur *Zugriffskontrolle* dienen. Alle *nach* `private:` deklarierten Komponenten sind *ausschließlich* den Methoden der Klasse zugänglich, während die auf `public:` folgenden Deklarationen *allen* Benützern der Klasse zur Verfügung stehen[2]. Unser Beispiel zeigt eine vollständig gekapselte Klasse: *Alle* Instanzvariablen (nämlich `cont` und `next`) sind vor äußeren Zugriffen geschützt; die Schnittstelle des Datentyps besteht nur aus den auf ihm definierten Funktionen.

..und kontrolliertem Zugriff auf die interne Repräsentation

Die Frage der Zugriffskontrolle stellt auch den *einzigen* Unterschied zwischen den Schlüsselworten `struct` und `class` dar: Während bei `struct` ohne explizite Angabe der Zugriffsbeschränkung alle Komponenten `public` sind, sind `class`-Komponenten standardmäßig `private`. Eine ähnliche Regelung besteht im Zusammenhang mit Vererbung, siehe dazu Seite 123[3].

class ≅ struct

Getrennt von den Zugriffskontrollmechanismen ist der *Geltungsbereich* von Namen von Klassenkomponenten zu betrachten: Er wird als *klassenlokal* bezeichnet, das heißt, daß die Namen nur innerhalb von Komponentenfunktionen und in den folgenden Kontexten benützt werden können:

Komponentennamen sind klassenlokal

```
KLASSENOBJEKT . KOMPONENTENNAME

ZEIGER-AUF-KLASSENOBJEKT -> KOMPONENTENNAME

KLASSENNAME :: KOMPONENTENNAME
```

Im folgenden behandeln wir die einzelnen Charakteristika von Klassen an Hand des zuvor eingeführten Beispiels im Detail.

Komponentenfunktionen

Wenden wir uns als erstes der Definition der Methoden zu, und zwar am Beispiel der Funktion `push()`, die in den folgenden Anmerkungen "seziert" werden soll:

---

[2] C++ unterstützt durch das Schlüsselwort `protected` auch das Konzept der *geschützten* Komponenten (siehe Seite 90 bzw. Seite 122).

[3] Abgesehen von diesem minimalen Unterschied, sind `struct` und `class` beliebig austauschbar. Ich werde mich allerdings im Rest dieses Buches im allgemeinen an meine persönliche Konvention halten, `struct` für traditionelle, simple Strukturen (ohne Methoden und Zugriffskontrolle) und `class` für "eigentliche" Klassen zu verwenden, wobei in Klassendefinitionen zuerst die privaten (ohne explizite Angabe von `private`) und danach alle anderen Komponenten angeführt werden. Manche Autoren bevorzugen demgegenüber die umgekehrte Reihenfolge, in der die öffentliche Schnittstelle den Vorrang hat vor den privaten Implementationsdetails. Eine ausführliche Diskussion der Für und Wider dieser an sich nebensächlichen Konventionen enthält [2].

<table>
<tr><td>

*push() legt
ein neues
Element am
Stapel ab,
soferne
dieser noch
Platz bietet*

</td><td>

```
IntStack& IntStack::push (int value) // siehe Anm. 1, 2, 3
{
  if (next < stacksize)                    // siehe Anm. 4, 5
    cont[next++] = value;                     // siehe Anm. 4
  else                         // primitive Fehlerbehandlung!
    cerr << "Fehler in push(): Stack voll!\n";
  return *this;                               // siehe Anm. 6
}
```

</td></tr>
</table>

1. Definitionsgemäß soll `push()` einen `IntStack` zurückgeben, wir beherzigen aber die Effizienzdiskussion von Seite 26 und retournieren stattdessen eine *Referenz* auf ein `IntStack`-Objekt (`IntStack&`).

*Methoden-
namen sind
klassen-
lokal*

2. Der Funktionsname `push()` muß außerhalb der Klassendefinition mit dem Klassennamen assoziiert werden, dies erfolgt mit Hilfe des binären Bereichsoperators `::`. `IntStack::push()` kann also als "Methode `push()` der Klasse `IntStack`" gelesen werden[4].

*Methoden
beziehen
sich immer
implizit auf
eine Instanz
ihrer Klasse*

3. Obwohl die Signatur von `push()` in der Spezifikation auf Seite 84 push: $\mathbf{int \times IntStack} \to$ `IntStack` gelautet hat (mit `int` für X und `IntStack` für `Stack<X>`), wird hier lediglich das `int`-Argument `value` vereinbart. Dies liegt daran, daß jede Methode immer auf einer impliziten Instanz der Klasse, der sie angehört, operiert, sodaß im vorliegenden Fall kein Argument vom Typ `IntStack` vereinbart zu werden braucht.

*Instanz-
variablen
werden in
Methoden
wie globale
Variablen
behandelt*

4. Auf die Komponenten dieser impliziten Instanz (wie `next` und `cont`) kann innerhalb der Komponentenfunktion unmittelbar zugegriffen werden, es ist *kein* Selektionsoperator notwendig. Das Schlüsselwort `this` entspricht einem in Komponentenfunktionen immer vorhandenen Zeiger auf diese implizite Instanz[5]; die Ausdrücke `next` und `cont` sind daher zu `this->next` bzw. `this->cont` äquivalent.

5. Die Maximalgröße `stacksize` ist hier zunächst eine globale (außerhalb der Klasse definierte) Konstante. Wir werden später sehen, wie Klassenvariablen eleganter definiert werden können.

6. Das Ergebnis soll eine `IntStack`-Referenz sein. Der Zeiger `this` zeigt auf den nunmehr modifizierten Stack, `*this` repräsentiert diesen Stack, die Referenz darauf ermittelt der Übersetzer automatisch.

Die Funktionen `pop()`, `top()`, `size()` und `is_empty()` sind nach diesem Muster schnell entwickelt; wir verzichten allerdings vorläufig im Vertrauen auf korrekte Benützung auf jede Fehlerbehandlung:

---

[4] Es könnte ja mehrere `push()`-Definitionen für unterschiedlichste Klassen geben; da das Objekt, auf das die Methode angewandt wird, aus dem Funktionskopf nicht hervorgeht, hätte der Compiler ohne diesen Zusatz keine Möglichkeit, die verschiedenen `push()`-Versionen auseinanderzuhalten.

[5] Eine Ausnahme stellen statische Komponentenfunktionen (siehe Seite 112) dar.

```
IntStack& IntStack::pop () { next--; return *this; }
int IntStack::top ()       { return cont[next-1]; }
int IntStack::size ()      { return next; }
int IntStack::is_empty ()  { return next == 0; }
```

Mit der soweit definierten Klasse `IntStack` könnten wir bereits
folgendes Testprogramm formulieren:

```
main ()
{
   IntStack s;                          // Datentyp = Klassenname
   s.push(7); s.push(11); s.push(21);
   while (!s.is_empty()) {
      cout << s.top() << " ";
      s.pop();
   }
}
```

Ein Stapel wird aufgebaut und ausgegeben

Dieses Beispiel zeigt, daß die Aktivierung einer Methode (das Senden
einer Botschaft) streng nach der üblichen Struktursyntax erfolgt: Es
wird z.B. die Komponentenfunktion `push()` der Klasse s durch den
Punktoperator selektiert und aufgerufen, wobei der zusätzliche `int`-
Parameter wie bei jedem anderen Funktionsaufruf in runden
Klammern angegeben wird. Im übrigen könnten wir an dieser Stelle
gleich die Tatsache ausnützen, daß die Funktion `push()` den Stack,
den sie verändert, als Funktionsergebnis zurückgibt, um die vierte
Zeile knapper zu formulieren:

push() gibt ein Objekt zurück, an das wieder die Botschaft push() gesandt werden kann

```
   s.push(7).push(11).push(21);
```

Konstruktoren

Leider ist das bisher entwickelte Beispiel noch *falsch*. Das Objekt s ist
nicht initialisiert, daher enthält die Komponente `next` irgendein zufäl-
liges Bitmuster, sodaß der erste `push()`-Aufruf die Zahl 7 *irgendwohin*
speichert. Wie können wir also sichergehen, daß `push()` am Anfang
einen leeren Stack vorfindet? Die naive Lösung, das Beispiel mit

Es fehlt die Initialisierung der Objekte..

```
   IntStack s;  s.next = 0;
```

zu beginnen, scheitert an der Tatsache, daß `next` als private
Komponente außerhalb einer Stack-Methode nicht zugreifbar ist. Also
bräuchten wir offenbar eine zusätzliche Methode zur Initialisierung,
die nach jeder Instanzierung aktiviert werden müßte, also etwa

```
   IntStack s;           // Erzeugung eines IntStack-Objekts s
   s.make_new();              // Initialisierung des Objekts
```

Erfreulicherweise erleichtert uns C++ das Initialisieren ganz beträcht-
lich: Wir können nämlich Initialisierungsmethoden formulieren, die
automatisch für jedes neu angelegte Objekt aufgerufen werden! Es
handelt sich dabei um die sogenannten *Konstruktoren*, spezielle
Komponentenfunktionen, die in C++ mit ihrer Klasse namensgleich

..durch Konstruktoren

sind. In unserer Klassendefinition deklarieren wir einen Konstruktor
`IntStack ()`, der wie folgt definiert werden kann:

```
IntStack::IntStack () { next = 0; }      // Initialisierung
```

Konstruktoren sind Methoden ohne Ergebnistyp..

Bemerkenswert ist, daß für Konstruktoren kein Ergebnistyp spezifiziert werden kann, da ihr Ergebnis, ein neues Objekt ihrer Klasse, definitionsgemäß festgelegt ist und daher nicht zur Disposition steht[6]. Aus diesem Grund sind in Konstruktoren auch nur simple `return`-Anweisungen (ohne Ergebnisausdruck) erlaubt.

..aber u.U. mit Argumenten

Über *Argumente* kann ein Konstruktor jedoch sehr wohl verfügen. Beispielsweise könnten wir den Fall vorsehen, daß bei der Definition eines neuen Stacks gleich ein erstes Element gestapelt wird. Also benötigen wir einen weiteren Konstruktor mit einem Argument, das nach der obligaten Initialisierung von `next` einfach mittels `push()` am Stack abgelegt wird:

```
IntStack::IntStack (int first_element)
{
   next = 0;
   push(first_element);
}
```

Die Signatur `IntStack(int)` muß natürlich in die Klassendefinition aufgenommen werden[7]. Aktiviert wird dieser Konstruktor wie folgt:

```
IntStack s(7);
```

was im Falle von genau einem Argument äquivalent ist zu

```
IntStack s = 7;        // Initialisierung, keine Zuweisung!
```

Achtung! Es mag verlockend erscheinen, den zweiten Konstruktor unter Zuhilfenahme des ersten zu implementieren (besonders, wenn - im Gegensatz zum vorliegenden Beispiel - nichttrivialer Initialisierungsaufwand getrieben werden muß), dies ist jedoch leider *nicht* möglich. Es wird zwar z.B. im Konstruktor

"Geschachtelte" Konstruktoren sind nicht korrekt

```
IntStack::IntStack (int first_element)
{
   IntStack();                             // Fehler!
   push(first_element);
}
```

in der dritten Zeile tatsächlich der andere Konstruktor aktiviert, doch wird dabei auch eine weitere, *unbenannte, temporäre* (es wurde ja keine Variable vereinbart) Stackinstanz erzeugt, die vom parameter-

---

[6] Für Konstruktoren gelten noch eine Reihe von anderen Sonderregelungen, die wir im Laufe der Zeit kennenlernen werden.

[7] Es handelt sich dabei um einen klassischen Fall von überladenen Funktionsnamen (siehe Seite 67), da sich Konstruktoren nur in ihren Argumenten von einander unterscheiden.

losen Konstruktor initialisiert und danach sofort (spätestens am Ende des Blocks) wieder zerstört wird. Das Objekt, das dem ursprünglich aktivierten Konstruktor übergeben wurde, wird dabei überhaupt nicht berührt, sodaß der folgende `push()`-Aufruf wiederum auf einem uninitialisierten Objekt operiert.

Eine Lösung des Problems besteht darin, den allen Konstruktoren gemeinsamen Code quasi "herauszuheben" und in eine eigene, üblicherweise private, Komponentenfunktion zu verlagern, die dann von allen Konstruktoren aufgerufen wird. Wie schon angedeutet, zahlt sich in unserem Beispiel eine solche Routine nicht aus, da die Initialisierung ohnehin nur aus einer einzigen Anweisung besteht.

Für die Hauptaufgabe eines Konstruktors, die Initialisierung von Instanzvariablen, gibt es eine besondere Syntax: Sie erfolgt, eingeleitet durch einen Doppelpunkt, zwischen Funktionskopf und Funktionsrumpf durch Auflistung der zu initialisierenden Komponenten und den dazugehörigen Anfangswerten in runden Klammern:


```
IntStack::IntStack ()        : next(0) {}
IntStack::IntStack (int e) : next(0) { push(e); }
```

Da der erste Konstruktor außer der Initialisierung der Komponente `next` nichts zu tun hat, bleibt sein Funktionsrumpf leer.

Werden mehrere Komponenten auf diese Weise initialisiert, entspricht die Reihenfolge der Initialisierung der Reihenfolge der Deklaration und *nicht* der Reihenfolge der Initialisierungsausdrücke. Im folgenden Beispiel wird zuerst a, dann b und schließlich c initialisiert:


```
int f(int i) { cout << i << " "; return i; }
class X {
   int a, b, c;
 public: X() : a(f(1)), c(f(2)), b(f(3)) {}
};
X x;                                    // gibt 1 3 2 aus
```

Wir werden auf Seite 102 noch einmal auf Konstruktoren zurückkommen, müssen aber bis dorthin unser Beispiel noch ein bißchen weiterentwickeln.

Alle bisher implementierten Komponentenfunktionen sind derartig kurz, daß sie vernünftigerweise als `inline`-Funktionen formuliert werden sollten, beispielsweise


```
inline IntStack::IntStack () : next(0) {}
```

Für diesen Zweck gibt es eine bequeme Abkürzung: Komponentenfunktionen können auch *innerhalb* der Klassendefinition definiert werden, womit sie automatisch (auch ohne Angabe des Schlüsselwortes `inline`) als `inline` vereinbart gelten.

Unsere Stack-Klasse könnte daher beispielsweise auch wie folgt
definiert werden:

Ein Stack
mit
inline-
Methoden
```
class IntStack {
    int cont[stacksize];
    int next;
  public:
    IntStack ()                 : next(0) {}
    IntStack (int e)            : next(0) { push(e); }
    IntStack& push (int v)  { cont[next++]=v; return *this; }
    IntStack& pop ()        { next--; return *this; }
    int top ()              { return cont[next-1]; }
    int size ()             { return next; }
    int is_empty ()         { return next == 0; }
};
```

static-
Kompo-
nenten..
Die Konstante `stacksize` ist nach den Definitionen in Kapitel 4
eigentlich eine (konstante) *Klassenvariable*, hier wurde sie allerdings
bisher einfach als globale Größe vereinbart. C++ erlaubt aber sehr wohl
die Definition von Klassenvariablen, und zwar handelt es sich dabei
um Komponenten, die durch das Schlüsselwort `static` ausgezeichnet
sind. Leider können diese Komponenten nicht innerhalb der Klassendefinition initialisiert werden, da ihr Auftreten in der Klassendefinition als *Deklaration* angesehen wird [5, S. 179]. Dies bedeutet,
daß die naheliegende Änderung unserer Klassendefinition zu

..können
innerhalb
der Klasse
nur
deklariert
und nicht
definiert
werden
```
class IntStack {
    static const int stacksize = 100;      // Hier verboten
    int cont[stacksize];
    ... restliche Klassendefinition ...
};
```

nicht möglich ist. Vielmehr muß `stacksize` außerhalb der Klasse
definiert (und bei Bedarf initialisiert) werden:

Deklara-
tion..

..und Defi-
nition einer
Klassen-
variablen
```
class IntStack {
    static const int stacksize;
    ... restliche Klassendefinition ...
};
const int IntStack::stacksize = 100;       // Hier erlaubt![8]
```

Nun   ist   allerdings   wiederum   die   Arrayvereinbarung
`int cont[stacksize]` fehlerhaft, da der Übersetzer an dieser Stelle
keine Ahnung hat, wie groß das Feld tatsächlich sein soll. Ein Ausweg
aus diesem Dilemma ist die Verwendung einer Zeigerkomponente an
Stelle der Arraykomponente und die Allokation eines dynamischen
Feldes   zur   Laufzeit,   typischerweise   innerhalb   der   beiden
Konstruktoren[9]:

---

[8] `static` darf hier nicht mehr wiederholt werden, da es außerhalb der Klassendefinition eine andere Bedeutung hat als innerhalb (siehe Seite 16). Man beachte
hier übrigens wieder die Verwendung des Bereichsoperators, um anzugeben, daß
es sich bei `stacksize` um eine Komponente der Klasse `IntStack` handelt.

[9] Hier stolpern wir also über eine der wenigen echten syntaktischen Schwachstellen

```
class IntStack {                          // Variante 2     Ein Stack
  static const int stacksize;             // Klassenvariable  mit dyna-
  int* cont;                              // Dynamisches Feld  mischem
  int next;                                                   Array
 public:
  IntStack ()        : next(0), cont(new int[stacksize]) {}
  IntStack (int e): next(0), cont(new int[stacksize]) {
                                          push(e); }
  ... restliche Klassendefinition ...
};
const int IntStack::stacksize = 100;
```

So weit, so gut. Man wird jetzt wahrscheinlich feststellen, daß eine
Hilfsfunktion, die die Kernarbeit der beiden Konstruktoren übernimmt, bereits angebracht wäre, schon um sicherzustellen, daß die
Initialisierung in beiden Konstruktoren konsistent erfolgt. Wir werden
diese Änderung im nächsten Verbesserungsschritt en passant
durchführen.

Destruktoren

Zunächst ist noch ein viel gravierenderes Problem zu behandeln: Die   *Der Inhalt*
obige Lösung legt zwar für `cont` Speicherplatz mittels `new` an, gibt   *von* `cont`
diesen Speicherplatz allerdings nie mehr zurück. Daher erzeugt   *wird nie*
beispielsweise eine Funktion wie   *wieder frei-*
                                                                              gegeben

```
void proc ()
{
  IntStack s;
  ... irgendeine Stackanwendung ...
}
```

jedesmal, wenn sie verlassen wird, eine "Speicherleiche" der Größe
`stacksize*sizeof(int)` Bytes!

Auch dafür hat C++ eine passende Lösung parat: Als Antagonist zu den   *Der*
Konstruktoren kann ein *Destruktor* [destructor] definiert werden, der   *Destruktor:*
automatisch aufgerufen wird, wenn ein Objekt zu existieren aufhört.   *Gegenstück*
Dies ist in vier verschiedenen Situationen der Fall: *zum*
                                                                              Konstruktor

---

von C++: Klassenlokale Konstanten können nicht als *Übersetzungszeitkonstanten*
verwendet werden, weshalb festdimensionierte Felder nicht ohne weiteres unter
kompromißloser Verfolgung des Geheimnisprinzips definiert werden können. Ein
oft angewandter, aber auch allgemein als unschön qualifizierter Trick besteht
darin, in so einem Fall einen unbenannten Aufzähltyp mit genau einer
Ausprägung zu vereinbaren:

```
class IntStack {
  enum { stacksize = 100 }; // Statt: const int stacksize = 100;
  int cont[stacksize];                    // Ist nun möglich!
  ...
};
```

Die Standardkonversion von Aufzähltypen zu `int` erlaubt es, `stacksize`
stillschweigend als `int`-Konstante zu verwenden.

1. Der Block, in dem eine automatische Variable definiert wurde, wird verlassen (Beispiel: Die lokale Variable s in der obigen Prozedur).

2. Ein mittels new angelegtes Objekt wird mittels delete zurückgegeben.

3. Das Programm, in dem eine statische Variable definiert ist, wird beendet.

4. Ein vom Übersetzer erzeugtes temporäres, anonymes Objekt wird nicht mehr benötigt.

Destruktoren sind besonders bei dynamischen Datenstrukturen angebracht

Destruktoren sind nicht immer nötig; in unserer ersten Stackimplementation auf Seite 92 gibt es nichts "aufzuräumen", wenn ein Objekt eliminiert wird. Die neue Variante benötigt allerdings, wie bereits betont, sehr wohl einen Destruktor, um das dynamisch angelegte Feld cont wieder auf ordentliche Weise der Speicherverwaltung zurückzugeben.

Destruktoren sind ebenfalls nach der Klasse benannt, ihre Namen beginnen jedoch mit einer Tilde (~):

Ein Stack mit Destruktor

```
class IntStack {
    static const int stacksize;
    int* cont;
    int next;
    void init()        { cont = new int[stacksize]; next = 0; }10
  public:
    IntStack ()        { init(); }
    IntStack (int e)   { init(); push(e); }
    ~IntStack ()       { delete [] cont; }        // Destruktor11
    ... restliche Klassendefinition ...
};
```

Destruktoren sind *immer* parameterlos und verfügen genauso wie Konstruktoren über keinen Ergebnistyp.

Das folgende Beispiel soll das Verständnis für das Zusammenspiel von Konstruktoren und Destruktoren vertiefen.

Konstruktor und Destruktor geben die Instanzvariable aus

```
#include <iostream.h>
class T {
  int pos;
  public:
    T (int p) : pos(p) { cout << " K" << pos; }
    ~T ()              { cout << " D" << pos; }
};
```

---

[10] Hier haben wir nun eine private Hilfsfunktion eingeführt, die sicherstellt, daß beide Konstruktoren dieselben Initialisierungen durchführen. Allerdings handelt es sich jetzt, streng genommen, nicht mehr um *Initialisierungen*, sondern um *Zuweisungen*. Wir werden den Unterschied zwischen diesen beiden Begriffen später noch kennenlernen.

[11] Wie bereits an anderer Stelle vermerkt, wird noch in vielen Implementationen verlangt, daß bei delete die Felddimension angegeben wird: delete [stacksize] cont;

```
T one(1);                          // globale statische Variable
void f () { static T two(2); }  // lok. statische Variable
void g ()
{
  static T three(3);              // lokale statische Variable
  T four(4);                      // automatische Variable
}
main ()
{
  T five(5);                      // automatische Variable
  g();
  { T six(6); }  // neuer Block mit automatischer Variable
  g();
}
```

Bevor die Funktion `main()` aktiviert wird, werden die globalen statischen Variablen angelegt und die entsprechenden Konstruktoren aufgerufen (siehe auch die Diskussion auf Seite 16). In unserem Beispiel trifft dies auf die Variable `one` zu, der Konstruktor gibt entsprechend die Zeichen `K1` aus. Die anderen statischen Variablen sind funktionslokal in `f()` bzw. `g()` definiert und werden erst erzeugt, wenn die entsprechende Funktion zum ersten Mal aufgerufen wird. Die als nächstes angelegte Variable ist daher `five`, die erste lokale Variable in `main()`. Die Ausgabe des Konstruktors lautet also `K5`, danach wird `g()` aktiviert. Nun wird die statische Variable `three` angelegt, danach folgt die Erzeugung der automatischen Variablen `four`, die umgehend wieder eliminiert wird, da ihr Block (nämlich `g()`) sofort wieder verlassen wird. Hier wird nun zum ersten Mal der Destruktor aktiviert, der entsprechend `D4` ausgibt. Wieder im Hauptprogramm, wird der lokale Block mit `six` aktiviert und gleich wieder verlassen, die Ausgabe lautet also `K6 D6`. Schließlich wird `g()` nochmals aufgerufen; `three` existiert aber bereits, daher folgen nur die mit `four` verbundenen Ausgaben. Am Ende von `main()` wird `five` wieder eliminiert, danach endet das Programm mit der Aktivierung der Destruktoren der *tatsächlich erzeugten* statischen Variablen (`one` und `three`). Die Funktion `f()`, die `two` beherbergt, wurde nie aufgerufen, deshalb wurde auch `two`, obgleich statisch, nicht angelegt (d.h., es wurde der Konstruktor nie aktiviert; der Speicherplatz für `two` ist jedoch von vornherein reserviert). Insgesamt lautet die Ausgabe des Programms also[12]

```
K1 K5 K3 K4 D4 K6 D6 K4 D4 D5 D3 D1
```

Kopierkonstruktoren

Gesetzt den Fall, wir bräuchten eine Stackvariable, die mit einem

---

[12] Einer meiner älteren Compiler kümmert sich nicht um die Unterscheidung zwischen lokalen und globalen statischen Objekten und liefert mit diesem Programm die Ausgabe `K1 K2 K3 .. D3 D2 D1`.

existierenden Stackobjekt initialisiert werden sollte (analog etwa zu `int i=j;` im Falle eingebauter Datentypen), wie beispielsweise im folgenden Programmfragment:

t wird mit dem Inhalt von s initialisiert,..

```
IntStack s;
s.push(1).push(2);                              // s ← <1, 2>
IntStack t(s);                  // äquivalent zu: Stack t=s;
s.push(3);                                       // s ← <1, 2, 3>
t.push(0);                                       // t ← <1, 2, 0>
```

..und zwar durch komponentenweises Kopieren

Dieses syntaktisch korrekte Programmstück funktioniert allerdings nur mit unserer ersten Stackimplementation; bei Variante 2 (Seite 99) enthielten die Stacks s und t am Ende dieselben Elemente, und zwar <1, 2, 0>. Dies liegt daran, daß bei der Initialisierung des Stacks t *keiner* der beiden Konstruktoren aufgerufen wird, da keiner von ihnen ein Stackargument erwartet. Es wird vielmehr für t ein leeres Stackelement angelegt (siehe die Skizze links) und mit den Inhalten des Stapels s durch *komponentenweises* Kopieren[13] belegt, sodaß t.cont dieselbe Adresse wie s.cont zugewiesen erhält, womit nun beide

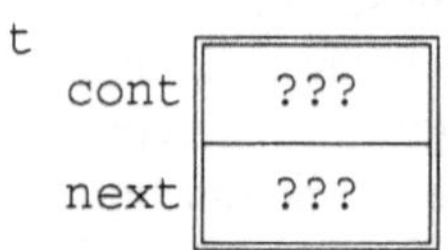

Stacks dasselbe Feld cont benützen! s.push(3) legt die Zahl 3 in cont[2] ab, dieses Element wird aber sofort durch t.push(0) überschrieben:

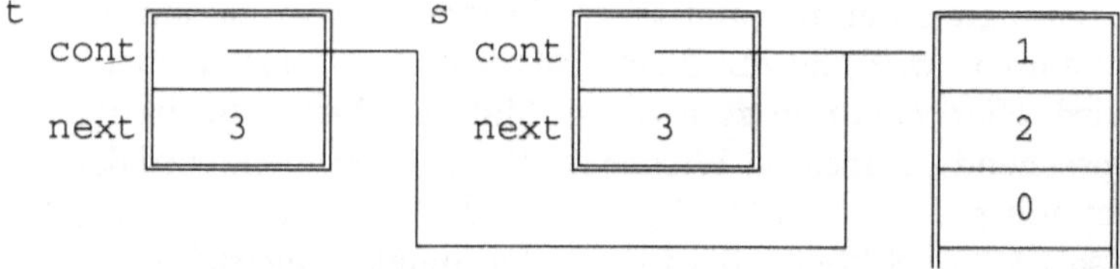

Kopierkonstruktoren klonen Objekte

Der Fehler kann behoben werden, indem ein passender Konstruktor, ein sogenannter *Kopierkonstruktor* [copy constructor], definiert wird, der zunächst die übliche Initialisierungsarbeit erledigt (und dabei ein neues Feld cont anlegt) und anschließend den Inhalt seines Arguments auf die neu erzeugte Instanz kopiert:

```
IntStack::IntStack (const IntStack& s)
{
    init();                         // legt ein neues Feld cont an
    next = s.next;
    for (int i=0; i<next; i++)          // Übertragen des Inhalts
        cont[i] = s.cont[i];
}
```

---

[13] In älteren Versionen von C++ wird in diesem Fall *bitweise* kopiert. Der Unterschied besteht darin, daß beim komponentenweisen Kopieren im Gegensatz zum bitweisen Kopieren für die zu kopierenden Komponenten gegebenenfalls (nämlich, wenn diese Komponenten ihrerseits Klassen angehören) entsprechende Kopierkonstruktoren aufgerufen werden. Für dieses Beispiel ist diese Unterscheidung allerdings unerheblich.

Der Parameter s *muß* als Referenz übergeben werden, da eine Wertparameterübergabe das Anlegen einer *initialisierten Kopie* erfordern würde, was wiederum die (endlos rekursive) Aktivierung des Kopierkonstruktors zur Folge hätte. Da der Parameter durch den Initialisierungsvorgang typischerweise nicht verändert wird, ist es außerdem sinnvoll, eine Referenz auf eine *Konstante* zu übergeben.

Typische Signatur des Kopierkonstruktors einer Klasse X: X(const X&)

Kopierkonstruktoren werden in den folgenden Fällen aktiviert:

- Explizite Initialisierung eines Objekts durch ein anderes (wie im Beispiel)
- Initialisierung eines formalen Parameters mit dem Wert des aktuellen Parameters bei Wertparameterübergabe
- Übergabe eines Funktionsergebnisses

Selbstverständlich muß es sich dabei jeweils um ein "echtes" Objekt handeln, bei der Initialisierung von *Referenzen* wird kein neues Objekt angelegt und daher auch kein Konstruktor aufgerufen.

Defaultkonstruktoren

Ein Konstruktor, der ohne Argumente aufgerufen werden kann (weil keine definiert sind oder weil alle definierten Defaultwerte aufweisen), wird *Defaultkonstruktor* [default constructor] genannt. Dieser stellt insoferne eine Besonderheit dar, als er als einziger Konstruktor für die Initialisierung von *Feldern* von Objekten herangezogen werden kann. Nehmen wir an, daß in einer utopischen, extrem stackintensiven Anwendung ein Feld von Stapeln benötigt wird:

Defaultkonstruktoren haben kein Argument

```
IntStack stacks[100];
```

Bei dieser Art der Vereinbarung ist es syntaktisch *nicht* möglich, dem Konstruktor Argumente zu übergeben, weshalb der Defaultkonstruktor (und zwar für *alle* Feldelemente, in der Reihenfolge aufsteigender Indexwerte) aktiviert wird. Das Feld `stacks[]` würde in unserem Beispiel also durch sukzessive Aufrufe von `IntStack()` mit 100 leeren Stacks initialisiert.

Bei Objektarrays wird der Defaultkonstruktor für jedes Element aktiviert

Diese Regelung hat zur Konsequenz, daß für Klassen, deren Konstruktoren alle mindestens einen Parameter erwarten, keine Arrays definiert werden können. Bei Klassen, für die *überhaupt* kein Konstruktor definiert ist, wird jedoch ein (wirkungsloser) `public` Defaultkonstruktor vom Compiler erzeugt.

Wird ein Feld wie `stacks[]` wieder eliminiert, wird der *Destruktor* für alle Feldelemente in *absteigender* Reihenfolge aufgerufen.

Defaultkonstruktoren werden übrigens auch für *klassenwertige* Kom-

Default-
konstruk-
toren
werden
auch für
klassen-
wertige
Instanz-
variablen
aufgerufen

ponenten (das sind solche, die ihrerseits Klassen angehören) aktiviert, wenn diese nicht explizit im "Vorspann" (dem Bereich nach dem Doppelpunkt) eines Konstruktors initialisiert werden. Ebenso werden Destruktoren für klassenwertige Komponenten eines Objekts automatisch aktiviert, und zwar in umgekehrter Konstruktionsreihenfolge, allerdings erst *nachdem* der Rumpf des Destruktors des Objekts exekutiert worden ist. Übungsaufgabe 5.3 behandelt diese Automatik.

Operatorfunktionen

Auf Seite 102 haben wir die Problematik der Initialisierung von Objekten mit anderen Instanzen derselben Klasse behandelt. Eine ähnliche Situation entsteht allerdings auch bei der *Zuweisung* von Objekten:

Proble-
matische
Zuweisung

```
IntStack s, t;
s.push(1).push(2);                                  // s ← <1, 2>
t = s;                      // Zuweisung, keine Initialisierung
s.push(3);                                           // s ← <1, 2, 3>
t.push(0);                                // t ← <1, 2, 0> ???
```

Auch bei der obigen Zuweisung `t=s` werden die (nichtstatischen) Komponenten von s *einzeln* den Komponenten von t zugewiesen, die Anweisung entspräche also dem Programmstück

```
t.next = s.next;                                            // ok
t.cont = s.cont;       // es wird nur die Adresse übertragen!
```

wären die Komponenten `next` und `cont` nicht privat. Das Ergebnis ist ident zu der auf Seite 102 skizzierten Situation: s und t, an sich unterschiedliche Objekte, benützen über die Komponente `cont` einen gemeinsamen Speicherbereich.

Die Lösung dieses Problems besteht in der Definition einer *Komponentenoperatorfunktion* [member operator function] für die Zuweisung, um die vom Compiler erzeugte Zuweisung durch etwas Sinnvolleres zu ergänzen:

Stack mit
eigenem Zu-
weisungs-
operator

```
class IntStack {
    ... die üblichen Stack-Vereinbarungen ...
    IntStack (const IntStack&);              // Kopierkonstruktor
    IntStack& operator = (const IntStack&);
};
```

Definition
der
Operator-
funktion

```
IntStack& IntStack::operator = (const IntStack& r)
{
    next = r.next;
    for (int i=0; i<next; i++)
        cont[i] = r.cont[i];
    return *this;
}
```

Eine Komponentenoperatorfunktion für einen n-ären Operator hat natürlich nur n-1 Parameter, da ja der linkeste Operand durch das implizit mitübergebene Objekt `*this` repräsentiert wird. Im obigen Fall (n=2) wird daher nur der rechte Operand der Zuweisung vereinbart.

Da die Zuweisung in C++ üblicherweise den Wert der linken Seite liefert, ist es empfehlenswert, `operator=()` immer eine Referenz auf das Objekt `*this` zurückgeben zu lassen[14].

Wenn man die Definition des Kopierkonstruktors mit jener des Zuweisungsoperators vergleicht, kann man eine sehr typische Verwandtschaft zwischen ihnen feststellen, die allgemein wie folgt charakterisiert werden kann:

Kopierkonstruktor und `operator=` *sind einander sehr ähnlich..*

```
X::X (const X& val)          // Kopierkonstruktor für Klasse X
{
    neues Objekt bereitstellen
    Inhalt von val übertragen
}
X& X::operator = (const X& r)          // Zuweisungsoperator
{                                      // für Klasse X
    feststellen, ob *this r aufnehmen kann¹⁵
    gegebenenfalls Inhalt von r übertragen
    return *this;
}
```

Unser Kopierkonstruktor kann daher auch unter Verwendung des s definiert werden:

..und können daher auch miteinander kooperieren

```
IntStack::IntStack (const IntStack& s)
{
    init();                  // legt ein neues Feld cont an
    *this = s;               // Kopieren durch operator=()
}
```

In der letzten Zeile wird die Komponentenoperatorfunktion `operator=()` aufgerufen, die ja genau die elementweise Übertragung des Feldes `cont` bewerkstelligt. Syntaktisch wären übrigens auch die folgenden beiden Varianten dieser Anweisung gültig:

```
this->operator=(s);
operator=(s);
```

`this->` ist in Komponentenfunktionen redundant

Als nächstes widmen wir uns der Überprüfung, ob zwei Stackobjekte gleich sind, also der Erweiterung unseres abstrakten Datentyps um die Operation

`operator==()`

```
==: IntStackxIntStack → boolean
```

Unklar ist allerdings noch, was wir mit *Gleichheit* eigentlich meinen.

---

[14] Obwohl es als gute Programmierpraxis angesehen wird, die Semantik überladener Operatoren an das Standardverhalten dieser Operatoren anzupassen, soll hier noch einmal betont werden, daß dies nicht erzwungen wird. Ein Zuweisungsoperator könnte also genauso gut den *alten* Wert der linken Seite, `void` oder sonst irgend etwas zurückgeben.

[15] Dies wäre etwa bei Stacks unterschiedlicher Größe notwendig.

Algebraisch ist es relativ leicht definiert:

```
s == t ⇔
  (size(s) = size(t)) ∧
  (is_empty(s) ∨ (top(s)=top(t)∧pop(s)==pop(t)))
```

Diese rekursive Definition besagt, daß zwei Stapel genau dann gleich sind, wenn sie entweder beide leer sind oder beide genau dieselben Elemente in derselben Reihenfolge enthalten.

Dreimal
Gleichheit: In der C++-Praxis allerdings ergeben sich zumindest drei verschiedene Situationen, in denen von Gleichheit gesprochen werden kann:

Identität   1) s und t bezeichnen ein und dasselbe Objekt, d.h., s ist eine Referenz auf t bzw. umgekehrt. s und t sind also im selben Speicherbereich abgelegt. Wir werden in diesem Fall s und t als *ident* bezeichnen.

Flache   2) s und t sind an sich verschiedene Objekte, deren Komponenten (in
Kopie   unserem Falle cont und next) bitweise gleich sind. Sind diese Komponenten Zeiger, verweisen sie also auf *idente* Subobjekte im obigen Sinne (siehe auch die Skizze auf Seite 102). t wird in diesem Fall eine *flache Kopie* [shallow copy] von s genannt.

Tiefe Kopie   3) s und t sind verschiedene Objekte, die *keinen* Speicherbereich teilen, deren Komponenten aber "zufällig" die gleichen Werte aufweisen. Wenn wenigstens eine davon einen Zeiger oder eine Referenz darstellt (der Datentyp also ausreichend komplex ist), wird in diesem Fall t auch als *tiefe Kopie* [deep copy] von s bezeichnet.

Nun könnte es in einer bestimmten Anwendung durchaus relevant sein, diese Varianten exakt zu unterscheiden und statt einer Operatorfunktion drei verschiedene (in Ermangelung geeigneter Operatorsymbole wohl konventionelle) Komponentenfunktionen zu definieren. Wir beenden hier allerdings diese Spitzfindigkeit bis auf weiteres und implementieren den Test auf Gleichheit derart, daß es genügt, wenn eine der drei Bedingungen erfüllt ist. Tatsächlich könnte man sich auf die dritte und allgemeinste Bedingung konzentrieren, doch empfiehlt es sich, aus Effizienzgründen die anderen beiden auch zu berücksichtigen, um in den Fällen 1) oder 2) nicht unnötig alle Elemente von cont mit sich selbst zu vergleichen.

Liefert 1,
wenn
irgendeine
der drei
Gleichheits-
bedingun-
gen erfüllt
ist, und 0
sonst

```
int IntStack::operator == (const IntStack& r)
{
  if (r.next != next)                 // unterschiedliche Größen
    return 0;
  if (r.cont == cont)                 // Fall 1) oder 2)
    return 1;
  for (int i=0; i<next; i++)
    if (cont[i] != r.cont[i])
      return 0;
  return 1;                                       // Fall 3)
}
```

Um zur Übung auch einen unären Operator definieren zu können, stellen wir uns die kosmetische Aufgabe, den Dekrementoperator `--` mit der Stackoperation `pop()` zu identifizieren. Damit soll also folgendes Codefragment ermöglicht werden:

Eine unäre Operatorfunktion: Der Dekrementoperator

```
IntStack s, t, u;
s.push(1).push(2).push(3);                // s ← <1, 2, 3>
t = s--;            // "Postpop": t ← <1, 2, 3>,  s ← <1, 2>
u = --t;            // "Präpop":  u ← <1, 2>,  t ← <1, 2>
```

Man beachte, daß in diesem Beispiel genau zwischen der Präfix- und der Postfixform des Operators unterschieden wird, was in neueren C++-Implementationen durch einen Trick ermöglicht wird. Sehen wir uns dazu die notwendigen Änderungen an der Vereinbarung der Klasse `IntStack` an:

Unterscheidung zwischen Präfix- und Postfixform

```
class IntStack {
    ... alles wie bisher ...
    IntStack& operator-- () { return pop(); }     // Präfix
    IntStack& operator-- (int);                   // Postfix
};
```

Die übliche Vereinbarung der Operatorfunktion (unär, d.h. ohne zusätzliches Argument) entspricht der Präfixform des Operators. Diese Variante ist semantisch ident mit `pop()`; das Funktionsergebnis ist der Stapel *nach* Entfernung des obersten Elementes.

Die Präfixform ist Standard

Wenn jedoch wie hier auch eine binäre, mit einem zusätzlichen, *künstlichen* `int`-Argument versehene Variante definiert ist, wird diese im Falle einer Postfix-Anwendung des Operators aufgerufen, und zwar mit dem Wert 0 als aktuellem Parameter. Die Implementation dieser Operatorfunktion, die eine Kopie des Stapels anlegen und diese nach durchgeführter Operation `pop()` zurückgeben müßte, unterbleibt hier allerdings.

Die Postfixform erhält ein künstliches Argument

Falls *keine* binäre Variante existiert, wird sowohl im Präfix- als auch im Postfixfall die unäre Version aktiviert. Analoges gilt selbstverständlich auch für den Inkrementoperator `++`.

Die Diskussion weiterer Operatorfunktionen wollen wir uns für praxisbezogenere Beispiele aufheben.

Datenkonversion

Ein wichtiger Aspekt eines neudefinierten Datentyps ist seine Konvertibilität zu anderen Datentypen: Wenn ein Objekt eines Typs X sinnvoll in ein Objekt eines Typs Y umgewandelt werden kann, stehen mit einem Schlag alle Funktionen (das gesamte Protokoll) des Typs Y auch dem Typ X zur Verfügung.

In C++ können wir explizit Umwandlungsfunktionen für benutzer-

definierte Datentypen definieren, wobei naturgemäß zwei Richtungen
zu unterscheiden sind: Umwandlung von bekannten Typen zum neuen
Datentyp und umgekehrt.

Umwand-
lung durch
Konstruk-
toren

Die erste Richtung haben wir bereits kennengelernt, sie basiert auf
Konstruktoren. Ein Konstruktor der Form `T::T(X)` kann als
Umwandlungsfunktion vom (bekannten) Typ `X` zum (neuen) Typ `T`
aufgefaßt werden. Das Stackbeispiel verfügt über einen derartigen
Konstruktor, nämlich `IntStack::IntStack(int)`, der vom Compiler
benützt werden kann, um `int` Objekte in `IntStack` Objekte zu
konvertieren.

Probieren wir das mit einem einfachen Beispiel aus:

Ausgabe des
Stacks s
(ein Wert-
parameter!)
im Format
<...> auf o
(Default:
cout)

```
void print (IntStack s, ostream& o = cout)
{
  o << "<";
  while (!s.is_empty()) {
    o << s.top();
    if (!s.pop().is_empty())
      o << ", ";
  }
  o << ">";
}
```

Erstaunlicherweise ist damit auch der Aufruf

```
print(17);
```

Konversion
int→
IntStack

erlaubt, obwohl wir hier voraussetzen, daß gar keine Funktion
`print(int)` existiert! Der Übersetzer erkennt nämlich, daß mit dem
Konstruktor `IntStack::IntStack(int)` die Umwandlung von `int`
(dem Datentyp von 17) auf `IntStack` und damit trivialerweise auf
`IntStack&` (dem Argumentendatentyp von `print()`) definiert ist und
erzeugt Code, der zu folgendem äquivalent ist:

```
{ IntStack temp(17); print(temp); }
```

sodaß tatsächlich

```
<17>
```

ausgegeben wird. Um dem Leser des Programmstücks das Verständnis
zu erleichtern, empfiehlt sich allerdings die explizite Notation

```
print(IntStack(17));
```

Dies ist nicht nur besser lesbar, sondern auch sicherer: Es funktioniert
im Gegensatz zu `print(17)` auch dann, wenn eine Funktion
`print(int)` verfügbar ist.

Konversion
durch Um-
wandlungs-
methoden

Für die zweite Konversionsrichtung, vom neuen Datentyp zu
bestehenden Datentypen, sind spezielle Komponentenoperatorfunktionen zu definieren. Ein (zugegebenermaßen künstliches)
Beispiel wäre der Wunsch, den Inhalt eines Stacks in eine Zeichen-

kette vom Typ `char*` zu verwandeln. Es sollte also möglich sein, einen Stack s durch

```
cout << (char*) s;
```

auszugeben. Der erste Schritt ist die Vereinbarung einer passenden Komponentenoperatorfunktion:

```
class IntStack {
    ... die üblichen Vereinbarungen ...
    operator char* ();
};
```

Als Operatorname fungiert der zu erzielende Datentyp, in diesem Beispiel also `char*`. Dieser Datentyp bestimmt natürlich auch den Ergebnistyp der Operatorfunktion, sodaß die Angabe eines solchen (ähnlich wie bei Konstruktoren) redundant und sogar verboten ist. Argument ist ebenfalls keines vorzusehen, da die Aufgabe eines Konversionsoperators darin besteht, `*this` (ohne weitere Angaben) geeignet umzuwandeln.

Nun zur Definition des Operators. Wir benötigen als Pufferspeicher eine ausreichend große Zeichenkette, die wir der Einfachheit halber statisch vereinbaren[16]. Das Übertragen der Stackdaten auf diese Zeichenkette erfolgt mit Hilfsmitteln aus der iostream-Bibliothek: Wir vereinbaren ein Objekt vom Typ `ostream`, wobei wir einen speziellen `ostream`-Konstruktor ausnützen, der als Zielspeicher an Stelle einer Datei eine als Parameter übergebene Zeichenkette (nämlich unsere Puffervariable) benützt, die durch die nachfolgenden `operator<<()`-Aufrufe (in `print()`, siehe Seite 108) sukzessive belegt wird:

```
IntStack::operator char* ()
{
    static char buf[1024];          // hoffentlich groß genug!
    ostream o(sizeof(buf), buf);    // assoziiert o mit buf
    print(*this, o);                // beschreibt implizit buf[]
    o << '\0';          // Standardabschluß für Zeichenketten
    return buf;
}
```

Damit ist das ursprüngliche Ziel erreicht,

```
cout << (char*) s;
```

wird nun korrekt, wenn auch sehr ineffizient (siehe Übungsaufgabe 5.4) ausgeführt. Darüber hinaus wäre die explizite Konversion

---

[16] Das hat zur Folge, daß jeder Aufruf der Funktion das Ergebnis des letzten Aufrufs zerstört. Eine automatische Puffervariable wäre noch schlechter: Durch die `return`-Anweisung würde die Adresse eines vom Laufzeitsystem bereits wieder freigegebenen Speicherbereichs zurückgegeben! Die sicherste Lösung wäre die Verwendung dynamischen Speichers (`new`), wobei allerdings in diesem Fall die geordnete Rückgabe des angeforderten Speicherbereichs ein nichttriviales Problem darstellen würde.

gar nicht nötig; in

```
cout << s;
```

Die Kon-
version
erfolgt u.U.
auch auto-
matisch

fügt der Compiler in Ermangelung einer geeigneten Variante für `<<`
(nämlich `operator<<(ostream&, IntStack)`) den Aufruf von
`operator char*()` automatisch ein, um dann die Variante
`operator<<(ostream&, char*)` aufzurufen. Diese implizite
Umwandlung erfolgt jedoch nur, wenn sie

* auf eindeutige Weise und

* in einem einzigen Konversionsschritt (ohne Umweg über einen
  Zwischendatentyp) möglich ist.

Der
Empfänger
einer
Botschaft
wird nie
auto-
matisch
konvertiert..

Im Zusammenhang mit automatischer Datenkonversion ist noch
bemerkenswert, daß sie nur bei *eigentlichen* Funktionsargumenten
erfolgt. Das heißt, daß nie versucht wird, das Objekt, an Hand dessen
eine Komponentenfunktion aufgerufen wird (`*this`), zu konvertieren.
Beispielsweise gibt der Übersetzer bei `17.push(7);` eine Fehlermeldung aus, anstatt die Anweisung als `IntStack(17).push(7);`
aufzufassen. Während dieser Sachverhalt bei normalen Komponentenfunktionen selbstverständlich erscheint, kann er bei Komponentenoperatorfunktionen leicht außer acht gelassen werden. Betrachten wir
z.B. die Klasse

```
class X {
 public:
   X(int);        // Konstruktor = Konversionsoperator int→X
   int operator + (const X&);
};
```

und dazu das Programmstück

.. daher ist
die auto-
matische
Operanden-
konversion
bei Kompo-
nenten-
funktionen
asym-
metrisch

```
X x(0); int i;
i = x + 3;        // ok, entspricht i = x.operator+(X(3));
i = 3 + x;     // Fehler: 3.operator+(x) ist nicht definiert
```

In der zweiten Zeile wird für den Parameter 3 der Operatorfunktion
`operator+()` die implizite Konversion durchgeführt, während in der
dritten Zeile ein Syntaxfehler ausgewiesen wird!

Diese Asymmetrie binärer Komponentenoperatorfunktionen ist oft so
störend, daß auf Nichtkomponentenoperatorfunktionen ausgewichen
wird, um kommutative Operatoren zu implementieren:

```
class X {
 public:
   X(int);
};
```

Ist keine
Komponente
von X!

```
int operator + (const X&, const X&);
```

Mit diesen Deklarationen kann das obige Programmstück fehlerfrei
übersetzt werden, da die implizite Konversion von `int` nach X nun

auch für den linken Operanden (das erste Argument) des Operators möglich ist. Freilich hat eine derartige "normale" Operatorfunktion an sich keine Zugriffsmöglichkeit auf private Komponenten der Klasse; Ausnahmeregelungen werden ab Seite 113 behandelt.

Konstante Komponentenfunktionen

Stellen wir uns die Aufgabe, eine Nichtkomponentenfunktion `size_of()`[17] zu definieren, die den Gesamtspeicherbedarf (inklusive dynamischem Anteil) eines Objekts vom Typ `IntStack` ermittelt:

```
inline long size_of (const IntStack& s)
{
    return sizeof(s) + IntStack::stacksize*sizeof(int);
}
```

size_of() soll den Platzbedarf für die Struktur und das dynamische int-Feld der Größe `stacksize` ermitteln

Leider scheitert die Übersetzung dieser Funktion daran, daß `stacksize` eine *private* Klassenvariable ist und daher nur aus Komponentenfunktionen zugreifbar ist. Daher muß[18] `size_of()` zusätzlich als Komponentenfunktion

```
inline long IntStack::size_of ()
{
    return sizeof(IntStack) + stacksize*sizeof(int);
}
```

definiert und dann mit

```
inline long size_of (const IntStack& s)
{
    return s.size_of();
}
```

überladen werden.

Diese Lösung wird aber vom Compiler auch nicht ohne weiteres akzeptiert: Wir haben nämlich die Hüllfunktion `size_of()` wie üblich aus Effizienzgründen mit einem Referenzparameter ausgestattet, der durch eine `const` Spezifikation "unverwundbar" gemacht wird. Nun kann der Compiler im allgemeinen nicht wissen, daß `IntStack::size_of()` eine "gutartige" Komponentenfunktion ist, die ihr Objekt nicht verändert, und markiert den Aufruf `s.size_of()` als Fehler, da er die Konstantheit von `s` nicht garantieren kann.

size_of() könnte s verändern, s ist aber als `const` vereinbart!

Abhilfe schafft die explizite Deklaration, daß die Methode `size_of()` ihr Objekt unangetastet läßt. Dies geschieht durch Angabe des Schlüsselwortes `const` unmittelbar nach der Parameterliste. In der folgenden Gesamtdarstellung der bisher entwickelten Klasse `IntStack` sind alle konstanten Funktionen als solche deklariert:

Methoden für konstante Objekte müssen als `const` deklariert sein

---

[17] Der Operator `sizeof` ist *nicht* überladbar.

[18] Auf Seite 113 werden wir noch eine weitere Möglichkeit kennenlernen.

<table>
<tr><td>

Die Klasse
IntStack,
wie sie
bisher
definiert
wurde

</td><td>

```
class IntStack {
  static const int stacksize;
  int* cont;
  int next;
  void init()                  { cont = new int[stacksize];
                                          next = 0; }
 public:
  IntStack ()               { init(); }
  IntStack (int e)          { init(); push(e); }
  IntStack (const IntStack&);
  ~IntStack ()              { delete [] cont; }
  IntStack& push (int v) { cont[next++]=v; return *this; }
  IntStack& pop ()          { next--; return *this; }
  int top () const          { return cont[next-1]; }
  int size () const         { return next; }
  int is_empty () const     { return next == 0; }
  long size_of () const;
  IntStack& operator = (const IntStack&);
  int operator == (const IntStack&) const;
  operator char* () const;
};
```

</td></tr>
</table>

Statische Komponentenfunktionen

size_of()
benützt das
Objekt
**this gar*
nicht
(Klassen-
methode!)..

Führen wir uns den Rumpf der Komponentenfunktion `size_of()` noch einmal vor Augen:

```
return sizeof(IntStack) + stacksize*sizeof(int);
```

Nirgends wird darin Bezug auf eine Stack*instanz* genommen: `IntStack` ist der Klassenname und `stacksize` eine Klassenvariable. `size_of()` stellt also offenbar so etwas wie eine *Klassenmethode* dar. Das bedeutet, daß es grundsätzlich auch möglich wäre, den Wert von `size_of()` zu ermitteln, *ohne* ein bestimmtes `IntStack` Objekt zur Hand zu haben, etwa zur Beantwortung einer Frage wie "Wieviele `IntStacks` finden in einem Pufferspeicher der Größe 1024 Bytes Platz?". Wenn wir versuchen, dies zu programmieren, geraten wir allerdings in syntaktische Schwierigkeiten, da Komponenten-funktionen ja immer an Hand eines Objekts aktiviert werden müssen:

..benötigt
aber ein
Objekt, um
aufgerufen
zu werden

```
long n_stacks = 1024 / ???.size_of();   // Welches Objekt?
```

In C++ können wir derartige Komponentenfunktionen (genauso wie Klassenvariablen) als `static` vereinbaren. Diese Klassenmethoden verlieren dadurch das implizite Argument `this`, dürfen daher nicht auf Instanzen Bezug nehmen, können dafür aber objektunabhängig aufgerufen werden. Ändern wir also die `IntStack`-Definition wie folgt ab:

```
class IntStack {
  ... privater Teil ...
 public:
  static long size_of ();
  ... restliche Klassendefinition ...
};
```

```
inline long IntStack::size_of ()
{
    return sizeof(IntStack) + stacksize*sizeof(int);
}
```

static wird hier nicht mehr angegeben, vgl. Fußnote 8

Der Aufruf kann nun entweder (wie bisher) über ein *beliebiges* Objekt der Klasse `IntStack` oder lediglich unter Angabe des Klassennamens erfolgen:

```
long n_stacks = 1024 / IntStack::size_of();
```

Gewähren von Zugriffsrechten

Eine besondere Stärke von C++ liegt in der Möglichkeit, durch Verwendung privater (bzw. geschützter) Komponenten echt gekapselte Datentypen zu implementieren. In einigen Fällen ist es jedoch vorteilhaft, für einzelne Klienten die Zugriffsbeschränkung zu lockern.

Auf Seite 111 haben wir z.B. die Komponentenfunktion `size_of()` als Hilfsfunktion definiert, nur um eine globale Funktion gleichen Namens, die typischerweise über keine Zugriffsberechtigung auf Klasseninterna verfügt, implementieren zu können. Alternativ dazu hätte der Funktion `size_of()` auch *explizit* der Zugriff auf private Klassenkomponenten gewährt werden können, indem sie irgendwo innerhalb der Klassendefinition als sogenannte `friend`-Funktion deklariert worden wäre:

Durchbrechen des Geheimnisprinzips durch friend-Funktionen

```
class IntStack {
    ... die üblichen Stack-Vereinbarungen ...
    friend long size_of (const IntStack& s);
};
```

size_of() ist hier keine Komponente

Damit hätte auch die ursprüngliche Version von `size_of()` von Seite 111 klaglos übersetzt werden können.

Außer einzelnen Funktionen können auch ganze Klassen (und damit all ihre Funktionen) als `friend` anderer Klassen deklariert werden, wie im folgenden Beispiel:

```
class A { int i; friend class B; };
class B {
  A a;
 public:
  B (int b) { a.i = b; }
};
```

A::i ist privat, darf aber trotzdem von B(int) verändert werden

Diese explizite Umgehung des Geheimnisprinzips sollte im Sinne wartbarer Programme natürlich äußerst sparsam angewandt werden. Häufig sind jedoch binäre Operatorfunktionen, die konzeptionell zwar Komponentenfunktionen darstellen, aus pragmatischen Gründen als `friend`-Funktionen deklariert: Entweder, um der symmetrischen Argumentenkonversion (siehe Seite 110) willen, oder, weil bestehende

friend sollte vorsichtig verwendet werden

Konventionen es verbieten, daß das Objekt der gegenständlichen
Klasse als *linker* Operand auftritt.

Ein typisches Beispiel dafür wäre das Überladen des Operators << für
die Ausgabe eines Stacks: Da in Ausdrücken wie `cout<<s` das
`ostream`-Objekt immer links vom Operator auftritt, muß das Stackobjekt zwangsläufig *rechts* angeführt werden, weshalb eine geeignete
Komponentenoperatorfunktion höchstens in der Klasse `ostream`
definiert werden könnte, etwa

```
class ostream {
   ... Standardvereinbarungen ...
   ostream& operator << (IntStack&);
};
```

Da wir allerdings im allgemeinen Bibliotheksklassen nicht verändern
wollen oder dürfen, liegt die Verwendung einer normalen Operatorfunktion näher:

```
ostream& operator << (ostream& o, IntStack& s)
{
   print(s, o);
   return o;
}
```

ope-
rator<<()
wird häufig
als friend
vereinbart,..

Diese Lösung erbt allerdings zwei Nachteile von `print()`: Erstens ist
die Ausgabereihenfolge `<top(s), top(pop(s)), ...>` kontraintuitiv, und zweitens muß `print()`, um mit den Operationen `top()`
und `pop()` auszukommen, den übergebenen Stack *destruktiv*
abarbeiten, weshalb der Stack als Wertparameter übergeben und dadurch implizit kopiert werden muß. Eine effizientere Lösung muß
daher direkt auf die Implementation zugreifen, weshalb - des langen
Beispiels kurzer Sinn - die Operatorfunktion als `friend` vereinbart
werden muß:

..kann aber
dennoch
innerhalb
der
Klassen-
definition
vereinbart
werden

```
class IntStack {
   ... die üblichen Vereinbarungen ...
   friend ostream& operator << (ostream& o,
                                const IntStack& s)
   {
      o << "<";
      for (int i=0; i<s.next; i++) {
         if (i == s.next-1)
            o << ", ";
         o << s.cont[i];
      }
      return o << ">";
   }
};
```

Man beachte im obigen Beispiel auch, daß kurze `friend`-Funktionen
gleich innerhalb der Klasse, in der sie deklariert werden, auch
definiert werden können. Sie gelten dann (wie Komponentenfunktionen) implizit als `inline` vereinbart.

Zeiger auf Komponenten

Zeiger auf nichtstatische Klassenkomponenten unterscheiden sich in
C++ von "normalen" Zeigern: Man kann sich nämlich aussuchen, ob
man eine *absolute* oder eine *relative* (in bezug auf ein Objekt der
Klasse) Adresse manipulieren möchte. Betrachten wir dazu das
Beispiel

```
struct X {
   int i, j, k;
   int g(int);
   int h(int);
};

X x, y;
int* pi = &x.i;                      // "absolute" Adresse
```

"Freie" und..

In der letzten Zeile wird ein ganz normaler Zeiger auf eine `int`-
Variable definiert, der zufällig auf eine Komponente des Objekts `x`
zeigt. Es ist aber auch möglich, ganz spezifisch einen "Zeiger auf eine
`int`-Komponente der Klasse `X`" zu definieren, und zwar wie folgt:

```
int X::* pix;
```

.."klassen-gebundene" Zeiger auf Instanz-variablen

Die Variable `pix` darf nur auf `int`-Komponenten der Klasse X zeigen,
z.B. auf `i`:

```
pix = &X::i;                         // "relative" Adresse (Offset)
```

Wir können nun z.B. die Komponente `i` der beiden oben definierten
Variablen `x` und `y` mit null belegen:

```
x.*pix = y.*pix = 0;
```

Komponentenzeiger benötigen ein konkretes Objekt für die Dereferenzierung

Der Ausdruck `*pix` ist für sich alleine sinnlos, er muß mit der
Komponentenselektion für ein Objekt der Klasse X kombiniert werden.
Das Objekt selbst kann dabei aber auch durch einen Zeiger spezifiziert
werden:

```
X* px = &x;
px->*pix = 1;          // Wieder äquivalent zu (*px).*pix = 1;
```

Genau dieselben Konstruktionen sind für Komponentenfunktionen
möglich. Eine Variable `f`, die in der Lage ist, auf eine der beiden
Komponentenfunktionen `g()` und `h()` der Klasse X zu zeigen, wird
folgendermaßen definiert:

```
int (X::*f)(int) = &X::g;
```

Der Aufruf lautet z.B.

```
int a = (x.*f)(12);              // entspricht int a = x.g(12);
```

was im Kontext dieses Beispiels äquivalent ist zu

```
int a = (px->*f)(12);
```

Zeiger auf
Methoden
sind immer
klassen-
gebunden

Für Komponentenfunktionen steht allerdings die Vereinbarung eines "absoluten" Zeigers *nicht* zur Wahl. Das hängt damit zusammen, daß bei Komponentenfunktionen immer der Zeiger auf das Objekt (this) als verstecktes Argument mitübergeben wird, der bei einem Aufruf über eine "normale" Zeigervariable fehlen würde:

```
int (*p) (int) = &X::g;                      // Verboten!
int b = (*p)(12);                // Welchen Wert hat this???
```

Übungsaufgaben

→ *Seite 279* **5.1** Definieren Sie eine Klasse List für einfach verkettete lineare Listen, bei denen jeweils am Anfang eingefügt bzw. gelöscht wird.

→ *Seite 280* **5.2** Implementieren Sie die Klasse IntStack, wie in Kapitel 4 auf Seite 85 vorgeschlagen, mit Hilfe der Klasse List aus der vorhergehenden Aufgabe.

5.3 Wie lautet die Ausgabe des nachstehenden Programms?

```
#include <iostream.h>
class X {
 public:
   X() { cout << "X - " << long(this) << "\n"; }
   ~X() { cout << "~X - " << long(this) << "\n"; }
};
class Y {
   X x;
 public:
   Y() { cout << "Y - " << long(this) << "\n"; }
   ~Y() { cout << "~Y - " << long(this) << "\n"; }
};
main () { Y y; }
```

→ *Seite 281* **5.4** Wieso ist cout<<s; zur Ausgabe des Stacks s unter impliziter Verwendung des Konversionsoperators operator char*() (siehe Seite 109) extrem ineffizient?

5.5 Vervollständigen Sie die in Kapitel 3 skizzierte Klasse complex.

→ *Seite 281* **5.6** Definieren Sie einen Teilbereichsdatentyp, der sich wie int verhält, jedoch bei Über- bzw. Unterschreitung des Wertebereichs das Programm abbricht:

```
main ()
{
   Int a(1, 100);                         // a ∈ {1,..,100}
   Int b(1, 100);                         // b ∈ {1,..,100}
   a = 60;                                          // Ok
   b = 2 * a;                                  // Fehler!
}
```

→ *Seite 282* **5.7** Definieren Sie den Datentyp boolean.

6

Abgeleitete Klassen

In diesem Kapitel werden wir uns mit Vererbung beschäftigen, jenem Mechanismus, der es erlaubt, aus bereits definierten Datentypen durch *Spezialisierung* neue, für spezielle Anforderungen maßgeschneiderte Datentypen zu erzeugen (siehe auch Kapitel 4, Seiten 86 ff.). Da in C++ für die *Mehrfachvererbung* verschiedene Sonderregelungen gelten, wird ihr im Anschluß an die *einfache Vererbung* ein eigener Abschnitt gewidmet.

Einfache Vererbung

Als einführendes Beispiel sei wieder der im vorhergehenden Kapitel definierte Typ `IntStack` in seiner letzten Implementationsvariante von Seite 112 bemüht. Die Stackoperationen sind dort "ohne Netz" definiert; es ist z.B. das "Pushen" einer beliebigen Anzahl von Elementen ohne Rücksicht auf die definierte Maximalgröße `stacksize` erlaubt. Während dies in einer ausgetesteten Produktionsversion einer Stackapplikation unter Umständen statthaft und aus Effizienzgründen sogar wünschenswert sein mag, wollen wir hier eine Variante entwickeln, in der für alle möglichen Fehlerfälle eine simple Fehlerbehandlung vorgesehen ist[1]. Eine solche Stackvariante wäre typischerweise für die Entwicklungs- bzw. Testphase eines Programmes sehr vorteilhaft.

Dieser "abgesicherte" Stacktyp ist eine typische Spezialisierung des bisher entwickelten; die erweiterten Operationen könnten die folgende Grundstruktur aufweisen:

---

[1] Realitätsnähere Fehlerbehandlungsmethoden werden in Kapitel 8 erörtert.

1. Überprüfung der notwendigen Voraussetzung für die eigentliche Operation

2. Durchführung der eigentlichen Operation

3. Kontrolle, ob die Durchführung erfolgreich war

Fehler sind zu erkennen,..

Schritt zwei entspricht der bisherigen Implementation, die Schritte eins und drei sind (einzeln oder gemeinsam) *zusätzlich* notwendig, um Fehlerfälle aufzudecken.

..zu melden,..

Wenn eine Fehlerbedingung auftritt, soll eine entsprechende Meldung ausgegeben werden und - je nach Ausprägung einer booleschen Klassenvariablen - das Programm entweder abgebrochen oder weiter fortgesetzt werden. In letzterem Fall muß das fehlerhafte Objekt als solches markiert werden (indem eine boolesche Instanzvariable entsprechend gesetzt wird), um weitere Operationen darauf zu unterbinden.

..und zu vermerken

Nun zur Implementation:

Checked-IntStack ist eine Unterklasse von IntStack von Seite 112

```
class CheckedIntStack: public IntStack {
   static int must_exit;          // Programmabbruch erwünscht
   int error;                     // Fehlerstatus eines Objekts
   int test (int cond, char* loc);           // Prüfroutine
 public:
   CheckedIntStack ();
   CheckedIntStack (int);
   CheckedIntStack (const CheckedIntStack&);
   CheckedIntStack& push (int v);
   CheckedIntStack& pop ();
   int top () const;
   CheckedIntStack& operator = (const CheckedIntStack&);
   long size_of () const;
};

int CheckedIntStack::must_exit = 0;
```

Die erste Zeile der Klassenvereinbarung,

```
class CheckedIntStack: public IntStack {
```

Bei public-Ableitungen werden die Zugriffs-kontroll-attribute der Basis-klasse über-nommen

definiert die abgeleitete Klasse `CheckedIntStack` als Spezialisierung der Basisklasse `IntStack`. Alle Datenkomponenten von `IntStack` werden von `CheckedIntStack` übernommen (geerbt), dasselbe gilt im allgemeinen für Komponentenfunktionen, soweit sie nicht in der Definition von `CheckedIntStack` überladen werden. Das Schlüsselwort `public` spezifiziert die sogenannte *Art der Ableitung* und regelt damit die Zugriffskontrolle für geerbte Komponenten: es gibt an, daß alle öffentlichen `IntStack`-Komponenten auch für Klienten der Klasse `CheckedIntStack` zur Verfügung stehen. `private` würde an dieser Stelle hingegen bedeuten, daß alle von `IntStack` geerbten Komponenten in `CheckedIntStack` als privat gelten (siehe dazu auch die Übersicht auf Seite 122).

Im Rest der Klassendefinition können zusätzliche Komponenten definiert oder bestehende Komponentenfunktionen überladen werden. Durch Hinzufügen von Datenkomponenten (`error` in unserem Fall) ergibt sich für eine Instanz der resultierenden Klasse etwa folgendes Layout:

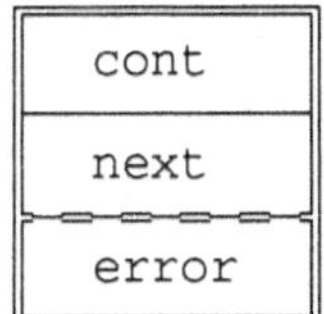

cont	Komponenten
next	der Basisklasse
error	Komponente(n) der Unterklasse

Wir definieren hier außerdem die zusätzliche private Komponentenfunktion `test()`, die zur Überprüfung von Vor- und Nachbedingungen herangezogen werden soll:

```
extern "C" void exit(int); // Führt Programmabbruch herbei
int CheckedIntStack::test (int cond, char* loc)
{
  if (!error && !cond)
  {
    cerr << "Fehler in " << loc
         << "; this = " << long(this) << "\n";
    if (must_exit)
      exit(1);                      // Beendigung des Programms
    else
      error = 1;        // Markieren des fehlerhaften Objekts
  }
  return error;
}
```


Man beachte, daß die Fehlerbehandlung nur aktiviert wird, falls sich das Objekt noch nicht im Fehlerstatus befindet. Meldungen über Folgefehler werden dadurch unterdrückt.

Die überladenen Zugriffsfunktionen `pop()` und `top()` lauten:

```
CheckedIntStack& CheckedIntStack::pop ()
{
  if (test(size() > 0, "pop"))            // Vorbedingung
    IntStack::pop();                      // Eigentliche Operation
  return *this;
}
int CheckedIntStack::top () const
{
  if (test(size() > 0, "top"))            // Vorbedingung
    return IntStack::top();       // Eigentliche Operation
  return 0;            // Beliebiges Ergebnis im Fehlerfall
}
```

Die eigentliche Operation wird jeweils von der Methode der Basisklasse ausgeführt. Der Aufruf einer Basisklassenmethode erfolgt durch explizite Angabe des Basisklassennamens, da ansonsten die Methode der abgeleiteten Klasse *rekursiv* aktiviert würde.

IntStack muß noch adaptiert werden, um alle Bedürfnisse der Unterklasse zu befriedigen

Für die Formulierung der Vorbedingung von `push()` benötigen wir allerdings den Zugriff auf die Komponente `stacksize` der Basisklasse. Wir verschieben die Lösung dieses Problems jedoch auf später (Seite 121) und tun zunächst einfach so, als wäre `stacksize` zugreifbar:

```
CheckedIntStack& CheckedIntStack::push (int v)
{
    if (test(size() < stacksize, "push"))          // Fehler!
        IntStack::push(v);
    return *this;
}
```

Vererbung von Methoden

Die Definitionen von `operator=()` und `size_of()` verbleiben als Übungsaufgabe; die Komponentenfunktionen `size()`, `is_empty()`, `operator==()` und `operator char*()` hingegen werden von den Neuerungen in `CheckedIntStack` gar nicht berührt; daher genügt es vollkommen, diese Methoden über den Vererbungsmechanismus einfach von `IntStack` zu übernehmen: Alle Methoden, die in einer Unterklasse `X` nicht explizit überladen werden, werden im Zuge der Ableitung ebenso wie Instanzvariablen von der Basisklasse geerbt. Eine Ausnahme stellen Konstruktoren, Destruktoren und der Zuweisungsoperator `operator=(const X&)` dar, die nicht "erblich" sind, sondern vom Übersetzer generiert werden (siehe den folgenden Abschnitt bzw. Übungsaufgabe 6.2).

Konstruktoren und Destruktoren

Konstruktoren und Destruktoren werden passend generiert

Konstruktoren und Destruktoren nehmen bei abgeleiteten Klassen eine Sonderstellung ein, sie werden nämlich *nicht* vererbt. Allerdings wird häufig die Hauptarbeit vom Konstruktor (bzw. Destruktor) der Basisklasse übernommen, der *vor* der ersten (bzw. *nach* der letzten) Anweisung eines Konstruktors (Destruktors) der abgeleiteten Klasse vom Compiler automatisch aufgerufen wird (siehe Übungsaufgabe 6.1). Sollte die abgeleitete Klasse über keinen Konstruktor bzw. Destruktor verfügen, erzeugt der Übersetzer ein passendes Exemplar, das eben nur sein Gegenstück in der Basisklasse aktiviert.

In unserem Fall bleibt dem Defaultkonstruktor `CheckedIntStack()` daher neben der Initialisierung von `error` nur zu prüfen, ob die Allokation des dynamischen Feldes `cont` vom Konstruktor `IntStack()` erfolgreich durchgeführt wurde:

```
CheckedIntStack::CheckedIntStack () : error(0)
{
    test(cont != 0, "CheckedIntStack()");    // Nachbedingung
}
```

Wir erinnern uns, daß der von `IntStack()` (bzw. `init()`) benützte Operator `new` den Zeigerwert 0 erzeugt, falls die Speicherplatzanforderung nicht befriedigt werden kann. Daher stellt `cont!=0` eine sinnvolle Nachbedingung dar, die von der Funktion `test()` überprüft werden soll. Wir ignorieren dabei auch hier wieder die Tatsache, daß die Basisklassenkomponente `cont` als private Komponente von den Methoden der abgeleiteten Klasse aus gar nicht zugreifbar ist, und kümmern uns zunächst um die restlichen Konstruktoren.

Für den Konstruktor `CheckedIntStack(int)` gibt es ebenfalls ein Analogon in der Basisklasse, nämlich `IntStack(int)`. Es wäre also sehr vorteilhaft, wenn zur Initialisierung des Basisklassenanteils dieser Konstruktor aktiviert würde. Dies kann syntaktisch wie folgt erzielt werden:

```
CheckedIntStack::CheckedIntStack (int e)
: IntStack(e), error(0)
{
    test(cont!=0, "CheckedIntStack(int)");   // Nachbedingung
}
```


Durch Angabe des Basisklassennamens gefolgt von den gewünschten Parametern kann im "Vorspann" des Konstruktors an Stelle des Defaultkonstruktors ein *beliebiger* Konstruktor der Basisklasse aktiviert werden[2]. Das nützen wir auch bei der Definition des Kopierkonstruktors aus:

```
CheckedIntStack::CheckedIntStack (const CheckedIntStack& s)
: IntStack(s), error(s.error)
{
    test(cont != 0,                          // Nachbedingung
        "CheckedIntStack(const CheckedIntStack&)");
}
```


Destruktor benötigen wir keinen neuen. Der vom Compiler ersatzweise erzeugte Destruktor ruft den Destruktor der Basisklasse auf und sorgt damit für die korrekte Rückgabe des Arrays `cont`. Falls die Klasse über klassenwertige Komponenten verfügte, würden auch deren Destruktoren (soweit vorhanden) ohne Zutun des Programmierers automatisch aktiviert.

Zugriff auf Komponenten der Basisklasse

Nun muß endlich das Problem behandelt werden, daß die privaten Komponenten `stacksize` und `cont` der Basisklasse `IntStack` für die Methoden der abgeleiteten Klasse `CheckedIntStack` nicht zugänglich sind. Wir haben schon einige Möglichkeiten zur Behebung dieses Fehlers kennengelernt:

---

[2] Bei einfacher Vererbung kann die Angabe des Basisklassennamens an dieser Stelle auch entfallen:
```
CheckedIntStack::CheckedIntStack (int e) : (e), error(0) { ... }
```
Aus Übersichtlichkeitsgründen wird dies jedoch in diesem Buch nicht praktiziert.

<table>
<tr><td>

zu erlauben,
kann man
sie public
machen,..

</td><td>

- `stacksize` und `cont` in `IntStack` als `public` deklarieren. Das würde *allen* Klienten den Zugriff ermöglichen und damit das Geheimnisprinzip total unterwandern.

</td></tr>
<tr><td>

..die Unter-
klasse als
friend
erklären,..

</td><td>

- `CheckedIntStack` in `IntStack` als `friend` deklarieren. Das würde *alle* privaten Komponenten von `IntStack` an `Checked-IntStack` "ausliefern" und ist daher auch keine adäquate Lösung. Dasselbe gilt für die Idee, die Methoden `Checked-IntStack::push()` etc. in `IntStack` als `friend` zu deklarieren.

</td></tr>
<tr><td>

..oder in der
Basisklasse
spezielle
Zugriffs-
methoden
definieren

</td><td>

- In `IntStack` öffentliche Komponentenfunktionen wie `is_full()` und `is_ok()` definieren, die die logischen Ausdrücke `size() == stacksize` bzw. `cont!=0` zurückgeben. Wenngleich dieser Lösungsvorschlag auch an sich durchaus akzeptabel ist, erscheint die Aussicht, für jede abgeleitete Klasse irgendwelche Spezialfunktionen in der Basisklasse definieren zu müssen, sehr unerfreulich, zumal damit jeder erbende Klient die Klassendefinition ändern müßte.

</td></tr>
</table>

<table>
<tr><td>

protected
erlaubt den
Zugriff aus
Unter-
klassen

</td><td>

In Kapitel 4 haben wir allerdings auch den Begriff der *geschützten* Komponente, die nur von den Methoden der Klasse *und deren Unterklassen* benützt werden darf, eingeführt. Dieses Konstrukt, das unser Zugriffsproblem auf ideale Weise löst, ist in C++ über das Zugriffskontrollattribut `protected` verfügbar, mit dem die Komponenten der Basisklasse als geschützte Komponenten vereinbart werden können.

</td></tr>
</table>

Wir müssen daher die Definition von `IntStack` auf Seite 112 wie folgt abändern:

```
class IntStack {
  int next;
  void init() { cont = new int[stacksize]; next = 0; }
  protected:
  static const int stacksize;        // Für CheckedIntStack
  int* cont;                         // nun erreichbar
  public:
  ... restliche Klassendefinition ...
};
```

Nun sind die Tests `size()<stacksize` und `cont!=0` in der Methode `push()` bzw. in den Konstruktoren von `CheckedIntStack` auch syntaktisch korrekt.

<table>
<tr><td>

Geschützte
Komponen-
ten von
Instanzen
der Basis-
klasse sind
dennoch
versteckt

</td><td>

Auf eine Besonderheit muß allerdings noch hingewiesen werden: geschützte Komponenten können von Methoden der abgeleiteten Klasse nur benützt werden, soferne sie zu einem Objekt der *abgeleiteten* Klasse (oder einer ihrer Unterklassen) gehören. Anders ausgedrückt, werden geschützte Komponenten von Objekten der *Basisklasse* wie private Komponenten behandelt. Das folgende Beispiel ist daher *falsch*:

</td></tr>
</table>

```
class X { protected: int i; };
class Y: X {
```

```
    void f () { cout << i; }          // Ok, *this ist vom Typ Y
    void f (const X& x) { cout << x.i; }      // Verboten!
};
```

Hier wird versucht, in `f(const X&)` auf die geschützte Komponente i einer Instanz der Basisklasse X zuzugreifen, was vom Übersetzer verhindert wird.

Nachdem wir nun alle drei Zugriffskontrollattribute `private`, `protected` und `public` kennengelernt haben, können wir an Hand der folgenden Tabelle definieren, wie sich die Zugriffskontrollattribute von geerbten Komponenten aus deren Attributen in der Basisklasse und der Art der Ableitung ergeben. Die Einträge in den Kreuzungen geben die implizite Ausprägung des Zugriffskontrollattributs in der abgeleiteten Klasse an:

Effekte von öffentlichen und privaten Ableitungen

		Attribut einer Komponente der Basisklasse		
		public	protected	private
Art der Ableitung	public	public	protected	private
	protected	protected	protected	private
	private	private	private	private

Wenn die Art der Ableitung in der Definition der Klasse nicht explizit angegeben ist, wird vom Compiler bei `class`-Definitionen `private`, bei `struct`-Vereinbarungen `public` angenommen.

Zu beachten ist, daß `protected`-Ableitungen zwar in der C++-Syntax vorgesehen sind, aber derzeit noch von keinem Compiler akzeptiert werden. In [5] wird auf die Semantik von `protected`-Ableitungen nicht eingegangen, diese Zeile der Tabelle beruht auf einem Arbeitsdokument des Standardisierungskomitees X3J16 [1].

Geschützte Ableitungen sind offiziell noch nicht definiert

Statische Komponenten der Basisklasse bilden eine Ausnahme, ihre in der Basisklasse definierten Zugriffsbeschränkungen werden ohne Rücksicht auf die Art der Ableitung in die Unterklasse übernommen.

Für statische Komponenten ist die Art der Ableitung irrelevant

Konversionen zwischen Unterklassen und ihren Basisklassen

Wie in Kapitel 4 erläutert, stehen Instanzen von Unterklassen zu Instanzen der Basisklasse meist in der sogenannten *is-a*-Beziehung: Ein `CheckedIntStack` *ist* (auch) *ein* `IntStack`. Damit sind auch Instanzen der Unterklasse überall dort erlaubt, wo eigentlich Instanzen der Basisklasse erwartet werden. Ein Beispiel ist die Routine `print()` von

Seite 108, die ein `IntStack`-Objekt ausgibt. Sie kann ebenso auf
`CheckedIntStack`-Objekte angewandt werden.

Um diesen Sachverhalt genauer zu betrachten, vereinbaren wir die
Klassen

```
class B { int i; };                          // Basisklasse
class D: public B { int j; };       // Abgeleitete Klasse
```

Zuweisung bzw. Initialisierung in der Richtung Unterklasse → Basisklasse sind erlaubt

Im Falle öffentlicher Ableitung können Objekte von abgeleiteten
Klassen an Variable vom Basisklassentyp *zugewiesen* werden bzw.
dürfen Instanzen der Basisklasse mit Objekten der abgeleiteten Klasse
initialisiert werden. Die Einschränkung auf *öffentliche Ableitung* rührt
daher, daß Zuweisung und Initialisierung der Objekte der Basisklasse
von den Komponentenfunktionen `operator=(const B&)` und
`B(const B&)` - seien sie nun explizit definiert oder vom Übersetzer
generiert - gehandhabt werden. Diese Funktionen stehen natürlich als
normale Komponenten bei *privater* Ableitung den Klienten der
Unterklasse *nicht* zur Verfügung.

Die Zuweisung von Objekten einer abgeleiteten Klasse auf Variablen
der Basisklasse ist im allgemeinen mit Informationsverlust verbunden;
eventuell vorhandene zusätzliche Komponenten des Objekts der
Unterklasse (`D::j` im Beispiel) werden dabei ignoriert (analoges gilt
auch für die Initialisierung). Da im umgekehrten Fall, bei der
Zuweisung von (i.a. kleineren) Basisklassenobjekten auf Variablen
einer Unterklasse hingegen Information *fehlt*, ist diese Richtung des
Datentransfers nicht ohne weiteres erlaubt:

```
B b; D d; ... d = b;                         // Was passiert mit d.j?
```

Konversion von Basisklassenobjekten zu Unterklassenobjekten müssen explizit definiert werden

Für diesen Fall müßte explizit durch Definition eines Operators wie
`D::operator=(B&)`, oder einer Konversionsfunktion wie `D::D(B&)`
vorgesorgt werden. Letztere würde benützt werden, um die rechte
Seite b der Zuweisung auf ein Objekt vom Typ `D` umzuwandeln, sodaß
anschließend der Standardzuweisungsoperator anwendbar wäre.

Bei *Zeigern* ist die Regelung nicht ganz so strikt. Zeiger auf Objekte
der abgeleiteten Klasse werden automatisch zu Zeigern auf
Basisklassenobjekte umgewandelt, vorausgesetzt, die Basisklasse ist
zugreifbar:

Zeigerkonversion

```
D d; B* b = &d;                              // Unproblematisch
class X: private B {};                       // Private Ableitung
b = new X;              // Fehler: Basisklasse von X ist privat!
```

Die umgekehrte Konversion muß explizit gefordert werden:

```
B* b; ... D* d = (D*) b;                      // cast notwendig
```

Selbstverständlich ist diese Konversion nur sinnvoll, wenn b
tatsächlich auf ein Objekt vom Typ `D` (oder einer Unterklasse von `D`)

verweist, andernfalls wäre der anschließende Zugriff auf eine echte D-Komponente (etwa d.j) undefiniert und hätte katastrophale Folgen.

Referenzen folgen denselben Konversionsregeln wie Zeiger. Das letzte Beispiel könnte genauso gut lauten:

```
B* b; ... D& d = (D&) *b;
```

Die hier besprochenen Standardkonversionen beeinflussen natürlich auch den in Kapitel 3 angegebenen Algorithmus zur Homonymauflösung, und zwar muß die "Werteskala" für Argumentkonversionen etwas verfeinert werden. Auf Seite 70 wurden Standardkonversionen der Stufe 3 zugeordnet, wobei nunmehr auch innerhalb dieser Konversionsklasse eine Reihung definiert wird. Der entsprechende Absatz muß genauer lauten:

> 3. *Standardkonversionen* (siehe Kapitel 1 und 6): Unter den Standardkonversionen gelten die folgenden Reihungen: Seien X eine öffentlich von ihrer Basisklasse B abgeleitete Klasse und Y eine öffentlich von X abgeleitete Klasse, dann sind
>
> $X* \rightarrow B*$ besser als $X* \rightarrow$ void*,
>
> $Y* \rightarrow X*$ besser als $Y* \rightarrow B*$ und
>
> $Y\& \rightarrow X\&$ besser als $Y\& \rightarrow B\&$.

Konversionen zwischen Unter- und Basisklassen beeinflussen auch die Homonymauflösung

Virtuelle Funktionen

Konstruieren wir uns zunächst als Beispiel für diesen Abschnitt eine Funktion operator>>(istream&, IntStack&) zur Eingabe eines Stapels, die das von operator<<() (siehe Seite 114) generierte Stackformat akzeptiert.

```
istream& operator>> (istream& in, IntStack& s)
{
  while (!s.is_empty())          // Alten Stackinhalt löschen
    s.pop();
  char c;
  in >> c;                       // Überlesen des Zeichens '<'
  in >> c;                       // 1. Zeichen einlesen, evt. '>'
  while (c != '>') {             // c ist hier eine Ziffer;
    in.putback(c);               // diese wird "ungelesen" gemacht,
    int element;                 // um als Bestandteil einer int-Zahl
    in >> element;               // eingelesen zu werden.
    s.push(element);             // Keine Indexprüfung!
    do in >> c;                  // Trennzeichen überlesen
    while (c == ' ' || c == ',');
  }
  return in;
}
```

Eine Eingabefunktion für IntStack-Objekte..

Diese Funktion ist nun auch in der Lage, Referenzen auf CheckedIntStack-Objekte zu verarbeiten:

```
CheckedIntStack s;   cin >> s;
```

..verarbeitet auch CheckedIntStack-

Instanzen,
die aller-
dings wie
`IntStack`-
Objekte
behandelt
werden

Da das Objekt `s` innerhalb der Funktion `operator>>()` allerdings als `IntStack`-Objekt interpretiert wird, werden dort auch jeweils die `IntStack`-Methoden aktiviert. Das bedeutet, daß durch `s.push (element)` ohne weiteres ein Indexüberlauf in der Komponente `cont` stattfinden kann, da die nicht abgesicherte Version von `push()` aufgerufen wird!

Bei
virtuellen
Methoden
wird zur
Laufzeit die
"richtige"
ausgewählt

Abhilfe schafft hier das Konzept der *virtuellen Funktionen*: Es handelt sich dabei um Komponentenfunktionen, die in der Basisklasse mit dem vorangestellten Schlüsselwort `virtual` deklariert werden. Wenn nun eine derartige Funktion in einer abgeleiteten Klasse redefiniert[3] wird, wird beim Senden der Botschaft an Objekte, die durch *Zeiger oder Referenzen auf die Basisklasse*[4] bezeichnet werden, erst zur Laufzeit entschieden, welche Methode (die der Basisklasse oder jene der abgeleiteten Klasse) dafür aktiviert wird.

Dies ist genau jener Polymorphismus, der im obigen Beispiel benötigt wird. Da der Stapel `s` als Referenz an die Funktion `operator>>()` übergeben wird, könnte eine virtuelle Funktion `push()` beim Einlesen eines Objekts vom Typ `CheckedIntStack` (Referenzen oder Zeiger auf Objekte der abgeleiteten Klasse werden ja, wie im letzten Abschnitt erläutert, i.a. ohne weiteres auf Referenzen bzw. Zeiger auf ein Objekt der Basisklasse konvertiert) tatsächlich einen eventuellen Stapelüberlauf verhindern. Modifizieren wir also die Definitionen von `IntStack` bzw. `CheckedIntStack` entsprechend (die Änderungen sind hervorgehoben):

IntStack
mit
virtuellen
Methoden,..

```
class IntStack {
  static const int stacksize;
  int next;
  void init()      { cont = new int[stacksize]; next = 0; }
protected:
  int* cont;
public:
  IntStack ()                        { init(); }
  IntStack (int e)                   { init(); push(e); }
  IntStack (const IntStack&);
  ~IntStack ()                       { delete [] cont; }
  virtual IntStack& push (int v) { cont[next++]=v;
                                         return *this; }
  virtual IntStack& pop ()           { next--; return *this; }
  virtual int top () const           { return cont[next-1]; }
  int size () const                  { return next; }
  int is_empty () const              { return next == 0; }
  virtual long size_of () const;
```

---

[3] *Überladen* wäre hier der falsche Ausdruck, da überladene Funktionen auf Grund ihrer Signaturen eindeutig unterschieden werden können. Bei virtuellen Funktionen ist das nicht der Fall.

[4] Die Einschränkung auf Zeiger oder Referenzen erfolgt, weil der Übersetzer sonst den echten Objekttyp (Basis- oder Unterklasse) statisch ermittelt und die Bindung zur entsprechenden Methode bereits zur Übersetzungszeit durchgeführt wird.

```
    virtual IntStack& operator = (const IntStack&);
    int operator == (const IntStack&) const;
    operator char* () const;
};

class CheckedIntStack: public IntStack {
    static int must_exit;
    int error;
    int test (int cond, char* loc);
  public:
    CheckedIntStack ();
    CheckedIntStack (int);
    CheckedIntStack (const CheckedIntStack&);
    IntStack& push (int v);
    IntStack& pop ();
    int top () const;
    IntStack& operator = (const IntStack&);
    long size_of () const;
};
```

In diesem Beispiel sind nur diejenigen Funktionen als virtuell vereinbart worden, die in der abgeleiteten Klasse tatsächlich redefiniert werden. Es wäre genauso möglich, *alle* nichtstatischen Funktionen (außer den Konstruktoren, die nicht virtuell sein dürfen) prophylaktisch virtuell zu machen, der einzige Nachteil ist die minimale Effizienzeinbuße beim Aufruf virtueller Funktionen (siehe dazu den nächsten Abschnitt). Diese rigorosere Vorgangsweise wird in der Praxis dort angebracht sein, wo a priori nicht festgelegt werden kann, welche Funktionen in zukünftigen Ableitungen redefiniert werden sollen und welche nicht.

Das Schlüsselwort `virtual` kann, muß aber nicht im Zuge der Redefinition der Funktion wiederholt werden. Virtuelle Funktionen sind ein für alle Mal virtuell, d.h., selbst wenn die abgeleitete Klasse die entsprechende Funktion nicht als virtuell deklariert, bleibt der virtuelle Aufrufmechanismus auch für die Redefinition der Funktion in einer von ihr abgeleiteten Klasse (also einer "Enkelklasse" der Basisklasse) aufrecht.

Zu beachten sind auch die Änderungen in der abgeleiteten Klasse: Alle Funktionen, die virtuelle Funktionen der Basisklasse redefinieren sollen, müssen *exakt dieselbe Signatur* aufweisen, da es sich sonst um ein statisch unterscheidbares *Überladen* anstatt um eine statisch bewußt mehrdeutige *Redefinition* handelt (siehe auch Fußnote 3). Aus dieser Regel ergeben sich zwei Fehlermöglichkeiten:

1. Die Signatur einer Komponentenfunktion in der abgeleiteten Klasse unterscheidet sich nur im Ergebnistyp von der Signatur einer virtuellen Funktion der Basisklasse (z.B. `CheckedIntStack& pop()`). Dies ist unzulässig und wird vom Compiler als Syntaxfehler erkannt.

2. Die Komponentenfunktion unterscheidet sich in mindestens einem

Argument von jener der Basisklasse, wie z.B. `operator=` (`const CheckedIntStack&`). Eine derartige Definition stellt ein syntaktisch korrektes Überladen der Basisklassenfunktion dar, die allerdings nie über den virtuellen Aufrufmechanismus aktiviert werden kann. Dies kann zu einem sehr schwer lokalisierbaren Fehlverhalten des Programms führen.

Umgekehrt ist leider auch die *Beachtung* dieser Regel nicht ganz unproblematisch. Führen wir uns noch einmal als typisches Beispiel die Komponentenfunktion

```
IntStack& CheckedIntStack::operator = (const IntStack& r);
```

vor Augen. Sie kann also auf Grund des linken Operanden (`*this`) virtuell aktiviert werden, wie etwa in

```
CheckedIntStack s, t;
...
IntStack & x=s, & y=t;            // x und y sind eigentlich
...           // CheckedIntStacks
x = y; // virtueller Aufruf von CheckedIntStack::operator=()
```


Innerhalb des Rumpfes der Operatorfunktion kann man also sicher sein, daß `this` tatsächlich auf ein Objekt vom Typ `CheckedIntStack` zeigt. Der Typ des *rechten* Operanden `r` hingegen ist keineswegs sicher, es kann sich um eine `CheckedIntStack`-Instanz handeln (wie im obigen Beispiel), oder aber um eine `IntStack`-Instanz (wie im folgenden Beispiel) oder um eine Instanz *irgendeiner* von `IntStack` abgeleiteten Klasse, was natürlich durchaus unangenehme Folgen haben kann, wenn man sich dieser Tatsache nicht bewußt ist:

```
CheckedIntStack s;
...
IntStack & x=s, y;            // y ist ein echter IntStack
...
x = y; // wieder Aufruf von CheckedIntStack::operator=()
```

Üblicherweise wird im Rumpf einer solchen virtuellen Funktion der Parameter, der deklarierterweise vom Basisklassentyp ist, von dem man aber annimmt, daß er in Wirklichkeit der abgeleiteten Klasse angehört, auf den eigentlichen Typ konvertiert:


```
IntStack& CheckedIntStack::operator = (const IntStack& r)
{
    const CheckedIntStack& rhs = (CheckedIntStack&) r;
    error=rhs.error; // error existiert nur in CheckedIntStack!
    ... Übertragen der anderen Komponenten ...
}
```

Diese Konversion ist eben nur dann sinnvoll, wenn sich hinter `r` tatsächlich ein `CheckedIntStack` verbirgt. Die Kunst, diese von der Sprache erzwungenen "gefährlichen" Konversionen abzusichern, wird als *typsichere Abwärtskonversion* [typesafe downward casting] bezeichnet und in Kapitel 10 behandelt werden.

Eine andere "Falle" stellen virtuelle Funktionen dar, die innerhalb von Konstruktoren oder Destruktoren aufgerufen werden. In diesem Fall werden nämlich *nicht* die entsprechenden Funktionen aus abgeleiteten Klassen aktiviert, wie das folgende Beispiel veranschaulichen möge:

```
class Base {
  virtual void f() { cout << "Base::f() "; }
 public:
  Base () { cout << "Base::Base() "; f(); }
};
class Derived: public Base {
  void f() { cout << "Derived::f() "; }
};
main ()
{
  Derived d;                    // Was wird hier ausgegeben?
}
```

Eine virtuelle Funktion f() wird aus dem Basisklassenkonstruktor aufgerufen..

Die Intention ist hier, im Zuge der (automatisch aktivierten) Basisklasseninitialisierung des Objekts d die für d "passende" Funktion Derived::f() zu verwenden, um sich einen expliziten Konstruktor für Derived zu ersparen. Die Ausgabe des Programms lautet aber:

```
Base::Base() Base::f()
```

..jedoch vergebens

Es zeigt sich, daß Base::f() an Stelle der erwarteten Funktion Derived::f() aktiviert wird. Der Grund ist, daß während der Basisklasseninitialisierung das Objekt d noch keine gültige Instanz von Derived ist, sondern zunächst noch als Base-Objekt angesehen wird. Erst, wenn die Kontrolle an den (leeren) Rumpf des (automatisch generierten) Konstruktors übergeben wird, ist die "Metamorphose" von d abgeschlossen, und d ist ein "echtes" Objekt vom Typ Derived. Analoges gilt für Destruktoren: Nach Beendigung des Destruktors der abgeleiteten Klasse, also an der Stelle, wo der Destruktor der Basisklasse implizit aktiviert wird, hört die Zugehörigkeit des Objekts zur abgeleiteten Klasse auf, im Basisklassendestruktor ist das Objekt dann wieder "nur" noch eine Instanz der Basisklasse.

Im Konstruktor der Basisklasse hat ein Objekt noch nicht den Typ der Unterklasse, im Destruktor der Basisklasse nicht mehr

Die "Reparatur" dieses Beispiels erfolgt im Zuge der Übungsaufgabe 6.7.

Im Zusammenhang mit Destruktoren muß noch auf eine letzte scheinbare Anomalie hingewiesen werden: Destruktoren können wie normale Komponentenfunktionen virtuell vereinbart werden, obwohl sie in jeder abgeleiteten Klasse anders heißen. Das folgende Beispiel soll demonstrieren, daß virtuelle Destruktoren in vielen Fällen sogar wirklich notwendig sind:

Destruktoren können virtuell sein

```
class Base {
 public:
  ~Base() { cout << "~Base()\n"; }
};
```

Basisklasse mit nichtvirtuellem Destruktor

```
class Derived: public Base {
  class X {                 // Klassenlokale Klassendefinition⁵
   public:
     ~X() { cout << "~X()\n"; }
  } x;
};
```

Die Idee ist hier, daß `Derived` eine klassenwertige Komponente x besitzt, für die im Falle der ordnungsgemäßen Destruktion eines `Derived`-Objektes der Destruktor `~X()` aktiviert werden soll. Was passiert aber im folgenden Programm?

Derived-Objekt wird angelegt, aber nicht ordnungsgemäß destruiert,..

```
main ()
{
  Base* bp = new Derived;
  ...
  delete bp;                              // Gibt ~Base() aus
}
```

Im Zuge der Anweisung `delete bp;` wird *nur* der (nichtvirtuelle) Basisklassendestruktor aktiviert; die Komponente x wird daher *nicht* ordnungsgemäß verwaltet; die Ausgabe lautet lediglich `~Base()`. Ändern wir hingegen die Definition von `Base::~Base()` zu

```
virtual ~Base () { cout << "virtual ~Base()\n"; }
```

..weil der Destruktor nicht virtuell vereinbart wurde

ab, wird im obigen Hauptprogramm durch den virtuellen Aufrufmechanismus der (vom Compiler generierte) Destruktor `~Derived()` aktiviert, im Zuge dessen der Komponentendestruktor `~X()` und der Basisklassendestruktor (diesmal auf nichtvirtuelle Weise, also explizit als `Base::~Base()`⁶) aufgerufen werden, sodaß die Ausgabe nun korrekterweise lautet:

```
~X()
virtual ~Base()
```

Als Faustregel kann man sich also merken, daß immer dann, wenn von einer Klasse andere Klassen abgeleitet werden sollen und Code der Art

```
Base* bp;
...
delete bp;
```

geplant ist, wobei bp auch auf Objekte einer abgeleiteten Klasse zeigen kann, der Basisklassenkonstruktor virtuell definiert werden soll.

Oder einfacher: Der Destruktor einer Klasse hat virtuell zu sein, es sei denn, man schwört, nie von dieser Klasse abzuleiten.

---

⁵ Der Datentyp X ist hier *klassenlokal* vereinbart. Er kann innerhalb der Klasse ohne weiteres benützt werden, um z.B. Komponenten (wie hier x) zu definieren. *Außerhalb* der Klasse ist allerdings die explizite Qualifikation mit dem Namen der umgebenden Klasse vonnöten: `Derived::X noch_ein_x;`

⁶ Wann immer eine Methode explizit mit einem Klassennamen qualifiziert wird, erfolgt der Aufruf nichtvirtuell.

Implementation

Obwohl es zur erfolgreichen Verwendung von C++ an sich nicht notwendig ist, über die technischen Details von abgeleiteten Klassen Bescheid zu wissen, werden in diesem Abschnitt und ab Seite 137 ein paar Hinweise auf eine mögliche Implementation gegeben. Dieses Hintergrundwissen kann nämlich dazu beitragen, manche Einschränkungen und Regeln von C++ besser zu verstehen. Es muß allerdings betont werden, daß die folgende, auf [5] basierende Darstellung keineswegs eine Norm repräsentiert; vielmehr steht es Compilerbauern frei, für ihre Zwecke geeignete Implementationsschemata zu erfinden.

Eine Instanz einer einfachen Klasse wird wie eine C-Struktur in einem zusammenhängenden Speicherbereich untergebracht:

Das Layout von Klasseninstanzen gleicht dem von simplen Strukturen

```
class A {
 public:
   int a1, b1;
   A ();
};
```

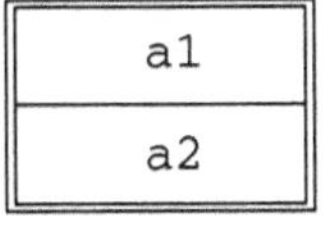

Für eine Instanz x vom Typ A entspricht die Adresse &x somit der Adresse &x.a1. Die Komponentenfunktionen werden der Klasse nur logisch zugeordnet und haben daher keine Auswirkung auf das Layout eines Objekts. Dasselbe gilt für statische Komponenten.

Methoden und statische Komponenten sind nicht im Objekt gespeichert

Bei einfacher Vererbung werden die Komponenten der Basisklasse *am Anfang* in den Speicherbereich einer Instanz der abgeleiteten Klasse integriert:

```
class B: public A {
 public:
   int b1, b2;
   B();
   void g();
};
```

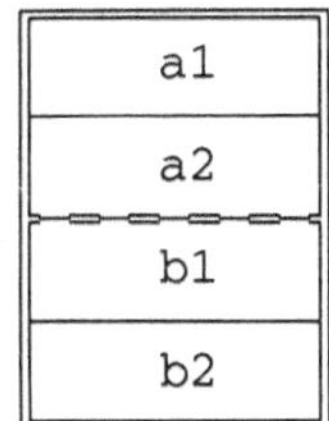

Für ein Objekt y der Klasse B entsprechen einander wieder &y und &y.a1. Daraus folgt, daß bei der Konversion von Zeigern zwischen Unterklasse und Basisklasse und umgekehrt die Zeigerwerte *nicht* verändert werden, wovon man sich an Hand eines einfachen Tests überzeugen kann:

Zeigerkonversionen erfolgen nur logisch

```
A x;  B y;
cout << long(&x) << " = " << long((B*)&x) << "\n";
cout << long(&y) << " = " << long((A*)&y) << "\n";
```

Virtuelle Funktionen können über eine vom Compiler erzeugte Tabelle von Funktionszeigern (üblicherweise als `vtbl` bezeichnet) implementiert werden. Auf diese Tabelle, die im Prinzip genau einmal für jede Klasse angelegt wird, zeigt eine versteckte Komponente `vptr` in jedem Objekt (damit hört also die Kompatibilität mit C-Verbunden in Gegenwart virtueller Funktionen auf).

Wir ergänzen in unserem obigen Beispiel die Klasse A durch einige virtuelle Funktionen:

```
class A {
 public:
   int a1, a2;
   A ();
   virtual void f();
   virtual void g();
   virtual void h();
};
```

und führen noch eine weitere Klasse ein:

```
class C: public B {                    // "Enkelklasse" von A
 public:
   int c;
   C();
   void h();
};
```

Ein Objekt von C sieht dann etwa wie folgt aus:

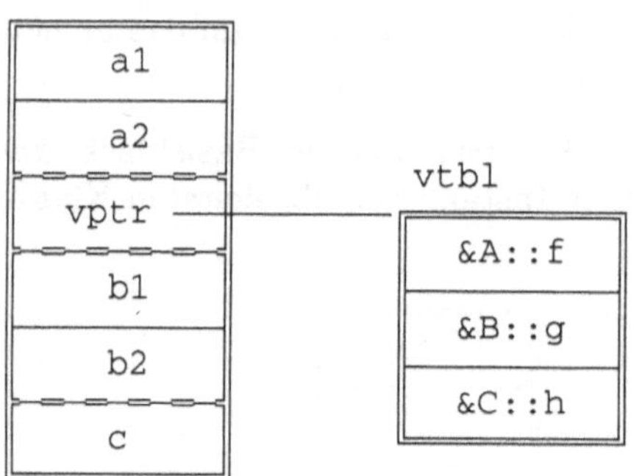

Die zur Klasse C gehörige Tabelle `vtbl` enthält also jene Funktionsadressen, die für Objekte von C relevant sind: `f()` wurde nirgends redefiniert, also ist die Version aus A zu verwenden. `g()` wurde in B redefiniert, daher ist in `vtbl` die Adresse von `B::g()` eingetragen, und schließlich verfügt C über eine eigene Version von `h()`, deren Adresse als drittes Element in der Funktionstabelle aufscheint.

Ein virtueller Funktionsaufruf der Art

```
A* p = new C;           // Implizite Zeigerkonversion C* → A*
p->h();
```

resultiert in etwa folgendem Code:

```
(*(p->vptr[2]))();
```

Dies erklärt auch, warum die versteckte Komponente `vptr` am Ende des *Basisklassenanteils* eines Objekts untergebracht wird: Auf diese Weise ist der Ausdruck `p->vptr` für jedes Objekt, auf das p zeigen kann (also ein A-, ein B- oder ein C-Objekt), wohldefiniert.

Rein virtuelle Funktionen und abstrakte Klassen

Eine *rein virtuelle* Funktion [pure virtual function] ist eine virtuelle Funktion, die nur deklariert, jedoch nicht definiert ist. Eine C++-Klasse, die mindestens eine rein virtuelle Funktion besitzt, wird als *abstrakte Klasse* bezeichnet, da es nicht möglich ist, aus ihr eine Instanz zu erzeugen (siehe auch Kapitel 4, Seite 89). Abstrakte Klassen erfüllen den Zweck, Klassenprotokolle zu definieren, ohne Implementationsdetails vorwegzunehmen.

Eine abstrakte Klasse ist also nur sinnvoll, wenn von ihr mindestens eine Klasse abgeleitet wird, die die "fehlenden" Funktionen definiert. Oft stehen sogar mehrere Implementationsvarianten zur Verfügung:

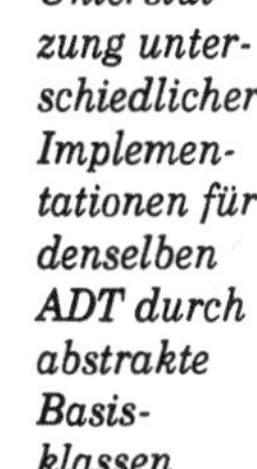

Unterstützung unterschiedlicher Implementationen für denselben ADT durch abstrakte Basisklassen

Anwendungsprogramme werden i.a. weitestgehend unter Verwendung von Zeigern oder Referenzen auf Objekte der abstrakten Klasse formuliert; lediglich beim Anlegen von Objekten muß auf eine konkrete Implementation Bezug genommen werden, z.B.

```
AbstractClass* p = new Implementation2;
```

Auf diese Weise können Programme maximal implementationsunabhängig gehalten werden, womit sich ihre potentielle Vielseitigkeit entscheidend erhöht.

Um den Compiler darauf hinzuweisen, daß in einer abstrakten Klasse die Definition einer virtuellen Funktion nicht einfach vergessen wurde, sondern absichtlich entfallen ist, muß die Funktion als rein virtuell deklariert werden:

```
class X {                        // Abstrakte Klasse
  virtual int f() = 0;           // Rein virtuelle Funktion
};
```

Deklaration einer rein virtuellen Funktion

Da für eine abstrakte Klasse keine Objekte erzeugt werden können, darf sie auch nicht als Funktionsargument oder Funktionsergebnis auftreten, ebensowenig wie sie Ergebnis einer expliziten Typkonversion sein darf. Referenzen oder Zeiger auf abstrakte Klassen sind jedoch sehr wohl zulässig.

In Kapitel 4 hatten wir bereits im Stackbeispiel eine abstrakte Klasse eingeführt. Versuchen wir nun hier, diesen Sachverhalt in C++ umzusetzen, wobei wir uns wieder der Einfachheit halber auf ganze Zahlen als Stackelemente beschränken. Wir legen unsere bisherige `IntStack`-

Definition zugrunde, entfernen aus ihr alle Datenkomponenten sowie
alle Konstruktoren, da diese ja nicht virtuell sein können und darüber
hinaus in einer abstrakten Klasse ohnehin zwecklos sind[7]:

Eine
abstrakte
Stackklasse

```
class AbsIntStack {
  public:
    virtual ~AbsIntStack ()                             = 0;
    virtual AbsIntStack& push (int v)                   = 0;
    virtual AbsIntStack& pop ()                         = 0;
    virtual int top () const                            = 0;
    virtual int size () const                           = 0;
    int is_empty () const { return size() == 0; }
    virtual long size_of () const                       = 0;
    virtual AbsIntStack& operator = (const IntStack&)   = 0;
    virtual int operator == (const IntStack&) const     = 0;
    virtual operator char* () const                     = 0;
};
```

Außerdem sind alle Funktionen mit einer Ausnahme zu rein virtuellen
Funktionen geworden. Die Ausnahme ist `is_empty()`, eine Funktion,
die, wie man sieht, ausschließlich mit Hilfe anderer rein virtueller
Funktionen definiert werden kann.

Mehrfachvererbung

Die Mehrfachvererbung ist eine naheliegende Verallgemeinerung des
Vererbungskonzepts: Eine abgeleitete Klasse kann auch über mehrere
Basisklassen verfügen.

Stellen wir uns einen Ausschnitt aus einem Informationssystem für
ein (zur Abwechslung einmal matriarchalisches) Universitätsinstitut
vor, in dem unter anderem Personal und Studentinnen verwaltet
werden. Die Datenstrukturen könnten, stark vereinfacht, etwa wie
folgt organisiert werden:

Eine
einfache
Vererbungs-
hierarchie

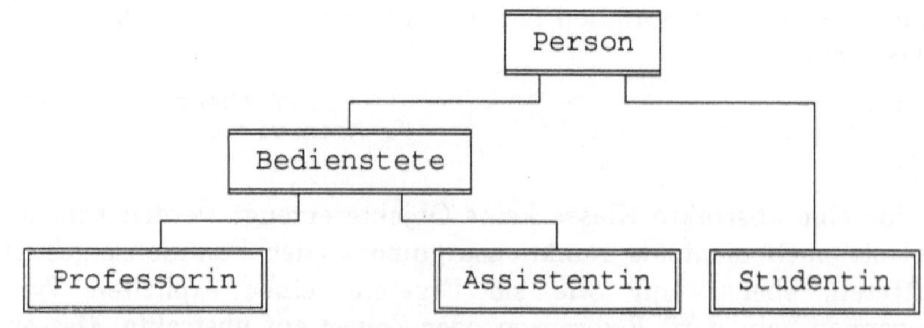

---

[7] Spitzfindige unterscheiden *abstrakte* Klassen (Klassen mit mindestens einer rein
virtuellen Funktion) von *rein abstrakten* Klassen (das sind abstrakte Klassen, die
keinerlei Datenkomponenten aufweisen). Während für letztere Konstruktoren
wohl wirklich unnötig sind (das ist in diesem Beispiel der Fall), sind
Konstruktoren für erstere, die ja einige Datenkomponenten enthalten dürfen, zur
Initialisierung dieser Komponenten durchaus sinnvoll.

Die zugehörige C++-Klassenstruktur könnte folgendermaßen aussehen
(wir vernachlässigen hier alle Methoden):

```
class Person {
 protected:
   char name[20];
   char geb_dat[6];
};
class Bedienstete: public Person {
 protected:
   unsigned sozvnr;              // Sozialversicherungsnummer
   char dienst_telefon[10];
};
class Professorin: public Bedienstete {
   char sprechstunde[15];
   unsigned n_ass;               // Anzahl der Assistentinnen
   class Assistentin* assistenten; // Dynamisches Feld von -"-8
};
class Assistentin: public Bedienstete {
   char sprechstunde[15];
   Professorin* vorgesetzte; // Zeiger auf d. vorgesetzte Prof.
};
class Studentin: public Person {
   unsigned long matrikelnummer;
};
```

Eine `Assistentin` **verfügt also z.B. über die Komponenten** `name` **und**
`geb_dat` **(geerbt von** `Person`**),** `sozvnr` **und** `dienst_telefon` **(geerbt
von** `Bediensteter`**) sowie** `sprechstunde` **und** `vorgesetzte` **(als
eigene Instanzvariablen).**

**Nun gibt es im Universitäts-
bereich auch Mischwesen:
Studienassistentinnen sind
sowohl Studentinnen als auch
Assistentinnen:**

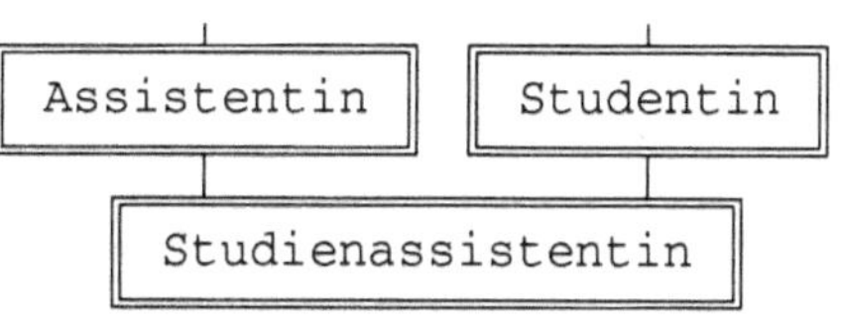

*Studien-
assistentin-
nen sind
Assistentin-
nen und
Studentin-
nen..*

```
class Studienassistentin :
   public Assistentin, public Studentin {};
```

Diese Klasse erbt sowohl die Komponenten von `Studentin` **als auch
jene der Klasse** `Assistentin`**, eine Instanz von** `Studien-
assistentin` **enthält u.a. sowohl** `matrikelnummer` **als auch** `sozvnr`**.
Leider erbt sie jedoch auch den Namen und das Geburtsdatum von**
beiden **unmittelbaren Basisklassen, sodaß sie insgesamt über** *je zwei*
Instanzvariablen namens `name` **und** `geb_dat` **verfügt. Der Sachverhalt
läßt sich auch durch die folgende Graphik der Gesamtstruktur verdeutlichen, die zeigt, daß** `Person` **in dieser Hierarchie intentions-**

*..und erben
von beiden
Basis-
klassen; von
`Person`
sogar
doppelt,..*

---

[8] Man beachte die Vorwärtsreferenz auf die an dieser Stelle noch unbekannte Klasse
`Assistentin`. Das Schlüsselwort `class` muß wiederholt werden, außerdem
dürfen für noch nicht definierte Klassen nur Referenzen und Zeigervariablen
definiert werden.

widrig *zweimal* auftritt:

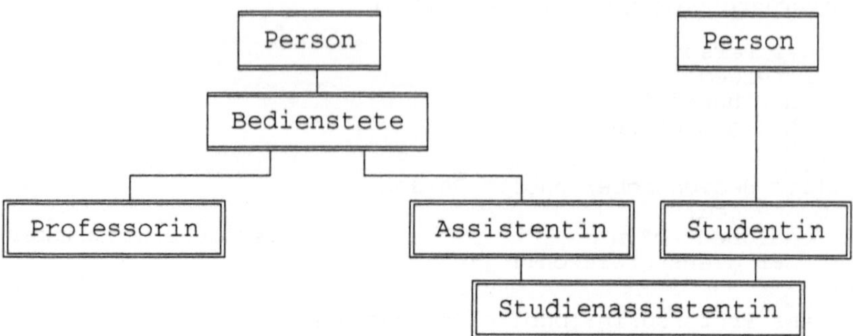

Das stellt uns vor eines der beiden folgenden Probleme:

1. Die beiden Instanzvariablen-Sätze haben unterschiedliche Bedeutung, d.h., die obige Graphik entspricht den Modellvorstellungen. In diesem Fall benötigen wir eine Möglichkeit, die mehrfach geerbten Komponenten auf eindeutige Weise zu referenzieren.

2. Die Bedeutungen der doppelten Instanzvariablen sind ident, (das ist in unserem Beispiel der Fall - ob in der Rolle als Studentin oder in der Rolle als Assistentin, man hat üblicherweise nur ein Geburtsdatum). In diesem Fall müssen wir einen Weg finden, diese Redundanz zu vermeiden und die Klassenhierarchie mit einer *eindeutigen* Wurzel (Person) auszustatten.

*Der
Bereichs-
operator
löst das
erste
Problem,
virtuelle
Basis-
klassen das
zweite*

Das erste Problem ist leicht gelöst, indem die jeweilige Komponente unter Angabe des entsprechenden Basisklassennamens benützt wird. Eine fiktive Komponentenfunktion print_name() könnte z.B. lauten:

```
void Studienassistentin::print_name (ostream& o)
{
   o << Assistentin::name << " " << Studentin::name << "\n";
}
```

Das zweite Problem wird durch Einführung sogenannter *virtueller Basisklassen* gelöst, die im folgenden Abschnitt behandelt werden.

Virtuelle Basisklassen

*virtual
als
zusätzliches
Attribut der
Ableitung*

Wenn im Zuge einer Ableitung eine Basisklasse durch Angabe des Schlüsselwortes virtual als virtuell erklärt wird, wird in folgenden Ableitungen nur ein einziges Exemplar dieser Basisklasse übernommen, auch wenn sie über mehrere Ableitungspfade erreicht werden kann.

In unserem Beispiel bedeutet das, daß durch virtuelle Ableitung der Klassen Bedienstete und Studentin von Person die Komponenten von `Person` *nur einfach* in `Studienassistentin` **auftreten:**

```
class Bedienstete: virtual public Person { ... };
class Studentin:    virtual public Person { ... };
class Studienassistentin:  public Assistentin, public
Studentin {
 public:
   void print_name (ostream& o) { o << name << "\n"; }
};
```

Die Instanz-variable name *wird hier nur noch 1x geerbt*

In der Komponentenfunktion `print_name()` ist die Verwendung der Komponente `name` nun wohldefiniert, weil der Anteil von `Person` nur einmal geerbt wird.

Voraussetzung für die Vermeidung überflüssiger Duplikate von Basisklassenkomponenten ist jedoch, daß die Basisklasse auf *allen* Ableitungspfaden (hier via `Bedienstete` und `Studentin`) als virtuell erklärt wird. Betrachten wir dazu das folgende Beispiel, in dem die Klasse `DD` dreimal die Klasse `B` in ihrem "Stammbaum" hat: Zweimal als virtuelle Basisklasse (die daher nur einmal in `DD` manifest ist) und einmal als normale Basisklasse, sodaß `DD` schließlich über zwei Sätze von Basisklassenkomponenten (x) verfügt:

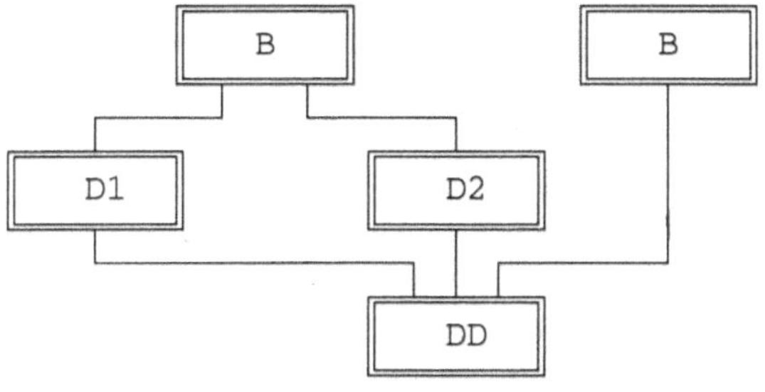

DD erbt B hier zweimal, weil B einmal auch als nicht-virtuelle Basisklasse auftritt

```
class B { protected: int x; };
class D1: public virtual B { ... };
class D2: public virtual B { ... };
class DD: public D1, public D2, public B {};
```

Man beachte also, daß "Virtualität" keine Eigenschaft einer Klasse an sich, sondern eine Eigenschaft der *Ableitung* ist.

Implementation

Die Implementationstechniken für Mehrfachvererbung sind naturgemäß komplizierter als für einfache Vererbung. Nehmen wir als Beispiel zwei einfache Basisklassen `A` und `B` und eine von beiden abgeleitete Klasse `C` an:

```
class A {
  int a1, a2;
 public:
  void f(int);
};
```

```
class B {
  int b1, b2;
 public:
  void g(int);
};
class C: public A, public B {
  int c;
 public:
  void h(int);
};
```

Zugriff auf Datenkomponenten erfolgt wie im Fall einfacher Vererbung

Das Layout eines Objekts vom Typ `C` kann (muß aber nicht!) entsprechend der nebenstehenden Skizze aussehen:

Der Zugriff auf Datenkomponenten ist unproblematisch, da ihre relative Position im Objekt genau wie bei einfacher Vererbung zur Übersetzungszeit bereits bekannt ist und die Adreßberechnung daher genauso erfolgt wie bei normalen Strukturen.

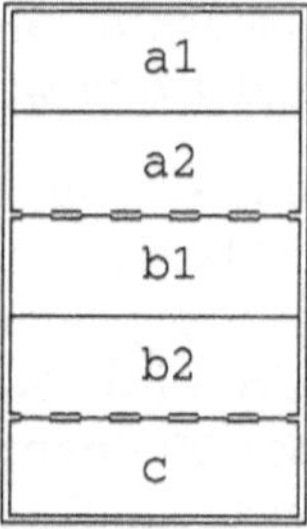

Die Aktivierung von Methoden ist aufwendiger,..

Der Aufruf von Komponentenfunktionen kann allerdings etwas umständlicher sein. Betrachten wir das folgende Programmstück:

```
C x;
x.f(1);      // Aufruf von A::f()
x.g(2);      // Aufruf von B::g()
x.h(3);      // Aufruf von C::h()
```

In den Funktionen `f()` und `h()` entspricht der `this`-Zeiger einfach der Adresse `&x` (= `&x.a1`), da sowohl `A`-Objekte als auch `C`-Objekte mit der Komponente `a1` beginnen. Die Funktion `g()` jedoch erwartet sich als `this` einen Zeiger auf ein `B`-Objekt, der sich von einem Zeiger auf ein `C`-Objekt um die Konstante `d:=(char*)&x.b1-(char*)&x` unterscheidet. Während diese Adreßmodifikation im obigen Beispiel zur Übersetzungszeit erfolgen kann (da die Adresse von `x` schon bekannt ist), ist die Addition von d beim Zugriff über einen Zeiger wie in

..speziell, wenn sie über Zeiger erfolgt

```
C* p = new C;
p->g(2);
```

zur Laufzeit durchzuführen.

Zeigerkonversionen modifizieren erstmals den Adreßwert..

Dieselbe Problematik zeigt sich auch bei der Zeigerkonversion. Alle bisher kennengelernten Zeigerkonversionen hatten keinen Effekt auf den tatsächlichen Adreßwert, ihr Zweck bestand lediglich darin, den Übersetzer von der beabsichtigten "Typvergewaltigung" zu informieren. In Gegenwart von Mehrfachvererbung ist die Situation anders: Im folgenden Beispiel wird bei der Zeigerkonversion genau die oben definierte Konstante d, die die relative Position des Teilobjekts vom Typ `B` in einem Objekt vom Typ `C` angibt, zum ursprünglichen Adreßwert addiert:

```
C* pc = new C;    B* pb = pc;            // Implizite Addition
cout << long(pc) << "==" << long(pb) << ": " << (pc==pb) <<"\n";
```

Die Ausgabe zeigt zwei unterschiedliche Adressen, die aber im Zeiger-Vergleich dennoch als ident erkannt werden (pc==pb liefert 1), weil pc in diesem Ausdruck implizit zu einem Zeiger auf B umgewandelt wird, was dieselbe Transformation verursacht wie vorher bei der Zuweisung auf die Variable pb.

Analoges passiert bei der (explizit zu fordernden) Umwandlung von B* auf C*, die Konstante d wird vom umzuwandelnden Adreßwert eben *subtrahiert*. Wenn wir an das obige Beispiel die Anweisung

```
C* pc2 = (C*)pb;  // Rückumwandlung, implizite Subtraktion
```

anfügen, erhalten wir in pc2 wieder denselben Adreßwert, der auch in pc gespeichert ist. Diese Äquivalenz kann allerdings durch einen Zwischenschritt zerstört werden:

```
C* pc = new C;    B* pb = pc;            // Implizite Addition
void* p = pb;                           // Keine Modifikation
C* pc2 = p;                             // Keine Modifikation
cout << long(pc) << "==" << long(pc2) <<": "<<(pc==pc2) <<"\n";
```

..wodurch beim Konvertieren über void Information verlorengeht*

Durch die zwischenzeitliche Umwandlung des Adreßwerts auf den Typ void* geht seine "Geschichte" verloren, die Rückumwandlung auf einen Zeiger auf C schlägt dadurch fehl.

Um die Behandlung virtueller Basisklassen zu demonstrieren, erweitern wir die Definition der Klassen A und B um eine ihnen gemeinsame virtuelle Wurzelklasse R (die Definition der Klasse C bleibt dabei unverändert):

```
class R { protected: int r; };
class A: public virtual R     { ... restliche Definition ... };
class B: public virtual R     { ... restliche Definition ... };
class C: public A, public B { ... restliche Definition ... };
```

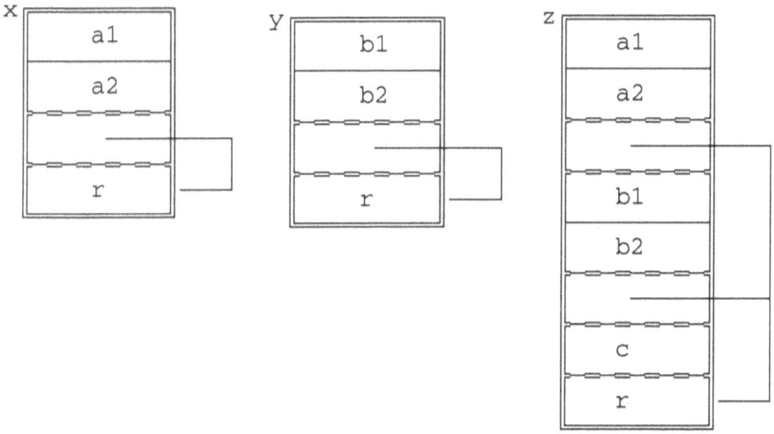

Layout von drei Instanzen x, y und z der Klassen A, B bzw. C:

Auf Komponenten von virtuellen Basisklassen wird über einen extra Zeiger zugegriffen

Wie aus der obigen Skizze ersichtlich ist, werden die Komponenten einer virtuellen Basisklasse über einen zusätzlichen versteckten Zeiger erreicht, der bei mehrfachem Auftreten der virtuellen Basisklasse jeweils auf dasselbe Teilobjekt zeigt.[9]

Diese Objektstruktur wird in Gegenwart virtueller Funktionen noch durch den verstecken Zeiger `vptr` erweitert (siehe auch Seite 132). Erweitern wir dazu die Definition von R:

R wird um virtuelle Funktionen erweitert

```
class R {
  protected:
    int r;
  public:
    virtual void f(int);
    virtual void g(int);
    virtual void h(int);
};
```

Betrachten wir nun den folgenden Aufruf von `C::h()`:

```
B* p = new C; // Standardkonversion auf Basisklassenzeiger
p->h(17);
```

Adreß-modifikationen werden bei Mehrfach-vererbung mit virtuellen Funktionen ebenfalls in der Funktionen-tabelle abgelegt

Da der von `new` gelieferte Zeiger auf C bei der Konversion auf einen Zeiger auf B nach der oben besprochenen Methode modifiziert wird, muß beim Aufruf von `h()` (einer Funktion, die ja auf einem C-Objekt operiert) der Zeiger `this` wieder angepaßt werden. Die Adreßdifferenz d ist im Falle von Mehrfachvererbung mit virtuellen Funktionen im allgemeinen allerdings keine Übersetzungszeitkonstante, sodaß sie innerhalb der Funktionstabelle `vtbl` für jede virtuelle Funktion gespeichert und zur Laufzeit ausgewertet werden muß (für Details siehe [5, 228ff]). Dies bedeutet einen weiteren Effizienzverlust beim Aufruf virtueller Funktionen, um den wir uns aber im weiteren nicht kümmern werden.

Generische Datentypen

In diesem Abschnitt soll als eine typische Anwendung abgeleiteter Klassen eine Implementationstechnik generischer Datentypen vorgestellt werden.

Generische Datentypen steigern die Wieder-verwend-barkeit

Generische Datentypen sind bei der Entwicklung wiederverwendbarer Softwarekomponenten von besonderer Bedeutung: Was nützt ein `IntStack`, wenn ein Stack für `double`-Werte benötigt wird? Viel praktischer wäre doch ein allgemeiner (*generischer*) Stackdatentyp, der je nach Anwendung auf den einen oder anderen Elementdatentyp maß-geschneidert werden könnte. Dieselbe Problematik stellt sich im

---

[9] Diese (übliche) Implementation verbietet jedoch die Konversion virtuelle Basisklasse → abgeleitete Klasse [5, S. 227].

Prinzip bei allen sogenannten *Containerdatentypen* wie Mengen, Listen, Warteschlangen etc., die für unterschiedliche Elementdatentypen definiert werden können.

Versuchen wir also, einen allgemeinen Stackdatentyp zu entwickeln, der im Prinzip beliebige Elemente speichern kann. Als Basisstruktur übernehmen wir die Implementation von `IntStack` auf Seite 112, wobei wir uns aber aus Platzgründen wieder auf das ursprüngliche, auf Seite 84 definierte Minimalprotokoll beschränken. Zunächst vereinbaren wir aber eine abstrakte Basisklasse für die *Stackelemente*, in der jene Botschaften definiert werden, die ein zu stapelndes Objekt verstehen können muß. Von dieser Klasse müssen die auf einem Stack zu speichernden Datentypen abgeleitet werden:

Entwurf eines Stacks für beliebige Elementtypen

```cpp
class StackEl {
    virtual void print (ostream&) = 0;
  public:
    virtual ~StackEl () {}
    virtual StackEl* clone () = 0;
    friend ostream& operator<< (ostream& o, StackEl& e)
    {
        e.print(o);
        return o;
    }
};
```

Stackelemente sollen sich selbst ausgeben und sich selbst kopieren können

Die Methode `clone()` hat die Aufgabe, eine (tiefe) Kopie des Stackelements zu erzeugen, die dann von `push()` am Stapel abgelegt werden kann. Wenn `pop()` dieses Element wieder eliminiert, wird der Destruktor `~StackEl()` aufgerufen. Dieser Destruktor verfügt hier über eine triviale Standarddefinition (er bewirkt nichts), die für viele simple Elementdatentypen ausreicht.

Die virtuelle Methode `print()` wird von der (zwangsläufig nichtvirtuellen) `friend` Funktion `operator<<()` benützt, um ein Stackelement auszugeben.

Der generische Stack selbst sieht nun folgendermaßen aus:

```cpp
class Stack {
    static const int stacksize;
    StackEl** cont;   // Dynamisches Feld von StackEl-Zeigern
    int next;
  public:
    Stack () : cont(new StackEl*[stacksize]), next(0) {}
    ~Stack ()
    {
        for (int i=0; i<next; i++)
            delete cont[i];
        delete [] cont;
    }
    Stack& push (StackEl&v) { cont[next++]=v.clone();
                                        return *this; }
    Stack& pop () { delete cont[--next]; return *this; }
```

Eine generische Stackklasse

```
    StackEl& top () const    { return *cont[next-1]; }
    int size () const        { return next; }
    int is_empty () const    { return next == 0; }
};
```

Das dynamische Feld `cont` enthält hier *Zeiger* auf die Stackelemente,
um Polymorphismus im Zusammenhang mit `StackEl`-Methoden zu
erlauben. `push()` erzeugt eine Kopie des übergebenen Objekts und
legt deren Adresse in `cont[]` ab. Invers dazu entfernt `pop()` das
oberste Element mittels `delete`, nachdem der Stapelindex `next`
dekrementiert wurde.

Um diese Stapelklasse tatsächlich zu verwenden, benötigen wir noch
mindestens eine konkrete Klasse als Elementdatentyp. Um zur Abwechslung einmal Gleitkommadaten zu stapeln, vereinbaren wir also

Eine konkrete `StackEl`-Unterklasse

```
class Double: public StackEl {
  double v;
  void print (ostream& o)      { o << v; }
 public:
  Double (double d=0) : v(d) {}
  StackEl* clone()             { return new Double(v); }
  operator double ()           { return v; }
};
```

Diese Klassen können nun wie folgt verwendet werden:

```
main ()
{
  Stack s;
  Double x = 13, y = 14;
  s.push(x).push(y);       // Konversion Double& → StackEl&¹⁰
  cout << "top = " << s.top();       // Ergebnis: top = 14
}
```

Ein Einsatzgebiet für Mehrfachvererbung

Diese Methode, für einen zu stapelnden Elementtyp einen eigenen
Subtyp von `StackEl` abzuleiten, führt auf natürliche Weise zur
Anwendung von Mehrfachvererbung:

1. Es soll ein Typ `X` von einer bestimmten Klasse `R` abgeleitet werden
   und gleichzeitig "stapelbar" gemacht werden:

   ```
   class X: public R, public StackEl { ... };
   ```

2. Ein bereits existierender Typ `X` soll "stapelbar" gemacht werden.
   Man erzeugt in diesem Fall einfach einen stapelbaren Subtyp von `X`:

   ```
   class StackableX: public X, public StackEl { ... };
   ```

Ein Element des Typs `StackableX` kann sowohl als `X`-Instanz als
auch als Stackelement verwendet werden.

---

[10] Da der Übersetzer als Argument zu `push()` eine `StackEl`-Referenz erwartet, werden die aktuellen Parameter (`Double`-Referenzen) auf `StackEl`-Referenzen umgewandelt. Diese Umwandlung ist der einzige Grund, warum `Double` *öffentlich* von
`StackEl` abgeleitet wurde, da sie für private Basisklassen nicht erfolgen kann.

Unser Beispiel gehört an sich zur zweiten Kategorie; da `double` allerdings keine Klasse darstellt, ist die entsprechende Vereinbarung

```
class Double: public double, public StackEl { ... };
```

unzulässig, weshalb wir diesen eleganten Weg nicht beschreiten konnten. Als korrektes Beispiel zur zweiten Variante sei hier der Extremfall eines Stacks, der auch gestapelt werden kann, demonstriert:

```
class StackableStack: public Stack, public StackEl {
 public:
   void print (ostream& o);               // Siehe Übungs-
   StackEl* clone();                      // aufgabe 6.6
};
```

Ein Stapel, der gleichzeitig auch ein Stapelelement sein kann

Das genügt (!), um folgendes Hauptprogramm zu ermöglichen, in dem zuerst zwei Stapel `e1` und `e2` mit `Double`-Elementen belegt werden, um dann ihrerseits am Stapel `s` abgelegt zu werden:

```
main ()
{
   StackableStack s, e1, e2;
   e1.push(Double(1)).push(Double(2));        // e1 = <1, 2>
   e2.push(Double(3));                         // e2 = <3>
   s.push(e1).push(e2);                        // s = <<1, 2>, <3>>
   cout << "s = " << s;
}
```

Anzumerken ist hier, daß der vom Compiler erzeugte Defaultkonstruktor `StackableStack()` die Defaultkonstruktoren *beider* Basisklassen aktiviert, und zwar in der Reihenfolge der Ableitung, d.h., es wird `Stack()` *vor* `StackEl()` (übrigens ebenfalls ein vom Übersetzer generierter Konstruktor) aufgerufen. Diese Reihenfolge läßt sich auch gar nicht beeinflussen, selbst wenn die Basisklassenkonstruktoren *explizit* aktiviert werden, wie das folgende Beispiel zeigt:

Die Reihenfolge der Basisklassenkonstruktoraufrufe hängt nur von der Reihenfolge der Ableitung ab

```
struct X { X () { cout << "X"; } };
struct Y { Y () { cout << "Y"; } };
struct XY: X, Y {
   XY () : Y(), X() {}                   // Reihenfolge irrelevant
};
XY xy;                                   // Gibt XY aus
```

Die hier demonstrierte Implementation von generischen Datentypen erlaubt auch heterogene Strukturen, also z.B. Stacks, die sowohl Gleitkommazahlen als auch andere Stacks enthalten:

```
StackableStack s;
s.push(Double(1)).push(Double(2)).push(s);
// s = <1, 2, <1, 2>>
```

Eine Möglichkeit, dies zu vermeiden und dadurch homogene Containerdatentypen zu erzwingen, wird durch Typschablonen eröffnet, die im nächsten Kapitel besprochen werden.

Übungsaufgaben

→ *Seite 282*   **6.1 Was gibt das folgende Programm aus?**

```
#include <iostream.h>
class X {
 public:
    X() { cout << " X - " << long(this) << "\n"; }
    ~X() { cout << "~X - " << long(this) << "\n"; }
};
class Y: public X {};
class Z: public X {
 public:
    Z() { cout << " Z - " << long(this) << "\n"; }
    ~Z() { cout << "~Z - " << long(this) << "\n"; }
};
main () { X x; Y y; Z z; }
```

→ *Seite 283*   **6.2 Implementieren Sie** `CheckedIntStack::operator=()` **und**
`CheckedIntStack::size_of()`.

6.3 Welche Ausgabe liefert das nachstehende Programm, wenn es a) wie angegeben und b) ohne die dritte Zeile übersetzt wird? Worin liegt der Unterschied?

```
#include <iostream.h>
#define VIRTUAL
#define VIRTUAL virtual              // für b) entfernen
struct X {
   VIRTUAL ~X() { cout << "~X()\n"; }
};
struct Y: X {
   ~Y() { cout << "~Y()\n"; }
};
main ()
{
   X* x = new Y;
   delete x;
}
```

6.4 Ändern Sie die Definition der Klasse `Stack` **(Seite 141) derart ab, daß die Maximalgröße beim Anlegen eines Stacks angegeben werden kann (z.B.** `Stack s(100);` **für einen Stack mit maximal 100 Elementen).**

→ *Seite 283*   **6.5 Untersuchen Sie, welche Änderungen in der Definition von** `Double` **notwendig wären, um daraus eine entsprechende Klasse für zu stapelnde** `int`**- (bzw.** `long`**-,** `char`**-, ...) Elemente zu gewinnen, und unterstützen Sie diesen "copy & edit" - Prozeß durch geeignete Präprozessormakros.**

→ *Seite 284*   **6.6 Implementieren Sie** `StackableStack::clone()` **und**
`StackableStack::print()`.

→ *Seite 284*   **6.7 Änderen Sie die Klassendefinitionen von** `Base` **bzw.** `Derived` **(Seite 129), derart ab, daß das gewünschte Verhalten erzielt wird.**

7

Schablonen

1988 wurde von Bjarne Stroustrup das Konzept der *Schablonen* [templates] zur Erweiterung von C++ um sogenannte *parametrisierte Typen* vorgeschlagen. Dieser Mechanismus zur Implementation generischer Datentypen wurde im Juli 1990 vom ANSI-Standardisierungskomitee X3J16 einhellig akzeptiert[1], sodaß zu erwarten ist, daß alle C++-Übersetzer dieses Sprachkonstrukt in naher Zukunft unterstützen werden. Die Diskussion der Schablonen leidet allerdings ein bißchen darunter, daß die Beispiele vor Drucklegung dieses Buches nur teilweise praktisch erprobt werden konnten, da noch keiner der mir verfügbaren Übersetzer *Funktionsschablonen* akzeptiert.

Schablonen können als "Meta-Funktionen" aufgefaßt werden, die zur Übersetzungszeit *neue Klassen* bzw. *neue Funktionen* erzeugen. Wir werden diese beiden Varianten in den folgenden Abschnitten getrennt behandeln, wobei wir hier wieder auf unser Stack-Beispiel zurückkommen und weitere Beispiele in späteren Kapiteln behandeln.

Schablonen sind Meta-Funktionen

Klassenschablonen

Unser Ziel soll es hier sein, den ADT `Stack` möglichst getreu der Definition in Kapitel 4 (Seite 84) als parametrisierten Datentyp zu implementieren. Im Gegensatz zur generischen Variante `Stack` von Seite 141 sollen nur homogene Stapeltypen erzeugt werden, d.h., daß ein Stapel zwar über einen beliebigen, aber *eindeutigen* Elementtyp verfügt. Außerdem soll man den gewünschten Elementtyp unmittelbar, also ohne Umweg über eine Hilfsklasse wie `StackEl` o.ä.,

Ein generischer, homogener Stapeltyp

---

[1] Offen ist allerdings, ob die vorgeschlagene mehrdeutige *Syntax* in den endgültigen Standard aufgenommen werden wird. Siehe auch Fußnote 2.

speichern können.

Die Definition einer parametrisierten Klasse wird durch das Schlüsselwort `template` und eine Art formale Parameterliste in Spitzklammern eingeleitet, danach folgt eine Klassendefinition, in der auf die formalen Parameter Bezug genommen werden kann.

Im folgenden Beispiel, das auf der Implementation von Seite 92 aufbaut, wird der Elementdatentyp des Stapels parametrisiert. Außerdem ersetzen wir auch die Klassenvariable `stacksize` durch einen weiteren Schablonenparameter:

ElType
und
stacksize
sind Typ-
parameter

```
template <class ElType, int stacksize>
  class Stack {
    ElType cont[stacksize];      // Festdimensioniertes Feld
    int next;
  public:
    Stack () : next(0) {}
    Stack<ElType,stacksize>& push (const ElType& v)
    {
      cont[next++] = v;
      return *this;
    }
    Stack<ElType,stacksize>& pop() { next--; return *this; }
    ElType& top () const { return cont[next-1]; }
    int size () const { return next; }
    int is_empty () const { return next == 0; }
  };
```

Parameter
von
Schablonen
sind
typisiert

ElType und stacksize sind die formalen Parameter der Schablone. Sie sind typbehaftet; ein class Parameter repräsentiert einen *Typnamen* (allerdings nicht notwendigerweise einen Klassennamen), andere Parameter wie stacksize stellen Platzhalter für passende konstante (zur Übersetzungszeit evaluierbare) Ausdrücke dar. Sämtliche Komponentenfunktionen sind in diesem Beispiel inline, normale Definitionen werden im übernächsten Abschnitt behandelt.

Referen-
zieren einer
Schablone

Verwendet wird ein parametrisierter Typ unter Angabe des Namens, gefolgt von einer in Spitzklammern angeführten Liste aktueller Parameter, wie man bereits den obigen Definitionen von push() und pop() entnehmen kann[2]. Der Compiler erzeugt daraus automatisch die entsprechende Klassendefinition, falls sie noch nicht existiert[3].

---

[2] Die Spitzklammern zur Abgrenzung der Parameterliste führen zu Mehrdeutigkeiten, wenn die Operatoren < oder > in Parameterausdrücken auftreten. Ist beispielsweise eine Schablone template <int i> class S; definiert, so ist unklar, ob mit S<a>(b)>c; der Vergleich (S<a>(b)) > c; (b ist Argument des Konstruktors von S<a>) oder die Definition S<(a>b)> c; (c ist Objekt der Klasse S<0> oder S<1>) gemeint ist.

[3] Zwei parametrisierte Klassennamen bezeichnen denselben Typ, wenn die Schablonennamen ident sind und die Argumente dieselben Werte aufweisen, also etwa Stack<int, 100> und Stack<int, 10*10>.

Während in den obigen Definitionen mit `Stack<ElType, stacksize>` lediglich der gerade in Definition befindliche Stacktyp referenziert wird (z.B. als Ergebnistyp von `push()`), zeigt das folgende Programmstück einen typischeren Anwendungsfall:

```
main ()
{
   Stack<int, 100> si;        // int-Stack, max. 100 Elemente
   Stack<double, 20> sd;      // double-Stack max. 20 Elemente
   si.push(1);
   sd.push(3.14);
   ...
   int i = si.top();
   ...
   double d = sd.top();
   ...
   si.push(sd.top()); // Automatische Konversion double→int
}
```

Ein Programm mit zwei verschiedenen Stacks

Da für jeden benötigten Elementtyp eine eigene Stackklasse erzeugt wird, ist sichergestellt, daß ein bestimmter Stapel ausschließlich Elemente von ein und demselben Typ enthält. Bei nicht typkonformer Benützung wird vom Compiler entweder eine Fehlermeldung ausgegeben oder eine Typkonversion durchgeführt, wie etwa im Ausdruck `si.push(sd.top())` im obigen Beispiel.

Typsicherheit

Der Preis für diese Typsicherheit kann allerdings hoch sein: Jede Instanzierung einer Klassenschablone erzeugt natürlich neuen Code für alle Methoden der Klasse. Wenn wie in unserem Beispiel diese Methoden größtenteils `inline` vereinbart sind, ergibt sich daraus kein besonderes Problem; größere nicht-`inline`-Methodendefinitionen können allerdings unangenehme Speichervergeudung verursachen. In einem solchen Fall empfiehlt es sich, die Schablonen mit *Ableitung* von generischen Klassen zu kombinieren. Die durch den Schablonenmechanismus erzeugten Unterklassen sorgen für Typsicherheit, während alle aufwendigen Methoden nur in der Basisklasse codiert sind, wodurch Codeduplizierung minimal gehalten werden kann. Diese Vorgangsweise soll im folgenden demonstriert werden.

Nachteil: Codeduplizierung;..

..kann durch Vererbung vermieden werden

Eine geeignete Basisklasse für eine Stackschablone ähnelt dem generischen Stacktyp von Kapitel 6 auf Seite 141, wobei wir die Klassenvariable `stacksize` zur Instanzvariablen machen, um Stacks unterschiedlicher Größe zuzulassen. Außerdem wollen wir im Feld `cont` statt `StackEl`-Zeigern `void`-Zeiger abspeichern, um an dieser Stelle jegliche Typbindung aufzuheben. Dieses Sicherheitsmanko in der Basisklasse soll in den abgeleiteten Klassen wieder kompensiert werden. Um die unmittelbare Verwendung von Objekten vom Basistyp `Stack` zu vermeiden, werden alle wesentlichen Methoden als `protected` vereinbart:

<table>
<tr><td>

Basisklasse
für Stack-
Schablonen

</td><td>

```
class BasisStack {
  const int stacksize;
  void** cont;
  int next;
 protected:
  BasisStack (int s)
  : stacksize(s), cont(new void*[s]), next(0) {}
  ~BasisStack () { delete cont; }
  BasisStack& push (void* p)
  {
    cont[next++] = p;
    return *this;
  }
  BasisStack& pop () { next--; return *this; }
  void* top () const { return cont[next-1]; }
  int size () const { return next; }
  int is_empty () const { return next == 0; }
};
```

</td></tr>
</table>

Die Schablone selbst leitet eine (typsichere) Klasse von diesem
privaten Basistyp ab und exportiert alle Stackmethoden, die auf Grund
ihrer Trivialität in der abgeleiteten Klasse typischerweise inline
sind, womit der durch die Ableitung bedingte zusätzliche Aufwand
minimiert wird:

<table>
<tr><td>

Schablone
für Stack-
unter-
klassen

</td><td>

```
template <class ElType, int stsize>
  class Stack : private BasisStack {
   public:
    Stack () : BasisStack(stsize) {}
    Stack<ElType,stsize>& push (const ElType& v)
    {
      BasisStack::push((void*)&v); return *this;
    }
    Stack<ElType,stsize>& pop ()
    {
      BasisStack::pop(); return *this;
    }
    ElType& top () const
    {
      return *(ElType*)BasisStack::top();
    }
    int size () const { return BasisStack::size(); }
    int is_empty () const { return BasisStack::is_empty(); }
};
```

</td></tr>
</table>

Die relativ brutal anmutende Typkonversion von void* auf ElType&
in der Methode top() ist in Wirklichkeit allerdings gutartig: Es ist ja
durch push() garantiert, daß alle Stackelemente *tatsächlich* vom Typ
ElType sind, weshalb die Konversion in allen Fällen wohldefiniert ist.

<table>
<tr><td>

Spezifika-
tion von
Ausnahmen

</td><td>

In manchen Fällen ist es günstig, für ein bestimmtes Mitglied der von
einer Schablone erzeugten Typfamilie eine von der Schablone
abweichende Implementation anzugeben. Dies kann einfach durch
explizite Definition des Sonderfalles (*nach* Vereinbarung der
zugehörigen Klassenschablone) erreicht werden, wie das folgende
Beispiel eines parametrisierten Mengendatentyps zeigt:

</td></tr>
</table>

```
template <class ElType>
  class Set { ...          // Suchbaum-basierte Implementation
};
class Set<char> { ...       // Maximale Kardinalität = 256
  char is_member[256/8];      // Bitstring-Repräsentation
};
```

Die Regel..

..und ihre Ausnahme

Hier würde z.B. eine Menge des Typs `Set<int>` als Suchbaum repräsentiert, während für `Set<char>` unter Ausnützung der begrenzten Maximalgröße die Ausnahmeregelung in Kraft träte, in der jedem potentiellen Mengenelement ein Bit eines Bitstrings entspricht, dessen Wert die Zugehörigkeit des Elements zur Menge kodiert.

Funktionsschablonen

Eine Funktionsschablone definiert eine Familie überladener Funktionen, deren Mitglieder im Bedarfsfall automatisch erzeugt werden. Syntaktisch gleicht eine Funktionsschablone einer Klassenschablone, wobei natürlich an Stelle der Klassendefinition eine Funktionsdefinition tritt.

Eine einzige Definition für eine ganze Reihe strukturell identer Funktionen

Betrachten wir als Beispiel die in Kapitel 3 auf Seite 67 definierte Schar an `max()`-Funktionen, die das Maximum ihrer Argumente zurückgeben. Diese Funktionsfamilie kann durch Funktionsschablonen wesentlich konziser spezifiziert werden:

```
template <class T>
  T max (int n_arg, T a, T b, ...);
```

Schablone für Maximumsfunktionen

Um nun z.B. das Maximum `m` dreier `double`-Werte `x`, `y` und `z` zu bestimmen, wird die Funktion *wie eine normale Funktion* aktiviert:

```
double x, y, z;
...
double m = max(3, x, y, z);
```

Der Aufruf erfolgt wie bisher,..

Im Gegensatz zu Klassenschablonen sind also bei der Verwendung von Funktionsschablonen *keine* aktuellen Schablonenargumente (wie etwa `max<double>(3,x,y,z)`) notwendig, da die Auswahl und eventuelle Generierung der geeigneten Variante auf Grund der Datentypen der Funktionsargumente erfolgen. Der Compiler sucht bei der Übersetzung des obigen Aufrufs zunächst eine exakt entsprechende (normale) Funktion. Wird keine solche gefunden, werden alle verfügbaren Funktionsschablonen auf eine potentiell *exakt* (also ohne jegliche Argumentkonversion) passende Variante untersucht; falls eine solche gefunden wird (wie in diesem Beispiel), wird die Funktion aus der Schablone generiert und aufgerufen. Andernfalls wird versucht, durch normale Homonymauflösung eine Entsprechung unter den Funktionen gleichen Namens zu finden (siehe Kapitel 3, Seite 69).

..erzeugt aber unter Umständen erst die passende Definition

Methodenschablonen

Definition von Methoden außerhalb der Klassenschablone

Jede Komponentenfunktion in einer Klassenschablone stellt implizit eine Funktionsschablone mit demselben Schablonenkopf wie die Klassenschablone dar. Nehmen wir an, die Komponente `push()` der Stackschablone von Seite 146 wäre dort nicht `inline` definiert, sondern lediglich deklariert. Eine Definition außerhalb der Klassenschablone müßte dann lauten:

```
template <class ElType, int s>
   Stack<ElType,s>& Stack<ElType,s>::push (const ElType& v)
   { cont[next++] = v; return *this; }
```

Die aktuellen Schablonenargumente werden beim Aufruf von `push()` aus dem Typ des Objekts, auf das die Funktion angewandt wird, abgeleitet:

```
Stack<char, 20> s;
s.push('X');                              // Stack<char,20>::push()
```

Konstruktoren ändern ihren Namen nicht

Zu beachten ist, daß der Funktionsname selbst die Tatsache, daß er eine Schablonenfunktion bezeichnet, *nicht* widerspiegelt. Bei Konstruktoren mag das zunächst etwas eigenartig erscheinen. Die korrekte Form einer Konstruktordefinition im Kontext des obigen Beispiels lautet etwa:

Ein außerhalb der Schablone definierter Konstruktor

```
template <class ElType, int s>
   Stack<ElType,s>::Stack() : next(0) {}
```

Falsch wäre hingegen

```
template <class ElType, int s>
   Stack<ElType,s>::Stack<ElType,s>() : next(0) {}
```

Übungsaufgaben

→ *Seite 285* 7.1 Entwerfen Sie eine Klassenschablone für eine abgesicherte Stackvariante, deren Parameter den Elementtyp, die Stapelgröße sowie eine Fehlerbehandlungsfunktion vom Typ `errfn` bestimmen. Dabei sei `errfn` wie folgt definiert:

```
typedef void (* errfn) (char* errortext);
```

Eine solche Funktion soll im Fehlerfall, also z.B., falls der Stapel überläuft, aufgerufen werden. Ihr Parameter sei ein Text, der den Fehler beschreibt.

→ *Seite 285* 7.2 Verallgemeinern Sie die Lösung der Aufgabe 5.1 auf beliebige Elementtypen.

→ *Seite 286* 7.3 Lösen Sie die Aufgabe 6.5 mit Hilfe von Schablonen.

8

Ausnahmebehandlung

Fehlerbehandlung kann in vielen Programmiersprachen zu einer ermüdenden Aufgabe werden. Ein typisches Szenario ist das Auftreten eines "schweren" Fehlers wie Speicherüberlauf, Division durch Null, Autismus eines Peripheriegerätes o.ä. in einer Hilfsroutine "unterster Ebene"[1]. Diese Funktion gibt also einen Fehlercode an die rufende Routine zurück, welche diesen Code überprüft und ihrerseits einen entsprechenden Code an die übergeordnete Routine übermittelt usw. usf. - kurz, ein großer Teil des Programms ist damit beschäftigt, Fehlercodes kaskadenartig weiterzuleiten, wobei die eigentliche Reaktion auf den Fehler ohnehin nur der Routine auf "oberster Ebene" vorbehalten bleibt. Die Grundidee der *Ausnahmebehandlung* [exception handling] ist nun, daß die für die Reaktion auf die Fehlersituation verantwortliche Routine im vorhinein definiert, was im Fehlerfall zu tun ist, sodaß jene Routine, die den Fehler unmittelbar entdeckt, bereits die passende Fehlerbehandlung auslösen kann.

Ausnahmebehandlung vermeidet staffelartiges Weitergeben von Fehlercodes..

In C++ hat die Ausnahmebehandlung einen ähnlichen Status wie Schablonen: Der hier vorgestellte Vorschlag von Andrew Koenig und Bjarne Stroustrup [9], der syntaktisch auf den drei neuen Schlüsselworten `catch`, `throw` und `try` aufbaut, wurde im November 1990 vom ANSI-Komitee X3J16 akzeptiert; Implementationen stehen allerdings derzeit noch aus.

..und wird in den ANSI-Standard aufgenommen

Das Grundprinzip soll an Hand eines konkreten Beispiels erläutert werden. Stellen wir uns einen Kommandointerpreter eines Betriebssystems vor, der in einer Endlosschleife jeweils einen Befehl einliest

---

[1] Die Ausnahmebehandlung in C++ ist nur für sogenannte *synchrone* Ausnahmebedingungen (wie die hier aufgezählten) konzipiert; *asynchrone* wie Unterbrechungen [interrupts] werden nicht unterstützt.

und anschließend ausführt. Zu diesem Zweck sei eine abstrakte Basisklasse `Command` definiert, die über eine statische Methode zur Erzeugung eines Objekts verfügt, das je nach Benutzereingabe irgendeiner von `Command` abgeleiteten konkreten Unterklasse angehört[2]. Die wichtigste virtuelle Funktion ist `perform()`, die in der Lage ist, "ihren" Befehl auszuführen. Ohne auf weitere Details einzugehen, sei das Konzept im folgenden Programmauszug skizziert:

Abstrakte Kommandointerpreter-Anweisung

```
class Command {
 public:                                      // Befehle können
   static Command* read_and_create (istream&);  // erzeugt,
   virtual void perform () = 0;                 // ausgeführt
   virtual ~Command () {}                 // und eliminiert werden
};
```

Konkrete Anweisung:

```
class Copy: public Command {          // Kopiere eine Datei
   void perform ();
   ~Copy();
};
```

Rumpf des Kommandointerpreters

```
main ()
{
   for (;;)            // Endlosschleife zur Befehlsabarbeitung
   {
      cout << "Nächster Befehl: ";
      Command* c = Command::read_and_create(cin);
      if (c != 0)                          // Befehl ist gültig
      {
         c->perform();
         delete c;
      }
   }
}
```

Nun können in `perform()` natürlich diverse Ausnahmezustände auftreten; z.B. könnte bei `Copy::perform()` der verfügbare Plattenplatz zu Ende gehen. Ein anderer denkbarer Fehler wäre, daß ein Peripheriegerät, z.B. ein Drucker, nicht antwortet. Während im ersten Fall eine fixe Meldung der Art "Die Platte ist leider voll; löschen Sie bitte einige Dateien, bevor Sie weitermachen" ausreicht, wäre im zweiten Fall die Angabe der entsprechenden Geräteadresse in der Fehlermeldung vorteilhaft.

Beim Entwurf einer geeigneten Ausnahmebehandlung beginnen wir damit, für die vorgesehenen Fehlerfälle eigene Datentypen zu definieren:

Eigene Klassen für diverse Fehlerarten

```
class DiskFull {};                          // "Dummy"-Datentyp
class DeviceNotReady {
 public:
   const char* address;
   DeviceNotReady (const char* addr) : address(addr) {}
};
```

---

[2] Eine solche Routine wird im OO-Jargon als *virtueller Konstruktor* bezeichnet; wir werden dieses Konzept später noch ausführlicher diskutieren.

Diese Datentypen sind ziemlich trivial, ihr Hauptzweck ist, wie wir gleich sehen werden, die Auswahl einer geeigneten Fehlerbehandlungsroutine nach den Prinzipien der Homonymauflösung.

Das Hauptprogramm wird nun wie folgt abgesichert:

```cpp
main ()
{
  for (;;) {
    cout << "Nächster Befehl: ";
    Command* c = Command::read_and_create(cin);
    if (c != 0) {                         // Befehl ist gültig
      try {
        c->perform();
      }
      catch (DiskFull&) {
        cout << "Die Platte ist leider voll ... ";
      }
      catch (DeviceNotReady& dvnr) {
        cout << "Das Gerät mit Adresse " << dvnr.address
             << "antwortet nicht!";
      }
      delete c;
    }
  }
}
```

Kommandointerpreter mit Fehlerbehandlungsroutinen für `DiskFull` *und* `DeviceNotReady`

Wenn im angegebenen `try`-Block eine Ausnahmesituation auftritt (siehe unten), wird an das Ende des Blocks verzweigt und - je nach Datentyp der Ausnahme - eine geeignete Fehlerbehandlungsroutine [exception handler] aus der Liste der dort definierten `catch`-Routinen ausgewählt. Am Beispiel von `catch(DiskFull&)` wird deutlich, daß der Parameter im einfachsten Fall nur *zur Auswahl* der Routine dient und keinerlei weitere Information trägt (daher ist auch gar kein Name für ihn notwendig).

`try` verbindet einen Anweisungsblock mit einer Reihe von Fehlerbehandlungsroutinen (`catch()`), welche den einzelnen Ausnahmen auf Grund ihrer formalen Parametertypen zugeordnet werden

Betrachten wir nun, wie innerhalb des `try`-Blocks bzw. einer Funktion, die von diesem aus aufgerufen wurde, ein Ausnahmezustand (im folgenden kurz "Ausnahme" genannt) signalisiert werden kann. Nehmen wir dazu an, daß `Copy::perform()` mit Hilfe der UNIX-Systemroutine `write()` eine Datei beschreibt. `write()` erhält die Anzahl der zu übertragenden Zeichen als dritten Parameter übergeben und liefert die Anzahl der tatsächlich übertragenen Zeichen als Funktionswert zurück:

Mittels `throw` *wird eine Ausnahme signalisiert*

```cpp
void Copy::perform ()
{
  int file;
  char buf[1024];
  unsigned bufsize;
  ...
  if (write(file, buf, bufsize) < bufsize)    // Zu wenig
    throw DiskFull();                          // übertragen!
  ...
}
```

Durch `throw` *werden alle aktivierten Funktionen korrekt verlassen und alle automatischen Objekte destruiert*

Wenn durch die `throw`-Anweisung[3] eine Ausnahme aktiviert wird, wird die Kontrolle an die nächstliegende Fehlerbehandlung übergeben, die einen passenden Argumentdatentyp aufweist ("nächstliegend" bedeutet dabei, daß bei mehreren geschachtelten `try`-Blöcken jener noch nicht verlassene Block benützt wird, der als letztes aktiviert wurde, sofern er über eine entsprechende `catch`-Routine verfügt). Bei diesem "Sprung", den man sich als eventuell "mehrstufige" `return`-Anweisung vorstellen kann, werden alle automatischen Objekte, die seit der Aktivierung des entsprechenden `try`-Blocks angelegt wurden, ordnungsgemäß eliminiert, wobei gegebenenfalls geeignete Destruktoren aufgerufen werden[4]. In unserem Beispiel wird also etwa der Speicherplatz von `file`, `buf` und `bufsize` freigegeben, bevor die `DiskFull`-catch-Routine aktiviert wird. Dieser "Stack-Abbau"-Prozeß wird im Englischen als *stack unwinding* bezeichnet.

Im `throw`-Ausdruck wird ein temporäres Objekt erzeugt, mit dem das entsprechende `catch`-Argument initialisiert wird. Die Semantik entspricht dabei im wesentlichen jener der Parameterübergabe bei normalen Funktionen.

Rückkehr zur `throw`*-Anweisung ist nicht möglich*

Nach Abarbeitung der aktivierten `catch`-Routine wird mit der auf den `try`-Block folgenden Anweisung fortgesetzt; *es ist nicht möglich, an die Stelle des* `throw`*-Ausdrucks zurückzukehren*[5].

`throw` *ohne Operand reaktiviert die Ausnahme*

Innerhalb von `catch`-Routinen kann die gerade behandelte Ausnahme durch Angabe eines `throw`-Ausdrucks *ohne* Operanden explizit neu signalisiert werden; in diesem Fall wird eine passende `catch`-Routine eines übergeordneten `try`-Blocks aktiviert. Dieser Routine wird dabei dasselbe Argument wie der ursprünglichen `catch`-Routine übergeben.

Strukturierte Ausnahmebehandlung

`throw`-Anweisungen können angekündigt werden

Da "wildes" Aktivieren von Ausnahmebehandlungen eine offensichtliche Verletzung der Prinzipien der strukturierten Programmierung darstellt, ist es in C++ vorgesehen, die Ausnahmen, die von einer Funktion möglicherweise signalisiert werden, im Funktionskopf zu deklarieren. Die Routine `Copy::perform()` könnte demgemäß wie folgt vereinbart werden:

---

[3]   Es handelt sich dabei eigentlich um einen unären *Ausdruck* vom Typ `void`.

[4]   Das ist ein wesentlicher Vorteil gegenüber der Ausnahmebehandlung mit den C-Routinen `setjmp()` und `longjmp()`.

[5]   Dies soll helfen, Anwendungsprogramme einfacher zu halten: Die Verursacherroutinen brauchen auf diese Weise nie für den Fall vorzusorgen, daß die Kontrolle *möglicherweise* wieder an sie zurückkehrt, was den Vorteil der Ausnahmebehandlung wieder zunichte machen würde.

```
void Copy::perform () throw (DiskFull)
{
    ...
}
```

An Stelle von `DiskFull` kann allgemein eine Liste aller (durch Kommata getrennter) Ausnahme-Datentypen angeführt werden. Ist diese Liste leer, wie in

```
void f() throw();
```

wird dokumentiert, daß die Funktion *gar keine* Ausnahmen zu aktivieren gedenkt.

Diese freiwillige Ausnahmen-Beschränkung ist allerdings nicht zur Übersetzungszeit kontrollierbar (die Funktion `f()` könnte ja ihrerseits Funktionen aufrufen, über deren "Ausnahme-Verhalten" keinerlei Information vorliegt). Aus diesem Grunde wird im Falle der Aktivierung einer unerlaubten Ausnahme die Funktion `unexpected()` aufgerufen, die das Programm normalerweise durch Aufruf der Funktion `terminate()` abbricht[6].

throw-Deklarationen werden erst zur Laufzeit überprüft; die Art der Reaktion im Fehlerfall kann definiert werden

Die Semantik von `unexpected()` kann allerdings beeinflußt werden, indem vorher die Funktion `set_unexpected()` mit einem geeigneten Funktionsparameter aufgerufen wird. Die als Parameter übergebene Funktion wird dann in der Folge an Stelle von `terminate()` von `unexpected()` aus aktiviert. `set_unexpected()` gibt übrigens die zuletzt installierte `unexpected()`-Behandlungsfunktion zurück.

Ein Beispiel soll dies verdeutlichen:

```
#include <exception.h>
typedef void (*func)(); // Definiert den Funktionstyp func
void f() throw()     // f() entsagt sich aller Ausnahmen ...
{
    throw "Leider doch!"; // hält aber das Versprechen nicht!
}
void aetsch ()           // Soll an Stelle von terminate()
{                                        // benützt werden
    cout << "Ätsch!\n";
    throw;      // Reaktiviert die aktuelle Ausnahmebedingung
}
void main()
{                       // aetsch() an Stelle von terminate()
    func orig = set_unexpected(aetsch);   // installieren und
                             // terminate() in orig merken
    try { f(); }
    catch (...) {
        cout << "Hoppla!\n";
    }
    set_unexpected(orig);           // Status quo herstellen
}
```

f() verzichtet offiziell auf throw-Anweisungen, führt dennoch eine durch - worauf aetsch() aktiviert wird

catch(...) behandelt Ausnahmen aller Art

---

[6] All diese Funktionen sind in `exception.h` deklariert.

In `f()` wird im Widerspruch zur `throw`-Deklaration eine `char*`-Ausnahme signalisiert. Dadurch wird `unexpected()` aufgerufen; `unexpected()` aktiviert allerdings nicht mehr `terminate()`, sondern `aetsch()`, womit der Text "Ätsch" ausgegeben wird. Da der Mechanismus, der `unexpected()` aufruft, im Prinzip eine versteckte `catch`-Routine ist, muß `aetsch()` durch die Anweisung `throw;` die aktuelle Ausnahme neuerlich signalisieren, damit die Kontrolle an das Ende des `try`-Blocks in `main()` verzweigt. Dort ist eine "Wald-und-Wiesen"-`catch`-Routine installiert, deren Argumenttyp "`...`" jedem Ausnahmetyp entspricht, sodaß die in `f()` signalisierte und in `aetsch()` neuerlich aktivierte `char*`-Ausnahme "abgefangen" wird.

Am Schluß der Funktion `main()` wird durch einen neuerlichen Aufruf von `set_unexpected()` der Status quo wiederhergestellt.

Vier Fälle
für termi-
nate()

Die Funktion `terminate()` wird nicht nur von `unexpected()` aufgerufen, sondern auch aktiviert, wenn

- für eine Ausnahme keine passende `catch()`-Routine existiert,

- der Ausnahme-Mechanismus den Laufzeit-Stack in einem inkonsistenten Zustand vorfindet und ihn daher nicht ordnungsgemäß abbauen kann, oder

- ein im Zuge des Stack-Abbaus aktivierter Destruktor seinerseits eine Ausnahme signalisiert.

Änderung
der
Semantik
von termi-
nate()
durch
set_ter-
minate()

`terminate()` ruft normalerweise die Funktion `abort()` auf, um das Programm abzubrechen. Ähnlich wie oben für `unexpected()` beschrieben, kann jedoch auch die Semantik von `terminate()` beeinflußt werden, indem die Funktion `set_terminate()` mit einem Zeiger auf eine parameterlose `void`-Funktion aufgerufen wird. Die übergebene Funktion wird ab diesem Zeitpunkt von `terminate()` an Stelle von `abort()` aufgerufen. Sie muß jedoch das Programm letzten Endes ebenfalls beenden; eine normale Rückkehr zur rufenden Funktion `terminate()` ist verboten.

Standardausnahmen

Standard-
ausnahmen
werden von
xmsg abge-
leitet

Seit der Aufnahme der Ausnahmebehandlung in den vorläufigen Sprachstandard wird innerhalb des X3J16-Komitees über eine mögliche "Grundausstattung" an Ausnahmen diskutiert, die in den üblichen Fehlersituationen, wie etwa Versagen des Operators `new`, aktiviert werden sollten. Nach einem Vorschlag von Jerry Schwarz [15] sollten alle Standardausnahmen von einer Basisklasse `xmsg` abgeleitet werden, die (zumindest) einen Text enthält, der die Fehlerursache charakterisiert:

```
class xmsg {
 public:
   xmsg (const char* msg);
   const char* why ();
};
```


Dieses Konzept unterstützt die (halbwegs) sinnvolle Reaktion auf Ausnahmen, die in "unbekannten" Programmteilen auftreten. Nehmen wir an, wir müßten eine im Detail unbekannte "Black-Box"-Routine `r()` aufrufen und würden gerne alle in ihr eventuell aktivierten Ausnahmen abfangen. Dazu besteht normalerweise nur folgende Möglichkeit:


```
try {
   r();
}
catch (...) {           // Keinerlei Information vorhanden!
   cerr << "Unklarer Fehler in r() aufgetreten!\n";
}
```


Durch die vorgeschlagene Konvention ließe sich jedoch in jedem Fall wenigstens die Fehlerursache ermitteln:

```
try {
   r();
}
catch (xmsg& m) {
   cerr << "Fehler in r(): " << m.why() << "\n";
}
```


Wenngleich auch derzeit noch unklar ist, ob dieses Konzept in den Standard aufgenommen wird, ist es doch zumindest im Design eigener Klassenbibliotheken berücksichtigenswert.

Übungsaufgaben

8.1 Entwerfen Sie eine Funktionsschablone `T& deref(T*)` zur Dereferenzierung eines beliebigen Zeigers, die eine Ausnahme aktiviert, wenn es sich dabei um den Nullzeiger handelt.

→ Seite 287

8.2 Implementieren Sie die in Kapitel 6 vorgestellte Klasse `CheckedIntStack` unter Ausnützung des Konzepts der Ausnahmebehandlung.

8.3 Ersetzen Sie die Fehlerbehandlung der Klasse `real` von Seite 6 durch Ausnahmebehandlung und halten Sie sich dabei an den X3J16-Vorschlag für Standardausnahmen.

→ Seite 287

9

Ein- und Ausgabe

Dieses Kapitel stellt gewissermaßen einen Januskopf zwischen dem bisherigen, eher theoretischen Teil und dem folgenden, eher anwendungsorientierten Teil dieses Buches dar. Ein- und Ausgabe gehören in C++ nämlich nicht zur Sprache selbst, sondern werden durch entsprechende Klassenbibliotheken abgedeckt, die ein Paradebeispiel für C++-*Anwendungen* darstellen. Andererseits wird die hier besprochene *iostream-Bibliothek* auch in den ANSI-Sprachstandard aufgenommen, sodaß man dabei wohl auch von einem (uneigentlichen) *Sprachbestandteil* sprechen kann. Neben diversen speziellen Ein- und Ausgabebibliotheken verschiedener Softwarehersteller stehen insbesondere auch die `scanf()`- und `printf()`-Funktionsfamilien aus C für Input/Output zur Verfügung, deren Beschreibung aber über den Rahmen dieses Buch hinausgehen würde.

Die hier vorgestellte Version der iostream-Bibliothek lehnt sich an einen Vorschlag von Jerry Schwarz an das C++-Standardisierungskomitee X3J16 [16] an, wobei allerdings im allgemeinen nur die heute bereits (und zwar konkret in der Version 2.1 von cfront) verfügbaren Teile berücksichtigt sind. Selbst die Darstellung dieser Schnittmenge kann allerdings aus Platzgründen hier nicht vollständig erfolgen; zur tatsächlichen Verwendung dieser Klassenbibliothek sei daher auf die jeweiligen Compilerhandbücher verwiesen.

Im Zuge der Vorstellung der Klasse `ostream` wird auch auf die Verwendung sogenannter *Manipulatoren* eingegangen, die durch Seiteneffekte innerhalb von Ausdrücken besonders konzisen Code erlauben.

Dieses Kapitel wird durch Kapitel 13 ergänzt, in dem die Ein- und Ausgabe von komplexen Objektstrukturen behandelt wird.

Strukturüberblick

Der hier nicht übersetzte Terminus technicus *Stream* bezeichnet ganz allgemein den Datenfluß (wörtlich Daten*strom*) zwischen einer Quelle und einer Senke, unabhängig von deren speziellen Ausprägungen. In der iostream-Bibliothek sind Klassen definiert, die sowohl Dateien als auch Hauptspeicherbereiche als Quellen bzw. Senken eines Streams erlauben. Herzstücke dieser Bibliothek sind zwei Klassenhierarchien mit den Wurzeln `streambuf` und `ios`: Die `streambuf`-Klassen enthalten grundlegende Methoden zur *un*formatierten Stream-Manipulation, während die von `ios` abgeleiteten Klassen eine bequeme Schnittstelle zur formatierten Ein- und Ausgabe über ein in ihnen gekapseltes `streambuf`-Objekt bieten. Diese Schnittstelle ist Gegenstand dieses Kapitels; die `streambuf`-Klassen werden nur am Rande behandelt.

Streams verbinden das Programm mit Dateien bzw. mit anderen Hauptspeicherbereichen

Die beiden Klassenhierarchien lauten gemäß [16][1]:

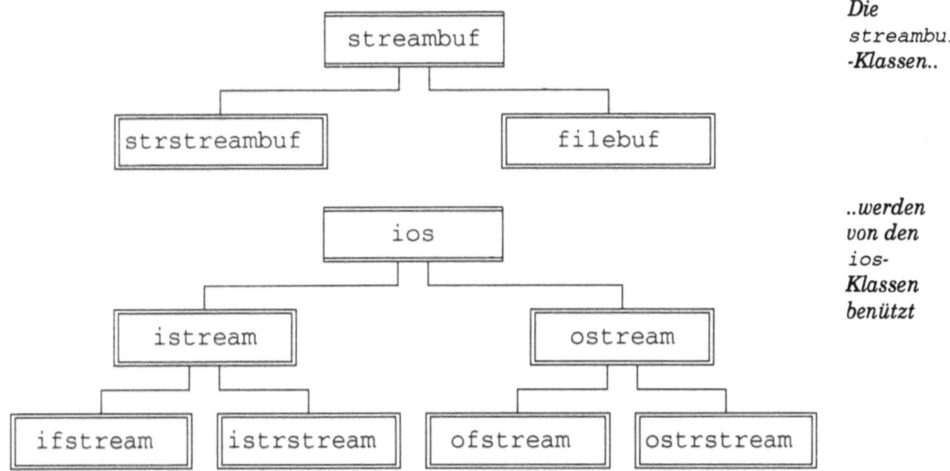

Die streambuf -Klassen..

..werden von den ios- Klassen benützt

Die Spezialisierungen der abstrakten Basisklasse `streambuf` repräsentieren im wesentlichen Dateien (`filebuf`) bzw. Zeichenketten im Hauptspeicher (`strstreambuf`). Je nachdem, auf welche dieser Varianten der `streambuf`-Zeiger in einem `ios`-Objekt zeigt, entstehen die `ios`-Klassen `ifstream` und `ofstream` (ihre Instanzen enthalten je einen Zeiger auf ein `filebuf`-Objekt) bzw. `istrstream` und `ostrstream` (mit Zeigern auf ein `strstreambuf`-Objekt).

---

[1] In dieser Variante fehlen die in einigen Implementationen durch gleichzeitige Ableitung von `istream` und `ostream` gewonnenen `iostream`-Klassen. Dieser Ansatz vermeidet den mit Mehrfachvererbung verbundenen Aufwand, bringt jedoch keine funktionalen Einbußen mit sich. Eine weitere Besonderheit ist die Definition von Zuweisungsoperatoren in `istream` bzw. `ostream`, womit spezielle `"_withassign"`-Unterklassen von `istream` bzw. `ostream` obsolet geworden sind.

Die Klasse Die abstrakte Basisklasse `ios` definiert etliche Methoden, die auf alle
ios Stream-Varianten anwendbar sind, wie zum Beispiel Fehlerbehandlung oder Formatspezifikationen. Zu diesem Zweck werden
auch einige Aufzähltypen eingeführt, deren Ausprägungen als
Argumente oder Ergebniswerte dieser Methoden dienen. Die wichtigsten `ios`-Methoden werden im folgenden nach und nach vorgestellt.

Die Header- Die für die Verwendung der einzelnen Klassen notwendigen Header-
dateien dateien sind `<iostream.h>` für `ios`, `istream` und `ostream`,
`<streambuf.h>` für `streambuf`, `<strstream.h>` für `istrstream`
und `ostrstream`, sowie `<fstream.h>` für `ifstream` und `ofstream`.

In `<iostream.h>` sind auch die drei immer verfügbaren Stream-
variablen `cin`, `cout` und `cerr` deklariert:

```
extern istream cin;
extern ostream cout, cerr;
```

cin, cout `cin` ist mit dem Standardeingabegerät verknüpft, das im interaktiven
und cerr Betrieb die Tastatur repräsentiert. `cout` entspricht der Standard-
dienen zur ausgabe, `cerr` der Standard*fehler*ausgabe. Beide sind im allgemeinen
"normalen" dem Bildschirm zugeordnet; der Unterschied besteht darin, daß `cout`
Kommuni- auf Betriebssystemebene üblicherweise umgeleitet werden kann,
kation mit während `cerr` normalerweise mit dem Bildschirm verknüpft *bleibt*,
dem Be- was sich besonders zur Ausgabe von Fehlermeldungen an den inter-
nutzer aktiven Benutzer eignet.

Ausgabe

Formatierte Für die formatierte Ausgabe stellt die Klasse `ostream` die uns bereits
Ausgabe wohlvertraute Familie überladener `operator<<()`-Methoden zur
erfolgt via Verfügung. Der hier im weiteren als *Ausgabeoperator*[2] bezeichnete
<< Operator `<<` hat die Signatur

```
ostream& ostream::operator<< (ARG-TYPE);
```

wobei für alle fundamentalen Datentypen ARG-TYPE (außer `void` natürlich) entsprechende Varianten existieren, inklusive der Zeigerdatentypen `char*` zur Zeichenketten- und `void*` zur Adreßwertausgabe.

Eine ios- Je nach auszugebendem Datentyp kann die Standardformatierung auf
Instanz- unterschiedliche Weise beeinflußt werden. Beispielsweise können
variable ganze Zahlen sowohl in dezimaler, als auch in oktaler und in hexadezi-
beeinflußt maler Form ausgegeben werden. Dies wird von einem `long int`-Wort
die Dar- je `ios`-Objekt gesteuert, dessen einzelne Bits diverse Formatierungs-
stellungs-
form..

---

[2] Die englische Bezeichnung *insertion operator*, die die Richtung des Datenflusses
aus der Sicht des Streams bezeichnet, erscheint mir etwas irreführend.

informationen tragen, die die Semantik der Ein- und Ausgabeoperationen beeinflussen. In der Klasse `ios` ist für diese Bits auch ein
entsprechender Aufzähltyp definiert, dessen Ausprägungen Zweier-
potenzen darstellen, die hier der Kürze halber (und weil sie
implementationsabhängig sind) nicht angegeben sind:

```
enum fmt_flags {
   skipws,                     // Trennzeichen sind zu ignorieren³
   left, right, internal       // Ausrichtung der Ausgabe
   dec, oct, hex               // Benütztes Zahlensystem
   showbase,                   // Ausgabe soll Zahlensystempräfixe
                               // (0, 0x) enthalten
   showpoint,                  // Dezimalpunkt wird erzwungen
   uppercase,                  // Hexadezimalziffern in Großbuchstaben
   showpos,                    // Führendes '+' bei ganzen Zahlen > 0
   scientific,                 // Gleitpunktnotation (1.23E45)
   fixed,                                   // Fixpunktnotation
   unitbuf,                    // Die Ausgabepuffer sollen nach jeder
                               // Ausgabeoperation geleert werden
   stdio,          // Die Puffer von cout und cerr sollen nach
};                 // jeder Ausgabeoperation geleert werden
```

..über einzelne Formatbits..

Das Lesen dieser Formatangaben erfolgt mit der Methode
`long ios::flags()`, verändert können sie unter anderem durch
`long ios::flags(long)` werden, wobei der ursprüngliche Wert des
Formatworts als Funktionswert zurückgegeben wird. Für viele Zwecke
stehen aber auch spezifische Zugriffsfunktionen zur Verfügung, wie etwa die Funktionen `ios& ios::dec(ios&)`, `ios& ios::oct(ios&)`
und `ios& ios::hex(ios&)` für die Angabe des gewünschten
Zahlensystems, womit wir z. B. die Zahl 17 wie folgt in allen drei
unterstützten Zahlensystemen ausgeben können:

..die durch zwei Formen der Methode `flags()` *abgefragt bzw. gesetzt werden können*

```
#include <iostream.h>
main ()
{
   cout.flags(cout.flags() | ios::showbase);
   cout << "Dezimal " << 17 << "\n";
   oct(cout);                      // Ab nun oktale Ausgabe
   cout << "Oktal " << 17 << "\n";
   hex(cout);                      // Ab nun hexadezimale Ausgabe
   cout << "Hexadezimal " << 17 << "\n";
}
```

Ausgabe ganzer Zahlen in verschie- denen Zahlen- systemen

Da durch `cout.flags(cout.flags()|ios::showbase)` das
normalerweise ausgeschaltete `showbase`-Bit in `cout` gesetzt wird, das
die Ausgabe der Zahlensystem-Präfixe (0 für oktale, 0x für
hexadezimale Zahlen) steuert, lautet die Ausgabe des obigen
Programms

```
Dezimal 17
Oktal 021
Hexadezimal 0x11
```

---

³ "Trennzeichen" steht hier für den englischen Begriff *whitespace* und bedeutet ein
beliebiges Zeichen aus der Menge {' ', '\t', '\n'}.

Dieselbe Wirkung erzielt jedoch auch das folgende, kürzere Programm:

```
#include <iostream.h>
main ()
{
   cout.setf(ios::showbase, ios::showbase);
   cout << "Dezimal " << 17 << "\n"
        << oct << "Oktal " << 17 << "\n"
        << hex << "Hexadezimal " << 17 << "\n";
}
```

setf() als
Alternative
zu flags()

Dabei wird zunächst eine andere Methode für das Setzen der Formatbits benützt:

```
long ios::setf(long setbits, long field);
```

setzt die durch den Parameter `field` gekennzeichneten Bits des Formatstatuswortes auf das durch den ersten Parameter (`setbits`) angegebene Bitmuster. Alle in `field` nicht markierten Bits des Formatstatuswortes bleiben dabei unangetastet. Die Funktion `hex(ios& i)` führt beispielsweise

```
i.setf(ios::hex, ios::hex|ios::oct|ios::dec);
```
[4]

durch, wodurch das Bit `hex` gesetzt und die Bits `oct` und `dec` gelöscht werden. Um ein einzelnes Bit `b` zu setzen, verwendet man (wie im Beispiel) `setf(b, b)`, um es zu löschen, `setf(0, b)`.

Manipula-
toren

Wesentlich interessanter ist jedoch die Art und Weise, in der im Beispiel die Funktionen `oct` und `hex` aufgerufen werden. Da sie ohne Argumente angegeben werden, genügt offenbar die Übergabe ihrer *Adresse* an den Operator `<<`, um die gewünschten Effekte zu erzielen. Es handelt sich dabei um die eingangs erwähnten *Manipulatoren*, die über die folgende Form des Ausgabeoperators aktiviert werden:

```
ostream& ostream::operator<< (ios& (*f)(ios&));
```

Sein Argument ist ein Zeiger (`f`) auf eine Funktion, die eine `ios`-Referenz erwartet und eine `ios`-Referenz zurückgibt. Genau diese Signatur weisen die Manipulatoren `dec()`, `oct()` und `hex()` auf. Um die Wirkungsweise zu verdeutlichen, sei hier eine mögliche Implementation für diese Operatorfunktion skizziert:

Ein
Applikator

```
ostream& ostream::operator<< (ios& (*f)(ios&))
{
   f(*this);
   return *this;
}
```

Da derartige Operatoren nichts anderes tun, als ihr Funktionsargument auf ihr Objekt `*this` (oder - im Falle von Nicht-

---

[4] `ios::hex|ios::oct|ios::dec` **kann durch die Konstante** `ios::basefield` **abgekürzt werden.**

komponentenfunktionen - auf ein anderes Argument) anzuwenden, werden sie auch *Applikatoren* genannt. Andere Manipulatoren sind:

Applikatoren aktivieren Manipulatoren

`flush` Leert den Ausgabepuffer; dies ist besonders für interaktive Programme von Bedeutung, wenn man sicherstellen will, daß eine Ausgabe zu einem bestimmten Zeitpunkt auch tatsächlich am Bildschirm erscheint. An Stelle dieses Manipulators kann übrigens auch die Methode `ostream::flush()` benützt werden.

`endl` Gibt `'\n'` aus und leert anschließend den Ausgabepuffer.

`ends` Gibt `'\0'` aus; dies ist speziell für `ostrstream` relevant.

In `ios` sind neben dem Formatstatuswort noch weitere Komponenten definiert, die die Formatierung beeinflussen:

Eine Instanzvariable vom Typ `int` gibt an, wieviele Zeichen von den Ausgabeoperatoren mindestens übertragen werden. Ist diese Zahl null, so werden immer gerade soviele Zeichen ausgegeben, wie notwendig sind, um den entsprechende Wert darzustellen; ist er positiv, werden zu kurze Ausgaben mit Füllzeichen (siehe unten) ergänzt. Diese Komponente wird durch die Methode `int ios::width()` gelesen und kann durch `int ios::width(int)` auf einen neuen Wert gesetzt werden, wobei der alte Wert zurückgegeben wird. Achtung: Die `width`-Komponente wird nach jedem Datentransfer, der durch sie beeinflußt wird, wieder auf null gesetzt! Das Programm

Steuerung der Ausgabe-feldbreite durch width()..

```
#include <iostream.h>
main ()
{
    cout << "Width=" << cout.width() << endl;
    cout.width(20);
    cout << "Width=" << cout.width() << endl;
}
```

..muß unmittelbar vor der betreffenden Ausgabe erfolgen

ergibt daher die Ausgabe

```
Width=0
              Width=0
```

In der ersten Zeile wird die aktuelle Ausgabebreite (0) ausgegeben. Typischerweise wird die Zahl unmittelbar an das vorhergehende Gleichheitszeichen angefügt. Danach wird die Breite umgesetzt, was sich *nur* auf die folgende Ausgabe bezieht - die Zeichenkette `"Width="` nimmt daher insgesamt 20 Stellen ein, die Zahl 0, die nachfolgt, wird aber bereits wieder unmittelbar anschließend eingetragen[5].

---

[5] Es ist nicht wohldefiniert, ob zum Schluß 0 oder 20 ausgegeben wird. Dies hängt von der Auswertungsreihenfolge der einzelnen Teilausdrücke ab, die in C++ ja nicht festgelegt ist. Sollte `cout.width()` ausgewertet werden, *bevor* `cout << "Width="` evaluiert (und damit die Breite zurückgesetzt) wird, kann noch

Rechts-
versus
links-
bündige
Darstellung

Sollen die Füllzeichen rechts vom eigentlichen Wert ausgegeben und dieser Wert dadurch linksbündig dargestellt werden, so muß das Formatbit `ios::left` gesetzt werden:

```
cout.setf(ios::left, ios::left|ios::right|ios::internal);
cout << "Width=" << cout.width() << endl;
cout.width(20);
cout << "Width=" << cout.width() << endl;
```

liefert

```
Width=0
Width=              0
```

Als zweiter Parameter von `setf()` kann hier auch die Konstante `ios::adjustfield` benützt werden. Die Ausrichtungsart `internal` fügt übrigens die Füllzeichen zwischen Vorzeichen und Betrag ein.

Ändern des
Füll-
zeichens:
`fill()`

Das Zeichen, das zum Auffüllen des Ausgabefeldes benützt wird - normalerweise das Leerzeichen - ist ebenfalls in einer `ios`-Instanz-variable gespeichert. Es kann durch die Methode `ios::fill()` abgefragt und durch `ios::fill(int c)` auf den Wert c gesetzt werden. Wie üblich gibt diese Funktion das ursprüngliche Füllzeichen zurück.

Festlegen
der
Ausgabe-
genauigkeit
(preci-
sion())..

Um bei Gleitkommaausgaben eine bestimmte Anzahl von Nach-kommastellen zu erhalten, kann eine weitere `ios`-Komponente durch die Methoden `precision()` (Anzahl der Nachkommastellen lesen) und `precision(int)` (umsetzen) verwaltet werden. Diese Angabe wird als *Maximum* interpretiert, d.h., es werden zwar überflüssige Nachkommastellen abgeschnitten, jedoch rechts *keine* Nullen ange-hängt, falls der Nachkommaanteil *zu kurz* ist. Dies kann allerdings er-zwungen werden, indem das Formatbit `ios::showpoint` gesetzt wird.

..und der
Notations-
form für
`float`- *und*
`double`-
Zahlen

Bei Gleitkommazahlen ist darüber hinaus anzugeben, ob sie im Gleitpunkt- oder im Fixpunktformat ausgegeben werden sollen. Dementsprechend ist entweder das Formatbit `ios::fixed` oder `ios::scientific` zu setzen.

Das Drucken einer Betragszahl auf einem Scheckdrucker könnte also beispielsweise wie folgt programmiert werden:

Fälschungs-
sichere
Ausgabe
von Geld-
beträgen

```
#include <iostream.h>
main ()
{
   double Betrag = 2377.5;
   cout.width(10); // Betragsfeld sei insgesamt zehnstellig
   cout.fill('=');    // Füllzeichen zur Fälschungssicherung
   cout.precision(2);          // Genau zwei Nachkommastellen
   cout.setf(ios::showpoint, ios::showpoint);           // im
   cout.setf(ios::fixed, ios::floatfield);       // Fixpunkt-
   cout << Betrag << "$";               // format erzwingen
}
```

---

der alte Wert, nämlich 20, ausgegeben werden.

(`ios::floatfield` ist eine Abkürzung für `ios::fixed` |
`ios::scientific`) Die Ausgabe würde lauten:

```
===2377.50$
```

Für Formatierungsangaben, die wie die obigen ein Argument
benötigen, stehen in `iomanip.h` auch *parametrisierte Manipulatoren*
zur Verfügung:

`setfill(int c)`	Setzt das Füllzeichen auf c.	*Parametri-*
`setw(int n)`	Setzt die Ausgabebreite auf n.	*sierte Mani-*
`setprecision(int n)`	Setzt die Gleitkommagenauigkeit auf n.	*pulatoren*
`setbase(int n)`	Setzt die Zahlenbasis auf n (8, 10, 16).	

Das obige Programm kann daher auch kürzer formuliert werden:

```
#include <iomanip.h>
main ()
{
   double Betrag = 2377.25;
   cout.setf(ios::showpoint, ios::showpoint);
   cout.setf(ios::fixed, ios::floatfield);
   cout << setw(10) << setprecision(2) << setfill('=')
        << Betrag << "$";
}
```

Die Implementation parametrisierter Manipulatoren ist etwas
komplizierter als jene für parameterlose Manipulatoren. Betrachten
wir zum Beispiel die Deklaration von `setw()`:

```
smanip_int setw (int n);
```

wobei `smanip_int` einen Mittlerdatentyp darstellt[6]:

```
class smanip_int {
   ios& (*fn)(ios&, int);   // Funktion, die die eigentliche
                            // Manipulation durchführt
   int arg;                 // Der dafür notwendige Parameter
   public:
   smanip_int(ios& (*f)(ios&, int), int a)   // Konstruktor
      : fn(f), arg(a) { }
   friend ostream& operator<<(ostream& s, smanip_int& f)
   {                                          // Applikator
      f.fn(s, f.arg);
      return s;
   }
};
```

In einem `smanip_int`-Objekt wird im wesentlichen eine Funktion `fn`
gespeichert, die in der Lage ist, den entsprechenden Zugriff auf ein
`ios`-Objekt unter Verwendung eines `int`-Parameters durchzuführen.

*Parametri-
sierte Mani-
pulatoren
benützen
Mittler-
objekte, die
an den
Applikator
übergeben
werden*

---

[6] All diese Definitionen sind in [16] durch Schablonen gelöst, in denen der
Argumenttyp des Manipulators (`int` im Beispiel von `setw()`) parametrisiert ist.
In Implementationen, die noch nicht über Schablonen verfügen, werden
stattdessen relativ komplizierte Makros verwendet. Ein solches Makro wurde hier
exemplarisch expandiert.

Der aktuelle int-Parameter für diesen Zugriff wird ebenfalls im smanip_int-Objekt gespeichert (arg). Die für smanip_int definierte Variante des Applikators operator<<() ruft die gespeicherte Funktion fn mit der aktuellen ostream-Referenz und dem gespeicherten Argument arg als aktuellen Parametern auf und gibt wie üblich die ostream-Referenz als Ergebnis zurück.

Die Funktion setw() hat nur die Aufgabe, ein entsprechendes smanip_int-Objekt zu erzeugen, den aktuellen Parameter sowie eine geeignete Funktion darin abzulegen und das Objekt als Funktionswert zurückzugeben. Ein mögliche Implementation wäre:

```
ios& do_setw (ios& i, int w)              // Führt setw(w) durch
{
  i.width(w);
  return i;
}
smanip_int setw (int w)
{
  return smanip_int(do_setw, w);
}
```

<table>
<tr><td>Unformatierte
tierte
Ausgabe</td><td>Wenden wir uns nun noch kurz zwei Methoden zur unformatierten Ausgabe zu, die in der Klasse ostream definiert sind:</td></tr>
</table>

Unforma-
tierte
Ausgabe

Wenden wir uns nun noch kurz zwei Methoden zur *unformatierten* Ausgabe zu, die in der Klasse ostream definiert sind:

put()

```
ostream& ostream::put (char c)
```
> Gibt das Zeichen c aus.

write()

```
ostream& ostream::write (const char* s, int n)[7]
```
> Gibt n Zeichen aus der Zeichenkette s aus, ohne dabei auf eventuelle Nullzeichen Rücksicht zu nehmen. Dies kann zur binären Ausgabe benützt werden - siehe dazu den nächsten Abschnitt.

Adressie-
rung von
Stream-
Positionen

Im vorgeschlagenen Standard fehlen Methoden zur expliziten Positionierung innerhalb eines Streams, da diese Funktionen durch entsprechende Methoden des zugrunde liegenden streambuf-Objekts abgedeckt sind. Wir wollen hier jedoch wie bei cfront 2.1 diese Funktionen als ostream-Methoden darstellen, aber gleichzeitig auch eine mögliche Implementation angeben.

Eine Adresse innerhalb eines Streams wird normalerweise durch einen long-Wert repräsentiert. Um Implementationsabhängigkeiten zu vermeiden, setzen wir (in Anlehnung an [16]) im folgenden die Definition

```
typedef long streampos;
```

voraus.

---

[7] Wo immer in diesem Kapitel von einer Funktion mit einem char*-Argument die Rede ist, gilt das Gesagte auch für die für unsigned char* und signed char* überladenen Formen der Funktion.

```
streampos ostream::tellp ()
```
    Liefert die aktuelle Position im Stream.

tellp()

```
ostream& ostream::seekp (streampos p)
```
    Positioniert an die *absolute* Adresse p (wie sie z.B. von `tellp()` geliefert wird).

seekp()

```
ostream& ostream::seekp (streampos p, int dir)
```
    Positioniert an die *relative* Adresse p, wobei der Bezugspunkt durch den Parameter `dir` angegeben wird:

    `dir = ios::beg:`   Bezugspunkt ist der Anfang des Streams $(p \geq 0)$

    `dir = ios::cur:`   p bezieht sich auf die aktuelle Position und kann durchaus auch <0 sein.

    `dir = ios::end:`   Bezugspunkt ist das Ende des Streams $(p \geq 0)$

Die Implementation dieser Methoden erfordert den Zugriff auf das dem Stream zugeordnete `streambuf`-Objekt, der über die Komponentenfunktion `streambuf* ios::rdbuf()` erfolgt. Über den resultierenden Zeiger wird einfach die passende (hier nicht näher erläuterte) `streambuf`-**Methode** `seekoff()` **aufgerufen:**

rdbuf()

```
streampos ostream::tellp ()
{
   return rdbuf()->seekoff(0, ios::cur, 0);
}

ostream& ostream::seekp (streampos p,
                         int dir=ios::beg)
{
   rdbuf()->seekoff(p, dir, ios::out);
   return *this;
}
```

Nachdem wir nun die wichtigsten *allgemeinen* Ausgabemethoden kennengelernt haben, wenden wir uns in den folgenden Abschnitten den speziellen Unterklassen `ofstream` und `ostrstream` zu.

Ausgabe auf Dateien

Für die Ausgabe auf Dateien wurde die Klasse `ofstream` von `ostream` abgeleitet. Alle bisher behandelten `ostream`- und `ios`-Methoden sind natürlich für `ofstream`-Objekte gleichermaßen anwendbar. Die wichtigsten neuen Operationen sind das Öffnen und Schließen der zum `ofstream`-Objekt gehörenden Dateien:

ofstream-Objekte werden mit Dateien verknüpft

```
void ofstream::open (const char* name, int mode);
void ofstream::close ();
```

open(), close()

`open()` öffnet die Datei namens `name` und bindet sie an das `ofstream`-Objekt. Der zweite Parameter kann eine bestimmte

Öffnungsstrategie festlegen; mögliche (durch Oder kombinierbare)
Werte sind etwa

Ver-
schiedene
Öffnungs-
strategien

`ios::out`	Öffnen. Falls die Datei schon existiert, wird ihr Inhalt überschrieben. Dieser Modus ist häufig der Defaultwert für den zweiten Parameter.
`ios::ate`	Öffnen und an das Dateiende positionieren. Alle folgenden Ausgaben werden hinten an die Datei angehängt.
`ios::binary`	Im Binärmodus öffnen. Dies ist für Betriebssysteme wie DOS relevant, in welchen normalerweise jedes Zeilenende (`'\n'`) durch carriage-return/linefeed ersetzt wird. Diese Transformation unterbleibt im Binärmodus.

Kann die Datei aus irgendwelchen Gründen nicht geöffnet werden,
wird eine spezielle `ios`-Fehlerkomponente gesetzt, die unter anderem
vom Operator `int ios::operator!()` abgefragt wird (dies wird im
nächsten Abschnitt noch genauer erläutert). Damit läßt sich der Erfolg
des Öffnens überprüfen:

Erzeugen
und
Erweitern
einer Datei

```
#include <fstream.h>
main ()
{
  ofstream file;
  file.open("test.txt", ios::out);
  if (!file)                    // Aufruf von ios::operator!()
    cerr << "Kann Datei test.txt nicht anlegen!\n";
  else {   // Öffnen war erfolgreich
    file << "1. Zeile\n";
    file << "2. Zeile\n";
    file.close();
    file.open("test.txt", ios::ate);        // Datei wird
    file << "3. Zeile\n";                    // erweitert
  }
}
```

Im obigen Programm wird die Datei `test.txt` geöffnet; falls dies nicht
gelingt, wird eine Fehlermeldung ausgegeben, ansonsten werden zwei
Zeilen auf die Datei übertragen, und die Datei dann mittels

Der
ofstream-
Destruktor
schließt eine
offene Datei

`ofstream::close()` geschlossen. Danach wird sie sofort wieder
geöffnet, und zwar im Modus `ios::ate`, sodaß sie um die darauf-
folgende Ausgabe *verlängert* wird. Der am Programmende implizit
aktivierte Destruktor `file.~ofstream()` schließt die Datei
ordnungsgemäß, sodaß `test.txt` am Ende des Programms tatsächlich
alle drei Ausgabezeilen enthält.

Das Öffnen einer Datei kann auch unmittelbar beim Anlegen der
`ofstream`-Variable erfolgen, und zwar durch einen Konstruktor, der

dieselben Parameter erwartet wie die Methode `open()`:

```
ofstream file("test.txt", ios::out);
```

ofstream-
Konstruktor

Ob eine Datei offen ist oder nicht, kann mit der booleschen Methode `int is_open()` festgestellt werden.

is_open()

Alle bisherigen Beispiele haben *formatierte* Ausgaben erzeugt, wobei die transferierten Werte in Zeichenketten umgewandelt und als Klartext gespeichert werden.

Bei *unformatierter* (binärer) Ausgabe soll lediglich ein bestimmter Speicherbereich 1:1 auf die Datei übertragen werden. Das kann mit den `ostream`-Methoden `put()` (für ein Byte) und `write()` (für eine beliebige Anzahl von Bytes) erfolgen. Stellen wir uns hier die Aufgabe, einen Vektor von `double`-Werten in die Datei `test.dat` zu speichern:

Binäre
Ausgabe

```
#include <fstream.h>
main ()
{
   const int n = 100;       // Will 100 Elemente verarbeiten
   double x[n];
   ... x irgendwie belegen ...
   ofstream file("test.dat", ios::out|ios::binary);
   if (!file)
     cerr << "Kann Datei test.dat nicht anlegen!\n";
   else {
     for (int i=0; i<n; i++) {
       file.write((char *)&x[i], sizeof(double));
       if (!file) {                        // Schreibfehler
         cerr << "Kann Satz " << i
              << " nicht speichern!\n";
         break;
       }
     }
     file.close();
   }
}
```

Un-
formatiertes
Speichern
von 100
double-
Werten;
einzeln..

In diesem Beispiel wird die Datei `test.dat` im binären Modus geöffnet, um jegliche automatische Datentransformation zu vermeiden. Das Übertragen des `double`-Vektors `x` erfolgt in einer Schleife, wobei der Methode `write()` die Adresse (als `char*`) und die Größe des zu übertragenden Hauptspeicherbereichs übergeben werden. Nach jedem Transfer wird der Fehlerzustand der `ofstream`-Variablen `file` abgeprüft und der Speichervorgang gegebenenfalls abgebrochen.

Eine vermutlich effizientere Möglichkeit besteht darin, das *gesamte* Feld `x` *auf einmal* zu übertragen. Für diesen Zweck wird die `for`-Schleife im obigen Beispiel durch folgende Anweisung ersetzt:

```
if (!file.write((char*)x, n*sizeof(double))) {
   ... Schreibfehler ...
}
```

..oder
zusammen

In dieser Variante wird auch die Tatsache ausgenützt, daß die Methode `write()` ihr `ofstream`-Objekt als Funktionswert zurückgibt, sodaß die Fehlerabfrage in einem erledigt werden kann. Wie die entsprechende Einleseroutine aussieht, wird übrigens auf Seite 177 gezeigt.

Achtung:
write()
versagt bei
komplexen
Objekten

Mit dieser Methode können alle einfachen Datentypen, also fundamentale Datentypen und simple Strukturen, auf Massenspeicher ausgelagert und durch `istream::read()` (siehe weiter unten) wieder eingelesen werden. Schwieriger ist jedoch das Speichern von komplexen Objekten: Sobald Zeigerwerte involviert sind, ist das hier gezeigte simple Schreiben und Lesen des Bitmusters nicht mehr ausreichend, da ja zum Zeitpunkt des Lesens völlig andere Hauptspeicheradressen aktuell sein können als zum Zeitpunkt des Schreibens. Das gilt sowohl für selbstverwaltete Zeiger und Referenzen, als auch für die "unsichtbaren" Zeiger, die etwa bei Klassen mit virtuellen Funktionen oder virtuellen Basisklassen ins Spiel kommen. Ein Verfahren zur Lösung dieser Problematik ist im Kapitel 13 beschrieben.

Fehlerzustände

Wie schon kurz erwähnt, gibt eine Instanzvariable in jedem `ios`-Objekt über eventuelle Fehlerzustände Auskunft. Sie kann folgende, im Aufzähltyp `io_state` definierte boolesche Zustandsgrößen annehmen:

Fehlerbits

```
enum io_state {
    goodbit  = 0x00,      // Normalzustand (kein Bit gesetzt)
    eofbit   = 0x01,                    // Dateiende erreicht[8]
    failbit  = 0x02,       // Letzte E/A-Operation mißlungen
    badbit   = 0x04     // Unerlaubte E/A-Operation versucht
};
```

Zugriffs-
methoden:
rdstate()
und
clear(),..

Das Zustandswort kann mit der Methode `int rdstate()` gelesen und mit `void clear(int=0)` gesetzt werden. Wie der Name schon andeutet, wird `clear()` hauptsächlich zum *Löschen* des Zustandswortes benützt - für diesen Zweck ist kein aktueller Parameter vonnöten.

..good(),
eof(),
fail()
und bad()

Einzelne Bits können durch spezielle boolesche Methoden abgefragt werden: die Funktion `good()` prüft, ob das Statuswort null ist, `eof()` gibt den Wert von `eofbit` zurück, `fail()` prüft, ob `failbit` oder `badbit` gesetzt sind, und `bad()` liefert den Status von `badbit`.

Umwand-
lung von
Streams in
logische
Werte

Um den Fehlerzustand in besonders knapper Form abfragen zu können, sind außerdem noch die Operatoren `int operator!()` und `operator void*()` definiert. Ersterer entspricht `fail()`, letzterer der Negation davon. Damit sind folgende Konstruktionen erlaubt:

---

[8] Diese Information wird als unzuverlässig betrachtet und wird von uns in Hinkunft nicht benützt.

```
    if (!cin) ...              // äquivalent zu if (cin.fail()) ...
```

oder

```
    while (cin) ...            // entspricht while (!cin.fail()) ...
```

Im vorgeschlagenen Sprachstandard ist noch eine weitere `int`-Instanzvariable, der sogenannte *Ausnahmestatus*, zur Speicherung von `io_state`-Bits vorgesehen. Ist darin eines der drei Bits `eofbit`, `failbit` oder `badbit` gesetzt, dann wird, sobald der korrespondierende Fehlerzustand auftritt, `throw(ios::failure)` durchgeführt, also eine Ausnahme aktiviert. Der Datentyp `failure` ist innerhalb der Klasse `ios` wie folgt definiert:

Ausnahmebehandlung

```
    class failure: public xmsg {        // siehe Seite 157
      public:
        failure (string cause, ios* stream);
        ios* rdios() const;  // ermittelt den beteiligten Stream
    };
```

failure

Eine `catch`-Routine kann mittels `xmsg::why()` die Fehlerursache und mittels `failure::rdios()` den betroffenen Stream eruieren und entsprechende Maßnahmen treffen.

Der Ausnahmestatus ist normalerweise null, das heißt, daß keine Ausnahmen signalisiert werden. Um den Ausnahmestatus auf eine bestimmte Bitkombination zu setzen, kann die Methode

```
    int ios::exceptions (int value)
```

exceptions()

mit einem entsprechenden Parameter benützt werden. Der ursprüngliche Wert des Ausnahmestatus wird als Funktionswert zurückgegeben.

Um nicht zu stark von den zur Zeit verfügbaren iostream-Implementationen abzuweichen, wollen wir jedoch die Möglichkeit der Ausnahmebehandlung im folgenden ignorieren.

"Ausgabe" in Zeichenketten

Oft ist es notwendig, Daten *im Hauptspeicher* in formatierte Zeichenketten umzuwandeln: Denken wir z.B. an eine Klassenbibliothek zur Fensterverwaltung, in der einem Fenster `w` durch die Methode `w.set_title(char*)` ein bestimmter Text als Überschrift zugeordnet werden kann. Die hier besprochene Unterklasse `ostrstream` erlaubt es, eine solche Zeichenkette mit den Methoden der formatierten Stream-Ausgabe aus verschiedensten Elementen zusammenzusetzen.

Die Klasse ostrstream

Je nachdem, ob man eine bestimmte Zeichenkette beschreiben will oder mit irgendeinem automatisch zugeteilten Speicherbereich zufrieden ist, ist zur Erzeugung eines `ostrstream`-Objekts einer der beiden folgenden Konstruktoren zu benützen:

Konstruk-
toren

```
ostrstream::ostrstream (char* s, int n, int m=ios::out)
```
Der Stream wird mit der maximal n Zeichen langen Zeichenkette s verknüpft. Ist eines der Bits `ios::ate` oder `ios::app` im Parameter m gesetzt, wird der (nullterminierte!) String s *verlängert*, d.h., es wird die Ausgabe in den String an der Position des ersten Nullzeichens in s begonnen. Ansonsten wird s vom Anfang an beschrieben.

```
ostrstream::ostrstream ()
```
In diesem Fall wird dem Stream im Zuge der Ausgabe auf dynamische Weise der notwendige Speicherplatz zugeteilt.

Um auf den Inhalt eines `ostrstream`-Objekts zuzugreifen, sind die beiden folgenden Methoden definiert:

str()

```
char* ostrstream::str () const
```
Liefert den Inhalt des `ostrstream`-Objekts als Zeichenkette.

pcount()

```
int ostrstream::pcount () const
```
Liefert die Anzahl der übertragenen Zeichen.

Erzeugen wir also, um beim obigen Beispiel zu bleiben, eine passende Überschrift für ein Bildschirmfenster w, das etwa als "Notizblock" für Tagesagenda dienen soll (die Variablen d, m und y mögen das aktuelle Datum enthalten):

Ausgabe auf
einen dy-
namischen
ostr-
stream

```
#include <strstream.h>
...
ostrstream title;
title << "Am " << d << ". " << m << ". " << y
      << " zu erledigen" << ends;
w.set_title(title.str());
```

ends
schließt den
String ab

Man beachte, daß durch den Manipulator `ends` das abschließende Nullzeichen *explizit* übertragen werden muß.

Ist a priori bekannt, daß die zu erzeugende Zeichenkette nur eine bestimmte Maximallänge erreichen darf, kann die andere Konstruktorvariante benützt werden:

Ausgabe auf
eine vor-
handene
Zeichen-
kette

```
char buf[30];
ostrstream title(buf, sizeof(buf)-1);
title << "Am " << d << ". " << m << ". " << y
      << " zu erledigen" << ends;
w.set_title(buf);               // = w.set_title(title.str());
```

In diesem Fall liefert `str()` genau die Anfangsadresse des dem Konstruktor übergebenen `char`-Arrays.

Wie wir später noch sehen werden, bestehen ganz analoge Möglichkeiten auch zur *Eingabe* aus Zeichenketten.

Eingabe

Der *Eingabeoperator* [extraction operator] >> stellt das Gegenstück zum Ausgabeoperator dar. Er tritt in der Klasse `istream` mit den Signaturen

Formatierte Eingabe erfolgt mit >>

```
istream& istream::operator>> (ARG-TYPE&);
istream& istream::operator>> (char*);        // Für Eingabe
```

auf, wobei für alle fundamentalen Datentypen ARG-TYPE eine passende Variante existiert.

Jeder Eingabevorgang überspringt normalerweise erst eventuell vorliegende Trennzeichen, liest danach alle Zeichen vom Stream, die zur Darstellung eines Wertes des entsprechenden Datentyps gehören, wandelt diese Darstellung in die interne Repräsentation um und belegt den Referenzparameter, also den rechten Operanden des Eingabeoperators, mit diesem Wert. Sollte dabei ein Fehler auftreten, werden entsprechende Fehlerbits gesetzt:

Ablauf von Eingabeoperationen

`ios::failbit`	bedeutet allgemein: "Der Einlesevorgang ist gescheitert"
`ios::eofbit`	bedeutet speziell: "Der Stream war vorzeitig erschöpft"

Das Überspringen von Trennzeichen wird durch das Formatstatusbit `ios::skipws` gesteuert. Wird dieses Bit gelöscht, werden Trennzeichen als relevante Zeichen angesehen und müssen gegebenenfalls vom Programm aus explizit überlesen werden. Dafür ist der spezielle Manipulator `ws` vorgesehen. Probieren wir zunächst folgendes Programm:

ws eliminiert Trennzeichen

```
#include <iostream.h>
main()
{
  int x;
  cin.setf(0, ios::skipws);          // skipws-Bit löschen
  cin >> x;
  cout << x << " " << (cin ? "Ok" : "Fehler") << "\n";
}
```

Eingabe mit signifikanten Trennzeichen

Erhält dieses Programm die Eingabe "   3", die führende Leerzeichen aufweist, wird etwas der Art

```
4711 Fehler
```

ausgegeben - der Versuch, eine `int`-Zahl von `cin` zu lesen, scheitert angesichts des ersten Leerzeichens und die nichtinitialisierte Variable `x` bleibt unangetastet. Ändern wir hingegen die sechste Programmzeile zu

```
cin >> ws >> x;                      // "Whitespace" überlesen
```

ab, wird ordnungsgemäß

```
3 Ok
```

ausgegeben.

Einlesen von Zeichen- ketten..

Bei der Eingabe von Zeichenketten ist darauf zu achten, daß die Feldgrenzen des Strings nicht überschritten werden. Im Normalfall werden durch `operator>>(char*)` zunächst alle Trennzeichen übersprungen (soferne `skipws` gesetzt ist), danach werden die folgenden Zeichen solange in die Zeichenkette übertragen, bis wieder ein Trennzeichen auftritt (unabhängig vom Status von `skipws`[9]), dieses wird nicht mehr übertragen, stattdessen wird die Zeichenkette durch `'\0'` abgeschlossen. Um einen Überlauf des `char`-Arrays zu

..kann durch width() abgesichert werden

vermeiden, kann durch die `ios`-Methode `width()` bzw. durch den Manipulator `setw` die Eingabefeldbreite entsprechend beschränkt werden - die Standardfeldbreite 0 bedeutet "keine Beschränkung". Wird durch `setw` die Breite auf b beschränkt, werden maximal b-1 Zeichen übertragen, um bei einem `char`-Vektor der Größe b auch das abschließende Nullzeichen noch unterzubringen.

Hier drängt sich sofort die Absicherung der Eingabe durch eine eigene `>>`-Variante für einen benutzerdefinierten Datentyp `String` auf, wie sie im folgenden Beispiel skizziert wird:

Eine String- klasse mit eigenem E/A- Operator

```cpp
#include <iostream.h>
class String {
  char* string;                    // Enthält die Zeichenkette
  int maxlength;                      // Max. Länge = Größe-1
  public:
    String (int m) : maxlength(m), string(new char[m+1])
    {
      string[0] = '\0';
    }
    ~String () { delete string; }
    ... diverse String-Methoden ...
  friend istream& operator>> (istream& i, String& s)
    {
      return i >> ws >> setw(s.maxlength+1) >> s.string;
    }
  friend ostream& operator<< (ostream& o, const String& s)
    {
      return o << s.string;
    }
};
```

Da die Operatoren `>>` und `<<` den Stream als *linken* Operanden erwarten und wir nicht in die Klassendefinitionen für `istream` bzw.

---

[9] Ist `ios::skipws` im Falle der `char*`-Eingabe nicht gesetzt, wird bei Vorliegen von führenden Trennzeichen *gar nichts* übertragen, da Trennzeichen nicht überlesen werden (also stehen bleiben), der Einlesevorgang jedoch vor dem ersten Trennzeichen beendet wird - das Ergebnis ist der Nullstring.

`ostream` eingreifen wollen, müssen unsere Versionen der Operatorfunktionen zwangsläufig als `friend`-Funktionen formuliert werden.

Bemerkenswert ist in der obigen Definition von `operator>>()` das explizite Überspringen von Trennzeichen durch den Manipulator `ws`, um ohne Rücksicht auf den Status des `skipws`-Bits die in der Fußnote 9 beschriebene Anomalie zu vermeiden.

Für die unformatierte Eingabe stehen verschiedene Methoden zur Verfügung, die allesamt unabhängig vom `skipws`-Status *keine* Trennzeichen überlesen:

Unformatierte Eingabe

```
int istream::get ()
```
get()

    Liest ein Zeichen und gibt es als Funktionswert zurück. Im Fehlerfall wird die Konstante `EOF` (die üblicherweise den Wert -1 hat) zurückgeliefert. Aus diesem Grund muß der Ergebnisdatentyp `int` sein, da bei `char` der `EOF`-Wert mit dem Code für ein gültiges Zeichen zusammenfiele.

```
istream& istream::get (char& c)
```

    Liest ein Zeichen und überträgt es in die Variable `c`.

```
istream& istream::get (char* s, int n, char del='\n')
```

    Überträgt der Reihe nach Zeichen in die Zeichenkette `s`, bis eine der folgenden Bedingungen auftritt, die in der angegebenen Reihenfolge geprüft werden:

1. `n-1` Zeichen sind übertragen worden;
2. Ein Lesefehler ist aufgetreten;
3. Das nächste zu lesende Zeichen ist `del`.

    In jedem Fall wird die gelesene Zeichenkette durch ein Nullbyte abgeschlossen.

```
istream& istream::getline (char* s, int n, char del='\n')
```
getline()

    Entspricht `get()`, überträgt jedoch auch noch das Zeichen `del`, falls die dritte Bedingung auftritt. Wird der Lesevorgang hingegen auf Grund der ersten Bedingung abgebrochen, wird `ios::failbit` gesetzt, um anzudeuten, daß das gewünschte Trennzeichen nicht gefunden wurde.

```
istream& istream::ignore (int n=1, int del=EOF)
```
ignore()

    Überliest `n` Zeichen, bricht jedoch auch ab, nachdem `del` gelesen wurde. Gilt `n==MAXINT`, wird *nur* auf `del` geachtet.

```
istream& istream::read (char* s, int n)
```
read()

    Gegenstück zu `ostream::write()` zur binären Eingabe. Liest n Zeichen und überträgt diese in die Zeichenkette `s`. Es werden weder Zeichen überlesen, noch wird `s` durch ein Nullbyte abgeschlossen. Kann die Anforderung nicht erfüllt werden, wird `ios::failbit` gesetzt.

gcount()

```
int istream::gcount ()
```
Gibt die Anzahl der zuletzt übertragenen Zeichen zurück, falls es sich dabei um eine *unformatierte* Eingabe gehandelt hat (ansonsten ist das Funktionsergebnis undefiniert).

Adressierung innerhalb von Streams

Bezüglich der Methoden zur Adressierung bestimmter Streampositionen verhält es sich wie bei der Klasse `ostream`: Sie sind zwar in der cfront 2.1 - Bibliothek vorhanden, jedoch in [16] nicht vorgesehen. Wir stellen sie hier als `istream`-Komponenten dar; sollten sie in der einen oder anderen Implementation nicht verfügbar sein, sind sie sehr leicht über entsprechende `streambuf`-Methoden realisierbar (siehe Seite 167):

tellg()

```
streampos istream::tellg ()
```
Liefert die aktuelle Position im Stream.

seekg()

```
istream& istream::seekg (streampos p)
```
Positioniert an die *absolute* Adresse p.

```
istream& ostream::seekg (streampos p, int dir)
```
Positioniert an die *relative* Adresse p, der Parameter `dir` gibt den Bezugspunkt an (siehe Seite 167).

Schließlich sind noch ein paar "Trickmethoden" definiert, die die Eingabearbeit erleichtern sollen:

peek()

```
int istream::peek ()
```
Gibt das nächste zu lesende Zeichen zurück, ohne es vom Stream zu entfernen.

putback()

```
istream& istream::putback (char c)
```
Macht das Zeichen c "ungelesen", d.h. überträgt es in den Eingabepuffer, sodaß es bei der nächsten Eingabeoperation als erstes Zeichen gelesen wird.

unget()

```
istream& istream::unget ()
```
Entspricht `putback()`, wobei das *zuletzt gelesene* Zeichen wieder zurückgesetzt wird.

Eingabe aus Dateien

open(), close(), is_open()

Die Methoden `open()`, `close()` und `is_open()` sowie die Konstruktoren und der Destruktor entsprechen völlig ihren `ostream`-Gegenstücken (siehe Seite 167). Als Öffnungsstrategien sind `ios::in` (Standard) und `ios::binary` üblich.

Entwerfen wir nun als Beispiel ein Programm, das jene mit dem Programm auf Seite 169 erzeugte binäre Datei mit 100 `double`-Werten wieder einliest:

```
#include <fstream.h>
```

```
main ()
{
  const int n = 100;        // Will 100 Elemente verarbeiten
  double x[n];
  ifstream file("test.dat", ios::in|ios::binary);
  if (!file)
    cerr << "Kann Datei test.dat nicht öffnen!\n";
  else {
    if (!file.read((char *)x, n*sizeof(double)))
      cerr << "Kann Satz "
           << file.gcount()/sizeof(double)+1
           << " nicht lesen!\n";
    file.close();
    ... x weiterverarbeiten ...
  }
}
```

Un-
formatiertes
Einlesen
von 100
double-
Werten

Im Fehlerfall wird durch `gcount()` ermittelt, bis zu welchem `double`-Wert die Übertragung erfolgt ist, und eine entsprechende Fehlermeldung ausgegeben.

Als zweites Beispiel wollen wir die in Kapitel 3 auf Seite 78 eingeführte Funktion `copy()` realisieren. Diese Funktion erhält zwei Dateinamen als Parameter, wobei der erste eine Quelldatei bezeichnet, die auf die durch den zweiten Parameter spezifizierte Zieldatei kopiert werden soll. Als Funktionswert soll ein ganzzahliger Fehlercode zurückgegeben werden; 0 soll dabei für "Erfolg" stehen:

```
int copy (const char* source, const char* dest)
{
  ifstream s(source, ios::binary);  // ios::in ist default
  if (!s)
    return 1;                   // "Kann source nicht öffnen"
  ofstream d(dest, ios::binary);    // ios::out ist default
  if (!d)
    return 2;                   // "Kann dest nicht öffnen"
  for (int byte=s.get(); byte != EOF; byte=s.get())
    if (!d.put(byte))
      return 3;              // "Fehler beim Schreiben auf dest
  return 0;                             // "Alles ok"
}
```

Kopieren
von Dateien

In diesem Programm wird wieder ausgenützt, daß die Destruktoren für `s` und `d` die Dateien automatisch schließen, ein Umstand, der insbesondere das Verlassen der Routine im Fehlerfall (`return 2;` und `return 3;`) vereinfacht, weil man sich nicht darum zu kümmern braucht, welche Dateien an diesen Stellen gerade offen sind.

Auch
`ifstream`-
Destrukto-
ren führen
`close()`
durch

"Eingabe" aus Zeichenketten

Als Gegenstück zur Klasse `ostrstream` dient die Klasse `istrstream` zur Extraktion einzelner Teile aus einer Zeichenkette. Sie verfügt über die folgenden zwei Konstruktoren:

Die Klasse
`istr-<br>stream`

Konstruk-
toren

```
istrstream::istrstream (char* s, int n)
```
Der Stream wird mit der maximal n Zeichen langen Zeichenkette s verknüpft.

```
istrstream::istrstream (char* s)
```
In diesem Fall wird angenommen, daß die dem Stream zugeordnete Zeichenkette s durch ein Nullzeichen abgeschlossen ist.

str()

Der Zugriff auf den Inhalt eines `istrstream`-Objekts kann wie bei der Klasse `ostrstream` auch durch die Methode `str()` erfolgen, obwohl der Sinn ja eher darin besteht, die Zeichenkette mit Hilfe des Operators >> zu analysieren.

Stellen wir uns z.B. vor, eine Funktion `char* date()` lieferte das aktuelle Datum in der Form "tt. mm. jjjj" und wir benötigten die einzelnen Komponenten als `int`-Variablen:

Analyse
eines
Datum-
Strings

```
#include <strstream.h>
...
istrstream dat(date());
int d, m, y;
char dot;                           // Zum Überlesen des Punktes
date >> d >> dot >> m >> dot >> y;
```

Bidirektionale Ein- und Ausgabe

Simulation
von
"iostream"

Wie schon in Fußnote 1 angedeutet, fehlen in der vorgeschlagenen Standardimplementation der iostream-Bibliothek Streamklassen, die bidirektionale Datenübertragung, also gleichzeitige Ein- und Ausgabe über ein und denselben Stream, erlauben. Dies kann jedoch erreicht werden, indem ein `istream`-Objekt und ein `ostream`-Objekt auf demselben `streambuf`-Objekt operieren. Da die Fragestellung in der Praxis wohl hauptsächlich für Dateien relevant ist, werden wir in diesem Abschnitt mit `ifstream`- bzw. `ofstream`-Objekten arbeiten, obwohl dies prinzipiell bereits auf dem Abstraktionsniveau von `istream` bzw. `ostream` möglich wäre.

Konstruk-
toren, die
einem
Stream
einen
speziellen
streambuf
zuordnen

Um einem Stream das `streambuf`-Objekt eines anderen Streams zuzuordnen, benötigen wir eine spezielle Konstruktorvariante, nämlich

```
ostream::ostream(streambuf*)
```

beziehungsweise

```
istream::istream(streambuf*)
```

Den dafür benötigten `streambuf`-Zeiger erhalten wir vom jeweils anderen Stream über die Methode `rdbuf()`. Setzen wir nun diese Bausteine zusammen, um bidirektionale E/A an Hand einer Testdatei x auszuprobieren, die etwa aus den fünf Zeichen 12345 bestehen möge:

```
#include <fstream.h>
main ()
{
    ofstream o("x", ios::in|ios::out);      // Bidirektional!
    istream i(o.rdbuf());
    char c;
    i >> c;                                  // c ← '1'
    cout << c << endl;
    o.seekp(2) << '#';
    i.seekg(2) >> c;                         // c ← '#'
    cout << c << endl;
}
```

Das dritte Zeichen einer Datei wird ersetzt

Das Öffnen der Datei x erfolgt als `ofstream`, wobei allerdings *beide* Übertragungsrichtungen vereinbart werden. Dann wird ein `istream`-Objekt[10] erzeugt, das denselben `streambuf`-Zeiger wie das `ofstream`-Objekt erhält - sowohl der Stream o als auch der Stream i sind an den Anfang positioniert. Danach wird das erste Zeichen der Datei gelesen und ausgegeben. Anschließend wird das dritte Zeichen (jenes mit der Adresse 2) mit dem Zeichen # überschrieben, das daraufhin sofort wieder in die Variable c eingelesen und auf `cout` ausgegeben wird. Im Endeffekt enthält die Datei x dann die fünf Zeichen 12#45.

Wie man sieht, können Ein- und Ausgabeoperationen einander abwechseln, *ohne* daß irgendeine spezielle intermittierende Operation (wie etwa `flush()` o.ä.) erfolgen muß. In Übungsaufgabe 9.1 wird demonstriert, wie das angegebene Verfahren bei Bedarf auf einfache Weise in einer eigenen Klasse gekapselt werden kann.

Ein- und Ausgaben können beliebig gemischt werden

Übungsaufgaben

9.1 Definieren Sie eine Klasse `iofstream`, die **bidirektional** verwendbare Dateien zur Verfügung stellt.

→ *Seite 288*

9.2 Definieren Sie eine `ofstream`-Unterklasse, die es ermöglicht, die Ausgabe ganzer Zahlen über einen Manipulator `bin` auf das Binärsystem umzustellen, sodaß die Anweisung

→ *Seite 288*

```
o << bin << 17
```

die Ausgabe `10001` bewirkt.

---

[10] Die Asymmetrie rührt daher, daß für `ifstream` kein `streambuf*`-Konstruktor zur Verfügung steht.

"Intelligente" Felder

In Kapitel 1 hatten wir das sehr rudimentäre Feldkonzept von C++ kritisiert, es wurde aber auch versprochen, daß unter Ausnützung einiger Konzepte der OOP relativ einfach sehr "intelligente" Felddatentypen erzeugbar sind. In diesem Kapitel soll nun dieses Versprechen eingelöst werden. Wir werden uns dabei zunächst auf einfache Grundfunktionen beschränken und den resultierenden Datentyp in der Folge Schritt für Schritt erweitern. Dabei wird auch die Verwendung sogenannter *Mittlerklassen* besprochen und im Zusammenhang mit einer generischen Feldvariante eine Technik zur *typsicheren Abwärtskonversion* vorgestellt.

Ein einfacher Vektordatentyp

Die Hauptkritikpunkte von Seite 30 waren das Fehlen von Mechanismen zur Überwachung von Indexausdrücken, zur Vereinbarung von beliebigen Indexbereichen, zur Redimensionierung einmal angelegter Felder und zum bequemen Kopieren von gleichartigen Feldern. Wir setzen uns daher zum Ziel, einen Vektordatentyp zu erzeugen, der folgende Eigenschaften aufweist:

Wünschenswerte Eigenschaften von Arrays

- Indexausdrücke werden auf Zulässigkeit überprüft.
- Es können Objekte mit beliebigen Indexbereichen vereinbart werden.
- Gleichartige Felder können einander direkt zugewiesen werden.

Die Erfüllung der Anforderung, Indexbereiche nachträglich ändern zu können (Redimensionierbarkeit), verschieben wir vorläufig auf später. Außerdem legen wir uns der Einfachheit halber zunächst auf einen bestimmten Elementdatentyp (`double`) fest, halten uns jedoch vor

Augen, daß mit Hilfe von Schablonen ohne weiteres jeder beliebige Elementdatentyp unterstützt werden könnte.

Auf Grund der oben geforderten Eigenschaften sind sicher die Methoden *Erzeugung* eines Feldes mit gegebenem Indexbereich (Konstruktor), ordnungsgemäße *Rückgabe* eines solchen Objektes (Destruktor), Zugriff auf einzelne Elemente durch *Indizierung* (operator[]()) sowie Zuweisung von Objekten aufeinander (Kopierkonstruktor bzw. operator=()) vorzusehen.

Die öffentliche Klassenschnittstelle könnte daher lauten:

```
class Double_Vector {
 public:
   Double_Vector (int low, int high);    // Array [low:high]
   Double_Vector (int n);                      // Array [0:n-1]
   Double_Vector (const Double_Vector&);          // Kopie

   ~Double_Vector ();

   double operator[] (int i) const;          // Indizierung
   Double_Vector& operator= (const Double_Vector&);   // Zu
 };                                               // weisung
```

Das Protokoll eines double-Vektors..

Die Implementation erfolgt über einen Zeiger auf ein dynamisches double-Feld und zwei int-Komponenten, die den Indexgrenzen entsprechen. Außerdem wird für die von den drei Konstruktoren zu leistende Initialisierungsarbeit eine versteckte Hilfsroutine init() zur Verfügung gestellt. All diese Komponenten sind zwar an sich privat; um zukünftige Ableitungen von Unterklassen zu erleichtern, deklarieren wir sie jedoch gleich als protected.

..und seine Interna

```
class Double_Vector {
 public:
   siehe oben

 protected:
   double* cont;     // Zeiger auf dynamischen Speicherplatz
   int low, high;                            // Indexgrenzen

   void init (int low, int high);          // Konstruktor-
 };                                         // hilfsroutine
```

Die Routine init() fordert den notwendigen Speicherplatz an und initialisiert das Feld mit null:

```
void Double_Vector::init (int l, int h)
{
   low = l;   high = h;
   cont = new double[high-low+1] - low;

   for (register int i=low; i<=high; i++)
     cont[i] = 0.0;
}
```

Hilfsroutine für die Konstruktoren

Der Ausdruck high-low+1 ermittelt die Anzahl der Feldelemente. Bemerkenswerterweise wird der von new gelieferte Zeiger nicht direkt in cont gespeichert, sondern zuvor um den Anfangsindex low

Zeiger-
modifika-
tion für von
Null ver-
schiedene
Anfangs-
indizes

verringert; er zeigt daher um `low` Einträge *vor* den eigentlichen Feld-beginn. Dies erlaubt in der Folge das unmittelbare Indizieren mit Indizes aus dem Intervall [`low`, `high`]: Durch Addition von `low` zu `cont` (`cont+low` = `&cont[low]`) gelangt man wieder zur ursprünglich von `new` gelieferten Anfangsadresse und damit wie gewünscht zum ersten tatsächlich vorhandenen Feldelement.

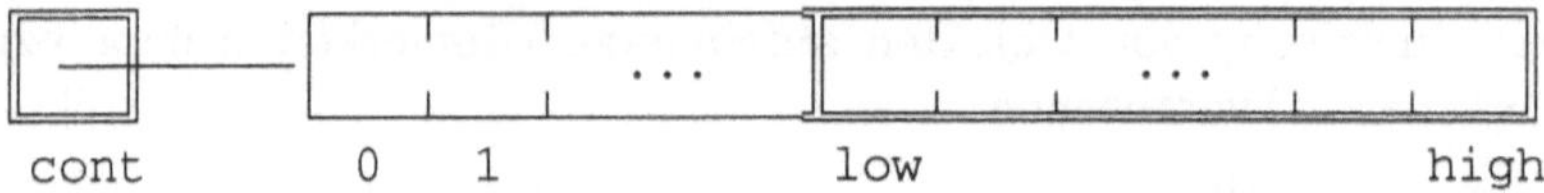

Die obige Definition von `init()` kümmert sich allerdings nicht darum, ob `new` überhaupt in der Lage ist, den gewünschten Speicherplatz zuzuteilen. Besser wäre es, im Falle eines Mißerfolgs eine geeignete Ausnahmebehandlung anzustoßen:

Ausnahme-
behandlung
für init()

```cpp
class NoMem {};    // "Dummy"-Klasse für Ausnahmebehandlung

void Double_Vector::init (int l, int h)
{
  low = l;  high = h;
  cont = new double[high-low+1] - low;
  if (cont == 0)                 // new war nicht erfolgreich
    throw (NoMem());
  for (register int i=low; i<=high; i++)
    cont[i] = 0.0;
}
```

Ein Applikationsprogramm, das die Klasse `Double_Vector` benützt, könnte nun die Verwendung von sehr großen (d.h. speicherintensiven) Vektoren durch geeignete `try`-Blöcke absichern[1].

Mit Hilfe von `init()` lassen sich die drei Konstruktoren leicht formulieren:

---

[1] Wie in Kapitel 8 erwähnt, sind derzeit noch keine C++-Implementationen mit Ausnahmebehandlung verfügbar. Als Übergangslösung kann die Fehler-behandlung von einem *Makro* `throw` erledigt werden (für diesen Trick wurde auch der `throw`-Ausdruck redundanterweise geklammert):

```cpp
#define throw(obj) cerr << "Ausnahme " #obj " in " __FILE__ \
                "/" << __LINE__ << " aufgetreten!\n"
```

Der unäre Makrooperator `#` erzeugt aus seinem Operanden (einem Makro-parameter) eine gültige C++-Zeichenkette (im Beispiel von `init()` entspricht `#obj` dem String `"NoMem()"`). Die im allgemeinen vordefinierten Makros `__FILE__` und `__LINE__` expandieren zum aktuellen Dateinamen (als Zeichen-kette) sowie zur aktuellen Zeilennummer (als `int`-Konstante). In `init()` würde das Makro also etwa die folgende Ausgabe auf `cerr` erzeugen:

```cpp
"Ausnahme NoMem() in vector.cpp/217 aufgetreten!"
```

Freilich wird dadurch lediglich die eine Hälfte der vorgesehenen Ausnahme-behandlung simuliert; auf `try`-Blöcke muß leider bis auf weiteres noch verzichtet werden.

```
inline Double_Vector::Double_Vector (int l, int h)
{
  init(l, h);
}
inline Double_Vector::Double_Vector (int n)
{
  init(0, n-1);
}
inline Double_Vector::Double_Vector (const Double_Vector& s)
{
  init(s.low, s.high);
  operator=(s);                  // Äquivalent zu *this = s;
}
```
*Konstruk-
toren*

Der Kopierkonstruktor erzeugt also zuerst ein geeignet großes Objekt
und greift zur Übertragung der Daten auf den Zuweisungsoperator
zurück, der wie folgt definiert wird:

```
Double_Vector& Double_Vector::operator=
                        (const Double_Vector& r)
{
  if (low == r.low  && high == r.high) {   // Felder sind
                                           // kompatibel
    for (register int i = low; i <= high; i++)
      cont[i] = r.cont[i];
  }
  else
    throw ("Illegale Vektorzuweisung");
  return *this;
}
```
Zuweisung

Die Fehlerbehandlung könnte natürlich wie bei `init()` über einen
spezifischeren Datentyp (an Stelle von `char*`) erfolgen; der Kürze
halber soll hier und im weiteren allerdings darauf verzichtet werden.

Es fehlen nun noch die Indizierung und der Destruktor:

```
double Double_Vector::operator[] (int i) const
{
  if (i >= low && i <= high)
    return cont[i];
  else
    throw ("Indexfehler!");
}
inline Double_Vector::~Double_Vector ()
{
  delete [] (cont + low);
  high = low - 1;
}
```
*Index-
operator
mit
Bereichs-
prüfung*

Destruktor

Im Destruktor muß die in `init()` erfolgte Adreßmodifikation wieder
rückgängig gemacht werden: Es wird nicht `cont`, sondern die tatsächliche Feldadresse `cont+low` an `delete` übergeben. Danach wird durch
Umsetzen von `high` ein leeres Indexintervall erzeugt, um die
Weiterverwendung eines destruierten Feldes unmöglich zu machen
(ein Destruktor könnte ja auch explizit aufgerufen werden, ohne daß
das betreffende Objekt anschließend zerstört wird).

Testen wir das bisher Entwickelte an Hand eines einfachen Programms zur Berechnung des Skalarproduktes zweier Vektoren:

Vorwärts-deklaration (s.u.)

Test-programm zur Berechnung des Skalar-produktes mittels prod()

```
double prod (const Double_Vector&, const Double_Vector&);
main ()
{
    Double_Vector x(1,3), y(x);              // Entspricht y(1,3)
    cout << "x eingeben: ";
    cin >> x[1] >> x[2] >> x[3];
    cout << "y eingeben: ";
    cin >> y[1] >> y[2] >> y[3];
    cout << "x*y = " << prod(x, y);
}
```

Bevor wir uns der Definition von prod() widmen, sollten wir das Hauptprogramm einer kritischen Betrachtung unterziehen. Die Anweisung

```
    cin >> x[1] >> x[2] >> x[3];
```

Der Index-operator erlaubt nur Lesezugriffe

ist nämlich inkorrekt, da Double_Vector::operator[]() einen double-*Wert* zurückliefert, der Operator >> aber eine double-*Referenz* erwartet. Die implizite Typumwandlung auf double& erzeugt die Referenz auf ein temporäres Objekt, das eine Kopie des Wertes von x[1] (bzw. x[2] bzw. x[3]) enthält. Eine solche Referenz ist natürlich ungeeignet, um das Objekt zu *verändern*, wie es beim Einlesen ja erwartet wird.

Wir müssen daher Deklaration und Definition unserer Index-Operatorfunktion entsprechend korrigieren (der Funktionsrumpf braucht nicht geändert zu werden):

Korrigierter Index-operator

```
    double& Double_Vector::operator[] (int i) const;
```

Nun zur Funktion prod(): Um ihrer Aufgabe gerecht werden zu können, die Summe der Produkte korrespondierender Vektorelemente für beliebig dimensionierte Vektoren zu ermitteln, muß sie in der Lage sein, die Unter- und Obergrenze des Indexbereichs zu eruieren. Dafür stehen verschiedene Möglichkeiten zur Verfügung:

Vier Arten, die Index-grenzen zu-greifbar zu machen;..

1. high **und** low **zu öffentlichen Komponenten zu erklären;**

2. prod() **zu einer Komponentenfunktion zu erheben;**

3. prod() **zu einer** friend-**Funktion der Klasse** Double_Vector **zu erklären;**

4. **öffentliche, lesende Zugriffsfunktionen wie** hi() **und** lo() **zu definieren.**

Variante 1 widerspricht gänzlich dem Geheimnisprinzip - jeder könnte die Indexgrenzen ändern und dadurch inkonsistente Zustände herbeiführen. Variante 2 führt zu einer unästhetischen Asymmetrie: Das Skalarprodukt von x und y müßte als x.prod(y) bzw. y.prod(x) angeschrieben werden, was eine mathematisch eher unübliche Notation ergäbe. Die dritte Variante kann auch zu Problemen führen, und zwar dann, wenn der Entwickler von `prod()` oder ähnlichen Funktionen gar nicht berechtigt ist, die Klassendefinition zu ändern. Es bleibt also Variante 4: In Hinblick auf die mögliche Entwicklung weiterer Funktionen wie z.B. `prod()` werden *lesende* Zugriffsfunktionen auf die beiden Instanzvariablen vorgesehen.

Wir erweitern also den öffentlichen Teil der Klasse `Double_Vector` um

..am sinnvollsten sind öffentliche Lesefunktionen

```
int hi () const { return high; }
int lo () const { return low; }
```

und können somit `prod()` formulieren:

```
double prod (const Double_Vector& a, const Double_Vector& b)
{
   if (a.hi() == b.hi()  &&  a.lo() == b.lo()) {
      double sum = 0;
      for (register int i = a.lo(); i <= a.hi(); i++)
        sum += a[i] * b[i];
      return sum;
   }
   else
      throw ("Inkompatible Operanden für prod()");
}
```

Funktion zur Berechnung des Skalarproduktes

Damit haben wir den einfachen Vektordatentyp implementiert. In den folgenden Abschnitten sollen noch einige Erweiterungen besprochen werden.

Redimensionierbare Felder

Der ursprünglichen Forderung nach Redimensionierbarkeit eines Vektors wurde bisher noch nicht Rechnung getragen. Leiten wir also eine Unterklasse von `Double_Vector` ab, die diese Eigenschaft aufweist:

```
class DDouble_Vector: public Double_Vector {       // 'D' für
  public:                                          // 'dynamic'
    DDouble_Vector (int low, int high)
      : Double_Vector(low, high) {}
    DDouble_Vector (int n) : Double_Vector(n) {}
    DDouble_Vector (const DDouble_Vector& s)
      : Double_Vector(s) {}
    void resize (int low, int high);
};
```

Eine dynamische Vektor-Klasse

Die Methoden `init()`, `hi()`, `lo()` und `operator[]()` sowie die Instanzvariablen `high`, `low` und `cont` werden von `Double_Vector` geerbt; `~DDouble_Vector()` wird vom Compiler generiert und ruft `~Double_Vector()` auf, `operator=()` wird ebenfalls generiert (mit komponentenweiser Zuweisung) und ruft für die Zuweisung des Basisklassenanteils, der hier ja alle Komponenten beinhaltet, `Double_Vector::operator=()` auf. Zu definieren bleibt also nur mehr die Komponentenfunktion `resize()`, die ein neues `double`-Feld erzeugt, die alten Werte, soweit möglich, in das neue Feld überträgt und danach das alte Feld freigibt:

resize()
redimensio-
niert einen
Vektor

```
void DDouble_Vector::resize (int l, int h)
{
  double* old_cont = cont;
  int old_high = high, old_low = low;
  init(l, h);
  for (register int i = low > old_low ? low : old_low;
       i <= high && i <= old_high;
       i++)
    cont[i] = old_cont[i];
  delete [] (old_cont + old_low);
}
```

Hier zeigt sich bereits der Vorteil der C++-Ausnahmebehandlung: Zur Speicherallokation wird die Komponentenfunktion `init()` herangezogen, die gegebenenfalls eine Ausnahme signalisiert. Auf diese Ausnahme kann ein Applikationsprogramm durch eine entsprechende `catch`-Routine reagieren; die dazwischenliegende Funktion `resize()` wird dadurch jedoch überhaupt nicht berührt.

Anstatt `operator[]()` einfach zu erben, könnte in `DDouble_Vector` eine neue Implementation dieser Methode definiert werden, die die Möglichkeit der Redimensionierung ausnützt, um für Zugriffe, die außerhalb der vereinbarten Feldgrenzen liegen, das Intervall einfach entsprechend anzupassen[2]:

Ein Index-
operator,
der das
Feld an den
Bedarf
anpaßt

```
double& DDouble_Vector::operator[] (int i)
{
  if (i < low)
    resize(i, high);
  else
    if (i > high)
      resize(low, i);
  return cont[i];
}
```

Vermeidung von Zugriffen auf undefinierte Werte

Die beiden vorgestellten Vektordatentypen lösen das Problem der unbeabsichtigten Verwendung noch undefinierter Feldelemente dadurch, daß in `init()` einfach jedes Element mit null vorbelegt wird.

---

[2] Diese Strategie wird in der Praxis allerdings nur in Ausnahmefällen gerechtfertigt sein; selbst wenn man das Konzept des sich automatisch vergrößernden Feldes akzeptiert, wird es sinnvoller sein, die Redimensionierung etwas großzügiger (also nicht nur ab bzw. bis i) zu gestalten, um nicht allzu große Laufzeiteinbußen hinnehmen zu müssen.

In manchen Fällen wäre es zur Fehlersuche jedoch vorteilhaft, wenn der Versuch, ein noch nicht explizit definiertes Feldelement zu lesen, vom Vektor verhindert würde.

Wir wollen in diesem Abschnitt versuchen, an Hand dieses Aufhängers einen gängigen C++-Trick vorzustellen, nämlich die Einführung eines *Mittlerdatentyps*. Die Idee ist dabei - im gegenständlichen Kontext formuliert - die folgende: Die Operatorfunktion `operator[]()` soll nicht direkt eine `double`-Referenz zurückliefern, sondern eine Instanz eines künstlichen Datentyps (im Beispiel `Access`), der alle notwendigen Informationen zum eigentlichen Datenzugriff enthält, *den Zugriff aber noch nicht durchführt*. Stattdessen wird abgewartet, was mit diesem Datenobjekt passiert: Steht es auf der linken Seite einer Zuweisung, wird ein passender `operator=()` aktiviert; wird es hingegen als `double`-*Wert* benützt, wird der Feldzugriff durch einen `double`-Konversionsoperator des Mittlerdatentyps nachträglich vollzogen, *vorausgesetzt*, das Feldelement ist bereits wohldefiniert.

*Mittler-
datentypen
können
Zugriffe
verzögern,
bis der
Kontext
feststeht*

Bevor wir diesen Trick in die Praxis umsetzen, müssen wir noch eine Methode wählen, um ein Feldelement als "noch undefiniert" zu markieren. Grundsätzlich stehen uns zwei Möglichkeiten zur Verfügung:

*Wie erkennt
man ein un-
definiertes
Element?*

1. Auszeichnung eines willkürlichen Elementes des Wertebereichs als "undefiniert"-Markierung, oder

2. Anlegen einer zusätzlichen booleschen Komponente `undefined` pro Feldelement.

Die erste Variante hat den Nachteil, daß der "undefiniert"-Wert auch zufällig - z.B. als Resultat einer Berechnung - auftreten kann, während die zweite, "sauberere" Methode einen höheren Platzbedarf impliziert, im allgemeinen wohl ein Byte pro Feldelement, wenngleich auch theoretisch nur ein Bit benötigt wird. Hier soll (auch aus Gründen der Einfachheit) der ersten Variante der Vorzug gegeben werden. Wir deklarieren daher

```
#include <float.h>     // für DBL_MAX, den größten darstell-
const double undef = DBL_MAX;        // baren double-Wert
```

*Die größte
double-
Zahl wird
als unde-
fined-
Markierung
benützt*

und definieren gleich den Mittlerdatentyp:

```
class Access {
  friend class SDouble_Vector;     // SDouble_Vector ist die
  double* cont;                          // neue Klasse
  int index;
  Access (double* c, int i) : cont(c), index(i) {
public:
  operator double ();
  double& operator= (double);
};
```

In einer `Access`-Instanz werden, wie gesagt, alle für den eigentlichen

Zugriff benötigten Daten, nämlich das Feld samt dem Index, abgelegt.
Da Objekte vom Typ `Access` *nur* aus der Methode
`SDouble_Vector::operator[]()` heraus erzeugbar sein sollen, sind
der Konstruktor privat und die Klasse `SDouble_Vector` als `friend`
deklariert. Bevor wir auf die beiden `Access`-Operatorfunktionen
eingehen, führen wir uns die geplante Verwendung von `Access`-
Objekten an Hand des folgenden Szenarios vor Augen:

```cpp
class SDouble_Vector: public Double_Vector {     // 'S' für
 public:                                          // 'safe'
   SDouble_Vector (int l, int h) : Double_Vector(l, h) {}
   SDouble_Vector (int n) : Double_Vector(n) {}
   SDouble_Vector (const SDouble_Vector& s)
     : Double_Vector(s) {}
   Access operator[] (int i) const;
 private:
   void init (int l, int h);  // Wie Double_Vector::init(),
};                            // benützt jedoch undef an Stelle von 0.0
main ()
{
   SDouble_Vector x(10);
   x[3] = 3;
   x[4] = x[3]*x[3];
   cout << x[3] << " " << x[4] << " " << x[5];
}
```


In diesem Programm werden `x[3]` und `x[4]` mit Werten belegt,
danach werden die Werte von `x[3]` und `x[4]` (korrekterweise) und
`x[5]` (illegalerweise) benützt. Wie der lesende Zugriff auf `x[5]`
verhindert werden kann, zeigen die noch ausstehenden Methoden-
definitionen (wobei `SDouble_Vector::init()` aus Platzgründen
nicht angeführt wird):


```cpp
Access SDouble_Vector::operator[] (int i) const
{
   if (i >= low && i <= high)
     return Access(cont, i);
   else
     throw ("Indexfehler!");
}
Access::operator double ()
{
   if (cont[index] == undef)
     throw ("Zugriff auf undefiniertes Feldelement!");
   else
     return cont[index];
}
double& Access::operator = (double val)
{
   double& ref = cont[index];
   ref = val;
   return ref;
}
```

Wird ein `Access`-Objekt in einem Ausdruck verwendet, wird implizit
der Konversionsoperator `Access::operator double ()` aktiviert,

der gegebenenfalls eine Ausnahme signalisiert. Bei einer Wertzuweisung hingegen wird die Methode `Access::operator=(double)`
aufgerufen, die ihre Aufgabe ohne Überprüfung des Elementinhalts
erfüllt.

Das Ergebnis des obigen Testprogramms (realisiert mit dem Makro
`throw` aus Fußnote 1) lautet:

```
Ausnahme "Zugriff auf undefiniertes Feldelement!" in
dv.cpp/167 aufgetreten!
3 9 2.032366e-276
```

*Der unbe-
absichtigte
Zugriff auf
x[5] wird
gemeldet*

Da durch das Makro `throw` keine Änderung des Kontrollflusses
erfolgt, wird an dritter Position ein unsinniger Wert ausgegeben, was
natürlich bei Verfügbarkeit einer echten, nichtsimulierten Ausnahmebehandlung kein Problem mehr darstellen würde.

Matrizen

Wenn man versucht, eine Matrix als einfaches Feld von
`Double_Vector`-Elementen darzustellen, scheitert man zunächst an
einem syntaktischen Problem. Die naheliegende Vereinbarung

```
Double_Vector M(3)[3];                    // M := 3x3-Matrix
```

ist illegal; zur Definition von Feldern aus Klassen ist nämlich ein
Defaultkonstruktor vonnöten, mit dem die syntaktisch korrekte
Vereinbarung

```
Double_Vector M[3];
```

*Die Defini-
tion von
Arrays von
Elementen
einer Klasse
muß ohne
Anfangs-
werte
erfolgen*

ermöglicht wird. Ein Defaultkonstruktor ist zwar schnell definiert,
man könnte z.B. in der Klassendefinition von `Double_Vector` den
einparametrigen Konstruktor zu

```
Double_Vector (int n=3);                  // Array [0:n-1]
```

*Mischen
von C++-
Arrays mit
"intelli-
genten"
Feldern ist
proble-
matisch*

abändern. Damit wäre man allerdings auf 3xm-Matrizen beschränkt,
hätte den Vorteil frei definierbarer Indexgrenzen verloren und
verfügte außerdem in der zweiten Dimension über keine Index-
überprüfung mehr. Insgesamt erscheint also die Definition eines
eigenen Matrix-Datentyps sinnvoll.

*Eine Klasse
für double-
Matrizen*

```
class Double_Matrix {
 public:
   Double_Matrix (int l1, int h1, int l2, int h2);
   Double_Matrix (int n, int m);      // Array [0:n-1, 0:m-1]
   Double_Matrix (const Double_Matrix&);

   ~Double_Matrix ();

   Double_Vector& operator[] (int i) const;
   Double_Matrix& operator= (const Double_Matrix&);
   int hi () const { return high; }      // Indexgrenzen der
   int lo () const { return low; }       // ersten Dimension
```

```
    protected:
      Double_Vector** cont;
      int low, high;
      void init (int low1, int high1, int low2, int high2);
    };
```

cont ist ein Zeiger auf einen Vektor von Double_Vector-Zeigern

Diese Klassendefinition ist bis auf ein Detail eine direkte Erweiterung der Double_Vector-Definition. Der Unterschied besteht in der Komponente cont: Um die oben angedeuteten Probleme bei der Erzeugung von Arrays von Double_Vector-Objekten zu vermeiden, wird in cont die Adresse eines *Zeigervektors* abgelegt, dessen Elemente ihrerseits auf lauter gleich große Double_Vector-Objekte zeigen. Im Falle einer [1:3, 1:3]-Einheitsmatrix kann die Struktur wie folgt skizziert werden:

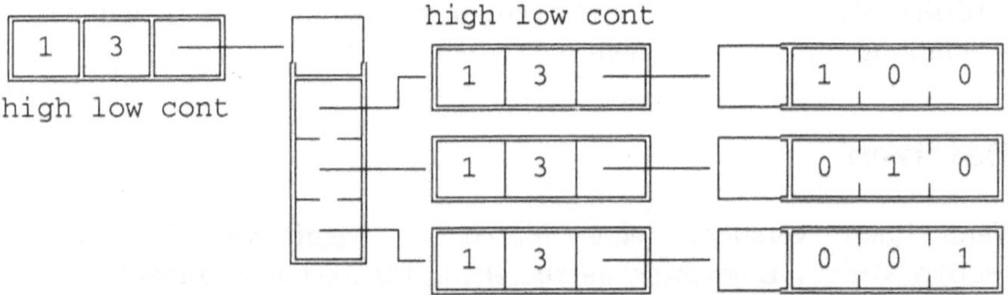

Die dazupassenden Routinen init() und ~Double_Matrix() lauten:

init() führt wieder die eigentliche Konstruktor-Arbeit durch

```
void Double_Matrix::init (int l1, int h1, int l2, int h2)
{
  low = l1;   high = h1;
  cont = new Double_Vector*[high-low+1] - low;
  for (register int i=low; i<=high; i++)
    cont[i] = new Double_Vector(l2, h2);
}

Double_Matrix::~Double_Matrix ()
{
  for (register int i=low; i<=high; i++)
    delete cont[i];
  delete [] (cont + low);
  high = low - 1;
}
```

Die Konstruktoren selbst bestehen wie bei Double_Vector lediglich aus passenden init()-Aufrufen und werden daher hier nicht angegeben. Die Definitionen von operator=() und operator[]() sind ebenfalls eng mit jenen aus der Klasse Double_Vector verwandt; sie verbleiben als Übungsaufgabe. Zur Indizierung ist allerdings anzumerken, daß sie, wie in C++ üblich, zweistufig erfolgt. Betrachten wir dazu die folgende Prozedur zur Ausgabe einer Matrix:

Beispiel mit Doppel-indizierung

```
ostream& operator << (ostream& o, const Double_Matrix& m)
{
  o << "{";
  for (int i=m.lo(); i<=m.hi(); i++) {
    for (int j=m[i].lo(); j<=m[i].hi(); j++)
      o << '\t' << m[i][j];
```

```
        o << '\n';
    }
    return o << "}\n";
}
```

Der Ausdruck `m[i]` liefert eine `Double_Vector`-Referenz, auf der wiederum ein Indexoperator definiert ist, sodaß `m[i][j]` schließlich wie gewünscht eine `double`-Referenz liefert. Es wäre jedoch genauso möglich, einen ternären Indexoperator zu definieren, der aus dem Objekt, dem ersten und dem zweiten Index in einem Schritt die `double`-Referenz erzeugt. Leider sind wir in C++ an die syntaktischen Eigenschaften der vorhandenen Operatoren gebunden, daher kann der binäre Operator `operator[]()` für diesen Zweck *nicht* benützt werden. Wir können allerdings den optisch ähnlichen und in anderen Programmiersprachen für die Indizierung durchaus üblichen Klammeroperator überladen (und zwar konsequenterweise sowohl für die Einfach- als auch für die Doppelindizierung):

m[i,j] ist nicht möglich,..

```
class Double_Matrix {
  public:
    Double_Vector& operator() (int i) const        // Einfach-
    {                                               // indizierung
      return (*this)[i];
    }
    double& operator() (int i, int j) const        // Doppel-
    {                                               // indizierung
      return (*this)[i][j];
    }
    ... restliche Klassendefinition ...
};
```

Mit Hilfe dieser Notationsalternative läßt sich die innere `for`-Schleife im obigen Ausgabeoperator auch so formulieren:

..m(i,j) hingegen schon

```
    for (int j=m(i).lo(); j<=m(i).hi(); j++)
      o << '\t' << m(i,j);
```

Generische Felder

Bei der Betrachtung der Definitionen von `Double_Vector` und `Double_Matrix` fällt auf, daß an relativ vielen Stellen die entsprechenden Codestücke nahezu identisch sind. In dieser Situation sollten wir den Entwurf dieser beiden Klassen noch einmal überarbeiten, und zwar mit dem Ziel, die Codeduplizierung durch geschicktes Ausnützen von Vererbung zu minimieren.

Steigerung der Wiederverwendbarkeit..

Der Grundgedanke dabei ist, einen allgemeinen Vektordatentyp zu definieren und sowohl `Double_Vector` (als Vektor von `double`-Elementen) als auch `Double_Matrix` (als Vektor von Vektoren von `double`-Elementen) davon abzuleiten. Die Datenstruktur übernehmen wir von der Klasse `Double_Matrix` aus dem vorhergehenden

..durch Einführung eines..

<table>
<tr><td>..abstrakten
Vektortyps</td><td>

Abschnitt: `cont` ist ein Zeiger auf ein dynamisches Zeigerfeld, dessen Elemente auf die einzelnen Vektorelemente zeigen (siehe dazu die Skizze auf Seite 190). Die einzige Einschränkung, die wir dem Elementtyp auferlegen wollen, ist, daß er von einem abstrakten Typ `Object` abgeleitet ist. Wenn wir nun den Vektordatentyp ebenfalls von `Object` ableiten, ist gewährleistet, daß auch Vektoren als Vektor*elemente* auftreten können, womit der Definition von Matrizen nichts mehr im Wege steht. Der Nachteil dieser Vorgangsweise ist, daß wir, um `double`-Werte speichern zu können, einen Hilfsdatentyp `Double` definieren müssen, der, um obige Einschränkung zu erfüllen, ebenfalls von `Object` abgeleitet ist.

</td></tr>
</table>

Vorweg sei die gewählte Vererbungshierarchie dargestellt:

<table>
<tr><td>Vererbungs-
hierarchie
(is-a)..</td><td>

Dabei unterscheiden sich die beiden von `Vector` abgeleiteten Klassen dadurch, daß ein Objekt vom Typ

</td><td>

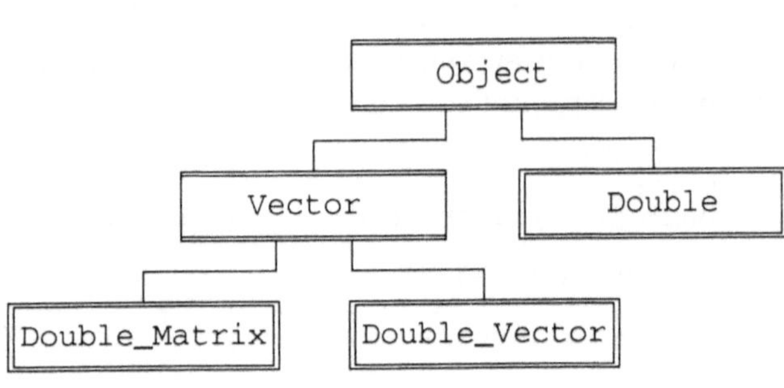

</td></tr>
</table>

<table>
<tr><td>..und Aggre-
gations-
hierarchie
(part-of)</td><td>

`Double_Matrix` ein Vektor von `Double_-Vector`-Elementen ist, während `Double_-Vector` einen Vektor von `Double`-Elementen darstellt. Diese "enthalten-in"- (oder "teil-von"-[part-of]) Beziehungen erzeugen die nebenstehende, sogenannte *Aggregationshierarchie*, die unabhängig von der Vererbungshierarchie dargestellt werden kann.

</td><td>

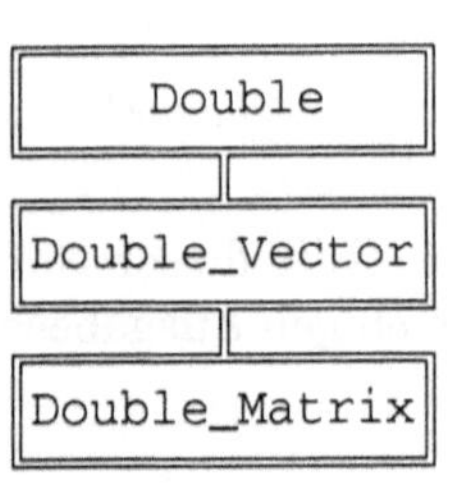

</td></tr>
</table>

Beginnen wir nun mit der Wurzel der Vererbungshierarchie:

<table>
<tr><td>Die
abstrakte
Basisklasse
`Object`</td><td>

```cpp
class Object {
  public:
    virtual ~Object () {}
    virtual Object* clone () const = 0;
    virtual Object& operator= (const Object&) = 0;
    virtual ostream& print (ostream&) const = 0;
};
```

</td></tr>
</table>

Der virtuelle Destruktor ist typisch für abstrakte Basisklassen (siehe Seite 130). Die anderen Funktionen gehören auch zum üblichen Repertoire abstrakter Basisklassen, werden aber im folgenden noch gesondert begründet. `clone()` erzeugt jedenfalls eine tiefe Kopie des Objekts, `operator=()` stellt die übliche Zuweisung dar, und die Methode `print()` soll ihr Objekt ausgeben.

Als nächstes sei die Hilfsklasse `Double` definiert:

```
class Double: public Object {
  double val;
 public:
  Double (double v=0.0) : val(v) {}
  operator double& () { return val; }
  Object* clone () const { return new Double(*this); }
  ostream& print (ostream& o) const { return o << val; }
};
```

Double verpackt double-Werte als Object-Instanzen..

Die **Umwandlung zwischen** double **und** Double **erfolgt über den Konstruktor** Double(double) **bzw. die Konversionsfunktion** operator double(). **Die Funktion** clone() **benützt zur Erzeugung der Kopie den Kopierkonstruktor; wir werden diese Strategie auch bei den anderen Unterklassen von** Object **anwenden. Der Kopierkonstruktor ist hier allerdings nicht explizit definiert, sondern wird vom Übersetzer erzeugt (komponentenweises Kopieren ist hier durchaus angebracht); analoges gilt für den Zuweisungsoperator. Destruktor ist ebenfalls keiner definiert, da keinerlei Aufräumarbeiten vonnöten sind[3].**

..und verfügt über lauter triviale Methoden

Nun zum generischen Vektordatentyp:

```
class Vector: public Object {
  Object** cont;
  int low, high;
  void init (Object& ProtoElement, int low, int high);
 protected:
  Vector (Object& ProtoElement, int low, int high)
  {
    init(ProtoElement, low, high);
  }
 public:
  Vector (const Vector&);
  ~Vector ();
  Object& operator[] (int i) const;
  Object& operator= (const Object& r);
  int hi () const { return high; }
  int lo () const { return low; }
  Object* clone() const { return new Vector(*this); }
  ostream& print (ostream&) const;
};
```

Eine generische Vektor-klasse

Die meisten Komponenten gehen durch einfache Verallgemeinerungen aus den Definitionen von Double_Vector **bzw.** Double_Matrix **des vorigen Abschnittes hervor. Das Hauptproblem bei dieser generischen Vektorklasse ist die Erzeugung passender Einträge im Feld** cont**. Man kann sich vorstellen, daß in den Konstruktoren (bzw. in der Hilfs-routine** init()**) eine Schleife der Art**

```
for (register int i=low; i<=high; i++)
  cont[i] = new ???;
```

---

[3] Da der an seiner Stelle vom Compiler erzeugte Ersatzdestruktor den Basisklassendestruktor aufruft, haben wir letzteren bewußt nicht rein virtuell vereinbart.

nötig sein wird. Da der Elementdatentyp aber praktisch beliebig ist, stellt sich die Frage, welches Argument dem Operator new zu übergeben ist. Dieses Problem wurde hier dadurch gelöst, daß dem Konstruktor ein prototypisches Feldelement übergeben wird, das (es gehört ja sicher einem Subtyp von Object an) in der Lage ist, mittels clone() Kopien von sich selbst herzustellen. Der fragliche new-Ausdruck wird also einfach durch einen Aufruf von clone() ersetzt:


```
class NoMem {};    // "Dummy"-Klasse für Ausnahmebehandlung
void Vector::init (Object& ProtoElement, int l, int h)
{
   low = l;  high = h;
   cont = new Object*[high-low+1] - low;
   if (cont == 0)
     throw (NoMem());

   for (register int i=low; i<=high; i++)
     if ((cont[i] = ProtoElement.clone()) == 0)
        throw (NoMem());
}
```

Beim Kopierkonstruktor kann natürlich kein extra Argument angegeben werden. Wir behelfen uns daher einfach mit dem ersten Element des Quellobjekts als Prototyp[4]:

```
inline Vector::Vector (const Vector& s)
{
   init(*s.cont[s.low], s.low, s.high);
   operator=(s);
}
```


Der Rumpf der Indexoperatorfunktion entspricht genau jenem aus der Übungsaufgabe 10.2, der Destruktor ~Vector() ist äquivalent zu ~Double_Matrix() von Seite 190. Es bleibt also nur noch der Zuweisungsoperator zu definieren. Auch er entspricht im wesentlichen jenem von Übungsaufgabe 10.2, doch muß bedacht werden, daß es sich hier um eine virtuelle Funktion handelt, bei der weder Ergebnis- noch Parametertypen gegenüber der ursprünglichen Deklaration in Object verändert werden dürfen (da sonst die "Virtualität" verlorengeht, siehe Seite 127). Um mit dem Parameter, einer Object-Referenz, die eigentlich eine Vector-Referenz darstellt, arbeiten zu können, muß als erstes eine *Abwärtskonversion*[5] zu Vector& erfolgen:


```
Object& Vector::operator= (const Object& rhs)    // rhs für
{                                                // "right hand side"
   Vector& r = (Vector&) rhs;
   if (low == r.low  &&  high == r.high)
      for (register int i = low; i <= high; i++)
```

---

[4] Wir hoffen dabei, daß es existiert. Gilt jedoch s.low>s.high, wäre an Stelle von *s.cont[s.low] irgendeine "Dummy"-Instanz von Object an init() zu übergeben. Welche, ist egal, da sie unter diesen Umständen in init() ohnehin nicht verwendet würde. Man könnte also z.B. s benützen.

[5] "Abwärts" im Sinne der Vererbungshierarchie.

```
        *(cont[i]) = *(r.cont[i]);                // virtuell!
    else
        throw ("Illegale Vektorzuweisung");
    return *this;
}
```

Das funktioniert natürlich nur, wenn der rechte Operand der
Zuweisung tatsächlich ein Vektor ist. Leider ist aber syntaktisch auch
eine Instanz einer beliebigen anderen Unterklasse von `Object`
erlaubt, sodaß es unter Umständen angebracht wäre, hier für *typsichere Abwärtskonversion* [typesafe downward casting] zu sorgen,
indem wir anläßlich der Ableitung der Klasse `Vector` die Definition
der Basisklasse `Object` um eine virtuelle Konversionsfunktion
ergänzen:

..was zu überwachen wäre: Typsichere Abwärtskonversion

```
class Vector;
class Object {
 public:
    virtual Vector& cast_Vector ();
    ... restliche Klassendefinition ...
};
Vector& Object::cast_Vector () const
{
    throw("Illegale Konversion Object->Vector");
}
```

Alle Unterklassen von `Object` erben eine "Dummy"-Konversion;..

In `Vector` **wird diese Methode, die an alle anderen Subtypen von**
`Object` **vererbt wird, durch eine funktionstüchtige redefiniert:**

```
class Vector: public Object {
 public:
    Vector& cast_Vector () const { return (Vector&) *this; }
    ... restliche Klassendefinition ...
};
```

..nur in `Vector` funktioniert sie korrekt

Nun muß noch die Konversion in `operator=()` **umgebaut werden:**

```
Object& Vector::operator= (const Object& rhs)
{
    Vector& r = rhs.cast_Vector();        // Abgesicherte
    ... restlicher Funktionscode ...      // Abwärtskonversion[6]
}
```

In dieser Anweisung wird nun genau dann eine Ausnahme signalisiert,
wenn als `rhs` eine Instanz irgendeiner anderen Unterklasse von
`Object` auftritt, in der `cast_Vector()` *nicht* definiert ist und daher
die Version mit der `throw`-Anweisung von `Object` geerbt wird.

---

[6] Bei dieser Absicherung der Abwärtskonversion könnte man versucht sein, aus
ästhetischen Gründen statt der Funktion `cast_Vector()` eine "echte"
Konversionsfunktion `operator Vector&()` einzuführen. Dies hätte den Vorteil,
daß die ursprüngliche Form der Konversion in `Vector::operator=()` (nämlich
`(Vector&)rhs`) beibehalten werden könnte. Leider konfligiert ein solcher
Operator mit dem Kopierkonstruktor (cfront akzeptiert die Konstruktion
erstaunlicherweise, doch entsteht eine Endlosrekursion in `Vector::operator`
`Vector&()`...).

Leiten wir nun den konkreten Datentyp `Double_Vector` ab. Der wesentlichste Aspekt dabei ist, daß sein Konstruktor den Basisklassenkonstruktor `Vector()` mit einem geeigneten (temporären) Prototyp-Element aufruft:

```
class Double_Vector: public Vector {
 public:
   Double_Vector (int low, int high)
     : Vector(Double(), low, high) {}
   Double_Vector (const Double_Vector& s) : Vector(s) {}
};
```

Das genügt an sich, da alle anderen Komponenten geerbt oder passend generiert werden. Allerdings ist die Verwendung der geerbten Operatorfunktion `operator[]()` ein wenig unpraktisch: Der in `Vector` vereinbarte Ergebnistyp ist eine `Object`-Referenz; um damit konkret arbeiten zu können, müßten bei jeder Indizierung die folgenden Konversionen durchgeführt werden:

Um Unbe-
quemlich-
keiten zu
vermeiden,..

```
Double_Vector v(1, 100);
(double&)(Double&)v[1] = 0;
```

Aus diesem Grund redefinieren wir in `Double_Vector` den Indexoperator in geeigneter Weise:

..wird
*Double_*
Vector
noch ein
wenig
angepaßt

```
class Double_Vector: public Vector {
 public:
   Double_Vector (int low, int high)
     : Vector(Double(), low, high) {}
   Double_Vector (const Double_Vector& s) : Vector(s) {}
   double& operator[] (int i) const
   {
     return (double&)(Double&)Vector::operator[](i);
   }
};
```

Die damit verbundene Abwärtskonversion von `Object&` zu `Double&` abzusichern, ist Gegenstand der Übungsaufgabe 10.3.

Mit den obigen Definitionen ist die Entwicklung von `Double_Vector` halbwegs abgeschlossen; das Testprogramm von Seite 184 sollte nunmehr funktionieren. Zur Übung kann noch `Vector::print()` realisiert werden. Übungsaufgabe 10.4 beschäftigt sich darüber hinaus mit der Ausstattung der Klasse mit einigen Operationen zur Vektorarithmetik.

*Double_*
Matrix
entspricht
im wesent-
lichen
*Double_*
Vector

Schreiten wir nun zur Definition der Klasse `Double_Matrix`. Im Prinzip unterscheidet sie sich nur unwesentlich von jener der Klasse `Double_Vector`, der Konstruktor `Double_Matrix()` hat wie jener aus dem vorhergehenden Abschnitt vier Argumente und ruft den Basisklassenkonstruktor mit einem `Double_Vector`-Objekt, das eine Matrixzeile repräsentiert, als Prototyp auf:

```
class Double_Matrix: public Vector {
 public:
   Double_Matrix (int low1, int high1, int low2, int high2)
     : Vector(Double_Vector(low2, high2), low1, high1) {}
   Double_Matrix (const Double_Matrix& m) : Vector(m) {}
   Double_Vector& operator[] (int i) const
   {
      return (Double_Vector&) Vector::operator[](i);
   }
   Double_Vector& operator() (int i) const
   {
      return (*this)[i];
   }
   double& operator() (int i, int j) const
   {
      return (double&)((*this)[i][j]);
   }
};
```

Zur bequemeren Verwendbarkeit wurde erstens wieder ein spezifischer
Indexoperator geschaffen, der an Stelle einer Object-Referenz gleich
eine Double_Vector-Referenz, nämlich die i-te Zeile der Matrix,
zurückgibt, und zweitens wurden aus kosmetischen Gründen auch die
beiden Klammeroperatoren wieder als zusätzliche Indexoperatoren
überladen.

Übungsaufgaben

10.1 Verallgemeinern Sie den Datentyp Double_Vector von Seite 181
     unter Verwendung von Schablonen derart, daß beliebige
     Elementdatentypen verwaltet werden können.

10.2 Definieren Sie die auf Seite 189 deklarierten Operatorfunktionen   → *Seite 290*
     operator=() und operator[]() der Klasse Double_Matrix.

10.3 Führen Sie die notwendigen Schritte zur Absicherung der
     Abwärtskonversionen in Double_Vector und Double_Matrix
     durch.

10.4 Erweitern Sie die Definition von Double_Vector durch   → *Seite 290*
     Operatorfunktionen für das Skalarprodukt zweier Vektoren,
     Vektoraddition und -subtraktion, sowie die Multiplikation eines
     Vektors mit einem Skalar, und implementieren Sie
     Double_Vector::print() sowie den Ausgabeoperator << für
     Vektoren.

11

Zeichenketten

Im vorhergehenden Kapitel haben wir zwar allerlei Variationen über das Thema "Array" besprochen; Zeichenketten, also `char`-Vektoren, wollen wir jedoch auf Grund ihrer sehr spezifischen Eigenschaften in diesem Kapitel separat behandeln.

C++ behandelt Strings als null-terminierte char-Arrays

Wir erinnern uns, daß es im C++-Kern ja eine rudimentäre Form des Zeichenketten-Datentyps gibt: Stringkonstanten der Länge n (wie `"ABC"`) werden vom Compiler als n+1-elementige `char`-Vektoren abgelegt, wobei das letzte Element immer mit einem Nullzeichen belegt wird. Auf dieser Konvention bauen eine Reihe von Standardfunktionen zur Zeichenkettenverarbeitung auf (`strcpy()`, `strcmp()` etc.); darüber hinaus unterstützt z.B. auch die iostream-Bibliothek "Standardzeichenketten" dieser Form.

String-Klassen sind mächtiger

Viele Anwendungsprogramme erfordern jedoch weiterführende Unterstützung von Zeichenketten; insbesondere werden Klassen verlangt, die eher der Sprachphilosophie von C++ entsprechen als die oben erwähnte, noch aus C stammende Unterprogrammsammlung. Der starken Nachfrage wird im allgemeinen auch Rechnung getragen: Praktisch jede kommerziell erhältliche C++-Klassenbibliothek enthält einen String-Datentyp, sodaß mit größter Wahrscheinlichkeit auch eine entsprechende Definition in den C++-Standard aufgenommen werden wird.

Wert- und Referenz- semantik

Bevor wir uns näher mit der Zeichenkettenverarbeitung beschäftigen, wollen wir noch kurz auf ein Unterscheidungsmerkmal von verschiedenen String-Klassen-Implementationen eingehen, nämlich die Semantik von Initialisierungs- und Zuweisungsoperationen[1]. Je

---

[1] Freilich gilt das hier Gesagte genauso für beliebige andere Klassen.

nachdem, ob bei diesen Operationen lediglich Referenzen übertragen werden (etwa dem Konzept der Variablenparameterübergabe bei Funktionsaufrufen entsprechend) oder ob tatsächlich das gesamte Objekt kopiert wird (vgl. die Wertparameterübergabe), spricht man von *Referenzsemantik* [reference semantics] bzw. von *Wertsemantik* [value semantics] dieser Operationen. Referenzsemantik ist einfacher zu implementieren als Wertsemantik und spart sowohl Speicherplatz als auch Zeit, entspricht aber im allgemeinen nicht dem intuitiven Verständnis derartiger Operationen. Man würde sich zum Beispiel wundern, wenn anläßlich des Programmstücks

```
String s = "ABC", t;
t = s;              // Zuweisung mit Referenzsemantik
t[0] = 'X';
cout << s << endl;
```

Ein String wird implizit verändert

die Zeichenkette `"XBC"` ausgegeben würde, weil durch die Zuweisung von s auf t lediglich die *Adresse* der Zeichenkette übertragen wird.

Bedeutet das nun, daß die Operatoren überhaupt nicht auf die effizientere Referenzsemantik zurückgreifen dürfen? Nicht unbedingt, wenn man die folgende Regel berücksichtigt:

Solange zwei Objekte *gleich* sind, dürfen ihre Inhalte auch *ident* sein, das heißt, die Objekte dürfen auf denselben Inhalt verweisen; wenn ein Objekt geändert wird, muß rechtzeitig vorher eine Kopie des Inhalts angelegt werden, um das andere Objekt nicht zu beeinflussen.

Diese Vorgangsweise, bei der versucht wird, möglichst lange mit Referenzsemantik das Auslangen zu finden, und Kopien erst "im letzten Moment" angelegt werden, wird als *Wertsemantik mit verzögertem Kopieren* bezeichnet. Wir werden in diesem Kapitel nach einem kurzen Überblick über die Standard-Zeichenkettenfunktionen eine einfache String-Klasse implementieren, wobei wir das Protokoll zu Gunsten einer exemplarischen Implementation mit dieser etwas komplizierteren "Mischsemantik" eher kurz halten wollen.

Wertsemantik mit verzögertem Kopieren

Standardfunktionen zur `char`-Array-Manipulation

Die aus der C-Standardbibliothek übernommenen Funktionen zur Manipulation von Zeichenketten der eingangs beschriebenen Art sind in der Headerdatei `string.h` deklariert. Ein Teil davon soll hier kurz vorgestellt werden, da die meisten Implementationen von String-Klassen letztlich auf derartigen Zeichenketten basieren und daher auch sinnvollerweise diese Funktionen benützen.

Die Routinen lassen sich auf Grund ihrer Behandlung des

<table>
<tr><td>

*Unter-
schiede im
Verhalten:*
`str..(),`
`strn..()`
und `mem.()`

</td><td>

abschließenden Nullzeichens grob in drei Gruppen unterteilen: Die erste Gruppe behandelt Zeichenketten, die sicher nullterminiert sind. Die Namen dieser Funktionen beginnen mit `str` (ohne n). Im Gegensatz dazu gibt es auch die `strn`-Funktionen, die zwar den String als beendet ansehen, sobald das erste Nullzeichen auftritt, jedoch bei Nichterreichen des Nullzeichens ihre Arbeit nach spätestens n (ein zusätzliches Argument) Zeichen abbrechen. Die dritte Gruppe, die `mem`-Funktionen, kümmern sich überhaupt nicht um das Nullzeichen, sondern operieren stur auf Bytefeldern bekannter Länge, die daher auch gar keine Textdaten enthalten müssen. Achtung: Keine der im folgenden besprochenen Funktionen überprüft, ob ein Feldüberlauf auftritt.

</td></tr>
</table>

*Kopier-
routinen:*
`strcpy(),`
`strncpy()`
und
`memcpy()..`

```
char* strcpy (char* t, const char* s);
char* strncpy (char* t, const char* s, size_t n);
void* memcpy (void* t, const void* s, size_t n);
```

Die `-cpy()`-Funktionen kopieren den Inhalt von s auf den Inhalt von t; `strcpy()` und `strncpy()` bis jeweils zum ersten Nullbyte von s (einschließlich), `strncpy()` jedoch maximal n Zeichen; `memcpy()` kopiert *genau* n Bytes. Alle drei Funktionen liefern t zurück.

*..sowie
* `strcat()`
und
`strncat()`

```
char* strcat(char* t, const char* s);
char* strncat(char* t, const char* s, size_t n);
```

Die `-cat()` Funktionen ermitteln das Ende der Zeichenkette t und fügen dort die Zeichenkette s an. Beide Funktionen geben t zurück.

*Vergleichs-
routinen:*
`strcmp(),`
`strncmp()`
und
`memcmp()`

```
int strcmp (const char* a, const char* b);
int strncmp (const char* a, const char* b, size_t n);
int memcmp (const void* a, const void* b, size_t n);
```

Die `-cmp()`-Funktionen vergleichen ihre beiden ersten Argumente. Sie liefern -1 zurück, falls a<b gilt, 0 für a=b und +1 für a>b. Die Relationen < und > bezeichnen dabei die lexikographische Reihenfolge.

*Durch-
suchen von
Strings:*
`strchr(),`
`memchr()`
und
`strrchr()`

```
char* strchr (const char* s, int c);
void* memchr (const void* s, int c, size_t n);
char* strrchr (const char* s, int c);
```

`strchr()` und `memchr()` geben einen Zeiger auf das erste, `strrchr()` einen Zeiger auf das letzte Auftreten des Zeichens c in s zurück. Wird c in s nicht gefunden, wird 0 zurückgegeben.

`strpbrk()`

```
char* strpbrk (const char* s, const char* p);
```

liefert einen Zeiger auf das erste Auftreten irgendeines Zeichens aus der Zeichenkette p in der Zeichenkette s. Bei Mißerfolg wird 0 zurückgegeben.

`strstr()`

```
char* strstr (const char* s, const char* p);
```

liefert einen Zeiger auf das erste Auftreten der Zeichenkette p als Teilstring der Zeichenkette s. Enthält s den String p nicht, so ist das Ergebnis 0.

```
size_t strlen (const char* s);
```

*Berechnung
der String-
länge:*
`strlen()`

liefert die Länge der Zeichenkette `s` (ohne das Nullzeichen
mitzuzählen).

Ein String-Datentyp

Definieren wir das "look & feel" unserer geplanten String-Klasse zur
Abwechslung einmal einfach durch ein kleines Testprogramm:

```
#include <iostream.h>
#include "string.h"       // Nicht <string.h> - enthält die
main ()                   // Deklarationen der Klasse String
{
  String a("AAA");
  String b(a);
  String c;
  cout << "a=" << a << ", b=" << b << ", c=" << c << endl;

  c = b;
  b[1] = 'B';
  cout << "a=" << a << ", b=" << b << ", c=" << c << endl;

  c += b;                            // Stringverkettung
  cout << "a=" << a << ", b=" << b << ", c=" << c << endl;
  cout << "c(1)=" << c(1) << ", c(2,3)=" << c(2,3) << endl;
}
```

*Demonstra-
tion der
String-
Verarbei-
tung*

Die Ausgabe dazu soll lauten:

```
a=AAA, b=AAA, c=
a=AAA, b=ABA, c=AAA
a=AAA, b=ABA, c=AAAABA
c(1)=AAABA, c(2,3)=AAB
```

Die Variable `a` wird also mit der Zeichenkette `"AAA"` initialisiert; `b`
mit dem Wert von `a` und `c` mit dem Leerstring. Nach der Zuweisung
von `b` auf `c` enthalten alle drei Variablen die Zeichenkette `"AAA"`, es
wird allerdings sofort danach das *zweite* Zeichen von `b` auf `'B'` umgesetzt; man beachte, daß die Indizierung wie bei Standard-C++-Arrays
von 0 aufwärts erfolgt. Zwischen der zweiten und der dritten Ausgabezeile wird die Zeichenkette `b` an den Inhalt von `c` angehängt, `c` enthält
somit den Wert `"AAAABA"`. In der vierten Ausgabezeile werden *Teilstrings* der Variablen `c` ausgegeben: `c(i,1)` möge die an der Position `i`
des Strings `c` beginnende Zeichenkette der Länge 1 bezeichnen; wird 1
nicht angegeben, soll der Teilstring bis an das Ende von `c` reichen.

Von unserer Implementation wollen wir nun verlangen, daß idente
Zeichenketten, die durch Initialisierung, Zuweisung oder Teilstring-
bildung aus einander hervorgehen, möglichst nur einmal angelegt
werden. Wir können dies erreichen, indem wir derartig "verwandte"
String-Objekte auf ein und dieselbe (dynamisch angelegte) Zeichenkette zeigen lassen, sodaß die Situation unmittelbar nach der Defini-

*Kopieren,
Zuweisen
und Teil-
string-Bil-
den ohne
Verviel-
fachung*

tion der drei Stringvariablen unseres Testprogramms also etwa wie folgt skizziert werden kann:

Die Daten-
struktur zu
Beginn

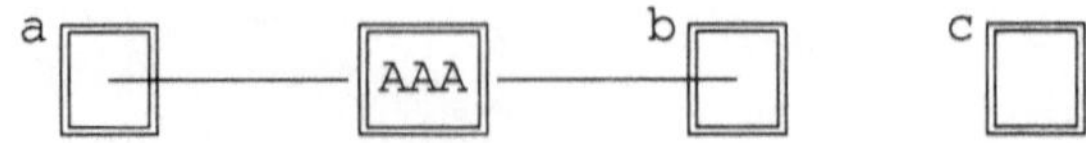

Achtung:
Gemein-
same Daten
dürfen
nicht
mehrfach
eliminiert
werden!

Leider geht es nicht ganz so einfach. Da wir natürlich verlangen, daß jeder dynamisch zugeteilte Speicherplatz auch wieder ordnungsgemäß an die Freispeicherverwaltung zurückgegeben werden muß, müßte der Destruktor des Objekts a die Zeichenkette "AAA" wohl oder übel freigeben, womit der Zeiger von b mit einem Schlag ungültig würde - ein Umstand, der spätestens bei der erneuten Freigabe des Zeigers durch den Destruktor von b katastrophale Folgen hätte.

Referenz-
zähler

Dieses Problem können wir lösen, indem wir für jede Zeichenkette mitzählen, wieviele Objekte auf sie verweisen; der Destruktor der String-Klasse erniedrigt diesen *Referenzzähler* und darf die Zeichenkette nur freigeben, wenn der Zähler den Wert Null erreicht hat:

Daten-
struktur mit
Referenz-
zähler

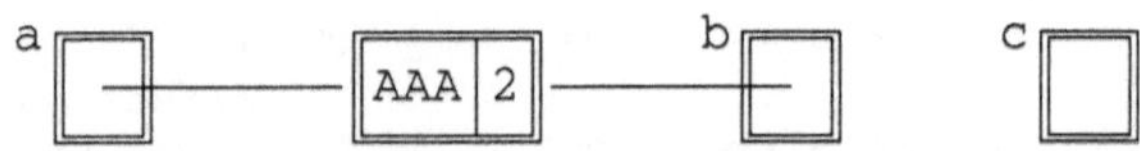

Zuweisung

Die Zuweisung c=b kopiert nun einfach den Zeiger von b nach c und erhöht dabei den Referenzzähler:

Daten-
struktur
nach der
Zuweisung

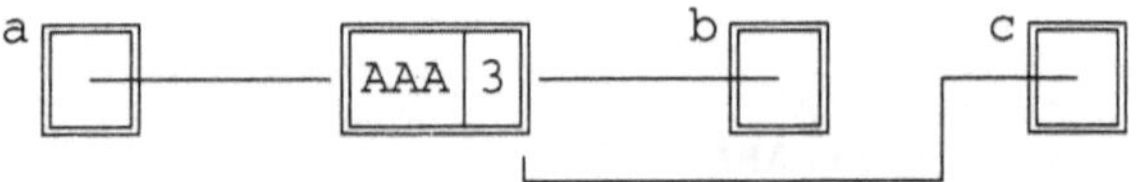

Indizierung

Was passiert nun bei b[1]='B'? Wenn wir einfach die von b aus erreichbare Zeichenkette modifizieren, ändert sich mit einem Schlag der Inhalt aller drei betroffenen Objekte! Die naheliegende Lösung ist, b in diesem Fall von der gemeinsamen Zeichenkette "abzukoppeln" und eine eigene "private" Kopie anzulegen, die dann durch die Zuweisung entsprechend modifiziert wird:

b wurde
von a
entkoppelt

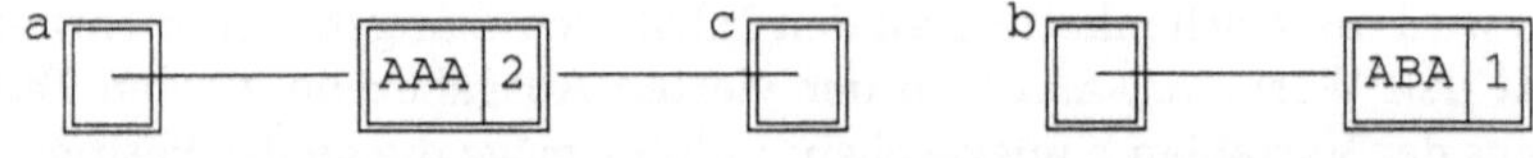

Die Frage ist nur: *Wann* soll das passieren? Wenn wir den Kopier-vorgang vom Indexoperator (also zum Zeitpunkt der Evaluation von b[1]) durchführen lassen, würde auch eine harmlose Operation wie

Nicht jede
Indizierung
darf zu
einer Kopie
führen!

```
char x = b[2];          // Indizierung mit lesendem Zugriff
```

zum unnötigen Anlegen einer Kopie führen! Der Zuweisungsoperator, der offenbar die geeignetere Instanz für diese Operation wäre, kann sie aber nicht so ohne weiteres durchführen, da er ja an sich gar nicht mehr auf einem String, sondern auf einem durch die Indizierung entstandenen `char`-Objekt operiert!

An dieser Stelle sollten wir uns an den Trick erinnern, mit dem wir im Kapitel 10 den lesenden Zugriff auf noch undefinierte Vektorelemente verhindert hatten: Der Indexoperator liefert nicht einfach eine Referenz auf das indizierte Element des Vektors, sondern ein Objekt eines Mittlerdatentyps, das über die für den eigentlichen Elementzugriff notwendige Information verfügt, diesen jedoch verzögert, bis klar ist, ob es sich um einen lesenden oder einen schreibenden Zugriff handelt (siehe Seite 187). Sehen wir uns gleich den dazugehörigen Ausschnitt der Definition unserer String-Klasse samt Mittlerdatentyp `Access` an:

Verzöge-rung des Zugriffs durch ein Mittler-objekt, bis der Kontext feststeht

```
class Access {                            // Mittlerdatentyp
  friend class String;
    String& str;
    int index;
    Access (String& s, int i) : str(s), index(i) {};
  public:
    operator char () const;        // Legt keine Kopie an
    operator char& ();             // Kopiert bei Bedarf
    Access& operator = (char c);   // Kopiert bei Bedarf
};
class String {
  public:
    ...
    Access operator [] (int i) { return Access(*this, i); }
};
```

Kooperation zwischen `String` und `Access`

`String::operator[]()` liefert ein `Access`-Objekt, in dem sowohl eine Referenz auf das `String`-Objekt als auch der Index gespeichert sind. Für dieses Objekt gibt es nur drei öffentliche Zugriffsmethoden[2]:

1. Die Zuweisung, die, falls der String seinen Inhalt mit einem anderen teilt, die besprochene Kopie anlegt,

2. die Umwandlung in einen `char`-*Wert*, die keine Kopie erfordert, und

3. die Konversion in eine `char`-*Referenz*, die ähnlich wie die Zuweisung den Inhalt bei Bedarf "privatisiert".

Letzteres ist notwendig, um Änderungen über `char`-Referenzen zuzulassen. Würden wir `operator char&()` nicht definieren, hätte der Aufruf `x(s[0])` im folgenden Programmstück *keine* Wirkung:

```
void x(char& c) { c = 'X'; }
main ()
{
    String s = "AAA";
    x(s[0]);
}
```

Versteckte Modi-fikation eines String-Elements..

---

[2] Es fehlen insbesondere öffentliche Konstruktoren, sodaß sichergestellt ist, daß außer Methoden der `friend`-Klasse `String` niemand Objekte vom Typ `Access` erzeugen darf.

..scheitert bei Fehlen des `operator char&()`

Das durch die Indizierung erzeugte temporäre `Access`-Objekt würde zunächst von `Access::operator char()` auf `char` umgewandelt, wobei auf Grund der Wertsemantik der Funktionswertübergabe eine temporäre Kopie angelegt würde, deren Referenz dann die Funktion `x()` übergeben erhielte. Die Wertzuweisung in `x()` würde also lediglich den Inhalt einer unbenannten, temporären Variablen ändern.

Teilstring-bildung

Bevor wir die Klasse `String` vollständig definieren können, müssen wir uns noch überlegen, wie wir bei der Teilstringbildung verfahren wollen. Als Ziel haben wir uns bereits vorgenommen, daß auch Teilstrings zunächst mit Referenzsemantik angelegt werden. Wie soll nun z.B. `c(2,3)` im Kontext des obigen Beispiels aussehen?

Wie wird der Anfang, wie das Ende festgelegt?

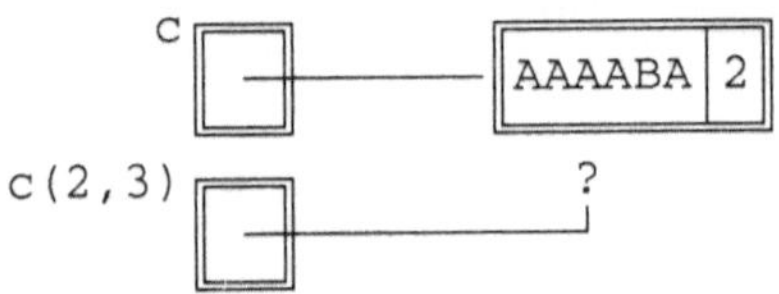

→ Teil-strings benötigen Zusatz-information

Es muß dem `String`-Objekt irgendwie mitgeteilt werden, daß

a) sein Inhalt nicht notwendigerweise an der Stelle beginnt, die der `char`-Zeiger bezeichnet, und daß

b) der String unter Umständen kürzer ist als die Zeichenkette, auf die der `char`-Zeiger zeigt (laut Vereinbarung soll `c(2,3)` drei Zeichen enthalten, was in der obigen Skizze nicht widergespiegelt wird).

→ Einführung neuer Instanz-variablen

Wir müssen also die `String`-Objekte um die Informationen "Tatsächlicher Anfang der Zeichenkette" und "Tatsächliche Länge der Zeichenkette" erweitern:

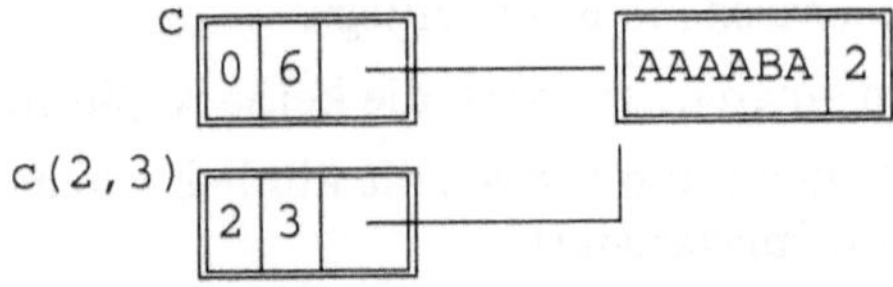

Die String-inhalte werden in `StrDat`-*Objekten abgelegt*

Schreiten wir nun zur Realisierung der Hilfsklasse `StrDat`, die die einzelnen Zeichenketten von `String`-Objekten beherbergen soll. Wir gehen davon aus, daß alle `StrDat`-Objekte mittels `new` dynamisch angelegt und mittels `delete` wieder freigegeben werden. Da `StrDat` über keinerlei öffentliche Komponenten verfügt, kann diese Zusicherung durch geeignete Implementation der beiden einzigen `friend`-**Klassen** `String` und `Access` gewährleistet werden.

Die Klasse `StrDat`

```
class StrDat {
  friend class String, class Access;

    char* buf;           // Eigentliche Zeichenkette, und
    size_t len;                 // deren (Gesamt-)Länge
    unsigned ref_cnt;                   // Referenzzähler
```

```
    StrDat (size_t, const char* = 0);
    StrDat (const StrDat&) { ...Fehlerbehandlung... }
    static³ void operator delete (void*);
};
```

Der Kopierkonstruktor wird nicht benötigt. Aus Sicherheitsgründen ist
hier jedoch einer definiert, der im Falle seines (fälschlichen) Aufrufs
eine Fehlermeldung ausgibt, um schwer lokalisierbare Folgefehler
(Objekte mit inkonsistenten Referenzzählern etc.) zu vermeiden. Der
eigentliche Konstruktor legt ein dynamisches char-Array an, und
zwar als Kopie des übergebenen char*-Arguments, falls dieses angegeben wurde, bzw. als leeres Feld mit vorgegebener Länge andernfalls:

Fehler-erkennung durch Einführung einer Dummy-Funktion

```
StrDat::StrDat (size_t l, const char* str)
: buf(new char[l]), len(l), ref_cnt(1)
{
    if (str)
        strncpy(buf, str, l);
}
```

Der Konstruktor

Während die Standardimplementation von new für unsere Zwecke
durchaus passend ist, überladen wir den Operator delete, um das
Objekt in Abhängigkeit vom Referenzzähler freizugeben:

```
void StrDat::operator delete (void* p)
{
    if (p) {                        // p spielt die Rolle von this
        register StrDat* This = (StrDat*) p;
        if (--(This->ref_cnt) == 0) {       // Keine Referenz
            delete This->buf;                   // mehr übrig!
            delete p;       // Entspricht ::operator delete(This)
        }
    }
}
```

Nach erfolgter Freigabe des char-Arrays wird der *globale* Operator
delete aufgerufen, um das Objekt selbst an die Freispeicherverwaltung zurückzugeben. Damit dies den Hauptspeicher nicht
korrumpiert, müssen wir eben in den beiden Klientenklassen
sicherstellen, daß StrDat-Objekte nie am Stack angelegt werden.

StrDat-Instanzen dürfen nur mit new erzeugt werden

Nun steht der Definition der Klasse String nichts mehr im Wege. Wir
definieren zusätzlich zu den bereits besprochenen Methoden noch
einige andere praktische, selbsterklärende Operationen:

```
class String {
    friend class Access;
    StrDat* s;                          // Zeiger auf den Inhalt
    size_t offset;      // Abstand vom Anfang der Kette in *s
    size_t len;             // Tatsächliche Länge des Strings

    void privatize ();  // Erzeugt eine "private" Kopie von *s
    char* cont () const;            // Zugriff auf den Inhalt
```

Die Klasse String

---

³ operator delete() ist *immer* static, unabhängig davon, ob er so vereinbart
wurde oder nicht. Aus Lesbarkeitsgründen führen wir static explizit an.

```
public:
   String (const char* str=0); // Erzeugt einen String aus str
   String (const String&);              // Kopierkonstruktor
   ~String ();

   size_t length () const { return len; }    // Stringlänge

   String& operator = (const String&);
   Access operator [] (int i) { return Access(*this, i); }
   String& operator += (const String&);          // Verkettung

   int comp (const String& r) const;
   int operator == (const String&r) const { return comp(r)==0; }
   int operator <= (const String&r) const { return comp(r)<=0; }
   int operator >= (const String&r) const { return comp(r)>=0; }
   int operator <  (const String&r) const { return comp(r)< 0; }
   int operator >  (const String&r) const { return comp(r)> 0; }
   int operator != (const String&r) const { return comp(r)!=0; }
   String operator () (size_t pos, size_t l=INT_MAX) const;

   friend ostream& operator << (ostream&, const String&);
   friend istream& operator >> (istream&, String&);
};
```

cont()

Die private Methode `cont()` liefert den tatsächlichen Anfang der dem `String`-Objekt zugeordneten Zeichenkette; sollte s auf keine gültige `StrDat`-Instanz zeigen, wird 0 zurückgegeben:

```
char* String::cont () const { return s ? s->buf+offset : 0; }
```

pri-
vatize()

Die ebenfalls private Hilfsroutine `privatize()` überprüft, ob das `StrDat`-Objekt `*s` von mehreren `String`-Objekten benützt wird. Ist dies der Fall, legt sie eine private Kopie davon an, aie anschließend ohne weiteres modifiziert werden kann:

Erzeugen
einer
"privaten"
Kopie des
StrDat-
Objekts

```
void String::privatize ()
{
  if (s && s->ref_cnt > 1) {    // Privatisieren macht Sinn
    s->ref_cnt--;                // Logisch von *s "abkoppeln"
    s = new StrDat(len, cont());    // Neue Kopie anlegen
    offset = 0;
  }
}
```

Nun zu den Konstruktoren: Der erste ist ganz einfach; ist das `char*`-Argument nicht 0, muß ein `StrDat`-Hilfsobjekt erzeugt und mit diesem Parameter initialisiert werden:

Der
Konstruktor

```
String::String (const char* str) : offset(0)
{
  if (str) {
    len = strlen(str);
    s = new StrDat(len, str);
  } else {                                      // Leerstring
    len = 0; s = 0;
  }
}
```

Der Kopierkonstruktor ist etwas interessanter: Er kopiert einfach alle Komponenten und erhöht danach den Referenzzähler des `StrDat`-Objekts (so vorhanden):

```
inline String::String (const String& r)
: s(r.s), offset(r.offset), len(r.len)
{
  if (s)
    s->ref_cnt++;
}
```

*Der Kopier-
konstruktor
kopiert nur
die Adresse
der Zeichen-
kette*

Ein wenig asymmetrisch dazu kümmert sich der Destruktor nicht
selbst um den Referenzzähler, sondern delegiert diese Aufgabe an
`StrDat::operator delete()`:

```
inline String::~String ()
{
    delete s;               // Löscht s - oder auch nicht
    s = 0;                  // Nur der Ordnung halber
    offset = len = 0;
}
```

*Der
Destruktor
ruft in
jedem Fall
delete auf*

Der Zuweisungsoperator entspricht im Prinzip dem Kopierkonstruktor;
er muß lediglich vor der Zuweisung das `StrDat`-Objekt der linken
Seite eliminieren. Dies passiert natürlich nur, wenn die beiden
`StrDat`-Objekte nicht ident sind:

```
String& String::operator = (const String& r)
{
  if (s != r.s) {
    delete s;
    s = r.s;
    s->ref_cnt++;
  }
  offset = r.offset;
  len = r.len;
  return *this;
}
```

Zuweisung

Die Zuweisungen auf `offset` und `len` erfolgen absichtlich *außerhalb*
der `if`-Anweisung, da die beiden involvierten Objekte selbst im Falle
`s==r.s` ja immer noch unterschiedliche Teilstrings desselben
Basisstrings darstellen können.

*Spezialfall:
Zuweisung
von Strings
mit gemein-
samem
StrDat-
Objekt*

Dieser Zuweisungsoperator kann in Zusammenarbeit mit dem
Konstruktor `String(const char*)` auch eine Zuweisung der Art

```
String x;
x = "XXX";
```

*Zuweisung
von char*-
Konstanten*

bewerkstelligen; aus `"XXX"` wird ein temporäres `String`-Objekt
erzeugt, das anschließend der Variablen `x` zugewiesen wird, wodurch
die bereits bekannte Situation entsteht:

*Durch im-
pliziten
Kon-
struktor-
aufruf wird
ein tempo-
räres Objekt
erzeugt..*

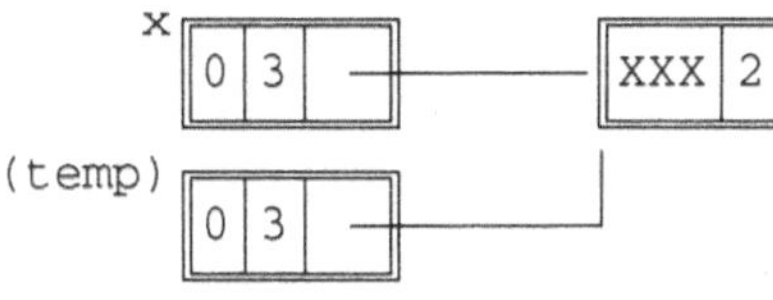

..das bald darauf wieder vernichtet wird

Wenn sich der Übersetzer entschließt, das temporäre Objekt wieder zu zerstören - der Zeitpunkt dafür ist schwer vorherzusagen - wird ordnungsgemäß der Destruktor `~String()` aufgerufen, sodaß letztendlich die gewünschte Situation erreicht ist:

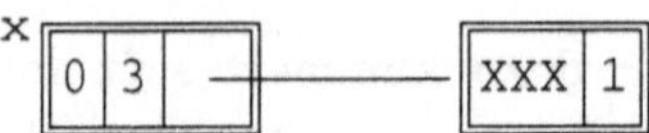

Wenn dieser Ablauf zu ineffizient erscheint, kann er beschleunigt werden, indem ein eigener `char*`-Zuweisungsoperator vorgesehen wird (seine Implementation erfolgt als Übungsaufgabe):

Spezial-zuweisung

```
String& String::operator = (const char*);
```

Binäre Operatoren erzeugen meist auch temporäre Objekte

Aus ähnlichen Effizienzgründen ist es sinnvoll, die Stringverkettung lediglich über einen "Akkumulationsoperator" `+=` und *nicht* über einen binären Operator wie etwa + zu implementieren. Nehmen wir an, es wäre die Nichtkomponentenoperatorfunktion

```
String operator + (const String&, const String&);
```

definiert, die einen neuen String anlegt und ihn mit der Verkettung der beiden Argumente belegt. Betrachten wir nun die Anweisungen

```
String s, a = "AAA", b = "BBB", c = "CCC";
s = a + b + c;                          // s = "AAABBBCCC";
```

Als erstes wird die Verkettung `a+b` durchgeführt und das Ergebnis mittels Kopierkonstruktor in einer temporären Variablen abgelegt[4]:

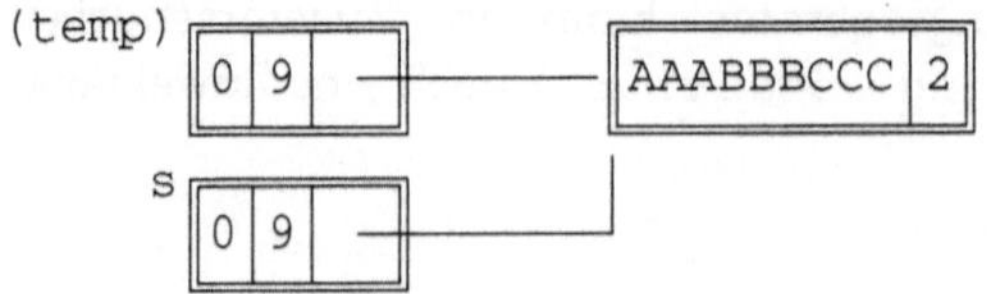

Dieser String wird nun mit `c` verkettet; es entsteht eine zusätzliche temporäre Variable (wieder wird der Kopierkonstruktor aufgerufen) mit dem Gesamtergebnis, das dann der Variablen s zugewiesen wird:

Danach können die beiden temporären `String`-Objekte wieder abgebaut werden, wobei zweimal der Destruktor `~String()` aktiviert wird, der seinerseits je einmal `StrDat::operator delete()` aufruft.

Diese unnötigen Aktivitäten können vermieden werden, wenn man dem Übersetzer das Zielobjekt der Verkettungsoperation jeweils

---

4 Wir legen also der Stringverkettung ausnahmsweise Wertsemantik zugrunde. Ein Ansatz mit Referenzsemantik bleibt Übungsaufgabe 11.4 vorbehalten.

explizit bekanntgibt - dadurch werden keine temporären Objekte
benötigt. Wir beschränken uns daher auf den Operator +=, der seinen
linken Operanden modifiziert[5]:

```
String& String::operator += (const String& r)
{
  if (r.len) {                          // Verkettung sinnvoll
    StrDat* p = new StrDat(len+r.len);
    strncpy(p->buf, cont(), len);
    strncpy(p->buf+len, r.cont(), r.len);
    delete s;
    s = p;
    offset = 0;
    len += r.len;
  }
  return *this;
}
```

Die Methode comp() stellt die Basis für alle Vergleichsoperatoren dar.
Sie liefert -1, falls das Objekt lexikographisch kleiner ist als das
Argument r, 0 bei Gleichheit und +1, falls *this größer ist als r:

```
inline int String::comp (const String& r) const
{
  return strncmp(cont(), r.cont(), len<r.len ? len : r.len);
}
```

Teilstrings sollen über den Funktionsaufrufoperator gebildet werden:

```
String String::operator () (int pos, int l) const
{
  String substr;
  if (pos < len) {         // Startposition wohldefiniert
    if (pos + l > len)              // Länge zu groß..
      l = len - pos;            // ..wird abgeschnitten
    substr.s = s;           // Hier Referenzsemantik!
    s->ref_cnt++;
    substr.offset = offset+pos;
    substr.len = l;
  }
  return substr;
}
```

Wie man sieht, wird bei Überschreiten der zulässigen Maximallänge
einfach der zweite Parameter auf den größten zulässigen Wert korri-
giert. Auf diese Weise funktioniert die einparametrische Version dieses
Operators ganz automatisch: Der zweite Parameter hat ja INT_MAX
(aus limits.h) als Standardwert, sodaß bei Fehlen dieses Arguments
der Teilstring zwangsläufig bis zum Ende der Basiszeichenkette reicht.

Wir haben damit alle vereinbarten String-Methoden definiert; es
fehlen nun nur noch die Ein- und Ausgabeoperatoren, die als Übungs-
beispiel zu implementieren sind, sowie die Definitionen der Access-

---

[5] Diese Vorgangsweise ist nicht nur im Kontext dieses Beispiels sinnvoll, sie wird
allgemein als Faustregel empfohlen.

Methoden. `Access::operator char()` gibt einfach den Wert des Zeichens an der Position `index` im String `str` zurück, während `operator char&()` zuvor sicherstellen muß, daß das `StrDat`-Objekt nicht mit irgendeinem anderen `String`-Objekt geteilt wird:

Umwand-
lung von
Access-
objekten in
char-Werte
bzw. -Refe-
renzen

```
inline Access::operator char ()
{
    return str.cont()[index];
}
inline Access::operator char& ()
{
    str.privatize();
    return str.cont()[index];
}
```

Genauso erfolgt die Zuweisung auf ein `Access`-Objekt, die ja implizit ein Zeichen des zugrunde liegenden `String`-Objekts verändert:

Zuweisung
auf ein
Zeichen-
ketten-
element via
`Access`

```
Access& Access::operator = (char c)
{
    (char&)(*this) = c;
    return *this;
}
```

Damit wäre die Implementation der Klasse `String` beendet, wenngleich der Phantasie für die Einführung weiterer praktischer Methoden keine Grenzen gesetzt sind.

Übungsaufgaben

→ *Seite 291* 11.1 Wieso ist die Initialisierung der `StrDat`-Instanzvariablen im folgenden Konstruktor *falsch*:

```
StrDat::StrDat (size_t l, const char* str)
  : len(l), buf(new char[len]), ref_cnt(1)
  { ... }
```

→ *Seite 291* 11.2 Implementieren Sie

```
String& String::operator = (const char*);
```

→ *Seite 291* 11.3 Implementieren Sie die beiden Funktionen

```
ostream& operator << (ostream&, const String&);
istream& operator >> (istream&, String&);
```

11.4 Überlegen Sie sich eine Möglichkeit, auch `operator+=()` mit Referenzsemantik zu implementieren.

→ *Seite 291* 11.5 `String`-Klassen verfügen häufig über den Konversionsoperator `operator char*()`, um auf ein `String`-Objekt wie auf eine Standardzeichenkette zugreifen zu können. Wieso ist dieser Operator in unserem Vorschlag nicht ganz einfach zu implementieren?

12

Container

Unter einem *Container* verstehen wir einen aggregierten Datentyp, dessen Hauptaufgabe darin besteht, eine Reihe anderer Objekte zu speichern. Mit diesem Begriff wird auch meistens eine Art "Metaprotokoll" verknüpft, also eine bestimmte Funktionalität, die so ein Datentyp anbieten muß, um - unabhängig von seinen konkreten Eigenschaften - als Container gelten zu können. Dazu gehören z.B. die Methoden *Hinzufügen eines Elements, Löschen eines Elements, Auffinden eines Elements, Iterieren über alle Elemente* usw. Spezielle Containerdatentypen, wie z.B. *Array, Suchbaum* oder *Hashtabelle* werden einerseits durch spezifische Eigenschaften dieser Methoden und andererseits durch verschiedene Zusatzfunktionen charakterisiert.

In manchen kommerziellen Klassenbibliotheken wird leider der konzeptionelle Irrtum begangen, Containerdatentypen von höherem Abstraktionsniveau mit den zu ihrer Implementation benützten konkreten Datenstrukturen in einen Topf zu werfen: Da finden sich Mengen, Stacks und Warteschlangen einerseits bunt gemischt mit Hashtabellen, Bitstrings und Suchbäumen andererseits. Wir wollen im Gegensatz dazu in diesem Kapitel möglichst sauber zwischen einem bestimmten "logischen" Datentyp (an den Beispielen *Menge* und *Assoziatives Array*) und seiner Realisation durch einen geeigneten "technischen" Datentyp unterscheiden, und werden den Begriff *Container* hier (ziemlich willkürlich) für Vertreter der zweiten Gruppe reservieren.

Unterscheidung zwischen abstrakten Datenaggregaten und Containern zu deren Realisation

In diesem Kapitel werden wir auch das Konzept der *Kontrollabstraktion* an Hand sogenannter *Iteratoren* besprechen, die das Procedere der Iteration über einzelne Containerelemente kapseln, und werden später noch kurz *funktionale Objekte* behandeln.

Kontrollabstraktion: z. B. Iteratoren

Wir führen nun zunächst den Elementdatentyp ein, besprechen

danach einen bestimmten Containerdatentyp und benützen diesen
schließlich zur Implementation zweier abstrakter Datentypen.

Ein Beispielcontainer

*Ein
Minimal-
protokoll
für
Container-
Elemente..*

Wir wollen die Allgemeinheit unserer Container hier wieder durch
Definition eines abstrakten Wurzeldatentyps `Object` gewährleisten,
von dem die im Container zu speichernden Elementtypen abzuleiten
sind. Dabei fordern wir ein bestimmtes Minimalprotokoll, das
notwendig ist, um diese Elemente in Containern zu verwalten. Konkret
benötigen wir die virtuellen Methoden `operator==()`, `operator<()`[1]
und `clone()` (zur Erzeugung einer Kopie) sowie den Destruktor.
Außerdem sei eine virtuelle Ausgabefunktion vorgesehen, die vom
nichtvirtuellen Ausgabeoperator `<<` benützt wird:

*..wird in
der
abstrakten
Basisklasse
Object
definiert*

```cpp
class Object {
  public:
    virtual ostream& print (ostream&) const = 0;
    virtual int compare (const Object&) const = 0;
    int operator == (const Object& e) const
    {
      return compare(e) == 0;
    }
    int operator <  (const Object& e) const
    {
      return compare(e) < 0;
    }
    virtual Object* clone () const = 0;
    virtual ~Object () {}
  friend ostream& operator<< (ostream& o, const Object& x)
    {
      return x.print(o);
    }
};
```

Für Demonstrationszwecke benötigen wir hier irgendeinen konkreten
Elementtyp, etwa eine Hüllklasse für `int`-Werte:

*Eine
Hüllklasse
für int*

```cpp
class Int: public Object {
  int val;
  public:
    ostream& print (ostream& o) const { return o << val; }
    Int (int i=0) : val(i) {}
    int compare (const Object& r) const
    {
      return val - ((const Int&)r).val;
    }
    Object* clone () const { return new Int(val); }
    operator int& () { return val; }
};
```

---

[1] Der Einfachheit halber definieren wir nur *eine* virtuelle Methode `compare()`, die
von den nichtvirtuellen Operatorfunktionen für `<` bzw. `==` benützt wird.

Der Konversionsoperator `operator int&()` dient dabei zur Verwendung von `Int`-Instanzen in arithmetischen Kontexten.

Als nächstes definieren wir die abstrakte Containerklasse, die den Rahmen für unsere konkrete Implementation absteckt:

```
class Container {
 public:
   virtual Container& ins (const Object&) = 0;
   virtual Container& del (const Object&) = 0;
   virtual const Object* find (const Object&) const = 0;
   virtual unsigned size () const = 0;
   virtual Container* clone () const = 0;
   virtual Container* New () const = 0;
};
```

*Die
abstrakte
Container-
klasse*

Die Methoden `ins()`, `del()` und `find()` dienen zum Einfügen, Löschen beziehungsweise Aufsuchen von Elementen[2]; `size()` liefert die Anzahl der gespeicherten Elemente. Die Methoden `clone()` und `New()` geben beide einen neuen Container zurück; `clone()` legt dabei eine Kopie des Objekts an, während `New()` als virtueller Konstruktor ein leeres Exemplar zurückliefert.

*`ins()`,
`del()`,
`find()`,
`clone()`
und `New()`*

Nun müssen wir uns für eine bestimmte Containerart entscheiden, die wir dann im folgenden zur exemplarischen Implementation des ADTs Menge verwenden wollen. Als relativ einfache, aber dennoch recht effiziente Variante möge uns hier der *binäre Suchbaum* gute Dienste leisten, dessen Struktur wohl als bekannt vorausgesetzt werden darf. Wir nennen die Klasse `BinTree` und definieren in ihr zunächst eine lokale Klasse namens `Node` als Datentyp für die Knoten des Baumes, die neben einer Referenz auf das dem Knoten zugeordnete Element je einen Zeiger auf den linken und auf den rechten Unterbaum des Knotens enthält. Darüber hinaus wird in `Node` ein Zähler n definiert, der bei Neueintragungen auf eins gesetzt, bei Mehrfacheintragungen erhöht und beim Löschen erniedrigt wird. Die Klasse `BinTree` selbst enthält als Instanzvariablen lediglich einen Zeiger auf die Wurzel des Baumes sowie einen Zähler sz für die Anzahl der gespeicherten Elemente:

*Ein
konkreter
Container-
typ: Der
binäre
Suchbaum
`BinTree`*

```
class BinTree: public Container {
 protected:
   struct Node {                           // Lokale Hilfsklasse
     const Object& elem;
     unsigned n;
     Node* left, * right;
     Node (const Object& e, Node* l=0, Node* r=0);
     Node (const Node& v);
     ~Node ();
   } * root;                               // Wurzel des Baumes
   unsigned sz;                            // Baumgröße
   static Node*& findptr (const Object& key, Node*& tree);
```

*Die Klasse
`Node` re-
präsentiert
die Baum-
knoten*

---

[2] An `find()` muß kein komplettes Element übergeben werden; es genügt, wenn eine "Schlüsselkomponente" wohldefiniert ist, auf der die Methode `compare()` operiert.

<table>
<tr><td>

Das
BinTree-
Protokoll

</td><td>

```
public:
  BinTree () : root(0), sz(0) {}
  BinTree (const BinTree&);
  ~BinTree ();
  Container& ins (const Object&);
  Container& del (const Object&);
  const Object* find (const Object&) const;
  unsigned size () const { return sz; }
  Container* clone () const { return new BinTree(*this); }
  Container* New () const { return new BinTree; }
};
```

</td></tr>
</table>

Die folgende Skizze zeigt einen derartigen Suchbaum mit den (in
dieser Reihenfolge eingefügten) Elementen 4, 1, 4, 5 und 7; die
Elemente sind der Einfachheit halber direkt innerhalb der Knoten
gezeichnet, obwohl in Wirklichkeit ja nur Referenzen vermerkt sind:

<table>
<tr><td>

Ein
Beispiel-
baum

</td><td>

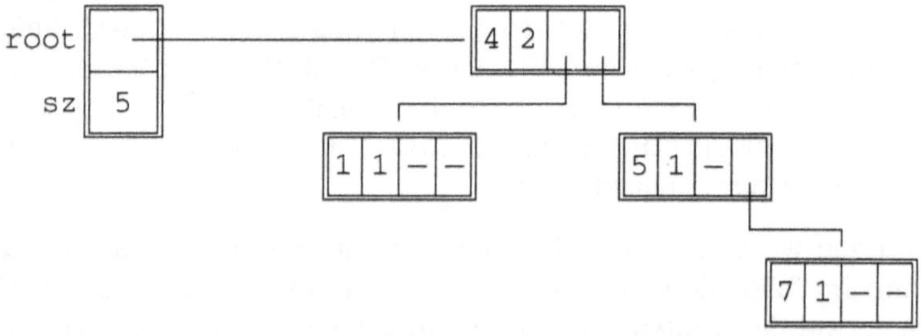

</td></tr>
</table>

<table>
<tr><td>

findptr()
liefert eine
Doppel-
indirektion
auf einen
gesuchten
Knoten

</td><td>

Die Hilfsfunktion `findptr()` wird von den Methoden `ins()`, `del()`
und `find()` benützt, um die (aktuelle oder geplante) Position des
übergebenen Elementes im Baum zu eruieren. Ihr Ergebnis ist eine
Referenz auf jenen Zeiger, der auf den betreffenden Knoten zeigt (im
Falle von `find()` oder `del()`) beziehungsweise - im Falle von `ins()` -
zeigen *soll*. Der Suchalgorithmus ist der Kürze halber rekursiv formu-
liert: Ist der Zeiger auf die Wurzel (`tree`) der Nullzeiger, wird eine
Referenz auf diesen zurückgegeben, ansonsten wird das übergebene
Element mit jenem des Wurzelknotens verglichen. Ist das gesuchte
Element kleiner als jenes in der Wurzel, wird im linken Unterbaum
weitergesucht, ist es gleich, wird die Referenz auf die Wurzel zurück-
gegeben, ansonsten wird im rechten Unterbaum weitergesucht:

</td></tr>
</table>

<table>
<tr><td>

Rekursive
Suche mit
virtuellen
Vergleichen

</td><td>

```
Node*& BinTree::findptr (const Object& key, Node*& tree)³
{
    return tree ? (key < tree->elem
                      ? findptr(key, tree->left)
                      : key == tree->elem ? tree // gefunden
                          : findptr(key, tree->right))
                : tree;                  // key nicht gefunden
}
```

</td></tr>
</table>

---

[3] Bei C++-Implementationen ab Version 2.1 müßte der lokale Klassenname `Node`
außerhalb der Klasse `BinTree` explizit qualifiziert werden: `BinTree::Node`. Da
diese Forderung jedoch noch nicht einmal von der AT&T-cfront-Version 2.1
konsequent durchgehalten wird, verzichten wir hier schlampigerweise darauf.

Beginnen wir die Diskussion der eigentlichen `BinTree`-Methoden bei der Erstellung eines Baumes: Wie bereits der Klassendefinition zu entnehmen ist, initialisiert der Defaultkonstruktor die Wurzel mit dem Nullzeiger und die Anzahl der Elemente mit null. Das Einfügen eines Knotens erfolgt mit Hilfe der Funktion `findptr()`:

Erzeugung eines Baumes mittels Konstruktor..

```
Container& BinTree::ins (const Object& e)
{
  Node*& p = findptr(e, root);
  if (p)                          // e bereits gespeichert
    p->n++;
  else                   // e ist neu; p ist eine Referenz
    p = new Node(e);     // auf den zu belegenden Zeiger
  sz++;                           // Baumgröße erhöhen
  return *this;
}
```

..und der Einfügeroutine `ins()`

Beim Anlegen eines neuen Knotens werden die beiden Zeiger auf die Unterbäume gemäß der bei der Klassendefinition angegebenen Standardargumente mit dem Nullzeiger initialisiert:

```
Node::Node (const Object& e, Node* l, Node* r)
  : elem(e), n(1), left(l), right(r) {}
```

Erzeugung eines neuen Knotens

Die Methode `del()` verhält sich invers zum Einfügen; es ist allerdings zu beachten, daß auch ein an sich auffindbares Element logisch gar nicht mehr existiert, wenn der Belegungszähler des Knotens bereits null ist:

```
Container& BinTree::del (const Object& e)
{
  Node* p = findptr(e, root);
  if (p && p->n) {                    // Element gefunden
    sz--;
    p->n--;
  }
  return *this;
}
```

`del()` löscht einen Knoten

Schließlich folgt auch `find()` im Prinzip diesem Muster; falls `findptr()` das Element nicht findet, gibt `find()` den Nullzeiger zurück:

```
const Object* BinTree::find (const Object& e) const
{
  Node* p = findptr(e, (Node*&) root);⁴
  return p && p->n ? &(p->elem) : 0;
};
```

`find()` sucht ein Element

Der Kopierkonstruktor, auf dem die Methode `clone()` aufbaut,

---

⁴ Die Typkonversion von `root` ist notwendig, da der Übersetzer sonst bemängelt, daß `root` als Instanzvariable des konstanten Objekts, auf dem `find()` operiert, als nichtkonstante `Node*`-Referenz an die Funktion `findptr()` übergeben wird, die `root` ja dadurch theoretisch verändern könnte. Durch die explizite Konversion wird dem Übersetzer mitgeteilt, daß der "Verlust" von `const` in diesem Kontext bewußt in Kauf genommen wird.

delegiert das Anlegen der Kopie an den Kopierkonstruktor von `Node`, der für alle von Null verschiedenen Zeiger rekursiv aufgerufen wird:

Kopier-
konstruk-
toren
```
BinTree::BinTree (const BinTree& t)
: root(t.root ? new Node(*t.root) : 0), sz(t.sz) {}
Node::Node (const Node& v)
 : elem(v.elem), n(v.n),
   left(v.left ? new Node(*v.left) : 0),
   right(v.right ? new Node(*v.right) : 0) {}
```

Eine ähnliche rekursive Struktur weist der Destruktor von `Node` auf, der vom `BinTree`-Destruktor aktiviert wird:

Destruk-
toren
```
BinTree::~BinTree ()
{
  if (root) delete root;                    // Ruft ~Node() auf
}

Node::~Node ()                       // Baut den Baum rekursiv ab
{
  if (left) delete left;        // Ruft wieder ~Node() auf
  if (right) delete right;                        // Ebenso
}
```

Iteratoren

Nun könnten wir das bisher Erreichte eigentlich in einem kleinen Testprogramm ausprobieren:

Test des
binären
Baumes
```
main ()
{
  Int one(1), two(2), three(3);              // Drei Elemente
  BinTree t;
  t.ins(two).ins(three).ins(one).ins(three);
  cout << t.size() << endl;
  cout << "t = " << ???;              // Würde gerne t ausgeben
}
```

Iterativer
Element-
zugriff ist
noch nicht
möglich
Leider fehlt uns für die Ausgabe die Möglichkeit, auf die in `t` gespeicherten Elemente der Reihe nach zuzugreifen! Die Komponente `root` ist privat; und selbst wenn man darauf zugreifen könnte, wäre das rekursive Abarbeiten des binären Baumes mit einem gewissen Programmieraufwand verbunden, etwa wie folgt:

```
void print (const Node* t)
{
  if (t) {
    print(t->left);
    cout << t->elem << " ";
    print(t->right);
  }
}
```

Vorausgesetzt, der Zugriff auf `root` wäre erlaubt, könnte nun die letzte Zeile in `main()` ersetzt werden durch

```
cout << "t = "; print(t.root); cout << endl;
```

Fazit: Man muß über eine gehörige Portion an Information über die Implementation besitzen, um Abarbeitungsroutinen wie `print()` formulieren zu können. Derartige Routinen sind dann im allgemeinen relativ stark abhängig von Implementationsdetails des Containers, ein nach Möglichkeit zu vermeidender Zustand. Die Lösung dieses Problems besteht in der Definition eines sogenannten *Iterators*, einer Hilfsklasse, die (als `friend`) auf die Interna des Containers zugreifen darf und verschiedene Methoden zum wohldefinierten sequentiellen Zugriff auf die einzelnen Containerelemente vorsieht. Die Verwendung eines solchen Iterators `BTIter` für `BinTree`-Objekte könnte wie folgt aussehen:

Iterations-verfahren sind imple-mentations-abhängig:

Kontroll-abstraktion durch Iterator-Klassen

```
void print (const BinTree& tree)
{
   for (BTIter i(tree); i; i++)
      cout << *i << " ";
   cout << endl;
}
```

Ein Iterator im Einsatz

Mit der Definition eines Objekts vom Typ `BTIter` wird die Verbindung zu einem bestimmten `BinTree`-Container hergestellt. Als mentales Modell für das Protokoll des Iterators möge das eines Zeigerdatentyps dienen: Die Verwendung des Iterators *als Wert* erfolgt als Zeiger auf das innerhalb der Iteration gerade "aktuelle" Containerelement; dieser Zeiger kann mit der zusätzlichen Konvention, daß er nach Abarbeitung aller Containerelemente zu einem Nullzeiger wird, wie üblich auch in logischen Ausdrücken auftreten, um zu überprüfen, ob das Ende der Iterationssequenz schon erreicht wurde (vergleiche die Bedingung in der obigen `for`-Schleife). Schließlich sind noch der Operator `operator++()`, der von einem Containerelement zum nächsten "weiterschaltet", und die Methode `reset()`, die die Iteration von neuem beginnen läßt, definiert. Die öffentliche Schnittstelle der Klasse `BTIter` lautet also insgesamt:

Iterator-Objekte simulieren hier Element-zeiger

```
class BTIter {
 public:
   BTIter (const BinTree&); // Zuordnung zu einem Container
   ~BTIter ();
   operator const Object* () const;   // Zugriff als Zeiger
   const Object& operator * () const;   // Dereferenzierung
   void operator ++ ();                        // Inkrement
   void reset ();              // Rücksetzen auf den Anfang
};
```

Das Protokoll des Binärbaum-iterators..

Dieses Iteratorprotokoll ist selbstverständlich keineswegs standardisiert; an die Stelle des Inkrementoperators tritt oft die Methode `next()`, der Zugriff auf das aktuelle Element erfolgt auch häufig durch Überladen von `operator()()`. Die obige `for`-Schleife könnte also genausogut lauten:

..ist Geschmack-sache

```
for (BTIter i(tree); i(); i.next())
   cout << *i() << " ";
```

Bevor wir uns der Implementation der Iteratorklasse widmen, sei noch
eine kleine konzeptionelle Modifikation motiviert. Stellen wir uns vor,
wir verfügten neben `BinTree` über weitere Subtypen der Klasse `Con-
tainer` (also z.B. `Hashtable` o.ä.). Wie würden wir eine allgemeine
Ausgaberoutine nach obigem Muster formulieren? Versuchen wir's:

Gesucht:
Ein
generischer
Iterator

```
void print (const Container& c)
{
   for (??? i(c); i; i++)                     // Welcher Iterator?
      cout << *i << " ";
   cout << endl;
}
```

Die Schwierigkeit liegt hier in der Auswahl des passenden Iterators,
der ja im Falle einer Hashtabelle völlig anders aufgebaut sein wird als
im Falle eines binären Suchbaumes. Nun, es liegt nahe, die Klassenhierarchie von Containern bei den Iteratoren nachzuempfinden:

Eine zu
Container
& Co.
parallele
Klassen-
hierarchie
für
Iteratoren

```
class Iterator {
 protected:
   const Object* current;     // Zeiger auf aktuelles Element
   const Container* cont;            // Bearbeiteter Container
 public:
   Iterator (const Container& c) : current(0), cont(&c) {}
   virtual ~Iterator () {}
   virtual void operator ++ () = 0;
   virtual void reset () = 0;
   operator const Object* () const { return current; }
   const Object& operator * () const { return *current; }
};

class BTIter: public Iterator {
   ...
};
```

Jeder
Container
soll "seinen"
Iterator
erzeugen

Damit ist zwar der gewünschte Polymorphismus vorbereitet; die
Erzeugung des zum Container passenden Iterators ist allerdings
immer noch nicht geklärt. Da das Objekt, das sich hinter dem
`Container&`-Parameter der Beispielsfunktion `print()` verbirgt, ja
selbst am besten "weiß", welcher Iterator zu ihm paßt, soll es doch
einfach für die Erzeugung eines solchen Iterators verantwortlich
gemacht werden. Wir erweitern daher das `Container`-Protokoll:

```
class Container {
   ...
   virtual class Iterator* iter () const = 0;     // Erzeugt
};                                    // dynamisch einen Iterator
```

Versuchen wir nun nochmals die Definition der Routine `print()`:

Variante
mit einem
Iterator-
Zeiger

```
void print (const Container& c)
{
   for (Iterator* i=c.iter(); *i; (*i)++)
      cout << **i << " ";
   cout << endl;
   delete i;
}
```

Dies würde zwar funktionieren, doch ist es immer noch nicht befriedigend: Wir sind gezwungen, wie im Beispiel mit `Iterator`-Zeigern (bzw. eventuell auch mit `Iterator`-Referenzen) zu arbeiten, um den Polymorphismus durch virtuelle Funktionen ausnützen zu können. Dadurch begeben wir uns der automatischen Destruktion der Iteratoren - Destruktoren werden ja über Zeiger bzw. Referenzen *nicht* aktiviert. Daher sind wir gezwungen, am Ende der Funktion `print()` den Iterator explizit zu eliminieren, um nicht im Laufe der Zeit eine Unmenge an "Iterator-Speicherleichen" anzuhäufen. Wir können aber auch diese notationstechnische Unbequemlichkeit beheben, indem wir das Design der Iteratorklasse ein weiteres Mal ändern: Wir erzeugen eine nichtabstrakte Hüllklasse, in der der Zeiger auf den eigentlichen Iterator gekapselt ist:

Iterator-
Zeiger sind
unbequem

```
class ContIter {     // Eigentlicher Container-Iterator, ABC
  friend class Iterator;
  protected:
    const Object* current;     // Zeiger auf aktuelles Element
    const Container* cont;          // Bearbeiteter Container
    ContIter (const Container& c) : current(0), cont(&c) {}
    virtual ~ContIter () {}
    virtual void operator ++ () = 0;
    virtual void reset () = 0;
    operator const Object* () const { return current; }
    const Object& operator * () const { return *current; }
};
class BTIter: public ContIter {
  ...
};
class Iterator {                              // Hüllklasse
  ContIter* iter;                   // Der eigentliche Iterator
  public:
    Iterator (const Container& c) : iter(c.iter()) {}
    ~Iterator () { delete iter; }
    void operator ++ () { (*iter)++; }
    void reset () { iter->reset(); }
    operator const Object* () const
    {
      return (const Object*)*iter;
    }
    const Object& operator * () const { return **iter; }
};
```

Die
abstrakte
Basisklasse
für
Iteratoren,..

..ein
konkreter
Subtyp..

..und eine
Hüllklasse
als
öffentliche
Schnitt-
stelle

Nun kann die Routine `print()` tatsächlich mit der geplanten Schreibweise formuliert werden:

Verwen-
dung eines
generischen
Iterators

```
void print (const Container& c)
{
  for (Iterator i(c); i; i++)
    cout << *i << " ";
  cout << endl;
}
```

Jetzt fehlt nur noch die Implementation der Iteratorklasse `BTIter`. Leider ist es nicht trivial, einen binären Suchbaum außerhalb einer rekursiven Funktion sozusagen Schritt für Schritt zu traversieren. Die einfachste Lösung für uns ist, den Baum beim Erstellen des Iterators bereits zu "linearisieren", d.h. ihn durch eine rekursive Hilfsroutine während der Lebenszeit des Iterators in ein Array umzuspeichern, auf das dann die Operationen des Iterators zugreifen[5,6]:

Ein Iterator für Inorder-Durch-querung binärer Bäume

```
class BTIter: public ContIter {
  const Object** dfs_seq;                 // Dynamisches Feld
  unsigned i;                             // Aktuelle Position
  void transform (Node* tree)             // Linearisiert den
  {                              // Baum in Inorder[7]-Reihenfolge
    if (tree) {
      transform(tree->left); // Zuerst der linke Unterbaum
      for (unsigned n = tree->n; n; n--)   // ..die Wurzel
        dfs_seq[i++] = &tree->elem;
      transform(tree->right);        // ..dann der rechte
    }                                      //    Unterbaum
  }
```

Das vom Konstruktor erzeugte Array wird vom Destruktor wieder freigegeben

```
public:
  BTIter (const BinTree& t)
  : ContIter(t), dfs_seq(new Object*[t.size()]), i(0)
  {
    transform(t.root);
    reset();
  }
  ~BTIter () { delete dfs_seq; }
  void reset () { current = dfs_seq[i=0]; }
  void operator ++ ()
  {
    if (++i < cont->size())
      current = dfs_seq[i];
    else
      current = 0;             // Ein Nullzeiger signalisiert
  }                            //      das Ende der Sequenz
};
```

Nun muß dem Iterator noch die Zugriffserlaubnis auf `BinTree`-Interna erteilt werden; außerdem benötigen wir eine Redefinition der virtuellen Methode `iter()` in `BinTree`:

```
class BinTree: public Container {
  friend class BTIter;
  ...
  ContIter* iter () const { return new BTIter(*this); }
};
```

---

[5] Diese Vorgangsweise impliziert allerdings, daß ein einmal erzeugter Iterator eventuelle Änderungen im Container nicht berücksichtigen kann.

[6] In der Praxis ist so ein Iterator unbefriedigend, weil für das Iterieren über einen Baum t immer Hilfsspeicher der Größe `t.size()` benötigt wird, obwohl man theoretisch mit Speicheraufwand proportional zur Baumhöhe, also im Mittel etwa $O(\log(t.size()))$ das Auslangen finden könnte. Die Implementation eines vernünftigeren `BinTree`-Iterators ist Gegenstand von Übungsaufgabe 12.2.

[7] *Inorder* bedeutet, daß jeder Wurzelknoten *nach* den Knoten seines linken und *vor* jenen seines rechten Unterbaums bearbeitet wird.

Daß `iter()` einen Zeiger auf ein `ContIter`-Objekt liefert, müssen wir
auch in der abstrakten Basisklasse `Container` deklarieren:

```
class Container {
  ...
    virtual class ContIter* iter () const = 0;
};
```

Damit ist der Container `BinTree` fertiggestellt und kann im nächsten
Abschnitt zur Implementation von Mengen benützt werden. Am Ende
des Kapitels werden wir als zusätzliches Beispiel auch ein einfaches
assoziatives Array darauf aufbauen.

Ein Mengendatentyp

Da wir nun über einen Containerdatentyp verfügen, können wir uns
dem nächsten Ziel, der Realisation des abstrakten Datentyps *Menge*
widmen. Definieren wir also das Protokoll der Klasse `Set`:

```
class Set {
 public:
  Set ();
  Set (const Object& e);                        // Erzeugt {}
  Set (const Set&);                             // Erzeugt {e}
  ~Set ();                                      // Kopierkonstruktor
  Set& operator = (const Set&);
  unsigned card () const;                       // Kardinalität
  Set& operator += (const Set& s);     // *this = *this ∪ s
  Set& operator -= (const Set& s);     // *this = *this \ s
  Set& operator *= (const Set& s);     // *this = *this ∩ s
  Set& operator , (const Object& e);   // *this = *this ∪ {e}
  friend Set operator , (const Object& a, const Object& b);
                                              // {a, b}
  friend Set operator + (const Set& a, const Set& b);   // a ∪ b
  friend Set operator - (const Set& a, const Set& b);   // a \ b
  friend Set operator * (const Set& a, const Set& b);   // a ∩ b
  friend int operator < (const Set& a, const Set& b);   // a ⊂ b
  friend int operator <=(const Set& a, const Set& b);   // a ⊆ b
  friend int operator ==(const Set& a, const Set& b);   // a = b
  friend int operator !=(const Set& a, const Set& b);   // a ≠ b
  friend int operator > (const Set& a, const Set& b);   // a ⊃ b
  friend int operator >=(const Set& a, const Set& b);   // a ⊇ b
};
```

Die Klasse `Set` implementiert eine Menge

Obwohl die meisten Operationen selbsterklärend sind, seien ein paar
Erläuterungen angeführt:

- Für die in Hinblick auf temporäre Zwischenergebnisse "teuren" rein
  funktionalen Formen der binären Operationen Vereinigung,
  Differenz und Durchschnitt sind jeweils auch die effizienteren
  objektmodifizierenden Varianten (`+=`, `-=`, `*=`) definiert.

  Funktionale Operatoren vermeiden

- Der Kommaoperator soll die Notation eines Mengenausdrucks mit
  mehreren Elementen erlauben. Seien z.B. im folgenden die
  Variablen `a` bis `e` vom Typ `Int`, unserem Paradesubtyp von `Object`,

dann könnte die Menge {a, b, c, d, e} wie folgt notiert werden:


```
Set s = (a, b, c, d, e);          // s = {a, b, c, d, e}
```

Der Kommaoperator zum Aufzählen von Mengen

Der Teilausdruck `a,b` liefert über die friend-*Funktion* `operator,()` ein Zwischenergebnis vom Typ `Set`, in dieses werden durch die *Methode* `operator,()` der Reihe nach die Elemente `c`, `d` und `e` eingetragen.

- Es sind keine virtuellen Funktionen definiert, weil für die geplante Art der Implementation keine erforderlich sind.

Set-Objekte sollten von ihren Containern weitestgehend entkoppelt sein

Die letzte Anmerkung führt uns gleich zu den implementationstechnischen Überlegungen. Gefordert war eine saubere Trennung zwischen der `Set`-Schnittstelle und dem zu ihrer Realisierung benützten Container. Eine Möglichkeit, dies zu erzielen, besteht darin, daß in jedem `Set`-Objekt ein Zeiger auf eine `Container`-Instanz gekapselt wird, über den die einzelnen `Set`-Operatoren (virtuelle) `Container`-Funktionen aktivieren. Dadurch ist es möglich, trotz Wahl unterschiedlicher Containertypen mit ein und derselben `Set`-Klasse auszukommen, wie das Trivialbeispiel der Methode `card()` demonstriert:

Jedes `Set` verweist auf einen Container

```cpp
class Set {
  Container* cont;
 public:
    unsigned card () const { return cont->size(); }
    ...
};
```

Hier wird deutlich, daß die Methode `card()` trotz Unkenntnis des tatsächlichen Containertyps immer in der Lage ist, die Anzahl der gespeicherten Elemente zu eruieren.

Wie können wir nun `Set`-Objekte mit unterschiedlichen Basiscontainern erzeugen? Wir führen einfach einen weiteren Konstruktor ein, der den gewünschten Container als Argument übergeben erhält:

Angabe des Containers beim Erzeugen einer Menge

```cpp
class Set {
  Container* cont;
 public:
    Set (Container* c) : cont(c) {}
    ~Set () { delete cont; }
    ...
};
```

Damit läßt sich sofort eine auf einem binären Suchbaum basierende Menge definieren:

```cpp
Set s(new BinTree);
```

Das durch den Konstruktoraufruf `BinTree()` erzeugte temporäre `BinTree`-Objekt wird in der Instanzvariablen `cont` abgelegt und faßt alle in der Folge in `s` abgelegten Elemente.

Nun müssen wir noch ein Arrangement treffen, das sicherstellt, daß auch bei Mengen, die über den Defaultkonstruktor erzeugt werden, irgendein passender Container zur Verfügung steht. Zu diesem Zweck definieren wir eine Klassenvariable, die eine "Vorlage" für den vom Defaultkonstruktor zu benützenden Container enthält. Diese erzeugt im Bedarfsfall mittels `New()` ein neues Exemplar ihres Containertyps:

Standard-regelung für den Default-konstruktor

```cpp
class Set {
  static Container* default_cont;   // Container für Set()
  Container* cont;
 public:
  static void set_default (Container* dc)    // Ändert den
  {                                          // Standardcontainer
    if (default_cont)
      delete default_cont;
    default_cont = dc;
  }
  Set () : cont(default_cont->New()) {}// Defaultkonstruktor
  ...
};

Container* Set::default_cont = new BinTree;
```

Damit sind die wesentlichen Tricks zur Implementation von `Set` verraten. Im folgenden soll von allen vorgesehenen Methodenfamilien des `Set`-Protokolls jeweils ein Repräsentant implementiert werden:

```cpp
Set::Set (const Object& e) : cont(default_cont->New())
{                                            // Erzeugt {e}
  cont->ins(e);
}
```

Erzeugen einer Menge

```cpp
Set::Set (const Set& s) : cont(s.cont->clone()) {}
Set& Set::operator = (const Set& s)
{
  if (this != &s) {                          // Vermeidung von s=s
    delete cont;
    cont = s.cont->clone();
  }
  return *this;
}
```

Kopier-konstruktor und Zuweisung

```cpp
Set& Set::operator += (const Set& s)
{
  for (Iterator i(*s.cont); i; i++)
    if (!cont->find(*i))                     // Nur neue Elemente
      cont->ins(*i);                         // werden aufgenommen
  return *this;
}
```

Akkumula-tion von Elementen im Set

```cpp
Set& Set::operator , (const Object& e)
{
  if (!cont->find(e))
    cont->ins(e);
  return *this;
}

Set operator , (const Object& a, const Object& b)
{
  Set s(a);
  return s.operator,(b);                     // Siehe oben
}
```

opera-tor, () fügt ein Element ins Set ein oder verknüpft zwei Elemente zu einem Set

<table>
<tr><td valign="top">Funktionale
Mengen-
vereinigung
erzeugt ein
neues Set
Prüfung auf
echte
Teilmenge</td><td>

```
Set operator + (const Set& a, const Set& b)
{
  Set s(a);
  return s += b;
}

int operator < (const Set& a, const Set& b)
{
  if (a.card() < b.card()) {
    for (Iterator i(a); i; i++)
      if (!b.cont->find(*i))
        return 0;
    return 1;
  } else              // a kann nicht Teilmenge von b sein
    return 0;
}
```

</td></tr>
</table>

Zum Schluß benötigen wir noch einen Set-Iterator, der sich einfach durch Ableitung von Iterator ergibt, wobei lediglich der Konstruktor anzupassen ist:

<table>
<tr><td valign="top">Ein Iterator
für Set-
Objekte</td><td>

```
class SetIter: public Iterator {
  public:
    SetIter (const Set& s) : Iterator(*s.cont) {}
};
```

</td></tr>
</table>

Wegen des Zugriffs auf die private Komponente cont muß der Iterator noch innerhalb der Klasse Set als friend deklariert werden.

Die gesamte Klassenstruktur (ohne die Hilfsklasse Node) ist in der folgenden Skizze dargestellt, wobei Subtyp-Supertyp-Beziehungen (*is-a*) durch einfache Linien dargestellt sind und von unten nach oben zu lesen sind ("BinTree *is-a* Container"), während Aggregations-beziehungen (*part-of*) durch Doppellinien angedeutet sind und von rechts nach links gelesen werden ("Object (is) *part-of* BinTree"):

<table>
<tr><td valign="top">Vererbungs-
und Aggre-
gations-
hierarchie:
=..part-of,
|..is-a</td><td>

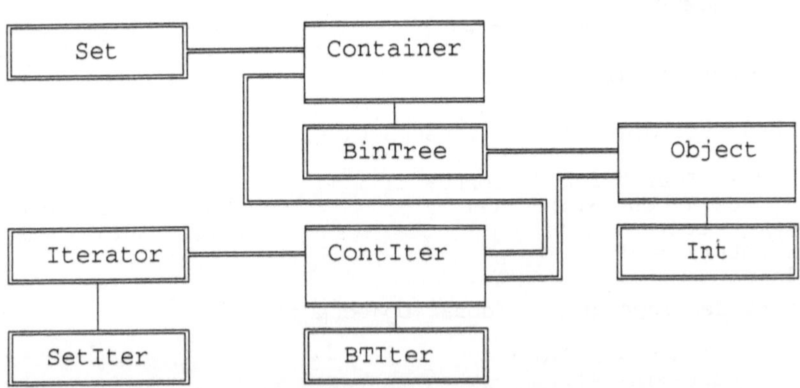

</td></tr>
</table>

Testen wir den nunmehr implementierten Mengentyp in einem kleinen Hauptprogramm, das sich eines geeignet überladenenen <<-Operators zur Ausgabe von Set-Objekten bedient:

```
ostream& operator << (operator& o, const Set& s)
{
  cout << "{ ";
  for (SetIter i(s); i; i++)
    cout << *i << " ";
  return cout << "}";
}
main ()
{
  Int one(1), two(2), three(3), four(4);
  Set s = (one, two, four);              // s ← {1, 2, 4}
  Set t = (two, three);                  // t ← {2, 3}
  s += t;                                // s ← s∪t
  cout << "|s| = " << s.card() << " s = " << s << endl;
  cout << "|t| = " << t.card() << " t = " << t << endl;
  cout << "s < t ? " << (s<t ? "ja" : "nein") << endl;
  cout << "t < s ? " << (t<s ? "ja" : "nein") << endl;
}
```

Ein Set-Ausgabe-operator

Die Ausgabe dazu lautet:

```
|s| = 4 s = { 1 2 3 4 }
|t| = 2 t = { 2 3 }
s < t ? nein
t < s ? ja
```

Funktionale Objekte

Stellen wir uns nun die Aufgabe, *Teilmengen* einer gegebenen Menge auf möglichst elegante Weise zu erzeugen. Ideal wäre wohl eine Notation wie

Ein Konstruktor für Teilmengen..

```
Set t(s, "$ < 17");
```

womit t als jene Teilmenge von s definiert wird, deren Elemente alle kleiner als 17 sind. Ein derartiger Konstruktor wäre allerdings ziemlich aufwendig, allein deshalb, weil er über einen Interpreter für logische Ausdrücke verfügen müßte. Eine üblichere Variante besteht darin, dem Konstruktor eine boolesche Funktion zu übergeben, etwa

```
int wanted (const Int& e)
{
  return e < 17;
}
...
Set t(s, wanted);
```

..basiert auf booleschen Selektions-funktionen

Der Konstruktor könnte bei der Erzeugung der Menge t die übergebene Funktion über einen Iterator auf alle Elemente von s anwenden und die damit selektierten Elemente in t aufnehmen.

Diese Methode besitzt allerdings zwei Nachteile: Erstens ist wanted() im Beispiel sehr unflexibel programmiert - die Zahl 17 sollte in der Praxis wohl keine Konstante sein, sondern irgendwie variabel gehalten werden - was wiederum die Verwendung einer globalen Variablen ins

"Nackte" Funktionen sind unflexibel..

Spiel bringt. Zweitens kann eine Funktion wie `wanted()` i.a. nicht an der Stelle ihrer Verwendung definiert werden, weshalb Konstruktoraufrufe wie `Set t(s, wanted)` eher schlecht lesbar sind.

..wir verpacken sie daher in funktionale Hüllobjekte

Eine Vorgangsweise, die den ersten Nachteil vollständig und den zweiten Nachteil auch teilweise behebt, ist die Verpackung der Auswahlfunktionen in sogenannte *funktionale Objekte*, deren Protokoll im wesentlichen aus einer "Arbeitsfunktion" - in unserem Fall eine boolesche Selektionsfunktion - und einem geeigneten Konstruktor zur weiteren Parametrisierung dieser Funktion über Instanzvariablen besteht. Eine abstrakte Basisklasse für die in unserem Beispiel benötigten Selektoren könnte lauten:

Abstrakte Basisklasse für Selektionsobjekte

```
class Selector {
  public:
    virtual int wanted (const Object&) const = 0;
};
```

Das obige Beispiel ließe sich nun wie folgt umformulieren:

Konkrete Selektoren können am Ort ihrer Verwendung definiert werden

```
class LessThan: public Selector {
    int limit;
  public:
    LessThan (int l) : limit(l) {}
    int wanted (const Object& e) const { return (Int&)e<limit; }
};
Set t(s, LessThan(17));
```

Die notwendige Klassendefinition kann natürlich bei Bedarf funktionslokal erfolgen; durch die `inline`-Definition der Methode `wanted()` ist auch die Semantik des Selektors jederzeit evident. Der Teilmengen-Konstruktor, der hier nicht implementiert werden soll, hat nunmehr folgende Signatur:

```
Set::Set (const Set&, const Selector&);
```

Die Verwendung funktionaler Objekte empfiehlt sich meist in jenen Fällen, in denen bei herkömmlichen Programmiersprachen prozedurale Parameter benötigt werden.

Mehrfachableitung: Eine Design-Alternative

Realisierung eines konkreten Set-Typs durch Mehrfachableitung

In der Literatur findet man oft einen anderen Zugang zu der hier demonstrierten Trennung zwischen Definition und Implementation eines abstrakten Datentyps, der auf dem Konzept der Mehrfachvererbung beruht. Dabei wird der abstrakte Datentyp als abstrakte Basisklasse formuliert; eine konkrete Implementation erfolgt durch *öffentliche* Ableitung von dieser Basisklasse und gleichzeitige *private* Ableitung von dem zur Repräsentation herangezogenen Containerdatentyp. Unser `Set`/`BinTree`-Beispiel sähe in diesem Szenario wie folgt aus:

```
class Set {                                                  // ABC
 public:
   virtual ~Set () {}
   virtual unsigned card () const = 0;
   virtual Set& operator = (const Set& s) = 0;
   virtual Set& operator += (const Set& s) = 0;
   virtual Set& operator -= (const Set& s) = 0;
   virtual Set& operator *= (const Set& s) = 0;
   virtual Set& operator , (const Object& e) = 0;
};
```

Eine abstrakte Set-Klasse

In der Klasse `Set` sind (mit Ausnahme des Destruktors) alle Methoden rein virtuell; die `friend`-Operatoren sind auf der Ebene der abstrakten Basisklasse noch nicht definiert, da sie erstens als Nichtkomponentenfunktionen nicht virtuell sein können und zweitens teilweise ein neues `Set`-Objekt zurückgeben, was, da `Set` eine abstrakte Basisklasse darstellt, nicht zulässig ist (siehe Seite 89).

Ein konkreter `Set`-Typ könnte wie folgt vereinbart werden:

```
class BTSet: public Set, private BinTree {
 public:
   unsigned card () const { return size(); }
   BTSet (const Object& e) { ins(e); }
   BTSet (const BTSet& s) : BinTree(s) {}
   Set& operator = (const Set& s);
   Set& operator += (const Set& s);
   Set& operator -= (const Set& s);
   Set& operator *= (const Set& s);
   Set& operator , (const Object& e);
   friend BTSet operator , (const Object&, const Object&);
   friend BTSet operator + (const BTSet& a, const BTSet& b);
   ... alle übrigen friend-Funktionen ...
};
```

BTSet, eine auf BinTree basierende Set-Klasse

`BTSet` *stellt* nun selbst einen `Container` *dar*, anstatt einen zu *enthalten*. Das wird schon an den `inline`-definierten Methoden deutlich: Im Konstruktor `BTSet(const Object&)` wird etwa das übergebene Element in die neue `BTSet`-Instanz *direkt* eingefügt (`ins(e)`), während es im vorhergehenden Abschnitt in eine *Komponente* der `Set`-Instanz eingetragen wurde (`cont->ins(e)`). Um jedoch zu vermeiden, daß Klienten der Klasse `BTSet` unter Umgehung des `Set`-Protokolls direkt die `BinTree`-Methoden benützen, erfolgt die Ableitung von `BinTree` *privat*; alle geerbten Komponenten sind damit automatisch privat.

BTSet is-a Container

Im folgenden seien noch ein paar typische Definitionen der zuvor deklarierten Methoden und `friend`-Funktionen angeführt; zunächst der fast unverändert von Seite 223 übernommene Operator `+=`:

```
Set& BTSet::operator += (const Set& s)
{
   for (Iterator i((const BTSet&)s); i; i++)
     if (!find(*i))
        ins(*i);
   return *this;
}
```

operator+=()

Bevor der Parameter s zur Definition des Iterators herangezogen werden kann, muß er durch eine (nicht abgesicherte) Abwärtskonversion zu einer BTSet-Referenz umgewandelt werden, da nur diese gleichzeitig auch eine Container-Referenz darstellt[8]. Der Rest des Codes entspricht dem ursprünglichen, lediglich die Indirektion über die Instanzvariable cont entfällt hier.

Für die Definition von operator=() wäre die Erweiterung des BinTree-Protokolls durch denselben Operator wünschenswert; ohne die Änderung der Basisklasse mutet die Lösung etwas brutal an:

Zuweisung unschön, weil BinTree:: opera- tor=() fehlt

```
Set& BTSet::operator = (const Set& s)
{
   const BTSet& r = (const BTSet&)s;
   if (this != &r) {
      this->BTSet::~BTSet();        // Rückgabe via ~BinTree()
      *(BinTree*)this = *(BinTree*)(r.clone()); // Standard-
   }             // Zuweisung mit komponentenweiser Übertragung
   return *this;
}
```

Die friend-Funktion operator+() erzeugt ein neues BTSet-Objekt s, das wie schon bisher durch den in der return-Anweisung implizit aktivierten Kopierkonstruktor in ein temporäres Objekt der rufenden Funktion transferiert wird, bevor die lokale Instanz s zu existieren aufhört. Da der zur Berechnung benützte virtuelle Operator += eine Set-Referenz zurückgibt, muß hier wieder eine explizite Abwärtskonversion erfolgen, bevor der BTSet-Kopierkonstruktor aktiv werden kann:

ope- rator+()

```
BTSet operator + (const BTSet& a, const BTSet& b)
{
   BTSet s(a);
   return (const BTSet&) (s += b);
}
```

Alle anderen Funktionen ähneln einem der hier vorgestellten "Prototypen", wir wollen aus Platzgründen nicht näher auf sie eingehen, sondern vielmehr kurz die Vor- und Nachteile der beiden gezeigten Realisierungsarten aufzählen:

---

[8] Die resultierende Einschränkung, nur gleichartige Set-Objekte miteinander verknüpfen zu können, rührt daher, daß das aus dem vorhergehenden Abschnitt übernommene Iteratorkonzept für die Set-Implementation durch Mehrfachableitung nicht sehr geeignet ist, da es auf der Existenz einer Container-Komponente aufbaut. Stünde uns hier ein containerunabhängiger Set-Iterator SetIter zur Verfügung, könnte operator+=() für *beliebige* rechte Operanden definiert werden:

```
Set& BTSet::operator += (const Set& s)
{
   for (SetIter i(s); i; i++)          // Ohne Abwärtskonversion
      if (!find(*i))
         ins(*i);
   return *this;
}
```

Für die Implementation durch Mehrfachableitung sprechen:

- Erhöhte Flexibilität: Unser erster Vorschlag setzte voraus, daß die Datenstruktur der Wahl als Subtyp von `Container` formuliert ist; bei der Klasse `BTSet` hingegen wird für `BinTree` nichts dergleichen gefordert.

- Vermeidung der Indirektion über die Instanzvariable `cont`: Wir können `ins()` an Stelle von `cont->ins()` aufrufen. Dieser Vorteil wird aber vermutlich durch den immanenten Zusatzaufwand der Mehrfachvererbung wieder ausgeglichen.

- Die Möglichkeit, bei Bedarf virtuelle Funktionen des zur Implementation herangezogenen konkreten Datentyps zu redefinieren.

- Erweiterte Zugriffsrechte: Während die Implementation im ersten Vorschlag mit der öffentlichen Klassenschnittstelle von `Container` auskommen mußte, kann bei Implementation durch Ableitung von `BinTree` zusätzlich auf die geschützte Klassenschnittstelle von `BinTree` zugegriffen werden.

Gegen die zweite Variante sprechen:

- Die erhöhte Abhängigkeit von der `BinTree`-Klassenschnittstelle: Dies ist die Kehrseite der oben angeführten Möglichkeit, auch auf die geschützte Schnittstelle zugreifen zu können (erhöhte *Kopplung*), bzw. virtuelle Methoden redefinieren zu können (reduzierte *Bindung* innerhalb der Hierarchie)[9].

- Die Notwendigkeit, für jeden konkreten `Set`-Typ eine eigene (wenn auch einfach zu formulierende) Unterklasse der abstrakten Basisklasse Set zu definieren, während mit der ersten Methode lediglich die Klassenvariable `default_cont` zu verändern oder ein geeigneter Konstruktoraufruf zu benützen ist.

- Schließlich auch ein "philosophischer" Grund: Die Beziehung "`BTSet` *is-a* `BinTree`" ist konzeptionell nicht gegeben; eine Faustregel sagt jedoch, daß gute objektorientierte Programmierung sich möglichst nur bei *is-a*-Beziehungen des Vererbungskonzepts bedienen sollte - man könnte allerdings ins Treffen führen, daß private Ableitung dabei eine Ausnahme darstellt.

Es ist jedoch schwierig, aus dem Gesagten eine generelle Empfehlung abzuleiten; man wird nicht umhin kommen, die Für und Wider von Fall zu Fall jedesmal neu abzuwägen.

Plus: Sehr allgemein, mächtiger

Minus: Umständlich und evt. konzeptionell fragwürdig

---

[9] Diese Begriffe stammen aus dem klassischen Softwareengineering: *Kopplung* mißt die Abhängigkeit zwischen Modulen und soll minimiert werden, *Bindung* mißt die semantische Homogenität eines Moduls und soll maximiert werden.

Heterogene Container

Container waren bisher homogen

Unsere Implementation setzt stillschweigend *homogene* Container voraus, deren Elemente genau einem konkreten Subtyp von `Object` angehören. Führen wir uns einmal vor Augen, welche Konsequenzen die Verletzung dieser Prämisse hätte:

Drei Element-typen ..

```
class X: public Object { ... };
class Y: public Object { ... };
class Z: public Object { ... };
...
X x1, x2;
Y y1, y2;
Z z;
...
```

..und ein "gemisch-tes" Set

```
Set s = (x1, y1, z, y2, x2);        // Syntaktisch korrekt
```

Um Container-Elemente miteinander vergleichen zu können..

In der letzten Zeile werden die fünf heterogenen Elemente in eine Menge und damit in unserem Fall in einen binären Suchbaum eingetragen und dabei laufend miteinander verglichen. Nehmen wir zum Beispiel an, das Element x1 sei bereits in den binären Baum eingefügt und es würde gerade überprüft, ob y1 schon vorhanden ist. In `BinTree::findptr()` wird im Ausdruck

```
key < tree->elem            // key = y1, tree zeigt auf x1
```

der virtuelle Operator `Y::operator<()` mit x1, einer Instanz der Klasse X, als Argument aufgerufen. Diese Methode weiß zwar, daß sie ein Y-Objekt als linken Operanden hat, über den Typ des rechten Operanden kann sie jedoch nichts aussagen - aus ihrer Sicht handelt es sich lediglich um eine `Object`-Referenz. Wie ist der Vergleich also durchzuführen?

..benötigen wir neun Vergleichs-funktionen

Unter der Voraussetzung, daß die $3^2=9$ möglichen paarweisen Vergleiche

```
X < X, X < Y, X < Z, Y < X, Y < Y, Y < Z, Z < X, Z < Y, Z < Z
```

überhaupt alle sinnvoll sind, müßten wir neun `operator<()`-Implementationen vorsehen:

```
int X::operator < (const X&) const;
int X::operator < (const Y&) const;
...
int Z::operator < (const Y&) const;
int Z::operator < (const Z&) const;
```

Unser Entwurf läßt nur drei Vergleichs-varianten zu!

Nun sind wir aber leider verpflichtet, bei der Redefinition virtueller Funktionen die Signatur *unverändert* zu lassen, sodaß wir von den neun geforderten Methoden nur drei definieren können:

```
int X::operator < (const Object&) const;
int Y::operator < (const Object&) const;
int Z::operator < (const Object&) const;
```

Dies ist konsistent mit der Tatsache, daß die virtuelle Methodenselektion nur über das Objekt selbst und nicht über die Parameter erfolgen kann.

Dieses Dilemma können wir lösen, indem wir den Vergleich in *zwei* Schritten[10] durchführen, wobei im ersten Schritt wie üblich der linke Operand, im zweiten Schritt durch Vertauschen der rechte Operand zur virtuellen Methodenselektion herangezogen wird. Der Nachteil dieser im folgenden skizzierten Methodik liegt darin, daß in der abstrakten Basisklasse (`Object`) für jeden neuen Subtyp ein neuer Vergleichsoperator deklariert werden muß:

Aufspalten der virtuellen Funktions- selektion..

```
class Object {
 public:
   virtual int operator < (const Object&) const = 0;
   virtual int operator < (const X&) const = 0;
   virtual int operator < (const Y&) const = 0;
   virtual int operator < (const Z&) const = 0;
  ...
 };
```

In den Klassen `X`, `Y` und `Z` sind alle vier Operatorfunktionen geeignet zu redefinieren:

```
class X: public Object {                    // Y, Z analog
 public:
   int operator < (const Object& r) const
   {
     return ! (r == *this || r < *this);[11]  // "<" mit ver-
   }                                    // tauschten Operanden
   int operator < (const X&) const;     // Führt X<X durch
   int operator < (const Y&) const;     // Führt X<Y durch
   int operator < (const Z&) const;     // Führt X<Z durch
  ...
 };
```

Schritt eins..

..und Schritt zwe

Diese Vorgangsweise basiert auf der Tatsache, daß innerhalb der Methode `operator<(const Object&)`, die im ersten Schritt auf Grund des Typs des linken Vergleichsoperanden aufgerufen wird, der Typ von `*this` bereits zur Übersetzungszeit feststeht und damit im Ausdruck `r < *this` eine der drei virtuellen `Object`-Methoden

```
   virtual int operator < (const X&) const = 0;
   virtual int operator < (const Y&) const = 0;
   virtual int operator < (const Z&) const = 0;
```

ausgewählt wird. Welche der drei redefinierten Varianten der gewählten Methode jedoch aktiviert wird, entscheidet sich erst zur Laufzeit auf Grund des Typs von `r`.

Kehren wir zu unserem Beispiel zurück. Bei der Auswertung des

---

[10] Allgemein: Bei n Operanden (also n-1 Parametern) in n Schritten.

[11] Der Operator `==` muß natürlich auf demselben Prinzip beruhen, wir vernachlässigen ihn hier jedoch aus Platzgründen.

Ausdrucks

```
key < tree->elem              // key = y1, tree zeigt auf x1
```

in dem sowohl `key` als auch `elem` vom Typ `const Object&` sind, wird
auf Grund des echten Datentyps von `key` (nämlich `Y`) zunächst

```
int Y::operator < (const Object&) const;
```

aktiviert. Dort wird im Teilausdruck `r<*this` als zweiter Schritt auf
Grund des echten Typs von `r` (nämlich `X`) und des bereits statisch
bestimmten Typs von `*this` die Funktion

```
int X::operator < (const Y&) const;
```

aufgerufen, in der beide Operandentypen genau bekannt sind, sodaß
dort der tatsächliche Vergleich, wie immer er auch definiert sein mag,
durchgeführt werden kann.

Dieses im Englischen *double dispatching* genannte Verfahren
simuliert das in C++ nicht direkt verfügbare Konzept des *Multi-*
polymorphismus, also des "mehrdimensionalen" dynamischen Bindens.
Wie immer derartige Verfahren funktionieren, ob sprachunterstützt
oder simuliert, Multipolymorphismus erreicht bald die Grenzen der
Praktikabilität, da für eine n-äre Funktion, deren Parameter sämtliche
k verschiedenen Typen angehören können, $O(k^n)$ Hilfsfunktionen
definiert werden müssen. Das bedeutet in der Praxis, daß genau
geprüft werden sollte, ob sich der Einsatz inhomogener Container
wirklich nicht vermeiden läßt oder ob durch eine Designänderung
nicht doch eine einfachere Struktur erzielt werden kann.

Ein assoziatives Array

Zum Abschluß wollen wir noch den abstrakten Datentyp *assoziatives*
Array in seiner einfachsten Form realisieren, und zwar einerseits, um
ein in Kapitel 13 benötigtes Werkzeug zur Verfügung zu stellen, und
andererseits, um ein weiteres Beispiel für Typschablonen vorzustellen.

Als assoziatives Array bezeichnen wir hier eine Menge von Paaren
<Schlüssel, Information> mit der speziellen Zugriffsoperation *Suchen*
mit implizitem Einfügen. Diese Operation soll dem Indexoperator

```
INFOTYPE& operator[] (const KEYTYPE k);
```


zugeordnet werden: Wird ein assoziatives Array mit einem
Schlüsselwert `k` indiziert, wird darin nach einem Paar mit Schlüssel `k`
gesucht. Wird dieser Schlüssel gefunden, wird eine Referenz auf die
dazugehörige Informationskomponente zurückgegeben. Ist `k` *nicht*
vorhanden, wird ein neues Paar <k, ?> mit leerer Informationskomponente eingetragen und eine Referenz auf diese zurückgegeben.

Von den Datentypen *INFOTYPE* und *KEYTYPE* werden dabei die folgenden Eigenschaften vorausgesetzt:

INFOTYPE muß entweder fundamental sein oder über einen Kopierkonstruktor und einen Ausgabeoperator << verfügen. Sollen beim Eintrag eines neuen Paares undefinierte Werte für die "leere" Informationskomponente vermieden werden, benötigt *INFOTYPE* darüber hinaus auch einen Defaultkonstruktor.

KEYTYPE muß entweder ebenfalls fundamental sein oder es müssen ein Kopierkonstruktor und der Ausgabeoperator << sowie die Operatoren < und == definiert sein[12].

..solange sie bestimmte Minimalerfordernisse erfüllen

Von diesen Einschränkungen abgesehen, ist die Wahl der Datentypen beliebig, da wir das assoziative Array als Klassenschablone `AssocArray` mit den Parametern `KEY` und `INFO` definieren werden.

Ein mit Schablonen realisierter generischer Typ

Wir werden der Kürze halber für den Typ `AssocArray` keine eigene abstrakte Klasse definieren, sondern ihn gleich als konkrete Ableitung der Klasse `BinTree` implementieren, wobei die Knoten des binären Baumes die erwähnten Paare enthalten, die der folgenden Klasse angehören sollen:

```cpp
template <class KEY, class INFO>
  class Assoc: public Object {
  public:
    const KEY key;                                  // Schlüssel
    INFO info;                                       // Information
    Assoc (const KEY& k, const INFO& i): key(k), info(i) {}
    Assoc (const KEY& k) : key(k) {}
    int compare (const Object& o) const
    {
      const KEY& okey = ((const Assoc& o).key;
      return key < okey ? -1 : key == okey ? 0 : 1;
    }
    ostream& print (ostream& o) const
    {
      return o << '<' << key << ", " << info << '>';
    }
    Object* clone () const { return new Assoc(key, info); }
};
```

Assoc faßt zwei Objekte zu einem Paar zusammen

Vererbungs- und Aggregationshierarchie: =..part-of, |..is-a

---

[12] Diese Bedingungen sind insbesondere dann erfüllt, wenn es sich um Subtypen von `Object` handelt.

In der obigen Strukturskizze sind die Kästchen für Klassenschablonen mit einfachen waagrechten Linien, für Schablonenparameter mit lauter einfachen Linien gezeichnet.

Die Ableitung der Klasse `AssocArray` von `BinTree` erfolgt privat, um zu verhindern, daß Klienten die von `BinTree` angebotenen Operationen wie `ins()` oder `del()` verwenden, welche bei anderen Implementationsvarianten von `AssocArray` unter Umständen nicht mehr zur Verfügung gestellt werden, was zu unnötigen Wartungsproblemen führen würde.

Assoc-Array versteckt die üblichen BinTree-Operationen und exportiert nur size() und den Indexoperator

```
template <class KEY, class INFO>
  class AssocArray: private BinTree {
    public:
    INFO& operator[] (const KEY& k)
    {
      Assoc<KEY,INFO> a(k);                  // Temporäres Paar
      Node*& np = findptr(a, root);
      if (np == 0) {              // a.key wurde nicht gefunden
        np = new Node(*a.clone());    // Paar wird kopiert
        sz++;                         // Baumgröße erhöhen
      }
      return ((Assoc<KEY,INFO>&)(np->elem)).info;
    }
    unsigned size () const { return sz; }
};
```

Die Methode `operator[]()` ähnelt `BinTree::ins()`; sie benützt `findptr()`, um mit einem einzigen Suchvorgang im Baum auszukommen.

Damit ist die Implementation von `AssocArray` bereits fertiggestellt. Testen wir den neuen Datentyp nun an Hand eines kleinen Beispiels:

```
#include "string.h"            // Deklarationen aus Kapitel 11
main ()
{
  AssocArray<String,int> a;
  a["Frühling"] = 1;
  a["Sommer"] = 2;
  a["Herbst"] = 3;
  a["Winter"] = 4;
  cout << "Sommer ist die " << a["Sommer"] << ". Jahreszeit\n";
}
```

In Kapitel 13 werden wir von diesem Datentyp Gebrauch machen; für anderweitigen Einsatz wäre wohl auch ein Iterator vorteilhaft, dessen Definition als Übungsaufgabe verbleibt.

Übungsaufgaben

→ *Seite 291* 12.1 Leiten Sie eine spezielle `BinTree`-Variante ab, die von sich aus bereits *Mehrfacheintragungen* verhindert, und definieren Sie dann eine Unterklasse von `Set`, in der die entsprechenden

Einfügeoperationen geeignet redefiniert sind. Diskutieren Sie auch die entsprechende Lösung für die `BTSet`-Implementation.

12.2 Definieren Sie einen parametrisierten Containertyp, der beliebige Elementtypen aufnehmen kann, für die die Operatoren `<` und `==` wohldefiniert sind - die Elemente brauchen also *nicht* mehr Subklassen von `Object` anzugehören - und fügen Sie einen entsprechenden Iteratortyp hinzu:

```
template <class T> class Container { ... };
template <class T> class Iterator { ... };
```

12.3 Definieren Sie einen effizienteren `BinTree-Iterator` auf Basis der folgenden, nichtrekursiven Variante der auf Seite 216 angegebenen Prozedur `print()`:   → *Seite 292*

```
void print (const BinTree& t)
{
    NodePtrStack s;                        // Stack<Node*>
    Node* p = t.root;
    while (1) {
        if (p) {
            s.push(p);
            p = p->left;
        } else {
            if (s.empty())
                return;
            p = s.pop();
            for (unsigned i=p->n; i; i--)
                cout << p->elem << ' ';
            p = p->right;
        }
    }
}
```

12.4 Definieren Sie irgendeinen anderen Containertyp und kombinieren Sie ihn mit der Klasse `Set`.

12.5 Definieren Sie eine `Set`-Methode, die den benützten Container bei einem bereits "gefüllten" `Set` durch einen anderen austauscht.   → *Seite 293*

12.6 Um zu prüfen, ob ein Element in einer Menge enthalten ist, kann der bereits deklarierte `Set`-Operator `<=` benützt werden: → *Seite 293*

```
Int e; Set s; ...
if (e <= s) ...                            // e ∈ s ?
```

Wieso ist dies der Fall? Kann man das optimieren?

12.7 Welche der beiden Vereinbarungen ist erlaubt, welche verboten?   → *Seite 293*

```
Set s = (one, two, three);
Set s(one, two, three);
```

12.8 Implementieren Sie die noch nicht definierten `Set`-Methoden.

12.9 Wie müßte das Klassendesign geändert werden, um Mengen von Mengen zuzulassen?   → *Seite 293*

13

Persistente Objekte

In diesem Kapitel wollen wir sogenannte *persistente* Objekte definieren, die die Ausführung eines Programmes überdauern und zu einem späteren Zeitpunkt wieder benützt werden können. Da wir nicht auf objektorientierte Datenbanksysteme zurückgreifen können, die das Attribut *persistent* vollautomatisch unterstützen, müssen wir diese Eigenschaft durch explizite Ein- und Ausgabeoperationen simulieren.

Dieses Kapitel geht insoferne über Kapitel 9 hinaus, als wir hier ein Verfahren vorstellen, mit dem *komplexe* Datenstrukturen auf relativ elegante Weise zum und vom Massenspeicher übertragen werden können. Geschachtelte Objektstrukturen werden dabei typischerweise nicht auf einen Schlag, sondern in ihre "atomaren" Bestandteile zerlegt sequentiell übertragen; man bezeichnet den Transfer eines Objekts aus dem Programm daher auch als *Serialisierung* [serialization] und die spätere Rekonstruktion des serialisierten Objekts als *Deserialisierung* [deserialization]. Das Ziel des Transfers muß natürlich nicht unbedingt der Massenspeicher sein; häufig werden diese Verfahren auch dazu benützt, um Objekte zwischen verschiedenen Prozessen auszutauschen.

Die hier vorgestellte Vorgangsweise stellt eine vereinfachte Form des in der NIH-Klassenbibliothek benützten Verfahrens zur Objekt-Ein- und -Ausgabe dar [5]. Zur Motivation seien vorweg die folgenden beiden Programme angegeben, die auf ein- und demselben Container-objekt operieren:


```
main ()
{
    Int one(1), two(2), three(3), four(4);
    BinTree t;                              // Vgl. Kapitel 12
    t.ins(two).ins(four).ins(three).ins(one);
    t.store("T");   // Speichern des Baumes unter dem Namen T
}
```

```
main ()
{
  BinTree* pt = BinTree::retrieve("T");
  cout << *pt;                  // Ausgabe von {1, 2, 3, 4}
}
```

Konsument

Die Methode `store()` überträgt ihr Objekt in die angegebene Datei T, während die Klassenfunktion `retrieve()` eine Art speziellen Operator `new` darstellt, der aus dem Inhalt der übergebenen Datei ein neues Objekt erzeugt.

store() speichert, re- trieve() lädt

Als Unterbau zur Objekt-Ein- und -Ausgabe werden wir auch ein Verfahren besprechen, das uns ermöglicht, von Objekten zur Laufzeit Informationen über ihre Klassenzugehörigkeit zu ermitteln.

Grundlagen

Überlegen wir uns zunächst die Konsequenzen der Methode `store()`: Um ein komplexes Objekt zu speichern, müssen im wesentlichen alle seiner Instanzvariablen gespeichert werden. In unserem Fall handelt es sich dabei um einen binären Baum, der (neben der Größenangabe) aus einem Zeiger auf den Wurzelknoten besteht, welcher sowohl eine Referenz auf das erste Element als auch Zeiger auf Teilbäume beinhaltet. All diese Teilobjekte müssen adäquat gespeichert werden, wobei erschwerend hinzukommt, daß *Zeiger* nicht unmittelbar übertragen werden können, da Adressen nach Beendigung des schreibenden Programmes ihre Bedeutung verlieren. Daraus ergeben sich bereits zwei Designentscheidungen:

Sämtliche Teilobjekte persistenter Objekte müssen persistent sein

1. Da das Gesamtobjekt (`BinTree`) und alle seine Subobjekte (`Node`, `Int`) auf konsistente Weise gespeichert werden sollen, wählen wir eine baumartige Klassenhierarchie, in der alle beteiligten Objekttypen ihr "Persistenzprotokoll" von der (eindeutigen) abstrakten Wurzel `Object` erben:

Die Klassen- hierarchie ist ein Baum

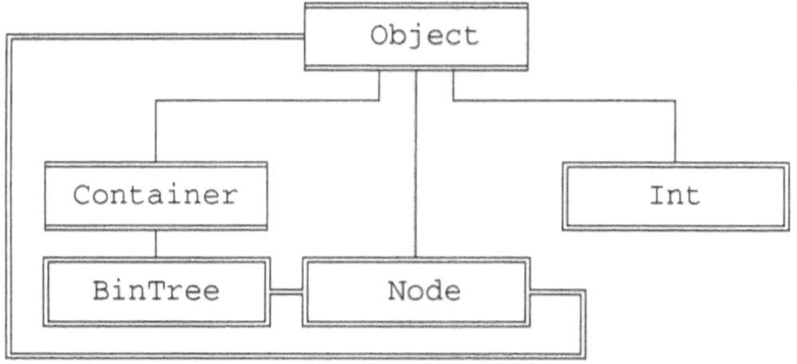

Vererbungs- und Aggre- gations- hierarchie: |..is-a, =..part-of

2. Zeiger werden im Zuge der Serialisierung systematisch durch abstrakte Objektidentifikatoren ersetzt, die beim Einlesen wieder in

Zeiger werden in Objekt- identifi- katoren übersetzt

entsprechende Zeiger umgewandelt werden. Dazu werden wir sowohl beim Speichern als auch beim Einlesen eine Übersetzungstabelle in Form eines assoziativen Arrays verwalten, die die konsistente Zuordnung von Zeigern zu Objektidentifikatoren gewährleistet. Da in diesem Schema jedes Subobjekt unabhängig von der Anzahl der darauf gerichteten Zeiger nur einmal gespeichert wird, wird als Nebeneffekt auch die Speicherung zirkulärer Datenstrukturen ohne weiteren Aufwand ermöglicht.

Um das Aufsuchen eines gespeicherten Objekts auf Grund seines Namens möglichst einfach zu gestalten, führen wir hier eine weitere Konvention ein (die allerdings in der Praxis wohl nicht aufrecht erhalten werden kann):

Jede Datei enthält nur ein Objekt

3. Jedes benannte Objekt wird in einer eigenen Datei gespeichert (vgl. die Anweisung `t.store("T");`).

Schließlich schränken wir der Einfachheit halber auch die Menge der unterstützten Objekttypen ein:

Es werden nur bestimmte Objektarten behandelt

4. Ein persistentes Objekt darf nur Instanzvariablen aus den folgenden Kategorien enthalten:

   a) Instanzen von `Object`-Subklassen
   b) Zeiger bzw. Referenzen auf Instanzen von `Object`-Subklassen
   c) Fundamentale Datentypen
   d) Felder von Elementen aus a) bis c)

Für die Deserialisierung wird Information über den Datentyp benötigt

Während damit die Serialisierung mittels `store()` relativ einfach gelöst werden kann, indem `store()` nach Öffnen einer Datei und sonstigen Verwaltungsmaßnahmen eine virtuelle Serialisierungsmethode aufruft, mit deren Hilfe sich jedes Objekt "selbst" serialisiert, bleibt für die Rekonstruktion eines Objekts aus den durch `store()` abgelegten Informationen das Problem, die C++-Laufzeitumgebung des Objekts, wie z.B. Zeiger auf virtuelle Funktionstabellen etc., zu restaurieren. Mit anderen Worten, es muß die von `store()` einfach *ausgenützte* Typinformation durch `retrieve()` erst wieder *erzeugt* werden. Zu diesem Zweck muß `store()` auch den Datentyp des zu speichernden Objekts in der Datei ablegen, was wiederum zur folgenden Entwurfsentscheidung führt:

5. Jede von `Object` abgeleitete Klasse stellt eine Methode zur Ermittlung des Klassennamens zur Verfügung.

Beginnen wir nun die Entwicklung des Verfahrens mit der Übernahme der Klasse `Object` aus Kapitel 12 und ihrer Erweiterung im Sinne dieses letzten Punktes.

Typinformation zur Laufzeit

Daß C++ keinerlei Maßnahmen zum Eruieren des Datentyps eines Objekts zur Laufzeit vorsieht, hat uns bereits in Kapitel 10 im Zusammenhang mit typsicherer Abwärtskonversion veranlaßt, eigene Verfahren zu diesem Zweck zu implementieren. Da nunmehr ein weiteres Mal die Forderung nach Typinformation zur Laufzeit aufgetreten ist, wollen wir hier ein etwas umfangreicheres Schema zur Typinformation vorstellen. In der Praxis kommen in den meisten größeren Klassenbibliotheken derartige, meist wesentlich mächtigere Schemata vor; einen bibliotheksunabhängigen Vorschlag von Bjarne Stroustrup findet man in [19, 442ff] und [20].

Zugriff auf Typinformation zur Laufzeit wird von C++ nicht unterstützt

Unsere Vorgangsweise soll an der Wurzel `Object` der geplanten Klassenhierarchie ansetzen und auf möglichst einfache Weise den folgenden Anforderungen genügen:

1. Für jede Instanz einer Unterklasse von `Object` muß der zugehörige Klassenname in Form einer Zeichenkette ermittelbar sein:

otype() ermittelt den Typ eines Objekts

```
Object* p = ...;
cout << "Typ von *p = " << p->otype() << endl;
```

2. Diesen Klassennamen sollte man auch angeben können, ohne eine Instanz der Klasse zur Verfügung zu haben:

type enthält den Typbezeichner einer Klasse

```
void f (Object* p)          // Zusicherung: p zeigt auf eine
{                           // Instanz der Object-Unterklasse X
  if (p->otype()                       // Typ des Objekts
      == X::type)           // Statischer Typ der Klasse ("X")
    ...ok...
  else
    ...Fehler...
}
```

3. Jede Instanz einer Unterklasse von `Object` muß auf den Test `is_a(`*CLASSNAME*`)` mit einem booleschen Ergebnis antworten können.

is_a() prüft Vererbungsbeziehungen

```
void g (Object* p) // Zusicherung: p zeigt auf eine Instanz
{                          // von X oder einer ihrer Unterklassen
  if (p->is_a(X::type))
    ...ok...
  else
    ...Fehler...
}
```

4. Für typsichere Abwärtskonversion von Zeigern bzw. Referenzen sind entsprechende Operationen vorzusehen:

cast() ermöglicht typsichere Abwärtskonversion

```
void h (Object *p) // Zusicherung: p zeigt auf eine Instanz
{                          // von X oder einer ihrer Unterklassen
  X* px = X::cast(p);
  if (px)
    ...ok...
  else
    ...Fehler...
}
```

*Typ-
bezeichner
sind Strings*

Um die erste Forderung zu erfüllen, definieren wir in jeder Klasse eine (der Einfachheit halber) öffentliche Klassenvariable vom Typ `class_id`, die eine konstante Zeichenkette mit dem Klassennamen enthält:

class_id

type

```
typedef const String class_id;          // String etwa laut
                                         // Kapitel 11, Seite 205
class NewClass: public Base { // Base sei Object oder eine
  public:                              // Unterklasse von Object
    static class_id type;
    ...
};
```

Die Klassenvariable `type` muß genau einmal auch definiert und dabei mit dem Klassennamen initialisiert werden:

```
class_id NewClass::type = "NewClass";
```

Dieser Name ist auch das Ergebnis der virtuellen Methode `otype()`, die in jeder Unterklasse von `Object` redefiniert werden muß, wobei allerdings der Code immer derselbe ist - es wird einfach die Klassenvariable `type` der jeweiligen Unterklasse zurückgegeben:

otype()

```
class NewClass: public Base {
  public:
    static class_id type;
    virtual class_id& otype () const { return type; }
    ...
};
```

Die geforderte virtuelle Methode `is_a()` vergleicht zunächst den übergebenen Klassennamen mit der eigenen Klassenvariablen `type`; stimmen die beiden nicht überein, wird die `is_a()`-Botschaft an die Basisklasse (bei Mehrfachvererbung: der Reihe nach an alle Basisklassen) weitergegeben; damit liefert `is_a(c)` genau dann den Wert 1, wenn `c` die Klasse des Objekts oder eine seiner Superklassen bezeichnet:

is_a()

```
class NewClass: public Base {
    ...
    int is_a (class_id& c) const
    {
      return type == c || Base::is_a(c);
    }
};
```

*Abwärts-
konversion
für Zeiger,
Referenzen,
Zeiger auf
Konstanten
und Refe-
renzen auf
Konstanten*

Schließlich implementieren wir für Zeiger, `const`-Zeiger, Referenzen und `const`-Referenzen jeweils eine statische Konversionsroutine `cast()`, die überprüft, ob der übergebene Zeiger bzw. die übergebene Referenz auf eine Instanz des gewünschten Typs (bzw. eines Subtyps davon) zeigen und gegebenenfalls den konvertierten Zeiger bzw. die konvertierte Referenz zurückgeben. Alle vier Varianten von `cast()` bedienen sich einer statischen Hilfsfunktion, `Object::casttest()`, die auf konstanten Zeigern operiert, die bei Bedarf zu nichtkonstanten Zeigern konvertiert werden:

```
class NewClass: public Base {
  ...
  static NewClass* cast (Object* p)
  {
    return (NewClass*) Object::casttest(type, p);
  }
  static const NewClass* cast (const Object* p)
  {
    return (const NewClass*) Object::casttest(type, p);
  }
  static NewClass& cast (Object& r)
  {
    return *(NewClass*) Object::casttest(type, &r, 0);
  }
  static const NewClass& cast (const Object& r)
  {
    return *(const NewClass*)Object::casttest(type, &r, 0);
  }
};
```

cast() in
vier
Varianten

Der dritte Parameter von `casttest()` gibt an, ob im Fehlerfall der Nullzeiger zurückgegeben oder eine Ausnahme signalisiert werden soll, wie es im Fall der Referenzkonversion notwendig ist, da dort ansonsten der Nullzeiger dereferenziert würde:

```
struct BadCast {
  class_id otype, casttype;
  BadCast(class_id& o, class_id& c)
    : otype(o), casttype(c) {}
};
```

BadCast ist
ein Aus-
nahmetyp
für..

```
const Object* Object::casttest (class_id& c,
                    const Object* p, int do_return)
{
  if (p && !p->is_a(c))       // *p ist keine Instanz von c
    if (do_return)            // Soll weitermachen
      return 0;
    else                      // Soll abbrechen
      throw (BadCast(p->otype(), c));
  else                        // Konversion erlaubt
    return p;
}
```

..cast-
test()

Die Basisklasse `Object`, deren Grundgerüst wir aus Kapitel 12 übernehmen wollen, sieht nun insgesamt wie folgt aus:

```
#define pure { throw(Undef()); }          // Rumpf "rein
class Undef {};                    // virtueller" Funktionen[1]
```

---

[1] Wir vermeiden hier *rein virtuelle* Methoden, um beim Ableiten diverser Hilfsklassen nicht gezwungen zu sein, *alle* (z.T. gar nicht benützten) virtuellen Methoden zu redefinieren. Damit fälschliches Aktivieren derartiger nicht redefinierter Methoden wenigstens zur Laufzeit sofort erkannt wird, signalisieren die Implementationen in der Klasse `Object` jeweils die Ausnahmebedingung `Undef`. Sollte dies zu einem späteren Zeitpunkt unerwünscht sein, kann durch Abändern der Makrodefinition auf

```
#define pure =0
```

zu tatsächlich rein virtuellen Funktionen zurückgekehrt werden.

```
class Object {
  public:
    virtual ~Object () {}
    virtual int compare (const Object&) const pure;
    int operator == (const Object&) const;
    int operator <  (const Object&) const;
    virtual ostream& print (ostream&) const pure;
    virtual Object* clone () const pure;

  protected:
    static const Object* casttest (class_id& c,
                        const Object* p, int do_return=1);
  public:
    static class_id type;
    virtual class_id& otype () const pure;
    virtual int is_a (class_id& c) const { return c == type; }
};
```


Wie wir am obigen Beispiel der fiktiven Klasse `NewClass` gesehen haben, muß zur Realisation unseres Typinformationskonzepts für jede Unterklasse von `Object` eine nicht unerhebliche Menge an Programmcode angegeben werden, der allerdings sehr klassenunspezifisch (also im wesentlichen immer gleich) ist. Diese nicht zu vernachlässigende Bürde für die Ableitung neuer Klassen stellt eine latente Fehlerquelle dar. Erfreulicherweise läßt sich der zusätzliche Programmieraufwand durch die Verwendung von Makros minimieren. Die Definition von `NewClass` könnte also etwa wie folgt lauten:


```
class NewClass: public Base {
    DECLARE_SUBCLASS1(NewClass, Base);
    ...restliche Klassendefinition...
};
```

Das Makro `DECLARE_SUBCLASS1` erhält den Namen der neuen Klasse und ihrer Basisklasse übergeben[2] und erzeugt den für die Typinformation notwendigen Teil der Klassendefinition. Darüber hinaus ist auch die Methode `clone()` ein Kandidat für eine "automatische" Definition, sie ist allerdings in *abstrakten* Klassen *nicht erlaubt*, weil sie ein neues Objekt erzeugt. Wir spalten daher die Makrodefinition von `DECLARE_SUBCLASS1` in einen allgemeinen Teil `DECLARE_KERNEL_SUBCLASS1` und einen Zusatzteil für nichtabstrakte Klassen auf:


```
#define DECLARE_SUBCLASS1(CLASS, BASE)                        \
    DECLARE_KERNEL_SUBCLASS1(CLASS, BASE)    // Siehe unten\
    Object* clone () const { return new CLASS(*this); }   \
    private:
```

Für abstrakte Klassen bereiten wir ein Makro vor, das `clone()` nicht redefiniert:


```
#define DECLARE_ABSTR_SUBCLASS1(CLASS, BASE)                  \
    DECLARE_KERNEL_SUBCLASS1(CLASS, BASE)                     \
    private:
```

---

[2] Für n-fache Ableitung (die wir hier explizit ausgeschlossen haben) wäre ein eigenes Makro `DECLARE_SUBCLASSn(CLASS, BASE1, BASE2, ... BASEn)` vonnöten.

Nun zum "Basismakro" `DECLARE_KERNEL_SUBCLASS1`:

```
#define DECLARE_KERNEL_SUBCLASS1(CLASS, BASE)                    \
 public:                                                         \
   static class_id type;                                         \
   static CLASS* cast (Object* p)                                \
   {                                                             \
     return (CLASS*) Object::casttest(type, p);                  \
   }                                                             \
   static const CLASS* cast (const Object* p)                    \
   {                                                             \
     return (const CLASS*) Object::casttest(type, p);            \
   }                                                             \
   static CLASS& cast (Object& r)                                \
   {                                                             \
     return *(CLASS*) Object::casttest(type, &r, 0);             \
   }                                                             \
   static const CLASS& cast (const Object& r)                    \
   {                                                             \
     return *(const CLASS*) Object::casttest(type, &r, 0); \
   }                                                             \
   class_id& otype () const { return type; }                     \
   int is_a (class_id& c) const                                  \
   {                                                             \
     return c == type || BASE::is_a(c);                          \
   }
```

Basismakro
deklariert
type und
definiert
cast(),
otype()
und
is_a()

Nun muß noch für jede neue Klasse die Klassenvariable `type` einmal definiert und initialisiert werden; eine Aufgabe, die auch ein Makro übernehmen kann, das wir in Antizipation möglicher Erweiterungen analog zum Deklarationsmakro in je einer Version für abstrakte und konkrete Klassen vorsehen:

Die Defi-
nition von
type erfolgt
auch durch
Makros

```
#define INIT_CLASS(CLASS) class_id CLASS::type = #CLASS
#define INIT_ABSTR_CLASS(CLASS) INIT_CLASS(CLASS)
```

Damit haben wir ein für die Zwecke dieses Kapitels ausreichendes Konzept zur Laufzeittypinformation realisiert, dessen "Kosten" im Sinne von zusätzlichem Speicherbedarf, Laufzeiteinbußen und Programmieraufwand als durchaus moderat einzuschätzen sind.

Serialisierung

Betrachten wir nochmals das Programmstück von Seite 236:

```
Int one(1), two(2), three(3), four(4);
BinTree t;
t.ins(two).ins(four).ins(three).ins(one):
t.store("T");
```

Die Funktion `store()`, die nur in der Klasse `Object` definiert ist, ist dafür verantwortlich, den Objekttyp in der Datei `T` festzuhalten und danach alle Komponenten des Objekts `t` in die Datei zu übertragen. `store()` bedient sich dabei einer virtuellen Hilfsfunktion `do_store()`, die die eigentliche Übertragung der Objektkomponenten

store()
speichert
den Objekt-
typ und ruft
do_store()
auf

auf klassenspezifische Art und Weise löst:

Jede Version von do_store() ruft zuerst die Version für die Basisklasse(n) auf

```
void NewClass::do_store (OFile& f) const
{
    Base::do_store(f);         // Basisklassenanteil speichern
    ..Speichern der NewClass-Instanzvariablen..
}
```

Zunächst wird der Basisklassenanteil des Objekts übertragen, indem die entsprechende Version von `do_store()` aufgerufen wird (im Fall von Mehrfachableitungen wird dies für jede direkte Superklasse durchgeführt, und zwar in der Reihenfolge der Ableitung). Danach müssen die Instanzvariablen in der Reihenfolge ihres Auftretens in der Klassendefinition[3] gespeichert werden, wobei unter Berücksichtigung der eingangs getroffenen Einschränkungen folgende Fälle zu unterscheiden sind:

Bei den Komponenten unterscheidet do_store() vier Fälle

a) *Instanzen* von Subklassen der Klasse `Object`, deren Datentyp ja in der Klassendefinition des zu übertragenden Objekts festgelegt ist und daher nicht in die Datei übernommen werden muß, werden durch die ihnen zugeordnete Methode `do_store()` übertragen.

b) Bei *Zeigern* bzw. *Referenzen* auf Instanzen von `Object`-Subklassen steht der aktuelle Datentyp zur Übersetzungszeit noch nicht fest, es kann sich ja sowohl um den in der Klassendefinition festgelegten Typ als auch um einen Subtyp davon handeln. Aus diesem Grund muß der Typ ebenfalls übertragen werden, weshalb in diesem Fall wieder die Funktion `store()` (rekursiv) aktiviert wird.

c) *Werte fundamentaler Datentypen* werden einfach mit den üblichen Ausgabeoperationen übertragen.

d) Bei *Feldern* werden die Anzahl der Feldelemente und danach die einzelnen Elemente selbst übertragen.

OFile führt über die gespeicherten Objekte Buch

Die Aufgabe, im Fall b) festzustellen, ob das referenzierte Objekt in der Datei bereits gespeichert ist, wird von der Funktion `store()` unter Ausnützung des speziellen Dateityps `OFile` wahrgenommen: `OFile` ist nämlich sowohl ein `ofstream` als auch ein assoziatives Array (siehe Kapitel 12, 232ff), das zu jedem Zeiger eine ganzzahlige Objektidentifikation speichert:

OFile ist sowohl ein Stream als auch ein assoziatives Array

```
class OFile: public AssocArray<Object*,Int>,
             public ofstream {
    Int lastoid; // Fortlaufende Objektidentifikationsnummer
  public:
    OFile (const char* name) : ofstream(name), lastoid(0) {}
    Int next_oid () { return ++(int&)lastoid; }
};
```

---

[3] Die hier erwähnten festen Reihenfolgen werden durch die im nächsten Abschnitt besprochene Deserialisierungstechnik erzwungen.

Das assoziative Array benützt an Stelle von `int` die ebenfalls in Kapitel 12 definierte Hüllklasse `Int` als Informationskomponente, damit sichergestellt ist, daß ein neuer Eintrag immer mit 0 initialisiert wird. Diese Zusicherung kann benützt werden, um festzustellen, ob für eine bestimmte Adresse bereits ein Eintrag vorliegt oder nicht.

Mit diesem Werkzeug können wir zur Implementation von `Object::store()` schreiten. Zu berücksichtigen ist, daß `store()` in zwei überladenen Versionen vorkommt: Eine Form erhält einen Dateinamen, die andere (zur Rekursion geeignete) Variante eine offene Datei vom Typ `OFile` übergeben:

```
void Object::store (const char* file_id) const
{
  OFile f(file_id);                 // Datei wird geöffnet
  store(f);           // Zweite store()-Form wird aufgerufen
}                     // f wird vom Destruktor geschlossen
void Object::store (OFile& f) const
{
  Int& oid = f[this];               // Objektnummer ermitteln
  if (oid == 0) {                           // Objekt neu
    oid = f.next_oid();             // Neue Nummer vergeben
    f << oid << ':'                      // Nummer und
       << otype() << endl;              // Typ übertragen
    do_store(f);                  // Objektinhalt übertragen
  } else                    // Objekt ist schon gespeichert
    f << oid << '!' << endl;     // Nur die Nummer merken
}
```

store()

`store()` stellt also fest, ob die Objektadresse dem assoziativen Array `f` bereits bekannt ist. Ist dies nicht der Fall, wird von `f` eine neue Nummer angefordert und eingetragen (`oid` ist ja eine *Referenz* auf den entsprechenden Speicherplatz im assoziativen Array), danach werden sowohl die Objektidentifikation `oid` als auch der Objekttyp, der durch die virtuelle Funktion `otype()` ermittelt worden ist, in die Datei `f` übertragen. Anschließend überträgt `do_store()` den eigentlichen Objektinhalt. Ist die Adresse `this` hingegen schon bekannt, wird lediglich die dazugehörige Objektidentifikationsnummer in die Datei aufgenommen. Um diese beiden Fälle beim Deserialisieren von einander unterscheiden zu können, wird die Objektnummer im ersten Fall durch einen Doppelpunkt, im zweiten Fall durch ein Rufzeichen begrenzt.

store()
überträgt
nur Objekte,
die noch
nicht übertragen worden sind

Die vorgestellte Version von `store()` hat jedoch den Nachteil, daß sie nicht benützt werden kann, um Nullzeiger zu speichern, da sie als *Methode* ja nur auf ein *existierendes* Objekt angewandt werden kann. Um diesen Mißstand zu beheben, ersetzen wir sie durch eine statische Funktion, die als zusätzlichen Parameter die Adresse des zu speichernden Objekts erhält. Ist dieser der Nullzeiger, wird die spezielle Objektidentifikation 0 (mit Rufzeichen) übertragen, ansonsten passiert dasselbe wie oben:

store()
versagt bei
Nullzeigern

```
void Object::store (const Object* This, OFile& f)
{
  if (This) {
    Int& oid = f[This];
    if (oid == 0) {
      oid = f.next_oid();
      f << oid << ':' << This->otype() << endl;
      This->do_store(f);
    } else
      f << oid << '!' << endl;
  } else                                      // Nullzeiger
    f << "0!" << endl;                        // Spezial-oid
}
```

Variante als Klassenmethode

Wir müssen nun auch die Variante mit dem `char*`-Parameter daran anpassen - gleichzeitig eliminieren wir die überflüssige Variable `f`:

```
void Object::store (const char* file_id) const
{
  store(this, OFile(file_id));
}
```

Insgesamt lautet die für die Speicherung von Objekten notwendige Erweiterung der Klassendefinition von `Object`:

Erweiterung von `Object` um Serialisierungsmethoden

```
class Object {
  ..bisherige Klassendefinition..
public:
  void store (const char*) const;
  static void store (const Object*, OFile&);
protected:
  virtual void do_store (OFile&) const {}    // Tut nichts
};
```

Passen wir nun als erstes die `Object`-Unterklasse `Int` (siehe Seite 212), aus der im Beispiel auf Seite 236 die Containerelemente gewonnen werden, an die neuen Gegebenheiten, also an das Persistenzkonzept und an das dafür notwendige Typkonzept an:

Anwendung des Konzepts auf `Int`

```
class Int: public Object { DECLARE_SUBCLASS1(Int, Object)
  int val;
public:
  Int (int i=0) : val(i) {}
  int compare (const Object& r) const
  {
    return val - Int::cast(r).val;    // Int:: dient hier
  }                                   // zur Erhöhung der Lesbarkeit
  operator int& () { return val; }
  ostream& print (ostream& o) const { return o << val; }
  void do_store (OFile& f) const
  {
    Object::do_store(f);    // Basisklassenanteil speichern
    f << val << endl;                         // Fall c)
  }
}
```

Ähnlich einfach gestalten sich die Änderungen bei den Containern, die nachfolgend kurz skizziert sind. Beginnen wir mit der minimalen

Anpassung der abstrakten Klasse `Container` (siehe Seite 213), bei der nur das Typschema einzubauen ist, da sie über keine zu speichernden Instanzvariablen verfügt und daher `do_store()` gar nicht zu redefinieren braucht:

```
class Container: public Object {
  DECLARE_ABSTR_SUBCLASS1(Container, Object)
  public:
   Container () {}
   virtual Container& ins (const Object&) = 0;
   virtual Container& del (const Object&) = 0;
   virtual const Object* find (const Object& e) const = 0;
   virtual unsigned size () const = 0;
};
```

Anpassung einer abstrakten Klasse

Die Hilfsklasse `Node` von Seite 213 muß jedoch in beiderlei Hinsicht angepaßt werden. Der Übersichtlichkeit halber betrachten wir `Node` nunmehr als eine aus `BinTree` losgelöste, eigene Klasse:

```
class Node: public Object {
  DECLARE_SUBCLASS1(Node, Object)
  public:
   const Object& elem;
   unsigned n;
   Node* left, * right;
   Node (const Object& e, Node* l=0, Node* r=0);
   ~Node ();

   void do_store (OFile& f) const
   {
     Object::do_store(f);            // Basisklassenanteil
     store(&elem, f);         // 1. Instanzvariable: Referenz
     f << n << endl;            // 2. Instanzvariable: Wert
     store(left, f);            // 3. Instanzvariable: Zeiger
     store(right, f);           // 4. Instanzvariable: Zeiger
   }
};
```

Adaption von Node - hier als globale Klasse definiert

Nun können wir schließlich `BinTree` von Seite 213 übernehmen und adaptieren:

```
class BinTree: public Container {
  DECLARE_SUBCLASS1(BinTree, Container)
  protected:
   Node* root;                       // Wurzel des Baumes
   unsigned sz;                         // Baumgröße
   void do_store (OFile& f) const
   {
     Container::do_store(f);
     store(root, f);
     f << sz << endl;
   }
  public:
   int compare (const Object& o) const
   {
     return root - BinTree::cast(o).root;
   }
   ..restliche Klassendefinition siehe Seite 213..
};
```

Anpassung von BinTree

Definition der Klassenvariablen

Zum Schluß benötigen wir noch die Definitionen der durch das Makro `DECLARE_SUBCLASS1` eingeführten statischen Variablen:

```
INIT_ABSTR_CLASS(Container);
INIT_ABSTR_CLASS(Object);
INIT_CLASS(BinTree);
INIT_CLASS(Node);
INIT_CLASS(Int);
```

Mit diesen Definitionen könnte der erste Teil des Testbeispiels von Seite 236 bereits durchgeführt werden. Der Rest dieses Kapitels beschäftigt sich damit, wie die erzeugte Datei T wieder gelesen werden kann.

Deserialisierung

re-trieve() ist invers zu store()

Zur Rekonstruktion serialisierter Objekte ist zunächst einmal je ein Gegenstück zu `store()` und `do_store()` vorzusehen. Wie aus dem zweiten Programm im Testbeispiel (Seite 237) zu entnehmen ist, liefert `retrieve()` einen Zeiger auf ein mittels `store()` gespeichertes Objekt zurück. Da zum Zeitpunkt des Aufrufs von `retrieve()` noch kein Objekt vorhanden ist, muß es sich bei `retrieve()` um eine Klassenmethode handeln. Wir erweitern die Klasse `Object` also um die folgenden beiden Funktionen:

```
class Object {
  ...
 public:
  static Object* retrieve (const char* file_id)
  {
    return retrieve(IFile(file_id));
  }
  static Object* retrieve (IFile&);
};
```

IFile entspricht OFile..

Die Klasse `IFile` ist das Analogon zu `OFile`; es handelt sich um einen Subtyp von `ifstream`, der gleichzeitig ein assoziatives Array mit Schlüssel `Int` und Informationskomponente `Object*` darstellt. Damit werden beim Einlesen Objektidentifikationsnummern auf Objektadressen abgebildet[4]:

```
class IFile: public AssocArray<Int, Object*>,
             public ifstream {
 public:
  IFile (const char* name) : ifstream(name) {}
};
```

---

[4] Da das assoziative Array in diesem Fall mit ganzen Zahlen zwischen 1 und der Objektanzahl indiziert wird, wäre ein normales dynamisches Feld die geeignetere Datenstruktur. Wir bleiben dennoch aus Symmetriegründen beim assoziativen Array. Übungsaufgabe 13.3 beschäftigt sich mit der Vereinigung dieser beiden Möglichkeiten.

Wenn `retrieve(IFile&)` eine von einem Rufzeichen gefolgte Objekt-identifikationsnummer einliest, wird die zu diesem Zeitpunkt bereits bekannte Adresse zu dieser Objektnummer zurückgegeben. Folgt auf die Nummer jedoch ein Doppelpunkt, muß das Objekt erst erzeugt und die resultierende Adresse in das assoziative Array übernommen werden. Die Parallele zum `do_store()`-Aufruf in `store()` ist in der folgenden Definition von `retrieve()` hervorgehoben:

..und
übersetzt
Objekt-
identifika-
toren in
Adressen

```
Object* Object::retrieve (IFile& f)
{
    int oid;
    Object* p;
    char c;
    f >> oid >> c;
    if (c == ':') {                      // Neues Objekt
      class_id cl;
      f >> cl;                           // Klassenname lesen
      read_fn rf = (*readfns)[cl]; // Lesefunktion ermitteln
      p = rf(f);                         // Objekt einlesen
      f[oid] = p;                        // Adresse merken
    } else                     // Objekt bereits bekannt
      p = oid ? f[oid] : 0;        // oid == 0: Nullzeiger
    return p;
}
```

re-
trieve()

Wie schon eingangs angedeutet, liegt die Schwierigkeit in der Erzeugung eines Objekts eines von der Datei gelesenen Typs (Variable `cl`). Wir lösen dieses Problem hier in zwei Schritten:

- Das globale assoziative Array[5]

  ```
  AssocArray<class_id, read_fn>* readfns;
  ```

  enthält für jeden Klassennamen einen Zeiger vom Typ

  ```
  typedef Object* (*read_fn) (IFile&);
  ```

  der in die Variable `rf` übertragen wird.

do_re-
trieve()
ist statisch;
"Virtualität"
muß simu-
liert werden

- Dieser Zeiger verweist auf eine in jeder konkreten Klasse zu definierende statische Funktion `do_retrieve()`, die benützt wird, um das in der Datei befindliche serialisierte Objekt des vorliegenden Typs einzulesen und zu rekonstruieren. Ihr Ergebnis, ein Zeiger auf das erzeugte Objekt, wird anschließend unter der entsprechenden Objektidentifikationsnummer in das `IFile`-Array aufgenommen.

Im folgenden müssen wir noch klären,

1. wie die Variable `readfns` mit den gesuchten Funktionsadressen belegt wird,

2. wie die Funktionen `do_retrieve()` die eigentliche Deserialisierung durchführen und

---

[5] Aus technischen Gründen arbeiten wir hier mit einem *Zeiger* auf ein assoziatives Array; dies wird später erläutert werden.

3. wie die klassenspezifischen Versionen von `retrieve()` aus den oben angegebenen Varianten der Klasse `Object` hervorgehen.

Punkt 1 erfolgt zweckmäßigerweise über das Makro `INIT_CLASS` bzw. `INIT_ABSTR_CLASS`, das ohnehin schon für jede Klasse unserer Hierarchie expandiert wird. Da das Makro nunmehr mehrere Aktionen durchführen muß, ändern wir die Makrodefinition dahingehend ab, daß eine Klassenmethode der Klasse `Object` aufgerufen wird, die beliebige Anweisungen durchführen kann:

```
#define INIT_CLASS(CLASS) class_id CLASS::type =          \
                    Object::init(#CLASS, CLASS::do_retrieve)
#define INIT_ABSTR_CLASS(CLASS) class_id CLASS::type =    \
                                     Object::init(#CLASS)
```

Die Funktion `init()` wird wie folgt deklariert und definiert:


```
class Object {
  ...
 public:
   static class_id& init (class_id&, read_fn=0);
};
static AssocArray<class_id, read_fn>* readfns;
class_id& Object::init (class_id& c, read_fn f)
{
   if (readfns == 0)                         // Erster Aufruf
     readfns = new AssocArray<class_id, read_fn>;
   (*readfns)[c] = f;
   return c;
}
```

Man beachte, daß das assoziative Array erst mit dem ersten Aufruf von `init()` erzeugt wird. Diese Vorgangsweise läßt sich am leichtesten erklären, indem wir die naheliegendere Lösung betrachten, in der `readfns` nicht als *Zeiger*, sondern als *Instanz* vereinbart wird:


```
static AssocArray<class_id, read_fn> readfns;
class_id& Object::init (class_id& c, read_fn f)
{
   readfns[c] = f;
   return c;
}
```


Das Problem bei dieser Lösung ist, daß nicht sichergestellt ist, daß `readfns` zum Zeitpunkt des ersten Aufrufs bereits erzeugt ist, da die Reihenfolge, in der die Konstruktoren für globale bzw. statische Objekte aktiviert werden, nicht definiert ist und daher nicht sichergestellt werden kann, daß `readfns` *als erstes* (jedenfalls noch vor den einzelnen `type`-Variablen) zu erzeugen ist.

Durch die Zeiger-Lösung haben wir jedoch explizit die Kontrolle über die Erzeugung der Variablen `readfns` gewonnen - die Initialisierung des statischen Zeigers mit 0 erfolgt ja sicher rechtzeitig, nämlich zum Ladezeitpunkt, sodaß die Abfrage `readfns==0` auf jeden Fall wohldefiniert ist[6].

Nun zu Punkt 2. Die Funktionen aus der Familie `do_retrieve()` delegieren ihre Aufgabe ein weiteres Mal, und zwar an spezielle Konstruktoren, die ein `IFile`-Argument erwarten. Dadurch wird der Code für `do_retrieve()` wieder so simpel, daß er in das `DECLARE_SUBCLASS1`-Makro aufgenommen werden kann:

```
#define DECLARE_SUBCLASS1(CLASS, BASE)                    \
   DECLARE_KERNEL_SUBCLASS1(CLASS, BASE)                  \
   Object* clone () const { return new CLASS(*this); }    \
   static Object* do_retrieve(IFile&f){return new CLASS(f);}\
   private:
```

do_re-
trieve()..

Die eigentliche Arbeit erledigt also jeweils ein im folgenden *retrieve-Konstruktor* genannter Konstruktor, der die Initialisierung des Objekts (dessen Typ ja für ihn bereits feststeht) von der ihm übergebenen Datei durchführt. Die Regeln dafür entsprechen jenen, die die Programmierung der `do_store()`-Methoden bestimmt hatten:

..delegiert
an retrieve-
Konstruk-
toren

Zunächst wird der Basisklassenanteil des Objekts übertragen, indem die Basisklassen-Version des retrieve-Konstruktors aufgerufen wird (im Fall von Mehrfachableitungen wird dies für jede direkte Superklasse durchgeführt). Danach müssen die Instanzvariablen[7] gelesen werden, wobei wiederum die folgenden Fälle zu unterscheiden sind:

retrieve-
Konstruk-
toren sind
invers zu
do_store()

a) *Instanzen* von Subklassen der Klasse `Object` werden durch ihren eigenen retrieve-Konstruktor übertragen.

b) Bei *Zeigern* bzw. *Referenzen* auf Instanzen von `Object`-Subklassen wird die entsprechende Version von `retrieve()` (eventuell rekursiv) aktiviert.

c) *Werte fundamentaler Datentypen* werden mit den üblichen Eingabeoperationen übertragen.

d) Bei *Feldern* wird zunächst die Anzahl der Feldelemente eingelesen, danach gegebenenfalls ein geeignetes Feld dynamisch angelegt, in das dann die einzelnen Elemente selbst übertragen werden.

Um unser Beispiel zu komplettieren, müssen wir retrieve-Konstruktoren für die Klassen `Int`, `Node`, `BinTree`, `Container` und `Object` definieren. Der Kürze halber ersparen wir uns hier die jeweiligen Abänderungen der Klassendefinition, nämlich die Deklaration des retrieve-Konstruktors[8], und geben gleich die Konstruktor-Definitionen

---

[6] Eine andere Vorgangsweise werden wir in Kapitel 14 kennenlernen.

[7] Da die Reihenfolge der Konstruktoraufrufe für Instanzvariablen durch die Klassendefinition bestimmt wird, mußte in `do_store()` sichergestellt werden, daß die Instanzvariablen in genau dieser Reihenfolge gespeichert werden.

[8] Außerdem muß in jenen Klassen, in denen bisher kein Defaultkonstruktor

retrieve-
Konstruk-
toren für
abstrakte
Klassen

an. Bei abstrakten Klassen sind sie trivial:

```
Object::Object (IFile&) {}
Container::Container (IFile&) {}
```

Bei nichtabstrakten Klassen entstehen sie gemäß den obigen Regeln,
also durch "Spiegelung" der entsprechenden `do_store()`-Methode:

retrieve-
Konstruk-
toren für
Int, Node
und
BinTree

```
Int::Int (IFile& f) : Object(f) { f >> v; }
Node::Node (IFile& f)
 : Object(f), elem(*Object::retrieve(f))
{
    f >> n;
    left = Node::retrieve(f);
    right = Node::retrieve(f);
}
BinTree::BinTree (IFile& f) : Container(f)
{
    root = Node::retrieve(f);
    f >> sz;
}
```

re-
trieve()
ist für jede
Klasse
definiert

Schließlich müssen wir noch Punkt 3) erledigen und klarstellen,
weshalb und wie die klassenspezifischen Varianten von `retrieve()`
gebildet werden. Ihr Zweck ist die abgesicherte Umwandlung des von
`Object::retrieve()` gelieferten `Object`-Zeigers auf einen Zeiger
des entsprechenden Typs. Diese Aufgabe ist wieder derart simpel, daß
die `retrieve()`-Varianten auch in das Makro DECLARE_KER-
NEL_SUBCLASS1 aufgenommen werden können:

```
#define DECLARE_KERNEL_SUBCLASS1(CLASS, BASE)                \
  ..bisherige Makrodefinition..                              \
  static CLASS* retrieve (IFile& f)                          \
    { return CLASS::cast(Object::retrieve(f)); }             \
  static CLASS* retrieve (const char* fid)                   \
    { return CLASS::cast(Object::retrieve(fid)); }
```

Damit ist das Verfahren vollständig definiert. Obwohl die resultierenden Vorgaben für die Programmierung auf den ersten Blick sehr
umfangreich erscheinen mögen, kann der tatsächliche Zusatzaufwand
durch Verwendung der angeführten Makros in durchaus erträglichem
Rahmen gehalten werden.

Abschließend sei noch betont, daß durch die eingangs getroffenen Einschränkungen etliche Fälle unberücksichtigt geblieben sind. Die wichtigsten davon sind Klassenvariablen, Objekte mit virtuellen Basisklassen, Funktionszeiger und Zeiger auf Komponenten. All diese Fälle
(Funktionszeiger nur in eingeschränkter Form) können jedoch im
Prinzip vom hier vorgestellten Schema abgedeckt werden.

---

vorgesehen war, ein solcher definiert werden, da der Compiler den
Defaultkonstruktor nur dann automatisch generiert, wenn die Klasse über *gar*
keinen Konstruktor verfügt.

Übungsaufgaben

13.1 Implementieren Sie eine `BinTree`-Methode `print()`, die eine die   → *Seite 293*
Baumstruktur widerspiegelnde Ausgabe des Baumes erzeugt.
Prüfen Sie damit, ob `retrieve()` tatsächlich in der Lage ist, die
von `store()` gespeicherte Struktur exakt zu rekonstruieren.

13.2 Welche Änderungen sind notwendig, um die Klasse `String` von
Seite 205 persistent zu machen?

13.3 Definieren Sie für die Schablone `AssocArray` eine Ausnahme-   → *Seite 294*
regelung, die `AssocArray<Int, Object*>` effizienter
implementiert.

13.4 Wie könnte das beschriebene Verfahren zur Definition   → *Seite 294*
persistenter Objekte erweitert werden, um das Speicherformat
variabel zu halten?

14

Speicherverwaltung

Die konsistente Verwaltung von Objekten, die über den Operator new am Freispeicher (Heap) angelegt werden, stellt ein derartig klassisches Problem in größeren Programmentwicklungen dar, daß in diesem letzten Kapitel kurz skizziert werden soll, wie man Programme in dieser Hinsicht robuster und effizienter gestalten kann.

Dynamisch angelegte Objekte werden in manchen Programmen typischerweise *nicht* oder *zu oft* freigegeben - beides führt früher oder später fast sicher zu Programmabstürzen: Im ersten Fall, weil der verfügbare Freispeicher zur Neige geht, wenn ein derartiger Fehler innerhalb einer Schleife passiert, im anderen Fall, weil die Buchhaltung der Freispeicherverwaltung des Laufzeitsystems korrumpiert wird. Abgesehen von simplen Schlampereien ("delete vergessen"), sind immer wieder Kommunikationsprobleme zwischen den Autoren einzelner Module die Ursache derartiger Fehler. Wenn beispielsweise eine Routine ein anderes Unterprogramm aufruft und diesem einen Zeiger auf ein Objekt übergibt, das sie selbst nie mehr benötigt, wer ist dann für die ordnungsgemäße Rückgabe des Objekts verantwortlich? Oder: Wenn eine Routine Zeiger in einen Container einfügt, sollen diese von der einfügenden Routine oder vom Container-Destruktor destruiert werden? Und schließlich: Darf sich eine Routine, deren Auftrag es ist, ein Objekt mittels delete zu entfernen, darauf verlassen, daß dieses Objekt tatsächlich mittels new angelegt wurde?

Ein anderes Problem stellt die Effizienz der Standard-Freispeicherverwaltung dar. Programme, die new und delete massiv verwenden, können drastische Laufzeiteinbußen erleiden, die auf eben diese beiden Operationen zurückzuführen sind. In so einem Fall stellt sich die Frage nach anwendungsspezifischer Optimierung der Freispeicherverwaltung durch spezielle Versionen von new und delete.

Konsistente Freigabe dynamischer Objekte

Nehmen wir an, es gibt Klassen X und Y, deren Instanzen in einigen Fällen korrekt freigegeben werden, während in anderen Fällen der Aufruf von operator delete() nicht sichergestellt werden kann. Wie kann nun eine Funktion f(), die mit diesem Problem konfrontiert ist, gewährleisten, daß sie den Zustand des Heaps bei ihrer Beendigung in den Status quo zurückversetzt?

```
void f ()
{
    ... viele  X- und  Y-Objekte werden erzeugt ...
    ... und an viele obskure Unterprogramme übergeben ...
    ... alle noch nicht retournierten  X-,  Y-Objekte sollen zurückgegeben werden!
}
```

f() weiß nicht, welche Objekte am Ende freizugeben sind..

Eine Lösungsmöglichkeit dieses Dilemmas stellt die Einführung eines speziellen Buchhaltungsobjekts dar, das mitverfolgt, welche Objekte vom Typ X und Y im Laufe seiner Existenz erzeugt und eventuell wieder entfernt werden, und alle übriggeblieben Instanzen durch seinen eigenen Destruktor explizit löscht:

```
void f ()
{
    BookKeeper bk;              // Überwacht die Erzeugung von
    X a; Y b;                          // X- und Y-Objekten
    X* p = new X, * q = new X;
    Y* k = new Y;
    delete p;                  // delete q; und delete k; fehlen
}                     // Hier muß ~bk() *q und *k zurückgeben
```

..und führt daher ein "Wächter"- Objekt ein

Das Eintragen in die Buchhaltung und Löschen aus der Buchhaltung wird an die einzelnen Objekte delegiert; die notwendigen Methoden erben die Klassen X und Y von einer speziellen Superklasse Registered:

```
typedef Container<Registered*> PtrCont; // Laut Aufgabe 12.7
class Registered {
 friend class BookKeeper;                      // Siehe unten
  static PtrCont* instances;    // Speichert Objektadressen
  static int locked;
 protected:
  Registered () { instances->ins(this); }
  virtual ~Registered ()
  {
     if (!locked) instances->del(this);
  }
};
PtrCont* Registered::instances;
int Registered::locked;

class X: Registered {
 ... normale Klassendefinition für X ...
};
class Y: Registered {
 ... normale Klassendefinition für Y ...
};
```

Basisklasse für Objekte, deren Erzeugung überwacht werden soll

X und Y müssen angepaßt werden

Wird nun ein Objekt vom Typ X oder Y angelegt - egal, ob am Stack oder am Heap - wird der Defaultkonstruktor `Registered()` aufgerufen und die Objektadresse in einen geeigneten statischen Container (`*instances`) eingefügt. Umgekehrt wird bei der Destruktion des Objekts durch den implizit aufgerufenen Destruktor `~Registered()` die Objektadresse aus dem Container wieder entfernt (die Bedeutung der Klassenvariablen `locked` wird später geklärt). Dadurch reduziert sich die Arbeit des Buchhaltungsobjekts darauf, bei seiner Entstehung einen neuen Container anzulegen und bei seiner Destruktion den Container und alle darin verbliebenen Elemente explizit zu löschen:


```
class BookKeeper {
  PtrCont* last;              // "Alte" Version des Containers
 public:
  BookKeeper ()
  {
    last = Registered::instances;    // Alte Version retten
    Registered::instances = new PtrCont;
  }
  ~BookKeeper ()
  {
    Registered::locked = 1;          // *instances sperren
    for (Iterator<Registered*> i(*Registered::instances);
      i; i++)
      delete *i;              // Übriggebliebene Objekte löschen
    delete Registered::instances;
    Registered::instances = last; // Status quo herstellen
    Registered::locked = 0;          // Sperre aufheben
  }
};
```

Dazu noch einige Bemerkungen:

- Das Löschen der Objekte in `~BookKeeper()` mittels `delete` setzt voraus, daß alle *am Stack* angelegten "registrierten" Objekte bereits wieder aus dem Container entfernt sind. Dies ist sichergestellt, weil vom `BookKeeper`-Objekt aus nur jene Objekte verwaltet werden, die zeitlich *nach* ihm entstanden sind und daher, falls es sich um automatische Objekte handelt, bereits *vor* Aufruf von `~Book-Keeper()` wieder eliminiert worden sind.

- Durch die Anweisung `delete *i;` werden ordnungsgemäß die Destruktoren `~X()` und `~Y()` aktiviert, weil `~Registered()` ein *virtueller* Destruktor ist.

- Das "Sperren" des Containers durch die Anweisung

  ```
  Registered::locked = 1;
  ```


hat den Sinn, das nunmehr sinnlose Austragen der Adresse aus dem Container durch `~Registered()` zu unterbinden, und zwar einerseits aus Effizienzgründen, andererseits, weil manche Iteratoren bösartig reagieren, wenn das Objekt, auf dem sie gerade iterieren, verändert wird.

- Sollte der Container so definiert sein, daß sein Destruktor bereits alle noch vorhandenen Elemente eliminiert, würde sich `~BookKeeper()` **vereinfachen zu**:

```
~BookKeeper ()
{
    delete Registered::instances;
    Registered::instances = last;
}
```

- Die Tatsache, daß jedes `BookKeeper`-Objekt den aktuellen Container rettet und während seiner Lebenszeit einen neuen anlegt, womit implizit ein Container-Stack entsteht, ermöglicht die geschachtelte Anwendung des Konzepts:

```
void g ()
{
    BookKeeper bk;
    X* p = new X;
    Y* q = new Y;
    delete p;
}                                       // *q wird entfernt
void f ()
{
    BookKeeper bk;
    X* p = new X, * q = new X;
    Y* k = new Y;
    g();
    delete p;
}                                       // *k und *q werden entfernt
```

Book-Keeper() verwaltet einen Container-Stapel

"Intelligente" Zeiger

In diesem Abschnitt wollen wir eine Klasse zur Kapselung von *Zeigern* erstellen, um die Wahrscheinlichkeit weiterer typischer Programmierfehler im Zusammenhang mit dynamischen Objekten zu minimieren, und zwar:

Verpacken von Zeigern in eine Hüllklasse, um irreguläre Zugriffe zu unterbinden

- Rückgabe eines Objekts an die Freispeicherverwaltung, obwohl noch weitere Zeiger darauf gerichtet sind (wir haben in Kapitel 11 bereits einmal zu diesem Zweck Referenzzähler eingesetzt; hier soll diese Technik nun etwas allgemeiner formuliert werden),

- Rückgabe eines automatischen (d.h. am Stack angelegten) Objekts an die Freispeicherverwaltung, wie etwa

```
int x, * p = &x;
...
delete p;
```

- Verwendung undefinierter Zeiger und

- Dereferenzieren von Nullzeigern.

Gehen wir von irgendeiner Bezugsklasse X aus, für die dieser "intelligente" Zeigertyp definiert werden soll[1]. Die Struktur dieser Klasse ist beliebig, wir vereinbaren hier stellvertretend für alle anderen Komponenten eine einzige öffentliche Instanzvariable `val`:

Bezugs-
klasse X für
den
Zeigertyp..

```
struct X {
  int val;
  X (int v=0) : val(v) {}
};
```

Die Einführung unseres neuen Zeigertyps soll die Klasse `X` zunächst nicht berühren. Das bedeutet insbesondere, daß wir den Referenzzähler nicht *in* einem `X`-Objekt, sondern *parallel* dazu verwalten:

..X_Ptr

```
class X_Ptr {                     // Hüllklasse für X-Zeiger
  X* p;                           // Eigentlicher Zeiger
  unsigned* refs;                 // Referenzzähler, existiert
};                                // nur 1x pro X-Objekt
```

Bevor wir die Klasse `X_Ptr` näher definieren, soll in einem kleinen Testprogramm ihre Verwendung skizziert werden:

Test-
programm
mit X_Ptr
an Stelle
*von X**

```
main ()
{
  X_Ptr p = new X(5);        // Initialisierung mit X-Zeigern
  X_Ptr q = p;                      // Anlegen einer Kopie
  X_Ptr r;                 // Initialisierung mit dem Nullzeiger

  cout << p->val << '=' << (*p).val << endl;      // Zugriff
                                         // auf X-Komponenten

  delete p;        // Eliminieren des Zeigers - geht so nicht

  if (!p)                      // Vergleich mit dem Nullzeiger
    cout << "p ist der Nullzeiger: " << p << endl;
  cout << "*q:" << q->val << endl;
  r = q;                                           // Zuweisung
  cout << "*r:" << r->val << endl;
  cout << "*p:" << p->val << endl;          // *0 abfangen
}
```

delete
funktioniert
nur für
wirkliche
Zeiger

Man sieht, daß die Klasse `X_Ptr` einige Zeigeroperationen auf `X` auf natürliche Weise nachbildet. Leider ist es nicht möglich, dem Operator `delete` an Stelle eines Zeigers eine `X_Ptr`-Instanz zu übergeben. Wir werden daher eine Ersatznotation einführen müssen und wählen dazu die Zuweisung des Nullzeigers:

```
  p = 0;                             // An Stelle von delete p
```

Mit dieser Korrektur könnte das obige Hauptprogramm folgende Ausgabe produzieren:

```
5=5
p ist der Nullzeiger: 0x0
*q:5
*r:5
*p: -- Zusicherung 'p' verletzt in pointer.C, Zeile 76 --
```

---

[1] In Aufgabe 14.4 wird das Konzept durch Einsatz von Typschablonen für beliebige Klassen generalisiert.

Aus der skizzierten Verwendung folgt sofort das öffentliche Protokoll von X_Ptr[2]:

```
class X_Ptr {
  X* p;
  unsigned* refs;
 public:
  X_Ptr (X* = 0);
  X_Ptr (const X_Ptr&);
  ~X_Ptr ();
  X_Ptr& operator = (const X_Ptr&);
  X_Ptr& operator = (X*);
  X* operator-> () const { assert(p); return p; }
  X& operator* () const { assert(p); return *p; }
  operator unsigned () const { return refs ? *refs : 0; }
 friend ostream& operator << (ostream& o, const X_Ptr& ptr)
  {
     return o << p;
  }
};
```

Die vollständige Definition der Klasse X_Ptr..

Die `inline` definierten Funktionen sind ziemlich selbsterklärend: `operator unsigned()` liefert die Anzahl der Referenzen, falls der Referenzzähler (und damit ein von 0 verschiedener X-Zeiger) existiert, andernfalls 0. Diese Konversionsmethode wird speziell im Kontext logischer Bedingungen (`if (!p) ...;` oder `while (p) ...;`) implizit aktiviert und liefert genau dann 0, wenn *kein* sinnvoller Zeiger vorliegt. `operator<<()` benützt den vordefinierten Ausgabeoperator, um den Zeigerwert zu übertragen. `operator*()` "dereferenziert" das Zeiger-Objekt und liefert demgemäß eine X-Referenz, die natürlich nur wohldefiniert ist, soferne der gekapselte Zeiger nicht der Nullzeiger ist. Hier würde man für den Fehlerfall wohl einen `throw`-Ausdruck erwarten; zur Abwechslung sei jedoch einmal die Verwendung des Makros `assert` vorgestellt: Dieses Makro dient zum Testen logischer Zusicherungen (Programminvarianten); es bricht das Programm mit einer Fehlermeldung ab, falls sein Argument 0 ist. Wir können es wie folgt definieren[3]:

..und ihre Semantik: `operator unsigned()`, `operator<<()`, `operator*()`

```
#define assert(cond)                                            \
  if (!(cond))                                                  \
  {                                                             \
    cerr << "-- Zusicherung '" #cond "' verletzt in "          \
         << __FILE__ << ", Zeile " << __LINE__ << endl;         \
    exit(1);                                                    \
  } else
```

`assert` überprüft Programminvarianten

Die Operatorfunktion `operator->()` stellt in C++ einen Spezialfall eines *unären* Operators dar: Sei x ein Objekt einer Klasse mit diesem Operator (etwa `X_Ptr`) und c irgendein Komponentenbezeichner (etwa

`operator->()`

---

[2] Wir vernachlässigen hier der Kürze halber die gesamte Zeigerarithmetik inklusive Indizierung - Übungsaufgabe 14.5 erweitert die Klasse X_Ptr dahingehend.

[3] Eine ähnliche Definition befindet sich in der Standard-Headerdatei `assert.h`.

val), **dann wird der Ausdruck** x->c **als** (x.operator->())->c **interpretiert, das heißt, daß die Operatorfunktion entweder einen Zeiger
auf ein Objekt liefern muß, in dem eine Komponente** c **existiert (wie in
unserem Fall), oder ein Objekt einer Klasse zurückgibt, in der der
Operator** -> **ebenfalls definiert ist**[4]. **Hier ermöglicht dieser Operator
jedenfalls den (ebenfalls durch** assert **überwachten) Zugriff auf die
Komponente** val **über ein Objekt vom Typ** X_Ptr.

<table>
<tr><td>Private
Hilfs-
methoden
zur Ver-
waltung des
Referenz-
zählers:</td><td>

**Für alle anderen Operationen führen wir drei private Hilfsmethoden
ein:** newref() **entspricht dem normalen Konstruktor und initialisiert
die beiden Instanzvariablen,** copyref() **führt die Kernarbeit des
Kopierkonstruktors bzw. der Zuweisung durch und** delref()
**eliminiert den aktuellen Zeiger auf das Bezugsobjekt. Zu beachten ist,
daß der Nullzeiger speziell behandelt wird - für ihn gibt es keinen
Referenzzähler** (refs==0):

</td></tr>
</table>

```
class X_Ptr {
  X* p;
  unsigned* refs;
```

newref()

```
  void newref (X* px)              // Belegt p und refs neu
  {
     refs = (p = px) ? new unsigned(1) : /*Nullzeiger*/ 0;
  }
```

delref()

```
  void delref ()                    // Löscht p und refs
  {
     if (refs && --*refs == 0)  // Letzter Zeiger gelöscht?
     {
       delete p;                              // Objekt und..
       delete refs;                  // Referenzzähler löschen
     }
     refs = 0;
     p = 0;
  }
```

copyref()

```
  void copyref (const X_Ptr& r)     // Übernimmt p und refs
  {
     p = r.p;
     if (refs = r.refs)        // Referenzzähler existiert..
       ++*refs;                        // ..und wird daher erhöht
  }
  public:
  ... restliche Klassendefinition ...
};
```

**Mit diesen Hilfsfunktionen gelingt es uns, die restlichen öffentlichen
Methoden der Klasse** X_Ptr **sehr knapp zu formulieren:**

X_Ptr-Kon-
struktoren

```
X_Ptr::X_Ptr (X* px) { newref(px); }
X_Ptr::X_Ptr (const X_Ptr& r) { copyref(r); }
```

----

[4] **Folgendes ist also z.B. möglich:**

```
struct Z { int c; };
struct Y { Z* operator->(); };
struct X { Y& operator->(); };
int f(X& x) { return x->c; } // ((x.operator->()).operator->())->c
```

```
X_Ptr::~X_Ptr () { delref(); }                                  Destruktor
X_Ptr& X_Ptr::operator = (const X_Ptr& r)                       Zu-
{                                                               weisungen
  if (p != r.p) {                          // Nur dann sinnvoll
    delref();
    copyref(r);
  }
  return *this;
}
X_Ptr& X_Ptr::operator = (X* r)
{
  delref();
  newref(r);
  return *this;
}
```

Unser Ersatz für den `delete`-Operator, die Zuweisung des Nullzeigers, benützt die zweite Form des Zuweisungsoperators: Mit
`delref()` wird das aktuelle X-Objekt freigegeben, danach wird
`newref(0)` aufgerufen, womit allerdings lediglich beide Instanzvariablen auf null gesetzt werden.

p = 0;
entspricht
delete p;

Damit ist unser Hauptprogramm von Seite 258 ablauffähig. Was jetzt
noch fehlt, ist die fehlertolerante Behandlung von Anweisungen der
Art

```
int x, * p = &x;
...
delete p;                // delete eines automatischen Objekts
```

Um so etwas zu unterbinden bzw. zu entschärfen, bedarf es einer
Möglichkeit, zwischen Stack-Objekten und Heap-Objekten zu unter-
scheiden. Für diesen Zweck ist es leider notwendig, die Bezugsklasse X
zu erweitern, und zwar benötigt jedes X-Objekt im wesentlichen eine
zusätzliche boolesche Instanzvariable, in der es die Art seines
"Zeugungsaktes" vermerkt. Eleganterweise führen wir diese
Erweiterung einfach durch Ableitung von einer entsprechenden
Spezialklasse `Argus` durch:

Einführung
einer
Basisklasse,
deren
Instanzen
protokol-
lieren,
woher sie
kommen:

```
struct X: public Argus { //public ist bei struct redundant
  int val;
  X (int v=0) : val(v) {}
};
```

Argus

In `Argus` sind u.a. der Defaultkonstruktor und `operator new()`
definiert. Wird letzterer aufgerufen, setzt er eine Klassenvariable
`new_called` auf 1, die im Zuge des unmittelbar folgenden
Konstruktoraufrufs in die Instanzvariable `heap` kopiert und sofort
danach wieder auf null zurückgesetzt wird. Wird der Konstruktor
direkt, also ohne vorhergehendes `new`, aufgerufen, wird die
Komponente `heap` durch `new_called` mit 0 belegt. Die Methode
`dynamic()` liefert den Status von `heap`; sie wird an X vererbt und
kann in `X_Ref::delref()` abgefragt werden:

Argus::
operator
new()
kommuni-
ziert mit
Argus()
über eine
Klassen-
variable

```
      void X_Ptr::delref ()
      {
        if (refs && --*refs == 0)        // Letzter Zeiger gelöscht?
        {
          if (p->dynamic())                      // Mittels new erzeugt?
            delete p;                                  // Objekt löschen
          delete refs;          // Referenzzähler jedenfalls löschen
        }
        refs = 0;
        p = 0;
      }
```

dynamic()
eruiert die
Herkunft
von Argus-
Instanzen

Die Klasse `Argus` ist nachstehend angegeben; die Definition ihrer Methoden verbleibt als Übungsaufgabe:

Die Klasse
Argus

```
      class Argus {
        int heap;
        static int new_called;
      public:
        Argus ();
        void* operator new (size_t s);
        int dynamic ();
      };
```

Anwendungsspezifische Freispeicherverwaltung

new und
delete
sind bei
kleinen
Objekten
ineffizient

Jeder Aufruf von `operator new()` bzw. `operator delete()` aktiviert die Standard-Freispeicherverwaltung, die auf Grund ihrer Allgemeinheit sowohl in bezug auf Speicherplatz als auch laufzeitmäßig viel aufwendiger ist, als es eine klassenspezifische Speziallösung sein müßte. Dies gilt umso eher, je kleiner die anzulegenden Objekte sind. Betrachten wir einmal die Knoten unseres binären Baumes aus Kapitel 12:

Node, der
Knoten
eines
binären
Baumes

```
      struct Node {
        const Object& elem;
        unsigned n;
        Node* left, * right;
        ... Methodendeklarationen ...
      };
```

Zur Speicherung eines derartigen Objekts werden `sizeof(Node)` Bytes benötigt, während `new` dafür typischerweise `sizeof(Node)` + `sizeof(size_t)` Bytes anfordert, da die Größe des Objekts ebenfalls abgespeichert wird, um dessen Wiedereingliederung in die Freispeicherverwaltung mittels `delete` zu ermöglichen. Nehmen wir an, `sizeof(Node)` wäre 16 und `sizeof(size_t)` wäre 4, dann wären 20% des Gesamtspeicherplatzes nur für Verwaltungszwecke reserviert. Eine eigene Speicherverwaltung für `Node`-Objekte, die ohne diesen Zusatzaufwand auskommt, wäre daher durchaus angebracht. Wir erweitern also die Klassendefinition von `Node` um die Operatoren `new` und `delete` sowie um eine Klassenvariable, die die Freispeicherliste für `Node`-Objekte darstellt:

```
class FL;       // Hilfsklasse für die Freispeicherverwaltung
struct Node {
    .. bisherige Klassendefinition ..
    static void* operator new (size_t);
    static void operator delete (void*);
  private:
    static FL* freelist;
};

FL* Node::freelist;        // Definition der Klassenvariablen
```

Node wird um new und delete erweitert

Unsere Strategie wird sein, von der Standard-Freispeicherverwaltung einen Block von *vielen* adjazenten `Node`-Objekten *auf einmal* anzufordern, diese Objekte in der Klassenvariablen `freelist` als lineare Liste abzulegen und bei jedem new-Aufruf das Kopfelement der Liste zu entfernen bzw. in `operator delete()` das "gelöschte" Objekt am Anfang der Liste einzufügen. Wenn die Freispeicherliste erschöpft ist, wird neuerlich ein großer Speicherblock angefordert. Auf die Rückgabe von Speicher an die Standardfreispeicherverwaltung wollen wir zunächst völlig verzichten.

Der Trick: Größere Blöcke anfordern und sukzessive verteilen

Um nicht für die Organisation der linearen Liste zusätzlichen Speicher zu benötigen, verschmelzen wir die Verkettungselemente der Liste in die `Node`-Objekte, deren Inhalt ja ohnehin zerstört werden darf, sobald sie in die Freispeicherliste eingegliedert werden. Voraussetzung für diesen Trick ist, daß die Verkettungselemente in den `Node`-Objekten Platz finden, daß heißt, daß `sizeof(Node)≥sizeof(FL*)` gilt:

Die Listenelemente werden den Node-Objekten überlagert

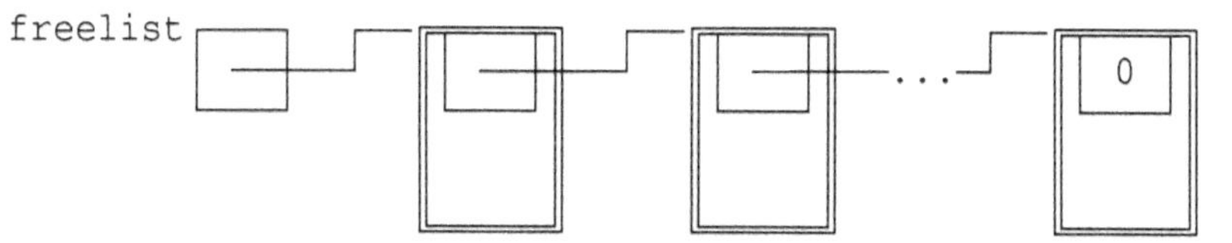

Die Liste freier Node-Objekte

Ein Listenelement vom Typ `FL` besteht daher lediglich aus der Verkettungskomponente:

```
struct FL {
    FL* next;
    static FL* allocate (unsigned n, size_t elsize);
};
```

Minimalstruktur eines Listenelements

Die Routine `allocate()` liefert einen Zeiger auf eine neu angelegte Freispeicherliste, die n Elemente der Größe `elsize` enthält. Diese n Elemente bilden physisch zunächst noch ein Array, in das durch `allocate()` bereits die next-Zeiger eingetragen wurden:

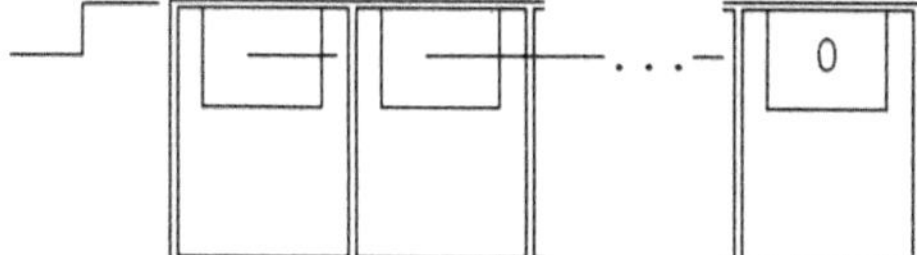

Array, das gleichzeitig eine Liste ist

allo-
cate() for-
dert einen
Speicher-
block an
und
überlagert
darauf die
lineare
Liste

```
FL* FL::allocate (unsigned n, size_t elsize)
{
  size_t size = n*elsize;               // Gesamtgröße in Bytes
  char* p = new char [size];            // Globaler Operator new
  if (p) {                                 // new war erfolgreich
    for (register char* q=p, * last_q=p+size-elsize;
          q<last_q; q+=elsize)          // Zeiger initialisieren
      ((FL*)q)->next = (FL*)(q+elsize);
    ((FL*)last_q)->next = 0;
  }
  return (FL*)p;
}
```

Damit ist es nun ein leichtes, die Methoden `operator new()` **und** `operator delete()` **für die Klasse** `Node` **zu definieren:**

new

```
void* Node::operator new (size_t size)
{
  if (freelist == 0)                       // Freispeicher leer
    freelist = FL::allocate(128, size); // 128 Stück anfordern
  void *p = freelist;
  if (freelist)                  // allocate() war erfolgreich
    freelist = freelist->next;    // Kopfelement entfernen
  return p;
}
```

delete

```
void Node::operator delete (void* This)
{
  ((FL*)This)->next = freelist;  // Neues Element einfügen
  freelist = (FL*)This;
}
```

Wieder-
verwendung
dieser
Speicher-
verwaltung

Der Code dieser beiden Funktionen ist derart klassenunspezifisch, daß er vorteilhafterweise in die Klasse `FL` **übertragen werden sollte, um ohne Redundanz auch von anderen Klassen benützt werden zu können. Der klassenspezifische Zeiger** `freelist` **ist dabei als Referenzparameter an die entsprechenden Routinen mitzugeben, wie etwa in**

alloc()
entspreche
etwa dem
bisherigen
new

```
static void* Node::operator new (size_t s)
{
  return FL::alloc(128, s, freelist);
}
```

Da drängt sich nun die Designänderung auf, `freelist` **zu einem Objekt zu machen, das über die allgemeinen Allokations- und Deallokationsmethoden verfügt, die dann von** `Node::operator new()` **und** `Node::operator delete()` **aufgerufen werden:**

```
struct FL {                                  // Wie bisher
  FL* next;
  static FL* allocate (unsigned n, size_t elsize);
};
```

FreeStore,
der Daten-
typ für Frei-
speicher-
listen

```
class FreeStore {                               // Neu
  FL* list;
 public:
  FreeStore () : list(0) {}
  void* allocate (size_t);    // Entspricht ehemaligem new
  void dispose (void*);     // Entspricht ehemaligem delete
};
```

```
class Node {
  ... bisherige Klassendefinition ...
    static void* operator new (size_t s)
    {
      return freelist.allocate(s);
    }
    static void operator delete (void* This)
    {
      freelist.dispose(This);
    }
  private:
    static FreeStore freelist;
};
FreeStore Node::freelist;
```

*Verein-
fachte
Klasse* Node

Die Definition der Methoden der Klasse `FreeStore` verbleibt als
Übungsaufgabe.

Nebenbei sei bemerkt, daß in der Klasse `FreeStore` der Destruktor
die Aufgabe übernehmen könnte, alle Elemente der Freispeicherliste
wieder der Standardfreispeicherverwaltung zurückzugeben. Zu diesem
Zweck müßten allerdings genau diejenigen char-Zeiger an den
globalen Operator `delete` übergeben werden, die vom globalen
Operator `new` geliefert wurden. Auch die Lösung dieser Aufgabe bleibt
dem fleißigen Leser überlassen.

`~Free-
Store()`
*könnte die
Liste wieder
abbauen*

Rechtzeitige Initialisierung globaler Objekte

Beginnen wir die Diskussion mit der Vorstellung eines Trivial-
programms, das aus den Quelldateien `r.h`, `r.C`, `rmain.C`, und `r2.C`
besteht und die Problematik der Initialisierungsabhängigkeit zwischen
globalen Variablen in verschiedenen Übersetzungseinheiten
demonstriert:

```
// Datei r.h:
#include <fstream.h>
class LogFile: public ofstream {
 public:
   LogFile() : ofstream("LOG") {}        // Öffnet Datei
};                                        // unter fixem Namen
extern LogFile int_log;                   // Deklaration
int int_init (char* id, int val=0);       // Deklaration
```

`int_log` *ist
ein in* `r.h`
*deklarierter
globaler
Stream vom
Typ*
`LogFile`

Die Funktion `int_init()` soll für die Initialisierung von int-Variablen benützt werden. Zu diesem Zweck gibt sie ihr int-Argument unverändert zurück, nachdem sie die als erstes Argument übergebene
Zeichenkette (nämlich den Variablennamen) in die globale Datei
`int_log` eingetragen hat.

`int_init()`
*protokolliert
Initiali-
sierungs-
vorgänge*

Die globale Dateivariable `int_log` und die Funktion `int_init()`
definieren wir in der Datei `r.C`:

r.C enthält die Defini- tionen

```
// Datei r.C:
#include "r.h"
LogFile int_log;                                   // Definition
int int_init (char* id, int val)                   // Definition
{
  int_log << id << " := " << val << endl;
  return val;
}
```

Das Programm besteht nur aus Daten- definitionen:

Die Dateien `rmain.C` und `r2.C` bestehen im wesentlichen aus Definitionen globaler `int`-Variablen, die über die Routine `int_init()` initialisiert werden; in `rmain.C` befindet sich außerdem ein Mini-Hauptprogramm:

x, y in r2.C,..

```
// Datei r2.C:
#include "r.h"
int x = int_init("x");
int y = int_init("y", 17);
```

..a, b und main() in rmain.C

```
// Datei rmain.C:
#include "r.h"
int a = int_init("a", -3);
int b = int_init("b");
main () {}
```

Variation der Initiali- sierungs- reihenfolge durch unter- schiedliche Link- sequenzen

Wenn wir beim Ausprobieren dieses Programms mit verschiedenen Binde-Reihenfolgen experimentieren, können wir damit eventuell auch die Initialisierungsreihenfolge der globalen Variablen beeinflussen und entsprechend unterschiedliche Ergebnisse erhalten. Wenn wir z.B. die Quelldateien auf einer Sun SPARCstation in der Reihenfolge

```
CC rmain.C r2.C r.C
```

an cfront übergeben, erhalten wir als Log-Datei LOG:

1. LOG

```
x := 0
y := 17
a := -3
b := 0
```

Lautet der Compileraufruf (und damit der nachgeschaltete Binder-aufruf) hingegen

```
CC r2.C rmain.C r.C
```

lautet die LOG-Ausgabe

2. LOG

```
a := -3
b := 0
x := 0
y := 17
```

während mit

```
CC r.C rmain.C r2.C
```

3. LOG ???

ein Programmabsturz erfolgt. Das liegt daran, daß im letzten Fall offenbar `int_init()` aufgerufen wird, *bevor* der `LogFile`-Konstruktor die Datei eröffnen konnte, womit die von `int_init()`

aktivierte Funktion `operator<<()` die übergebenen Daten *irgendwohin* zu übertragen versucht.

int_log ist nicht geöffnet!

Es gibt etliche Möglichkeiten, dieses Problem zu beheben. Die einfachste haben wir schon im Kapitel 13 einmal kennengelernt; sie besteht darin, die globale Variable `int_log` zu einem Zeiger auf ein `LogFile`-Objekt zu machen, der beim Laden mit 0 initialisiert wird und dem `int_init()` unmittelbar vor seiner ersten Benützung ein `LogFile`-Objekt zuordnet:

```
// Datei r.h:
extern LogFile* int_log;                  // Nunmehr ein Zeiger

// Datei r.C:
#include "r.h"
LogFile* int_log;
int int_init (char* id, int val)
{
  if (int_log == 0)                        // Erstes Mal
    int_log = new LogFile;
  (*int_log) << id << " := " << val << endl;
  return val;
}
```

int_log in int_init() erzeugen

Diese Methode hat zwei Nachteile: Erstens wird die Abfrage `int_log==0` bei jedem Aufruf durchgeführt, obwohl die Bedingung natürlich nur ein einziges Mal erfüllt sein kann. Wer dies als störend empfindet, kann dem durch einen kleinen Trick abhelfen, der auf der Regel beruht, daß *lokale statische* Variablen genau dann initialisiert werden, wenn der Kontrollfluß zum ersten Mal ihre Definition erreicht. Wir könnten also die Initialisierung von `int_log` in die Initialisierung einer lokalen statischen Hilfsvariablen verstecken:

```
int int_init (char* id, int val)
{
  static LogFile* dummy = (int_log = new LogFile);
  (*int_log) << id << " := " << val << endl;
  return val;
}
```

Trickreiche Vermeidung überflüssiger Abfragen

Das größere Problem besteht allerdings darin, daß in realistischen Fällen meist *mehrere* Funktionen auf die betreffende Variable zugreifen, die *alle* sicherstellen müßten, daß `int_log` bereits definiert ist. Damit wird eine bedeutende Fehlerquelle eröffnet.

In der Praxis fehleranfällig

Um diese Nachteile zu beheben, wenden wir einen Trick an, der von Jerry Schwarz für die iostream-Bibliothek entwickelt wurde. Er beruht auf der Tatsache, daß *innerhalb* einer Quelldatei alle globalen Variablen in der Reihenfolge ihrer Definition initialisiert werden (also in unserem Beispiel immer `a` vor `b` und `x` vor `y`). Wenn wir in jener Headerdatei, in der die zu initialisierende globale Variable *deklariert* wird (im Beispiel also `r.h`) ein `static`-Hilfsobjekt definieren, wird eine Instanz dieses Hilfsobjekts in jeder Datei angelegt, die diese

Einführung eines Wächterobjekts zur Initialisierung und Destruktion der globalen Variablen int_log

Headerdatei inkludiert. Diese Instanz wird *sicher* initialisiert, *bevor* irgendein anderes Objekt, das auf die Deklarationen aus der Headerdatei Bezug nimmt (und daher *nach* der `#include`-Anweisung definiert sein muß), initialisiert werden kann. Dieses "rechtzeitig" initialisierte Hilfsobjekt soll nun die Aufgabe übernehmen, die nämliche Variable *explizit* zu initialisieren, wobei achtgegeben werden muß, daß dies nur einmal erfolgt.

Kehren wir zu unserem Beispiel zurück und ändern wir `r.h` entsprechend ab:

```
#ifndef R_H                        // Mehrfachinklusion verhindern
#define R_H
#include <fstream.h>
class LogFile: public ofstream {
 public:
   LogFile() : ofstream("LOG") {}                    // Wie bisher
};
extern LogFile* int_log;          // Immer noch ein Zeiger
int int_init (char* id, int val=0);

class Init_int_log {
   static int count;                 // Wird in r.C definiert
  public:
   Init_int_log()
   {
     if (count++ == 0)                             // Erstes Mal
        int_log = new LogFile;
   };
   ~Init_int_log()
   {
     if (--count == 0)                             // Letztes Mal
        delete int_log;
   };
};
static Init_int_log do_init_int_log;      // Hilfsobjekt,
#endif                        // wird 1x pro Inklusion angelegt
```

Das als erstes erzeugte `Init_int_ log`-Objekt erzeugt seinerseits das globale `LogFile`-Objekt und entfernt dieses in seinem Destruktor

Die Klassenvariable `Init_int_log::count` wird beim Laden mit 0 belegt und jedes Mal erhöht, wenn eines der `Init_int_log`-Hilfsobjekte initialisiert wird. Beim ersten Mal wird dabei auch das `int_log`-Objekt angelegt. Umgekehrt dekrementiert der `Init_int_log`-Destruktor den globalen Zähler. Sobald dieser wieder 0 ist, ist offenbar das letzte `Init_int_log`-Objekt eliminiert worden. Da die Destruktoraufrufe in umgekehrter Reihenfolge zur Initialisierung erfolgen, ist gewährleistet, daß zu diesem Zeitpunkt bereits alle eventuell von `int_log` abhängigen Objekte entfernt worden sind, sodaß `*int_log` gefahrlos der Freispeicherverwaltung zurückgegeben werden kann.

Daß für dieses Verfahren die damit abgesicherte globale Größe nicht unbedingt ein Zeiger sein muß, zeigt Übungsaufgabe 14.3.

Übungsaufgaben

14.1 Definieren Sie die Methoden `allocate()` und `dispose()` der   → *Seite 294*
Klasse `FreeStore`.

14.2 Definieren Sie `~FreeStore()`.

14.3 Adaptieren Sie das Verfahren zur rechtzeitigen Initialisierung   → *Seite 294*
von `int_log` dahingehend, daß `int_log`, wie im ursprünglichen
Testbeispiel vereinbart, ein `LogFile`-*Objekt* an Stelle eines
`LogFile`-*Zeigers* sein kann.

14.4 Verallgemeinern Sie das Konzept der intelligenten Zeiger durch   → *Seite 295*
Typschablonen auf beliebige Klassen.

14.5 Erweitern Sie die Klasse `X_Ptr` um den Aspekt der   → *Seite 295*
Zeigerarithmetik.

14.6 Definieren Sie die Methoden der Klasse `Argus`.   → *Seite 296*

Literatur

[1] Accredited Standards Committee X3, Information Processing Systems: Working Paper for Draft Proposed American National Standard for Information Systems - Programming Language C++. Doc. No. X3J16/91-0009, February 11, 1991.

[2] Baclawski K.: The Yes-Yes Column. The C++ Insider 1(1), October 1990.

[3] Budd T.: An Introduction to Object Oriented Programming. Addison-Wesley, Reading, MA, 1991.

[4] Dahl O.-J., Myrhaug B., Nygaard K.: (Simula 67) Common Base Language. Pub. N. S-22, Norsk Regnesentral, Oslo, Oktober 1970.

[5] Ellis M. A., Stroustrup B.: The Annotated C++ Reference Manual. Addison-Wesley, Reading, MA, 1990.

[6] Gorlen K. E., Orlow S. M., Plexico, P. S.: Data Abstraction and Object-Oriented Programming in C++. John Wiley & Sons, Chichester, England, 1990.

[7] Hansen T. L.: The C++ Answer Book. Addison-Wesley, Reading, MA, 1990.

[8] Hekmatpour S.: C++: A Guide for C Programmers. Prentice-Hall, Englewood Cliffs, NJ, 1991.

[9] Koenig A., Stroustrup B.: Exception Handling for C++ (revised). Proc. C++ USENIX Conference, San Francisco, CA, April 1990.

[10] Kuhn T.: The Structure of Scientific Revolutions. The University of Chicago Press, 1962.

[11] Lippman S. B.: C++ Primer. Addison-Wesley, Reading, MA, 1990.

[12] Meyer B.: Object-Oriented Software Construction. Prentice Hall, New York, NY, 1988.

[13] Miller W. M.: Standard Operating Procedure. The C++ Journal, Summer 1990, S. 37-43.

[14] Pohl I.: C++ for C Programmers. Benjamin/Cummings, Menlo Park, CA, 1988.

[15] Schwarz J.: Standard Exceptions. Doc. No. X3J16/91-0116, September 20, 1991.

[16] Schwarz J.: Input/Output Revision 3. Doc. No. X3J16/91-0117, September 20, 1991.

[17] Shapiro J. S.: A C++ Toolkit. Prentice-Hall, Englewood Cliffs, NJ, 1991.

[18] Stroustrup B.: Parameterized Types for C++. Proc. C++ USENIX Conference, Denver, CO, October 1988.

[19] Stroustrup B.: The C++ Programming Language, Second Edition. Addison-Wesley, Reading, MA, 1991.

[20] Stroustrup B., Lenkov D: Runtime Type Identification in C++. C++ Report 4(3), March/April 1992, S. 32-42.

[21] Wegner P.: Concepts and Paradigms of Object-Oriented Programming. OOPS Messenger 1(1), ACM Press, August 1990, S. 8-87.

Anmerkungen und Lösungen zu den Übungsaufgaben

Kapitel 0

0.1 Die `#include`-Anweisung wird auskommentiert, die Datei `iostream.h` wird daher *nicht* in das Programm eingefügt. Damit bleibt `cout` dem Compiler unbekannt, und auch der Operator `<<` behält seine ursprüngliche, hier unpassende Definition bei. Der Compiler gibt mehr oder weniger informative Meldungen aus und ist nicht in der Lage, das Programm erfolgreich zu übersetzen.

0.2 Das Programm ist fehlerfrei übersetzbar, es liefert nun folgenden Dialog:

```
Bitte um einen Radius: 10
Die Fläche eines Kreises mit Radius 10 beträgt 300
```

Da bei der Definition der Konstante `pi` nunmehr der Datentyp fehlt, nimmt der Compiler implizit den Typ `int` an. Vor der Initialisierung wird der `double`-Wert `3.1415926535` auf den `int`-Wert `3` umgewandelt, der in der Folge zur Kreisfläche `300.0` führt. Der Operator `<<` unterdrückt die Ausgabe redundanter Nullen im Nachkommabereich, sodaß nur noch der Text `" ... beträgt 300"` ausgegeben wird.

0.3 Nichts. Eine Konstante muß bei ihrer Definition initialisiert werden und darf danach nie mehr verändert werden - beide Bedingungen sind im Beispielprogramm erfüllt, auch wenn a vielleicht nicht ganz zum intuitiven Konzept einer Konstante paßt.

0.4 Das Verzeichnis, in dem alle C++-Standard-Headerdateien abgelegt sind, kann vom Systemadministrator natürlich beliebig gewählt werden. Unter UNIX können Sie es z.B. durch den Befehl `find / -name iostream.h -print` eruieren.

Die ersten beiden Präprozessoranweisungen lauten höchstwahrscheinlich etwa

```
#ifndef __IOSTREAM_H
#define __IOSTREAM_H
```

Ihr Zweck ist, Mehrfachinklusionen derselben Datei zu verhindern. Sobald die Datei `name.h` zum ersten Mal vom Präprozessor bearbeitet wird, ist der Name `__NAME_H` definiert, sodaß bei einer weiteren (eventuell sogar rekursiven) Inklusion der Präprozessor den gesamten Text bis zum passenden `#endif` (typischerweise in der letzten Zeile der Datei) überspringt.

Kapitel 1

1.1 Das Programm

```
#include <iostream.h>
int g();                                        // Vorwärtsdeklaration
int t = g();
int f()
{
  cout << "in f; t = " << t << "\n";
  return t + 1;
}
int s = f();
int g()
{
  cout << "in g; s = " << s << "\n";
  return s + 2;
}
main ()
{
  cout << "Programmstart; s = " << s << "; t = " << t;
}
```

könnte z.B. folgenden Text ausgeben:

```
in g; s = 0
in f; t = 2
Programmstart; s = 3; t = 2
```

t wird offenbar vor s initialisiert; zu diesem Zeitpunkt hat s noch den vordefinierten Wert 0, weshalb t den Wert 2 erhält und s via f() den Wert 3.

Würde hingegen s vor t initialisiert, lautete die Ausgabe:

```
in f; t = 0
in g; s = 1
Programmstart; s = 1; t = 3
```

In jedem Fall wird eine der beiden Variablen verwendet, *bevor* die für sie vorgesehene Initialisierung durchgeführt wurde.

1.2

a) ändert nichts, da jede nicht-static-*Definition* außerhalb jedes Blocks (und
es handelt sich um eine Definition, da eine Initialisierung vorliegt) dem Binder
ohnehin die "Veröffentlichung" des Objekts gestattet und somit äquivalent zur
extern-Definition ist.

In b) handelt es sich nicht mehr um eine Definition, sondern um eine *Deklaration* (extern und *keine* Initialisierung), sodaß das Gesamtprogramm keine
Definition von i mehr enthält, ein Fehler, der beim Binden gemeldet wird.

Umgekehrt wird durch das Weglassen von static in c) die Variable j ein
zweites Mal extern definiert, was den Binder ebenfalls zu einer Fehlermeldung veranlaßt.

d) ist im wesentlichen äquivalent zu a); es passiert nichts.

e) hingegen entspricht dem Fall b): durch static int f(); wird eine lokale,
nicht öffentliche Funktion deklariert, die dann nirgendwo definiert wird, was
wiederum beim Binden entdeckt wird (ein intelligenter Compiler könnte im

Prinzip auch schon feststellen, daß das Versprechen, eine `static`-Funktion zu definieren, in der Datei `b.C` nirgends eingelöst wird).

In f) wird durch die `static`-Definition von `main()` das Hauptprogramm vor dem Laufzeitsystem "versteckt", was auch zu einem Bindefehler führt.

1.3 In der Funktion `f()` sind die Parameter `a` und `b` keine *Zeigerkonstanten*, sondern (wie alle Wertparameter) *lokale Zeigervariablen*, sodaß die Zuweisung `a=b` erlaubt ist. Sie bewirkt, daß die Zeigervariable `a` auf denselben Speicherbereich zeigt wie die Variable `b`, was, da in `f()` ja nichts mehr passiert, keinerlei Bedeutung hat. Die *Adreßkonstanten* `s` und `t` im Hauptprogramm werden (Wertparameterübergabe!) durch `f()` natürlich nicht berührt, sodaß `"ABC"` ausgegeben wird. Man beachte außerdem, daß die explizite Dimensionsangabe bei `b[10]` lediglich dokumentarischen Charakter hat.

1.4 Die Ausgabe lautet etwa

```
1234278724
100
```

Die erste Zeile besteht aus einer Aneinanderreihung von Zufallszahlen, da das Feld `x[]` *uninitialisiert* ausgegeben wurde. Das Feld `y[]` hingegen wurde mit einer *zu kurzen* Initialisierungliste bedacht; dennoch wurden auch die Elemente `y[1]` und `y[2]` mit dem wohldefinierten Wert Null belegt, eine Tatsache, die unter Umständen kontraintuitiv ist.

1.5 `a` ist eine 3x3-Matrix von `int`-Werten, `b` ein dreielementiger Vektor von `int`-Zeigern, `c` ein Zeiger auf einen Vektor von `int`-Werten, und `d` ein (nicht erlaubtes) Feld von `int`-Referenzen.

1.6 Mögliche Vereinbarungen lauten:

```
void(*a[5])(void);                                    // a)
double(*(*b)(double))[3][3];                          // b)
const int* c;                                         // c)
extern struct { double x, y; } * const d;            // d)
extern char* const & e;                              // e)
```

Bei d) und e) mußte mittels `extern` eine *Deklaration* erzwungen werden, da im Zuge einer *Definition* geeignete Initialisierungen erfolgen müßten. Für b) wäre der Übersichtlichkeit halber bereits ein Hilfsdatentyp empfehlenswert:

```
typedef double M[3][3];                               // Matrix-Datentyp
M* (*b) (double);                                     // Variante zu b)
```

1.7 Das Programm hat etwa folgenden Aufbau:

```
#include <iostream.h>
#define p(X) cout << #X ":\t" << sizeof(X) << "\n"
main ()
{
  p(char);
  p(int);
  ...
  p(long double);
}
```

Kapitel 2

2.1 Die Ausgabe dieses Programms, das demonstrieren soll, daß die `switch`-Anweisung nur dann zum Repertoire der strukturierten Programmierung gehört, wenn man sie auf zivilisierte Weise benützt, lautet:

```
BETA  1 1
ALPHA 1 2
ALPHA 1 3
ALPHA 2 4
ALPHA 3 5
```

2.2 Eine erste Lösung für ein Zeigerarithmetik-basiertes `strcpy()` wäre:

```
char* strcpy (char* t, const char* s)
{
  char* result = t;                 // ursprünglichen t Wert retten
  while (*s != '\0')                 // aktuelles Zeichen überprüfen ...
  {
    *s = *t;                                 // ... und übertragen
    s++; t++;                                // beide Zeiger erhöhen
  }
  *t = '\0';                         // '\0' wurde noch nicht übertragen
  return result;   // Funktionswert = Adresse des Ergebnisstrings
}
```

Nun benützen wir den Postinkrement-Trick (aus `*s` und folgendem `s++` wird `*s++`) und eliminieren gleichzeitig den redundanten Vergleich mit null:

```
char* strcpy (char* t, const char* s)
{
  char* result = t;
  while (*s) // genau dann null, wenn (*s != '\0') null ist
    *t++ = *s++;
  *t = '\0';
  return result;
}
```

Schließlich können wir noch die Tatsachen ausnützen, daß der Wert der Zuweisung das gerade zugewiesene Zeichen ist und daß mindestens ein Zeichen, nämlich das Nullzeichen, übertragen werden *muß* (auch im Falle eines Leerstrings). Außerdem geben wir dem Compiler den Tip, die Parameter in Registern zu halten, da sie im Funktionsrumpf intensiv benützt werden (wie bereits besprochen, eine eher zweifelhafte Entscheidung):

```
char* strcpy (register char* t, register const char* s)
{
  char* result = t;
  while (*t++ = *s++);       // KEINE Anweisung im Schleifenrumpf!
  return result;
}
```

2.3 Da beim Rechtsverschieben von `unsigned`-Ausdrücken keine Unklarheit bezüglich der links generierten Bits besteht - es werden *sicher* Nullen erzeugt - kann die folgende einfache Lösung für `lrot()` benützt werden; `rrot()` entsteht durch Umkehrung der Shiftoperatoren:

```
const unsigned bits_per_byte = 8;
```

```
unsigned lrot(unsigned e, unsigned n)
{
  n %= sizeof(e)*bits_per_byte;
  return (e << n) | (e >> sizeof(e)*bits_per_byte - n);
}
```

Die erste Anweisung normiert die Anzahl der zu rotierenden Bits auf einen Wert, der kleiner ist als die physisch vorhandene Anzahl, und übernimmt dadurch die Aufgabe des "im Kreis Rotierens".

2.4
```
unsigned setbit(unsigned e, unsigned n, unsigned val)
{
  return val ? e |  (1 << n)               // Bit setzen
             : e & ~(1 << n);              // Bit löschen
}
```

`1<<n` erzeugt eine Bitmaske mit genau einem Einser an der n. Stelle. Wenn diese Bitmaske mit dem Ausdruck e oderverknüpft wird, wird genau das gewünschte Bit gesetzt, ohne die übrigen zu beeinflussen. Für das Löschen wird die Bitmaske zuerst invertiert, wodurch an der gewünschten Stelle eine Null (innerhalb lauter Einsern) entsteht. Durch konjunktive Verknüpfung mit e wird aus e genau dieses eine Bit "herausgeschnitten".

2.5 Die folgende Testroutine `check()` wird sofort verlassen, sobald das Ergebnis feststeht:

```
#include <iostream.h>
const n = 3;
typedef double matrix[n][n];
int check (matrix m)
{
  int limit = n*n / 2;
  for (int i=0; i<n; i++)
    for (int j=0; j<n; j++)
      if (m[i][j] == 0)
        if (limit-- == 0)
          return 1;
  return 0;
}
main ()
{
  matrix m = { 0, 0, 1, 0, 0, 6, 0, 8, 9 };
  cout << check(m);
}
```

2.6 Das folgende Programmstück führt die Matrixmultiplikation `prod := a * b` durch, wobei a eine nxm-, b eine mxk- und `prod` eine nxk-**Matrix darstellen:**

```
for (int i=0; i<n; i++)
  for (int l=0; l<k; l++) {
    double sum = 0;
    for (int j=0; j<m; j++)
      sum += a[i][j]*b[j][l];
    prod[i][l] = sum;
  }
```

Mit Hilfe einer Referenz kann das Programmstück wie folgt umformuliert werden:

```
for (int i=0; i<n; i++)
  for (int l=0; l<k; l++) {
    double& sum = (prod[i][l] = 0);
    for (int j=0; j<m; j++)
      sum += a[i][j]*b[j][l];
  }
```

Die Initialisierung der Referenz sum erfolgt mit dem Ergebnis der Zuweisung prod[i][l]=0, das ja in C++ einen Linkswert darstellt.

2.7
```
#include <iostream.h>
main ()
{
  int offset = 'A' - 'a';        // Code-Differenz für Umwandlung
  while (1) {
    char c;
    cin >> c;
    if (c == '$')
      break;
    if (c >= 'a' && c <= 'z')    // Umzuwandelnder Kleinbuchstabe
      c += offset;
    cout << c;
  }
}
```

Kapitel 3

3.1
```
#include <stdarg.h>
int max (int n_arg, int a, int b, ...)
{
  va_list args; va_start(args, b);
  int m = a;                              // aktuelles Maximum
  if (b > m)
    m = b;
  for (int i=3; i<= n_arg; i++)
  {
    int par = va_arg(args, int);
    if (par > m)
      m = par;
  }
  va_end(args);
  return m;
}
```

Der Parameter b ist natürlich überflüssig, er wurde nur vereinbart, um anzudeuten, daß der Aufruf von max() mit weniger als zwei (eigentlichen) Argumenten redundant ist.

3.2 Ersetzen Sie in der obigen Lösung alle Vorkommnisse von int (mit Ausnahme von int n_arg und int i) durch double, und Sie erhalten die Definition der double-Variante von max().

Die Ausgabe d) des Hauptprogramms ist falsch, weil vom Compiler an Hand des zweiten und dritten Parameters die Funktion double max() ausgewählt wurde, der letzte Parameter jedoch vom Typ int ist. Da dieser sich allerdings im variablen Teil der formalen Parameterliste befindet, konnte der Compiler weder eine Fehlermeldung noch eine passende Datenkonversion (Ausweitung auf `double`) erzeugen, sodaß letztlich ein `int`-Parameter übergeben wird, dessen Bitmuster (und jenes einiger weiterer Zufallsbytes am Stack) von der Funktion `max()` als `double`-Wert interpretiert wird.

Durch die Elimination der `double`-Version wird der Compiler veranlaßt, auch in den Zeilen b) bis d) die `int`-Version aufzurufen. Die notwendigen Typkonversionen (Abschneiden der Nachkommastellen) werden automatisch durchgeführt, allerdings nur dort, wo der Übersetzer weiß, welcher Datentyp erwartet wird, also für den zweiten und dritten Parameter. Daher ist (neben a)) auch Ausgabe b) "halbwegs" richtig, insoferne, als die Zahl 13 als Maximum von 8 und 13 ausgegeben wird. In den Fällen c) und d) werden jedoch unkonvertierte `double`-Werte übermittelt, die, als `int`-Werte interpretiert, keinen Sinn ergeben.

3.3 In der folgenden Tabelle sind neben den theoretischen Ergebnissen der Homonymauflösungen jene von vier Compilern (bc, g++, cfront 2.1 und cfront 2.0) angeführt:

Aufruf	Theor.	bc	g++	2.1 cfront	2
`f(1.1, 1, f);`	Fehler	1	Fehler	Fehler	Fehler
`f(1, 1, "Y");`	Fehler	2	Fehler	2	Fehler
`f(3, 1.1, 0);`	Fehler	Fehler	Fehler	1	Fehler
`f(1.1, 3, (void*)0);`	Fehler	Fehler	Fehler	1	1
`f(1, 1);`	4	4	4	4	4
`f(pi, pi, "Y");`	Fehler	Fehler	1	Fehler	1
`f(0);`	3	3	3	3	3
`f(0L);`	4	4	3	4	4
`f(0L, 'a');`	4	4	4	4	4
`f(pi);`	Fehler	Fehler	3	Fehler	Fehler

Als Besonderheit sei hervorgehoben, daß ein Funktionsadreßausdruck wie `f` oder `&f` bei *überladenem Funktionsnamen* `f` nur dann wohldefiniert ist, wenn eine der `f()`-Varianten *exakt* dem geforderten Datentyp entspricht [5, S. 327f]; es werden *keinerlei* Konversionen durchgeführt. Beispielsweise wäre

```
void (*x)(int) = f;
```

erlaubt, da die dritte `f()`-Variante, `void f(int)`, exakt dem Datentyp von `*x` entspricht. Im Fall des Funktionsaufrufs `f(1.1, 1, f)` hingegen sind die einzigen zur Auswahl stehenden Zeigerdatentypen `void*` und `char*`, die beide mit keinem der Funktionszeiger `f` kompatibel sind, womit der Aufruf illegal ist.

3.5 Die Präzedenz des Operators `^` entspricht nicht dem mathematischen Usus: `a^b+c` bedeutet in C++ `a^(b+c)` und nicht `(a^b)+c`. Daher wäre es äußerst fehlerträchtig, diesen Operator für die Exponentiation zu benützen.

3.6 `getarg()` liefert den Nullzeiger, wenn die gesuchte Option nicht vorhanden

ist, ansonsten einen Zeiger auf den Parameter der Option. Handelt es sich um
eine parameterlose Option ("Schalter"), wird ein Zeiger auf einen Leerstring
zurückgegeben:

```
char* getarg (int argc, char* argv[], char option)
{
   for (int i=1; i<argc; i++)
     if (argv[i][0] == '-')              // Argument ist eine Option
        if (argv[i][1] == option)        // Gesuchte Option gefunden
           return argv[i][2]
                     ? argv[i]+2         // Parameter ohne Zwischenraum
                     : (++i == argc) ||  // Kein weiteres Argument
                       (argv[i][0] == '-')              // oder Option
                       ? ""              // Offenbar nur Schalter
                       : argv[i];        // Option mit Parameter
   return 0;                             // Gesuchte Option nicht gefunden
}
```

3.7   ```
       static int main_argc;
       static char** main_argv;

       char* getarg (int argc, char* argv[], char option)
       {
         main_argc = argc;
         main_argv = argv;
         ... wie oben ...
       }

       inline char* getarg (char option)
       {
         return getarg (main_argc, main_argv, option);
       }
       ```

# Kapitel 4

4.1    ```
       ADT Set<X>:
          Protokoll (unvollständig):
            ∪: Set<X>×Set<X> → Set<X>
            ∩: Set<X>×Set<X> → Set<X>
            \: Set<X>×Set<X> → Set<X>
            ||: Set<X> → posint
            is_empty: Set<X> → boolean
            {}: → Set<X>
            ∈: X×Set<X> → boolean

          Semantik (unvollständig): ∀ e∈X, s,t∈Set<X>:
            is_empty({})
            is_empty(s) ⇔ |s|=0
            |s∪t| = |s|+|t|-|s∩t|
            e∈s ⇔ {e} ∪ s = s
            e∈s ⇔ {e} ∩ s = {e}
            s ∪ s = s
            s ∩ s = s
            s ∪ {} = s
            s ∩ {} = {}
            (s ∩ t) ∩ u = s ∩ (t ∩ u)
            (s ∪ t) ∪ u = s ∪ (t ∪ u)
            (s ∩ t) ∪ u = (s ∪ u) ∩ (t ∪ u)
            (s ∪ t) ∩ u = (s ∩ u) ∪ (t ∩ u)
       ```

```
ADT String (Zeichenketten über char)
   Protokoll:
      ∘: String×String  →  String         Verkettung zweier Strings
      ||: String  →  posint                    Länge eines Strings
      φ:  →  String                                   Leerstring
      F: String\{φ}  →  String            1. Element eines Strings
      T: String\{φ}  →  String       Reststring ohne 1. Element
   Semantik: ∀ x, y, z ∈ String
      x ∘ φ = φ ∘ x = x
      (x ∘ y) ∘ z = x ∘ (y ∘ z)
      |φ| = 0
      |x ∘ y| = |x|+|y|
      x = F(x) ∘ T(x)
      |F(x)| = 1
```

4.2   ADT MMSet<X>: basiert auf ADT Set<X>

```
   Voraussetzung:
      ≤: X×X  →  boolean
   Protokoll:
      min: MMSet<X>\{{}}  →  X
      max: MMSet<X>\{{}}  →  X
   Semantik: ∀ s∈MMSet<X>:
      ∀ x ∈ s: min(s) ≤ x ≤ max(s)
      min(s) ∈ s
      max(s) ∈ s
```

Kapitel 5

5.1
```
typedef int Element;                 // Wir arbeiten mit int-Listen
Element illegal = 0xFFFFFFFF;
class List {
  class Link {
   friend class List;
    Link* next;
    Element el;
    Link (Element e, Link* n) : el(e), next(n) {}
  } * head;
 public:
  List() : head(0) {}
  List (const List& l) : head(l.head) {}
  List& insert (Element e)
  {
    head = new Link(e, head);
    return *this;
  }
  List& del ()
  {
    if (head) {
      Link* tmp = head->next;
      delete head;
      head = tmp;
    }
    return *this;
  }
```

```cpp
    Element& first () const
    {
      return head ? head->el : illegal;
    }
    List tail () const
    {
      List tmp;
      if (head)
        tmp.head = head->next;
      return tmp;
    }
    int empty () const { return head == 0; }
    int size () const { return empty() ? 0 : tail().size() + 1; }
    List clone () const
    {
      return empty() ? *this
                     : tail().clone().insert(first());
    }
  };
  main ()                                     // Testroutine
  {
    List l;
    l.insert(5).insert(7).insert(9);          // l = <9, 7, 5>
    l.del();
    while (!l.empty()) {                       // Ausgabe von l
      cout << l.first() << ' ';
      l = l.tail();
    }
  }
```

Man beachte, daß `clone()` eine gesamte Liste ("tief") kopiert. Auf Grund der Rekursivität wird diese Funktion (genauso wie `size()`) übrigens höchstwahrscheinlich *nicht* `inline` expandiert.

5.2 Die `IntStack`-Klasse (ohne `operator char*()` und `size_of()`) kann wie folgt definiert werden:

```cpp
  class IntStack {
    List cont;                      // Einfach verkettete lineare Liste
   public:
    IntStack () {}
    IntStack (int e=0) { push(e); }
    IntStack (const IntStack&s) : { *this = s; }
    ~IntStack ()
    {
      while (!is_empty())
        pop();
    }
    IntStack& push (int v) { cont.insert(v); return *this; }
    IntStack& pop () { cont.del(); return *this; }
    int top () const { return cont.first(); }

    int size () const { return const.size(); }
    int is_empty () const { return cont.empty(); }

    IntStack& operator = (const IntStack&);
    int operator == (const IntStack&) const;
  };
```

```
int IntStack::operator == (const IntStack& r) const
{
  if (r.cont != cont)                        // Stapel sind nicht ident
     for (List p=cont, q=r.cont; !p.empty() && !q.empty();
          p=p.tail(), q=q.tail())
       if (p.first() != q.first())
         return 0;
  return 1;
}
IntStack& IntStack::operator = (const IntStack& r)
{
  if (this != &r)   // Zuweisung auf sich selbst ist ohne Wirkung
  {
     this->IntStack::~IntStack();     // Eliminieren des Zielstacks
     cont = r.cont.clone();           // Kopieren des Quellstacks
  }
  return *this;
}
```

Die Zuweisungsfunktion verdient nähere Betrachtung: Als erstes wird geprüft, ob das Zielobjekt mit dem Quellobjekt ident ist. In diesem Falle darf nicht weitergemacht werden, da der nachfolgende Code das Objekt zerstören würde. Ist hingegen das Zielobjekt vom Quellobjekt verschieden (der Normalfall), wird die lineare Liste des Zielobjekts durch explizites Aktivieren des Destruktors ordnungsgemäß entfernt und durch die Kopie der Liste des Quellobjekts ersetzt. Man beachte den umständlichen Aufruf des Destruktors: Die naheliegende Lösung, einfach `~IntStack()` zu schreiben, scheitert an ihrer Mehrdeutigkeit: `~IntStack()` wird vom Übersetzer als *Konstruktoraufruf* mit anschließender Komplementbildung interpretiert!

5.4 In der Funktion `operator char*()` wird zunächst beim Aufruf von `print(*this, o)` das erste Argument (ein *Wertparameter* vom Typ `IntStack`) kopiert, um dann innerhalb von `print()` auf o übertragen zu werden (ein zweiter Kopiervorgang). Effizienter wäre die Definition der Funktion

```
ostream& operator<< (ostream&, const IntStack&)
```

die als `friend` der Klasse `IntStack` unmittelbar auf die Komponente cont zugreifen und den Stapel nicht-destruktiv abarbeiten kann. Damit wird ein Referenzparameter ermöglicht, dessen Übergabe keinerlei Kopiervorgang (abgesehen von einem Zeigerwert) hervorruft.

5.6
```
#include <iostream.h>
#include <stdlib.h>                                        // exit()
#include <limits.h>                             // INT_MIN, INT_MAX
class Int
{
  int low, high, val;
  void check ()
  {
    if (low > val || val > high) {
      cout << "Fehler: " << val << " nicht in ["
           << low << ", " << high << "]\n";
      exit(1);
    }
  }
```

```
  public:
    Int (int l, int h, int v) : low(l), high(h), val(v) { check(); }
    Int (int l, int h) : low(l), high(h), val(l) {}
    Int (int v=0) : low(INT_MIN), high(INT_MAX), val(v) {}
    Int (const Int& i) : low(i.low), high(i.high), val(i.val) {}

    Int& operator = (const Int& r)
    {
      val = r.val;
      check();                      // Test erfolgt nach Wertübertragung
      return *this;
    }
    Int& operator = (int r) { val = r; check(); return *this; }
    operator int () { return val; }        // Erlaubt int-Arithmetik
};
```

5.7 Der Datentyp `boolean` **repräsentiert im wesentlichen eine Hüllklasse für** `int`,
wobei die Ein- und Ausgabeoperationen über Wahrheitswerte erfolgen:

```
#include <iostream.h>
enum (falsch, wahr);       // boolesche Konstanten (eigentlich int)
class boolean
{
  int val;
 public:
   boolean (int i=0) : val(i) {}
   operator int& () const { return val; }
//operator void* () const { return (void*)val; }
};
istream& operator >> (istream& i, boolean& b)
{
  char buf[20];
  i >> buf;
  b = (buf[0] == 'j' || buf[0] == 'J' ||            // "Ja"
       buf[0] == 'w' || buf[0] == 'W');             // "Wahr"
  return i;
}
ostream& operator << (ostream& o, boolean b)
{
  return o << (b ? "wahr" : "falsch");
}
```

Der auskommentierte Konversionsoperator wird von cfront verlangt, um
`boolean`**-Objekte in logischen Kontexten wie** `if (...)` **und** `while (...)`
zuzulassen.

Kapitel 6

6.1 Das Programm demonstriert das Verhalten von Konstruktoren im Zusammenhang mit Vererbung. Die ausgegebenen `this`-Zeigerwerte sind natürlich
implementationsabhängig, sie dienen nur zur Identifikation der betroffenen
Objekte in den Ausgabezeilen. Ein mit bc erzeugtes Programm liefert z.B.
folgende Ausgabe:

```
X - 1526136820
X - 1526136818
```

```
X  - 1526136816
Z  - 1526136816
~Z - 1526136816
~X - 1526136816
~X - 1526136818
~X - 1526136820
```

Das Programm beginnt mit der Aktivierung des Konstruktors `X()` für `x`, danach wird die Instanz `y` erzeugt. Der vom Compiler generierte Defaultkonstruktor `Y()` ruft den Basisklassendefaultkonstruktor `X()` auf, der die zweite Ausgabezeile erzeugt. Für `z` ist explizit ein Konstruktor `Z()` angegeben, auch dieser ruft - für den Programmierer unsichtbar - den Basisklassenkonstruktor auf, und zwar, *bevor* der Rumpf von `Z()` durchlaufen wird. Beide Konstruktoren operieren auf demselben Objekt (Adresse 1526136816). Dann wird das Ende des Gültigkeitsbereichs der drei Variablen erreicht, und ihre Destruktoren werden aufgerufen. Auch hier wird für jedes Objekt auch der Basisklassendestruktor aktiviert, unabhängig davon, ob in der Unterklasse ein Destruktor definiert ist oder nicht. Die Reihenfolge der Objektdestruktion ist invers zur Erzeugungsreihenfolge; Destruktoren für Basisklassen werden *nach* den Destruktorrümpfen durchlaufen [5, S. 277, dritter Absatz].

6.2 Der Zuweisungsoperator muß sich nur um die neue Komponente `error` kümmern; das Übertragen der von `IntStack` geerbten Komponenten kann er an `IntStack::operator=()` delegieren:

```cpp
CheckedIntStack& operator = (const CheckedIntStack& r)
{
    IntStack::operator=(r);
    error = r.error;
    return *this;
}
```

Genau dasselbe würde auch passieren, hätten wir für `CheckedIntStack` überhaupt keinen Zuweisungsoperator vorgesehen: In diesem Fall hätte der Compiler einen generiert, der den Inhalt komponentenweise überträgt und für den Anteil der Basisklasse gegebenenfalls deren Zuweisungsoperator aktiviert.

6.5 Die folgende Definition des Makros `def_stackable(type)` enthält eine generische Ableitung einer Unterklasse von `StackEl`, die für alle eingebauten Datentypen anwendbar ist. Der Name der von dem Makro erzeugten Klasse lautet `type_El`, wobei `type` vom Hilfsmakro `stackable(type)` durch den jeweiligen Datentyp ersetzt wird, also etwa `int_El`, `double_El` etc. Dieses Hilfsmakro benützt den Makrooperator `##`, um aus seinem Argument mit dem Text `_El` zu einer lexikalischen Einheit [token] zu verschmelzen:

```cpp
#define stackable(type) type ## _El
#define def_stackable(type) \
    class stackable(type) : public StackEl { \
        type v; \
    public: \
        stackable(type) (type init) : v(init) {} \
        void print (ostream& o)   { o << v; } \
```

```
        StackEl* clone() { return new stackable(type) (v); } \
        operator type () { return v; } \
    }
    def_stackable(double);          // Erzeugt: class double_El { ... };
    main ()
    {
      stackable(double) d(13);          // Erzeugt: double_El d(13);
      Stack s;
      s.push(d);
      ...
    }
```

6.6 Beide Methoden sollten der Effizienz halber auf die Komponenten `cont` und
`next` zugreifen können, weshalb die letzteren beiden in der Klasse `Stack` als
`protected` vereinbart werden müssen.

```
class Stack {
  protected:
    StackEl** cont;
    int next;

  public:
    ... restliche Komponenten ...
};
```

Die beiden Komponentenfunktionen lauten nun:

```
StackEl* StackableStack::clone ()
{
  StackableStack* p = new StackableStack;
  for (int i=0; i<next; i++)
    p->cont[i] = cont[i]->clone();
  p->next = next;
  return p;
}

void StackableStack::print (ostream& o)
{
  for (int i=0; i<next; i++)
    o << (i ? ", " : "<") << *cont[i];
  o << ">";
}
```

Man beachte, wie in beiden Fällen ein wesentlicher Teil der Aufgabe durch die
entsprechenden virtuellen Methoden der Stackelemente übernommen wird:
`cont[i]->clone()` erzeugt eine Kopie des `i`-ten Stackelements, während
`... << *cont[i]` über die Hilfsfunktion `operator<<(ostream&, StackEl&)`
(die die passende Version der Methode `print()` aktiviert) das `i`-te
Stackelement ausgibt.

6.7 Wenn man annimmt, daß *beide* Versionen von `f()` aktiviert werden sollen,
lautet die Lösung wie folgt:

```
class Base {
    virtual void f() { cout << "Base::f()\n"; }
  public:
    Base () { cout << "Base::Base()\n"; f(); }
};
```

```
class Derived: public Base {
  void f() { cout << "Derived::f()\n"; }
 public:
  Derived () { cout << "Derived::Derived()\n"; f(); }
};
```

Die Ausgabe des Hauptprogramms ist nun (man beachte, daß der `Base`-Konstruktor *vor* dem `Derived`-Konstruktor aktiviert wird):

```
Base::Base()
Base::f()
Derived::Derived()
Derived::f()
```

Kapitel 7

7.1 Zunächst sei ein Beispiel für eine Fehlerbehandlungsroutine angegeben:

```
void quit (char* text) // Eine mögliche Fehlerbehandlungsfunktion
{
  cerr << "Fehler in " << text << " - Programm abgebrochen!\n";
  exit(1);
}
```

Die gesuchte Klassenschablone bedient sich mittels Vererbung der bereits bekannten Schablone `Stack<ElType, stacksize>`:

```
template <class ElType, int stacksize, errfn error>
  class CheckedStack: public Stack<ElType, stacksize> {
   public:
    CheckedStack<ElType,stacksize,error>& push (const ElType& v)
    {
      if (size() >= stacksize)                      // Vorbedingung
        error("push");
      else
        Stack<ElType,stacksize>::push(v);
      return *this;
    }
    ... etc. ...
  };
```

Durch die Vereinbarung `CheckedStack<long, 100, quit>` wird von obiger Schablone ein abgesicherter Stack von maximal 100 `long`-Elementen erzeugt und mit der Fehlerbehandlungsfunktion `quit()` ausgestattet.

7.2 Bei der Definition der Schablone mußte die geschachtelt definierte Klasse `Link` aus `List` herausgelöst werden, um cfront zufriedenzustellen:

```
template <class Element>
  struct Link {
    Link* next;
    Element el;
    Link (Element e, Link* n) : el(e), next(n) {}
  };
template <class Element>
  class List {
    Link<Element>* head;
   public:
```

```
      List() : head(0) {}
      List (const List& l) : head(l.head) {}
      List& insert (Element e)
      {
        head = new Link<Element>(e, head);
        return *this;
      }
      List& del ()
      {
        if (head) {
          Link<Element>* tmp = head->next;
          delete head;
          head = tmp;
        }
        return *this;
      }
      Element& first () const
      {
        if (head)
          return head->el;
        else
          exit(1);
      }
      List tail () const
      {
        List tmp;
        if (head)
          tmp.head = head->next;
        return tmp;
      }
      int empty () const { return head == 0; }
      int size () const { return empty() ? 0 : tail().size()+1; }
      List clone () const
      {
        return empty() ? *this
                       : tail().clone().insert(first());
      }
    };
  main ()                                          // Testroutine
  {
    List<int> l;
    l.insert(5).insert(7).insert(9);               // l = <9, 7, 5>
    ...
  }
```

Die Methode `first()` wurde abgeändert, um nicht für jeden Elementtyp ein
eigenes Fehlerobjekt `illegal` definieren zu müssen. In der neuen Version
führt der Versuch, `first()` auf eine leere Liste anzuwenden, zum
Programmabbruch.

7.3 **Die Transformation der Makro-Lösung in die Schablonen-Lösung erfolgt hier
ohne jegliches syntaktisches Problem:**

```
    template <class type>
      class Element: public StackEl {
        type v;
      public:
        Element (type init) : v(init) {}
        void print (ostream& o) { o << v; }
```

```
      StackEl* clone() { return new Element<type>(v); }
      operator type () { return v; }
  }
main ()
{
  Element<double> d(13);
  Stack s;
  s.push(d);
  ...
}
```

Kapitel 8

8.1
```
class NullPointer {};

template <class T>
  inline T& deref (T* ptr) throw (NullPointer)
  {
    if (ptr)
      return *ptr;
    throw NullPointer();
  }
```

8.3 Zuerst leiten wir eine geeignete Unterklasse von `xmsg` ab:

```
class DivideByZero: public xmsg {
  DivideByZero () : xmsg("Division durch Null") {}
};
```

Nun ersetzen wir die Methode `real::operator/()` wie folgt, wobei wir weder (willkürlich) `cout` verändern noch gezwungen sind, im Fehlerfall irgendein Ersatzelement zurückzugeben:

```
class real {
  ... wie bisher ...
  real operator / (real y)
  {
    if (y.value != 0)
      return value / y.value;
    throw DivideByZero();                      // Kein return!
  }
};
```

Im Vergleich zur Fehlermeldung in der Originalversion ist jedoch die Information über den Wert des Dividenden verloren gegangen. Unter Verwendung einer geeigneten Hilfsfunktion `makestring()`, die die ursprüngliche Fehlermeldung aus einem Fixtext und einem double-Wert zusammensetzt, läßt sich dieses Manko leicht beheben:

```
class DivideByZero: public xmsg {
  static char* makestring (double div);
  DivideByZero (double div) : xmsg(makestring(div)) {}
};
```

Die `throw`-Anweisung lautet nun

```
      throw DivideByZero(value);
```

Kapitel 9

9.1 Die Klasse `iofstream` kapselt einfach die im Abschnitt über bidirektionale Ein- und Ausgabe vorgestellten Maßnahmen:

```
class iofstream : public ofstream, public istream {
 public:
   iofstream (char* name, int mode=0)
     : ofstream(name, mode|ios::in|ios::out),
       istream(ofstream::rdbuf()) {}
};
```

Wie das folgende Testprogramm zeigt, benötigen wir nunmehr nur noch *ein* Dateiobjekt für bidirektionale E/A:

```
main ()
{
   iofstream f("x");               // x enthalte die Zeichen 12345
   char c;
   f.seekg(2) >> c;                            // c ← '3'
   cout << c << endl;
   f.seekp(2) << '#';
   f.seekg(2) >> c;                            // c ← '#'
   cout << c << endl;
}
```

9.2 Wir nennen die neue Klasse `bofstream` und führen einfach eine neue Interpretation für die drei Bits `ios::basefield` ein: Ist kein einziges gesetzt, soll die Ausgabe binär erfolgen. Dementsprechend löscht die Methode `setbin()` alle drei Bits. Um `bofstream` zu benützen, müssen dann zunächst die Ausgaberoutinen für integrale Datentypen (hier am Beispiel von `long`) redefiniert werden:

```
#include <fstream.h>
class bofstream: public ofstream {
   void binary (long i);                // Gibt i im Binärformat aus
 public:
   bofstream (char* name, int mode=0) : ofstream(name, mode) {}
   void setbin () { setf(0, ios::basefield); }
   bofstream& operator << (long i)
   {
     if (i && !(flags() & ios::basefield))       // Binärmodus?
       binary(i);
     else                          // Normale Ausgabe (auch für i=0)
       ((ofstream&) *this) << i;
     return *this;
   }
};
```

Die Methode `binary()` wird der Einfachheit halber rekursiv definiert (wobei vorausgesetzt wird, daß sie nicht dazu benützt wird, 0 auszugeben):

```
void bofstream::binary (long i)
{
   if (i) {
     binary(i >> 1);        // Gibt rekursiv die ersten n-1 Bits aus
     ((ofstream&)*this) << (i & 1);                  // Letztes Bit
   }
}
```

Nun benötigen wir noch den Manipulator `bin()` und einen passenden Applikator:

```
bofstream& bin (bofstream& b)                          // Manipulator
{
  b.setbin();
  return b;
}¹
class bofstream: public ofstream {
  ...
  bofstream& operator<<(bofstream&(*f)(bofstream&)) // Applikator
  { return f(b); }
};
```

Versuchen wir nun, das bisher Entwickelte einzusetzen:

```
main ()
{
  bofstream o("x");
  o << 17 << bin << " binär: " << 17;
}
```

Die Ausgabe ist aber nicht ganz befriedigend:

```
17 binär: 17
```

Das Problem liegt darin, daß die einzelnen `operator<<()`-Varianten in `ostream` nicht virtuell sind. Nach der Ausgabe von `" binär: "` liegt als Ergebnis von `ofstream::operator<<(char*)` wieder eine `ofstream`-Referenz und keine `bofstream`-Referenz mehr vor, wodurch - in Folge der Nichtvirtualität - für die zweite Ausgabe von 17 der Operator `ofstream::operator<<(int)` aktiviert wird. Um dieses Verhalten zu korrigieren, müssen alle benötigten Versionen von `operator<<()` explizit überladen werden; wir zeigen das unten am Beispiel von `operator<<(char*)`. Ein ähnliches Problem tritt jedoch noch auf, wenn wir andere `ios`-Manipulatoren (wie z.B. `endl()`) anwenden wollen, da der vorgesehene Applikator für `ios`-Manipulatoren nicht geeignet ist. Wir müssen also die Klasse `bofstream` auch noch um einen Applikator für `ios`-Manipulatoren erweitern:

```
class bofstream: public ofstream {
  ...
  bofstream& operator << (char* s)
  {
    ((ofstream&) *this) << s;
```

---

¹ Die insgesamt einfachere (wenn auch wegen der nicht abgesicherten Abwärtskonversion unsicherere) Form

```
ios& bin (ios& b)                                      // Manipulator
{
  ((bofstream&)b).setbin();                            // Abwärtskonversion
  return b;
}
```

die keinen eigenen Applikator benötigen würde, ist in der verwendeten iostream-Version von bc nicht möglich, da in dieser Implementation `ios` eine *virtuelle* Basisklasse darstellt, was die Abwärtskonversion auf `bofstream&` verhindert.

```
      return *this;
    }
    bofstream& operator << (ios& (*f) (ios&))     // ios-Applikator
    {
      f(b);
      return b;
    }
};
```

Nun lautet die Ausgabe tatsächlich

```
17 binär: 10001
```

Kapitel 10

10.2
```
Double_Vector& Double_Matrix::operator[] (int i) const
{
  if (i >= low && i <= high)
    return *(cont[i]);
  else throw ("Matrix-Indexfehler!");
}

Double_Matrix& Double_Matrix::operator=(const Double_Matrix&r)
{
  if (low == r.low  && high == r.high)
  {
    for (register int i = low; i <= high; i++)
      *(cont[i]) = *(r.cont[i]);
  }
  else
    throw ("Illegale Matrixzuweisung");
  return *this;
}
```

10.4 Aus den bekannten Symmetriegründen sollten die geforderten binären arithmetischen Operatoren eher als `friend`-Funktionen vereinbart werden, sodaß sich die Klassendefinition, abgesehen von den `friend`-Vereinbarungen, nicht ändert. Die Deklarationen der Operatorfunktionen lauten:

```
double operator * (const Double_Vector&, const Double_Vector&);
double operator * (const Double_Vector&, double);
double operator * (double, const Double_Vector&);
Double_Vector operator + (const Double_Vector&,
                          const Double_Vector&);
Double_Vector operator - (const Double_Vector&,
                          const Double_Vector&);
ostream& operator<< (ostream&, const Double_Vector&);
```

Die Implementationen dieser Funktionen sind einfach; ein gewisses Problem stellt jedoch der Ergebnistyp `Double_Vector` der Vektoraddition und -subtraktion dar, da die Funktionswertübergabe durch Kopieren erfolgt (analog der Wertparameterübergabe), was bei größeren Objekten ziemlich ineffizient sein kann. Diese Problematik wird in den folgenden Kapiteln näher behandelt.

Kapitel 11

11.1 Die Reihenfolge der Initialisierungen erfolgt entsprechend der Reihenfolge der Definition der Instanzvariablen in der Klassendefinition (buf→len→ref_cnt). Die Verwendung von `len` in `buf(new char[len])` führt daher zu völlig arbiträren Puffergrößen. Die Initialisierung muß lauten: `buf(new char[1])`.

11.2
```
String& operator = (const char* str)
{
    delete s;
    s = str ? new StrDat(str) : 0;
    offset = 0;
    len = s->len;
    return *this;
}
```

11.3
```
ostream& operator << (ostream& o, const String& s)
{
    register char* p = s.cont();
    register size_t l=s.length();
    for (register size_t i=0; i<l; i++)
      o.put(*p++);
    return o;
}

istream& operator >> (istream& i, String& s)          // Ohne
{                                          // Fehlerbehandlung!
    char buf[100];                 // Maximal erwartete Stringlänge
    i >> buf;
    s = buf;                                        // Siehe 11.2
    return i;
}
```

11.5 Da die vorliegende Implementation auf abschließende Nullzeichen verzichtet (bei der Teilstring-Repräsentation wäre dies überhaupt schwer durchzuhalten), müßte `operator char*()` erst eine nullterminierte Kopie des Inhalts der Zeichenkette anlegen. Diese Kopie hätte eine ungeklärte Lebensdauer und würde sich außerdem nur für lesenden Zugriff, nicht jedoch für Modifikationen eignen.

Kapitel 12

12.1
```
class BinTree1: public BinTree {
  public:
    BinTree1 () {}
    BinTree1 (const BinTree1& b) : BinTree(b) {}
    Container& ins (const Object&);
    Container* clone () const { return new BinTree1(*this); }
    Container* New () const { return new BinTree1; }
};

Container& BinTree1::ins (const Object& e)
{
    Node*& p = findptr(e, root);
    if (!p) {                        // e noch nicht gespeichert
      p = new Node(e);
      sz++;
```

```
    }
      return *this;
    }
```

Alle anderen Methoden werden entweder von `BinTree` geerbt oder passend generiert. Um die entsprechende Unterklasse `Set1` von `Set` abzuleiten, benötigen wir die Zugriffsberechtigung auf die Instanzvariable `cont`, weshalb `Set` wie folgt abgeändert wird:

```
class Set {
 protected:
  Container* cont;
 public:
  ...
};
```

In `Set1` muß wiederum nur das Notwendigste definiert werden:

```
class Set1: public Set {
 public:
   Set1 () {};
   Set1 (const Object& e) : Set(e) {}
   Set1 (const Set& s) : Set(s) {}
   Set1& operator += (const Set1& s)
   {
      for (Iterator i(*s.cont); i; i++)
        cont->ins(*i);                        // Unbedingtes Einfügen!
      return *this;
   }
   Set1& operator , (const Object& e)
   {
      cont->ins(e);                           // Unbedingtes Einfügen!
      return *this;
   }
   Set1 operator + (const Set1& a, const Set1& b)
   {
      Set1 s(a);
      return s += b;
   }
};
```

```
12.3   class BTIter: public ContIter {
         NodePtrStack s;
         Node* p;
         unsigned i;
        public:
         BTIter (const BinTree& t) : ContIter(t) { reset(); }
         void reset ()
         {
           p = ((BinTree*) cont)->root;
           while (!s.empty())
             s.pop();
           i=0;
           (*this)++;
         }
         void operator ++ ()
         {
           while (1) {
             if (i) {
               i--;
                return;
             } else {
```

```
                if (p) {
                  s.push(p);
                  p = p->left;
                } else {
                  if (s.empty()) {
                    current = 0;
                    return;
                  }
                  p = s.pop();
                  i = p->n;
                  current = &(p->elem);
                  p = p->right;
                }
              }
            }
          }
        };
```

12.5 Nennen wir die neue `Set`-**Methode** `change_cont()`:

```
    void Set::change_cont (Container& c)
    {
      if (cont != &c) {                      // Wechsel ist sinnvoll
        if (cont) {                          // Container vorhanden
          for (ContIter i(*cont); i; i++)
            c.ins(*i);                       // Voraussetzung: Keine Mehrfach
          delete cont;                       // eintragungen
        }
        cont = &c;
      }
    }
```

12.6 Für den Compiler ist der einzige "halbwegs passende" Operator `<=` in diesem Fall `operator<=(const Set&, const Set&)`, weshalb er versucht, das erste Argument in einen `Set`-Ausdruck umzuwandeln, was ihm über den Kopierkonstruktor `Set(const Object& e)` auch gelingt. Die Frage, ob e ein Element von s ist, wird also durch die zufälligerweise äquivalente Frage, ob {e} eine Teilmenge von s ist, ersetzt und letztlich korrekt beantwortet. Die dadurch entstehende temporäre `Set`-Instanz {e} läßt sich vermeiden, wenn eine spezielle Variante von `<=`, nämlich `operator<=(`**`const Object&`**`, const Set&)`, eingeführt wird.

12.7 Die erste Form entspricht `Set s((one, two, three))` und stellt daher einen korrekten "Aufruf" des Kopierkonstruktors mit dem (einen) Argument {one, two, three} dar, während die zweite Form versucht, die Variable s mit *drei* Parametern zu initialisieren, was in Ermangelung eines geeigneten Konstruktors fehlschlagen muß.

12.9 `Set` müßte von `Object` abgeleitet werden.

Kapitel 13

13.1
```
        ostream& Node::print (ostream& o, int nesting) const
        {
          if (right)
```

```
    right->print(o, nesting+1);
for (int i=0; i<nesting; i++)
  o << '\t';
o << elem;
if (n>1)
  o << " (x" << n << ")";
o << endl;
if (left)
  left->print(o, nesting+1);
return o;
}
```

13.3 Die naheliegende Lösung bedient sich einer Array-Implementation, wobei das Auffinden eines `Object`-Zeigers zu einem gegebenen `Int`-Wert durch einfaches Indizieren erfolgt. Syntaktisch kann die Lösung wie folgt skizziert werden:

```
class AssocArray<Int, Object*> {
  ... geeignete Definitionen für ein dynamisches Feld ...
  public:
    Object*& operator[] (const Int& k);    // "Normale" Indizierung
    unsigned size () const;
};
```

13.4 Wenn in `OFile` bzw. `IFile` alle `<<`- bzw. `>>`-Operatoren als virtuell vereinbart werden, könnte eine bestimmte Applikation geeignete Unterklassen dieser beiden Spezialstreams ableiten, in denen diese Operatoren derart redefiniert werden, daß sie ein anderes Aus- bzw. Eingabeformat unterstützen. Die öffentliche Schnittstelle von `Object` müßte ebenfalls entsprechend angepaßt werden, da `Object::store(const char*)` derzeit ein Object vom Typ `OFile` anlegt, was in der erweiterten Version unterbunden werden muß; es müßte stattdessen immer eine Referenz auf eine offene Datei des passenden Typs übergeben werden. Analoges gilt natürlich auch für `Object::retrieve(const char*)`.

Kapitel 14

14.1
```
void* FreeStore::allocate (size_t size)
{
  if (list == 0)                               // Freispeicher leer
    list = FL::allocate(128, size);       // 128 Stück anfordern
  void *p = list;
  if (list)  // allocate() war erfolgreich
    list = list->next;                         // Kopfelement entfernen
  return p;
}

void FreeStore::dispose (void* This)
{
  ((FL*)This)->next = list;                 // Neues Element einfügen
  list = (FL*)This;
}
```

14.3 Der Trick dabei ist, die eigentliche Initialisierungsarbeit aus dem Konstruktor herauszulösen und in eine eigene Methode `Initialize()` zu packen, die

dann vom Konstruktor der Hilfsklasse (`Init_int_log` in unserem Beispiel)
explizit aktiviert werden kann. Analoges gilt für den Destruktor.

14.4
```
template <class X>
    class Ptr {
        X* p;
        unsigned* refs;
        ... Hilfsmethoden ...
    public:
        Ptr (X* = 0);
        Ptr (const Ptr&);
        ~Ptr ();

        Ptr& operator = (const Ptr&);
        Ptr& operator = (X*);
        X* operator-> () const { assert(p); return p; }
        X& operator* () const { assert(p); return *p; }
        operator unsigned () const { return refs ? *refs : 0; }
      friend ostream& operator << (ostream& o, const Ptr& ptr)
        {
            return o << p;
        }
    };
```

14.5 Dabei handelt es sich um ein ziemlich ambitioniertes Unterfangen, sodaß hier
nur einige Probleme aufgezeigt werden sollen:

- Zeigerarithmetik ist wohl nur im Zusammenhang mit Feldern wirklich
  sinnvoll. Während das Indizieren noch ganz einfach scheint:

  ```
  X& X_Ptr::operator [] (int i) const
  {
    assert(p);
    return p[i];
  }
  ```

  ist bereits das Anlegen eines Arrays eher problematisch, da in

  ```
  X_Ptr p = new X[10];
  ```

  nicht mehr `Argus::operator new()` aufgerufen wird und somit
  `Argus::dynamic()` nie *wahr* liefert.

- Ein arithmetischer Operator wie etwa

  ```
  X* X_Ptr::operator + (int i) const
  {
    assert(p);
    return p+i;
  }
  ```

  liefert einen konventionellen ("unintelligenten") Zeiger, dessen
  Verwendung in weiterer Folge nicht mehr abgesichert ist.

- Die Alternative

  ```
  X_Ptr X_Ptr::operator + (int i)
  {
    assert(p);
    return X_Ptr(p+i);
  }
  ```

erzeugt zwar wieder ein `X_Ptr`-Objekt, doch existieren nun zwei verschiedene Referenzzähler für ein und denselben Speicherblock, nämlich jener für `p` und jener für `p+i`. Selbst wenn dies repariert würde, ist die eventuelle *Freigabe* des Zeigers `p+i` katastrophal, da `p+i` i.a. nicht auf den Anfang eines durch `new` erzeugten Objekts zeigt. Die Klasse `X_Ptr` müßte daher um eine zusätzliche Komponente erweitert werden, die die von `new` gelieferte und für `delete` benötigte Adresse verwaltet.

- Die Entstehung konventioneller Zeiger muß weitgehend verhindert werden. Daher muß z.B. auch in der Klasse `X` der Adreßoperator überladen werden, was der ursprünglichen Intention, `X` möglichst wenig zu verändern, widerspricht. Der Operator `&` könnte jedenfalls wie folgt vereinbart werden:

```
struct X: Argus { ...
  class X_Ptr operator & ();               // Vorwärtsreferenz
};
class X_Ptr { ... };
inline X_Ptr X::operator & ()
{
  return X_Ptr(p);
}
```

14.6
```
class Argus {
  char heap;
  static int new_called;
 public:
  void* operator new (size_t s)
  {
    assert(new_called == 0);
    new_called = 1;
    return ::operator new(s);
  }
  Argus () : heap(new_called)
  {
    new_called = 0;
  }
  int dynamic () { return heap; }
};
```

Sachverzeichnis

Norbert E. Fuchs

Kurs in Logischer Programmierung

(Springers Angewandte Informatik)

1990. XI, 224 Seiten.
Broschiert DM 53,-, öS 370,-
Hörerpreis: öS 296,-
ISBN 3-211-82235-6

Preisänderungen vorbehalten

Das Buch ist eine Einführung in die logische Programmierung in der Form eines Kurses, in dem die Grundlagen der logischen Programmierung, die logische Programmiersprache Prolog und ihre Programmierpraxis, sowie einige Anwendungen vorgestellt werden.
Nach einer kurzen Begriffsbestimmung der logischen Programmierung wird das sogenannte reine Prolog als Programmiersprache anhand von Beispielen eingeführt. Die logischen Hintergründe werden dabei nur angedeutet. Anschließend werden die Erweiterungen vorgestellt, die Prolog zur vollen Programmiersprache machen. Es folgen etablierte Programmiertechniken, die Prolog wie jede andere Programmiersprache besitzt. Mit diesen Vorkenntnissen ist es nun leichter, die theoretischen Grundlagen der logischen Programmierung zu verstehen. Es wird gezeigt, wie Logik zur Wissensdarstellung und zur Ableitung von weiterem Wissen verwendet werden kann. Ferner wird der Weg von der Prädikatenlogik zur logischen Programmiersprache Prolog nachvollzogen. Den Schluß bilden Anwendungen aus den Gebieten wissensbasierte Systeme und Computerlinguistik.

Springer-Verlag Wien New York

G. Gottlob / Th. Frühwirth / W. Horn (Hrsg.)

Expertensysteme

(Springers Angewandte Informatik)

1990. 41 Abbildungen. X, 232 Seiten.
Broschiert DM 49,-, öS 348,-
Hörerpreis: öS 278,40
ISBN 3-211-82221-6

Preisänderungen vorbehalten

Das vorliegende Buch gibt einen umfassenden Überblick über das wohl aktivste Forschungs- und Anwendungsgebiet der Artificial Intelligence - über Expertensysteme. Basierend auf den Erfahrungen aus mehrjähriger Vorlesungstätigkeit stellt das Autorenteam neben grundlegenden Konzepten auch die theoretischen wie praktischen Aspekte ausführlich dar. Eine kompetente Einführung in die Prädikatenlogik wird gegeben. Als Novum verdeutlicht dieses Buch die unterschiedlichen Schlußweisen und Komponenten von Expertensystemen durch ausführbare Prototypen in der logischen Programmiersprache Prolog. Dem praktischen Aspekt wird weiters durch einen Überblick über im industriellen Einsatz stehende Expertensysteme Rechnung getragen. Nicht zuletzt behandelt dieses Buch die neuesten Entwicklungen wie Experten-Datenbanksysteme und Ergonomie und Gestaltung von Benutzerschnittstellen für Expertensysteme.

Das Buch eignet sich damit nicht nur als Unterlage und Referenz für Vorlesungen auf dem Gebiet der Expertensysteme, vielmehr wendet es sich auch an den interessierten Informatiker und Programmierer in Studium und Praxis.

Springer-Verlag Wien New York

Monika Köhle

Neurale Netze

(Springers Angewandte Informatik)

1990. 86 Abbildungen. X, 188 Seiten.
Broschiert DM 56,-, öS 390,-
Hörerpreis: öS 312,-
ISBN 3-211-82220-8

Preisänderungen vorbehalten

Die Erforschung des Gehirns und seiner kognitiven Fähigkeiten war schon immer ein Anliegen der Menschheit. Der neueste Versuch, ein breites Verständnis der Vorgänge im Gehirn zu erlangen, ist unter dem Titel **Neurale Netze** zusammengefaßt. Diese junge Forschungsrichtung ist eine zutiefst interdisziplinäre, ihre Wurzeln sind vielfältig: Kognitive Psychologie, Neurophysiologie, Informatik, Physik, Statistik, Linguistik, um einige zu nennen. Das Buch vermittelt in einfacher Weise Grundwissen über Neurale Netze aus der Sicht des Informatikers. Die grundlegende Idee besteht in der Verteilung der zu lösenden Aufgaben auf eine fast unüberschaubar große Anzahl von Einheiten. Diese Einheiten, den biologischen Neuronen in ihrer Funktionalität ähnlich, empfangen Signale der mit ihnen verbundenen Einheiten, transformieren diese Signale zu einem einzigen Ausgangssignal und geben es an folgende Einheiten weiter. Mit diesem simplen, der Natur nachempfundenen Prinzip ist es möglich, sehr komplexe und derzeit nicht lösbare Probleme der Informatik von einer neuen Perspektive aus zu bearbeiten.
Um dem Leser den Einstieg zu erleichtern, wird das Thema schrittweise nähergebracht. Das Buch umfaßt allgemein verständliche Teile, sowie detaillierte und spezialisierte Themenkreise und veranschaulicht die Materie durch zahlreiche Abbildungen. Vom Leser wird kein Vorwissen auf dem behandelten Gebiet, jedoch ein Grundverständnis informatischer Belange erwartet. Ein einführendes Kapitel umreißt zunächst den Themenkreis "Neurale Netze" und zeigt Zusammenhänge mit anderen Wissensgebieten auf, um die Vielzahl der Aspekte Neuraler Netze in dieses Umfeld einzubetten. Neben biologischen Analogien findet sich in diesem Buch auch eine umfassende und verständliche Darstellung der grundlegenden Konzepte Neuraler Netze. Ein geschichtlicher Abriß, gefolgt von einfachen Modellen spannt den Bogen über verschiedenste Lernstrategien bis zu Simulationsmöglichkeiten in Hard- und Software.

Springer-Verlag Wien New York